앙굿따라 니까야

숫자별로 모은 경[增支部]

제5권

여덟의 모음

아홉의 모음

앙굿따라 니까야

Aṅguttara nikāya

숫자별로 모은 경

제5권
여덟의 모음
아홉의 모음

초기불전연구원

∴
그분
부처님
공양 올려 마땅한 분
바르게 깨달으신 분께 귀의합니다.

Namo tassa Bhagavato Arahato Sammāsambuddhassa

제5권 목차

약어

A.   Aṅguttara Nikāya(증지부)
AA.   Aṅguttara Nikāya Aṭṭhakathā = Manorathapūranī(증지부 주석서)
AAṬ.   Aṅguttara Nikāya Aṭṭhakathā Ṭīkā(증지부 복주서)

BG.   Bhagavadgīta(바가왓 기따)
BHD   Buddhist Hybrid Sanskrit Dictionary
BPS   Buddhist Publication Society
BvA.   Buddhavaṁsa Aṭṭhakathā

D.   Dīgha Nikāya(장부)
DA.   Dīgha Nikāya Aṭṭhakathā = Sumaṅgalavilāsinī(장부 주석서)
DAṬ.   Dīgha Nikāya Aṭṭhakathā Ṭīkā(장부 복주서)
Dhp.   Dhammapada(법구경)
DhpA. Dhammapada Aṭṭhakathā(법구경 주석서)
Dhs.   Dhammasaṅgaṇi(法集論)
DhsA. Dhammasaṅgaṇi Aṭṭhakathā = Aṭṭhasālinī(법집론 주석서)
DPPN. *G. P. Malalasekera's Dictionary of Pali Proper Names*
Dv.   Dīpavaṁsa(島史), edited by Oldenberg

It.   Itivuttaka(如是語)
ItA.   Itivuttaka Aṭṭhakathā(여시어 주석서)

Jā.   Jātaka(本生譚)
JāA   Jātaka Aṭṭhakathā(본생담 주석서)

KhpA. Khuddakapātha Aṭṭhakathā(小誦經 주석서)

M. Majjhima Nikāya(중부)
MA. Majjhima Nikāya Aṭṭhakathā(중부 주석서)
Miln. Milindapañha(밀린다왕문경)
Mtu. Mahāvastu(Edited by Senart)
Mhv. Mahāvaṁsa(大史), edited by Geiger

Nd1. Mahā Niddesa(大義釋)
Nd2. Cūla Niddesa(소의석)
Netti. Nettippakaraṇa(指道論)
NMD Ven. Ñāamoli's *Pali-English Glossary of Buddhist Terms*

Pe. Peṭakopadesa(藏釋論)
PED *Pāli-English Dictionary*(PTS)
Pm. Paramatthamañjūsā = Visuddhimagga Mahāṭīkā(청정도론 복주서)
Ps. Paṭisambhidāmagga(무애해도)
Ptn. Paṭṭhāna(發越論)
PTS Pāli Text Society
Pug. Puggalapaññatti(人施設論)
PugA. Puggalapaññatti Aṭṭhakathā(인시설론 주석서)
Pv. Petavatthu(아귀사)

Rv. Ṛgveda(리그베다)

S.   Saṁyutta Nikāya(상응부)

SA.   Saṁyutta Nikāya Aṭṭhakathā = Sāratthappakāsinī(상응부 주석서)

SAṬ.   Saṁyutta Nikāya Aṭṭhakathā Ṭīkā(상응부 복주서)

Sn.   Suttanipāta(經集)

SnA.   Suttanipāta Aṭṭhakathā(경집 주석서)

Thag. Theragāthā(장로게)

ThagA. Theragāthā Aṭṭhakathā(장로게 주석서)

Thig. Therīgāthā (장로니게)

ThigA. Ther gāthā Aṭṭhakathā(장로니게 주석서)

Ud.   Udāna(감흥어)

UdA.   Udāna Aṭṭhakathā(감흥어 주석서)

Vbh.   Vibhaṅga(分別論)

VbhA. Vibhaṅga Aṭṭhakathā = Sammohavinodanī(분별론 주석서)

Vin.   Vinaya Piṭaka(율장)

VinA. Vinaya Piṭaka Aṭṭhakathā = Samantapāsādikā(율장 주석서)

Vis.   Visuddhimagga(청정도론)

VṬ   Abhidhammaṭṭha Vibhavinī Ṭīkā(위바위니 띠까)

Vv.   Vimānavatthu(천궁사)

VvA.   Vimānavatthu Aṭṭhakathā(천궁사 주석서)

Yam.   Yamaka(쌍론)

YamA. Yamaka Aṭṭhakathā = Pañcappakaraṇa(야마까 주석서)

냐나몰리	*The Middele Length Discourses of the Buddha.*
우드워드	*The Book of the Gradual Sayings*
육차결집본	*Vipassana Research Institute* 간행 육차결집 본
청정도론	대림 스님 옮김, 초기불전연구원, 2004.

⊙ 일러두기

(1) 삼장(Tipitaka)과 주석서(Aṭṭhakathā)들과 『디가 니까야 복주서』(DAṬ)는 별다른 언급이 없는 한 모두 PTS본임. 그 외의 복주서(Ṭīkā)들은 미얀마 육차결집본(인도 Vipassana Research Institute 간행)이고 『청정도론』은 HOS본임.
A1:14:1은 『앙굿따라 니까야』 「하나의 모음」 14번째 품 첫 번째 경을 뜻하고 A3:65는 『앙굿따라 니까야』 「셋의 모음」 65번째 경을 뜻한다. A.ii.234는 PTS본 『앙굿따라 니까야』 제2권 234쪽을 뜻하고, D16/ii.145는 『디가 니까야』 16번 경으로 『디가 니까야』 제2권 145쪽을 나타냄.
(2) 본문의 단락번호는 PTS본의 단락번호를 따랐고 PTS본에 없는 것은 역자가 임의로 붙인 것임.
(3) 『숫따니빠따』 『법구경』 『장로게』 『장로니게』 등은 PTS본의 게송번호이고 『청정도론 복주서』(Pm)의 숫자는 미얀마 6차결집본의 단락번호임.

앙굿따라 니까야 제5권 해제(解題)

1. 들어가는 말

『앙굿따라 니까야』는 부처님이 남기신 가르침 가운데서 그 주제의 법수가 분명한 말씀들을 숫자별로 모아서 결집한 것이다. 『앙굿따라 니까야』는 이러한 주제를 하나부터(A1) 열하나까지(A11) 모두 11개의 모음(Nipāta)으로 분류하여 결집하였다.

『앙굿따라 니까야』 제5권에는 「여덟의 모음」(Aṭṭhaka-nipāta, A8)과 「아홉의 모음」(Navaka-nipāta, A9)의 두 가지 모음이 수록되어 있다. 「여덟의 모음」은 부처님 말씀 가운데 8개의 주제를 담고 있는 경들을 모은 것이며, 「아홉의 모음」은 9개의 주제를 담고 있는 경들을 모은 것으로, PTS본에 의하면 각각 95개의 경들과 100개의 경들[1]을 포함하고 있다.

PTS본에는 「일곱의 모음」(A7)과 「여덟의 모음」(A8)과 「아홉의 모음」(A9)이 제4권(Vol. 4)에 포함되어 편집되어 있다. 그러나 이들의 분량이 너무 많아서 초기불전연구원에서는 이 가운데 「일곱의 모음」을 제4권에 포함시켜서 이미 「여섯의 모음」과 「일곱의 모음」을 『앙굿따라 니까야』 제4권으로 번역·출간하였다. 이제 PTS본 제4권(Vol. 4)

---

1)　　그러나 본 한글 번역본에서 역자는 모두 95개의 경 번호를 매겼다. 역자가 저본으로 한 PTS본 가운데 맨 뒤의 여섯 개의 경들을 「철저히 앎 등의 경」(A9:95)으로 한 개의 경으로 편집하였기 때문이다. 이것은 다른 모음의 편집방법과 일치시키기 위해서이다.

가운데 나머지 부분인 「여덟의 모음」과 「아홉의 모음」을 『앙굿따라 니까야』 제5권으로 번역·출간하고, PTS본의 제5권(Vol. 5)에 포함되어 있는 「열의 모음」(A10)과 「열하나의 모음」(A11)을 『앙굿따라 니까야』 제6권으로 이번에 출간하고 있다.

2. 「여덟의 모음」의 구성

『앙굿따라 니까야』 「여덟의 모음」(A8)에는 모두 95개의 경들이 포함되어 있다. PTS본의 편집자는 이 경들을 모두 11개의 품(Vagga)으로 나누어서 제9품까지는 각 품마다 10개의 경들을 배정하였다. 그리고 제10품은 단 1개의 경으로 편집하였으며, 맨 마지막인 제11품에는 4개의 경들을 배당하였다.

이 가운데 제10품은 6차결집본에는 26개의 경 번호를 매기고 있는데, 이 품에 나타나는 각각의 청신녀의 이름을 하나의 경으로 본 것이다. 그리고 PTS본에는 뭇따(Mutta)와 소마(Soma) 사이에 케마(Khema)가 포함되어 모두 27명의 청신녀 이름이 나타나고 있다. PTS본은 이름만 나열되고 있는 제10품 모두를 하나의 경으로 간주하여 하나의 경으로 편집한 것이다. 여기에 대해서는 본서 「청신녀 경」(A8:91)의 주해를 참조하기 바란다.

그리고 제11품은 다른 품들과 마찬가지로 반복되는 정형구를 담고 있기 때문에 6차결집본은 무려 510개나 되는 경 번호를 매기고 있다. 여기에 대해서는 본서 제1권 역자 서문 §5를 참조하기 바란다. 그리고 이 11개의 품은 모두 두 개의 '50개 경들의 묶음'으로 묶었다. 그래서 첫 번째 묶음에는 5개의 품을 배정하였고 두 번째 묶음에는 6개의 품을 배정하였다.

각 품의 명칭은 그 품에 포함되어 있는 경들 가운데서 『앙굿따라 니까야』를 편집한 옛 스님들이 중요하다고 생각한 표제어를 골라서 붙인 것이다.

그럼 각 경들의 묶음 별로 간단하게 전체를 개관해보자.

(1) 「첫 번째 50개 경들의 묶음」

본 묶음은 제1장 「자애 품」, 제2장 「대 품」, 제3장 「장자 품」, 제4장 「보시 품」, 제5장 「포살 품」으로 구성되어 있으며, 각 품은 모두 10개씩의 경들을 포함하고 있다. 제2품 「대 품」에는 다른 모음들의 경우와 마찬가지로 「여덟의 모음」 가운데 비교적 길이가 긴 경들을 모은 것이다. 제3품 「장자 품」은 욱가 장자를 위시한 재가자들에 관계된 경들이 여섯 번째 경까지 나타나고 있어서 붙여진 이름이다. 제4품 「보시 품」은 주로 보시에 관계된 경들을 모았기 때문에 붙여진 이름이다. 제5품 「포살 품」의 처음 5개의 경은 여덟 가지 구성요소를 가진 포살 [八關齋戒]을 주제로 하고 있으며, 뒤의 5개의 경들은 재가의 여인들이 갖추어야 할 여덟 가지 자질에 관한 가르침을 담고 있다.

(2) 「두 번째 50개 경들의 묶음」

본 묶음은 제6장 「안치 품」, 제7장 「대지의 진동 품」, 제8장 「쌍 품」, 제9장 「마음챙김 품」, 제10장 「일반 품」, 제11장 「탐욕의 반복 품」의 여섯 개 품으로 구성되어 있다. 제9품까지의 각 품은 모두 10개씩의 경들을 포함하고 있으며, 제10품에는 1개의 경이, 제11품에는 4개의 경들이 포함되어 있다. 그런데 제6품부터 제9품까지는 각 품에 포함된 경들 간에 서로 공통된 점을 찾기 힘들다. 물론 비슷한 주제를 함께 모아서 같은 품에 포함하여 편집한 흔적이 보이기는 하지만, 비슷한 주제를 담고 있는 경들을 앞의 품들에 모아서 편집하고, 나머지 경들을 이 품들에 배당하여 편집한 것이 분명해 보인다.

3. 「여덟의 모음」의 특징 및 주요 주제들

「여덟의 모음」에 포함되어 있는 95개 경들 전체의 편집상에 나타나는 별다른 특징은 없어 보인다. 예를 들면 「넷의 모음」이나 「다섯의 모음」에는 게송을 포함한 경들을 따로 모아서 편집하고 있는데, 본 모음에는 그러한 특징이 나타나지 않는다. 전체적으로 비슷한 주제를 담고 있는 경들을 모아서 편집하려 한 흔적은 많지만 경의 개수가 많지 않고, 다양한 조합의 여덟 가지 가르침이 나타나기 때문에 그 특징을 몇 가지로 간추리는 것이 쉽지 않다.

「여덟의 모음」에 포함된 95개의 경들 가운데서도 상대적으로 많이 나타나거나 중요한 주제들을 중심으로 몇 가지를 살펴보자.

먼저 여덟이라는 법수하면 가장 먼저 떠오르는 것이 8정도일 것이다. 그러나 8정도는 「빠하라다 경」(A8:19)과 「힘 경」2(A8:28)에서 37보리분법의 하나로 언급될 뿐, 「여덟의 모음」의 주제로는 단 한 번도 나타나지 않는다. 왜 이러한 중요한 가르침이 「여덟의 모음」에서 배제된 것일까? 그 이유는 8정도는 8이라는 '숫자'에 초점을 맞추어서 결집을 하지 않고, 도(道, magga)라는 '주제'에 초점을 맞추어서 『상윳따 니까야』에서 이미 결집을 했기 때문이다. 그래서 8정도와 관련된 경들 180개는 『상윳따 니까야』 「도 상응」(Magga-saṁyutta, S45)에 모아서 먼저 결집을 하였고 본서에서는 제외한 것이다.

본경에 나타나는 여덟 개의 주제를 가진 가르침은 8관재계, 8경법, 8승처, 8해탈, 8회중 등을 들 수 있다. 제5품의 「간략하게 경」(A8:41)부터 「봇자 경」(A8:45)까지 5개의 경들은 여덟 가지 구성요소를 가진 포살[八關齋戒]과 관계된 것이다. 8관재계는 불교가 국교였던 고려 시대에 민중들에게 널리 권장되었던 불교의 실천 덕목이었다. 8관재계는 이미 본서 제1권 「포살의 구성요소[八關齋戒] 경」(A3:70)에도 나타났으며 제 6권 「삭까 경」(A10:46)에서도 언급되고 있는데 이처럼 부처님 당시에 도 재가자들의 실천 덕목으로 강조된 계목이다.

8경법(八敬法)은 비구니계를 받기 위해서 여인들이 받아들여야 하는 여덟 가지 무거운 법(aṭṭha garu-dhamma)을 말하는데, 본서 「고따미 경」(A8:51)에 나타나고 있다. 내용에 대해서는 아래 관심을 가져야 할 경들 편을 참조하기 바란다. 본경의 전문은 율장 『쭐라왁가』 (Vin.ii.253𝒻𝒻)에도 나타나고 있다.

여덟 가지 지배의 경지로 옮겨지는 8승처(八勝處, aṭṭha abhibh-āyatanāni)는 「지배 경」(A8:65)과 또 다른 「지배 경」(A8:93)에 나타나 고 있으며, 여덟 가지 해탈로 옮겨지는 8해탈(八解脫, aṭṭha vi- mokhā)은 「해탈 경」(A8:66)과 또 다른 「해탈 경」(A8:94)에 나타나고 있다.

그리고 여덟 가지 경이롭고 놀랄만한 법(acchariyā abbhutā dhammā) 에 대한 설명이 본서 「빠하라다 경」(A8:19), 「포살 경」(A8:20), 「욱가 경」1(A8:21), 「욱가 경」2(A8:22), 「핫타까 경」2(A8: 24) 등에 나타나 며 「핫타까 경」1(A8:23)은 일곱 가지에다 한 가지를 더하는 형식으로 나타나고 있다.

한편 「여덟의 모음」에는 특이한 조합으로 여덟을 구성하고 있는 경 들이 나타난다.

「행위 경」(A8:36)은 세 가지 공덕행의 토대로 "보시를 통한 공덕행 의 토대, 계를 통한 공덕행의 토대, 수행을 통한 공덕행의 토대"를 들고, 보시를 통한 공덕행의 토대와 계를 통한 공덕행의 토대를 하나의 조합 으로 만들어 이 둘을 조금, 보통, 굳건하게 만든 경우의 셋으로 하여 이 를 수행을 통한 공덕행의 토대를 만들지 못한 경우로 상정하여 불운한 인간, 운이 좋은 인간, 그리고 육욕천에 배대하여 여덟 가지를 설명하고 있다.

그리고 「여기 이 세상 경」 1/2(A8:49~50)와 「웃자야 경」(A8:55)에는 4가지 주제 + 4가지 주제의 조합이 나타나고, 「핫타까 경」 1(A8:23)에는 7가지 주제 + 1가지 주제의 조합이 나타난다. 특이하게도 「충분함 경」(A8:62)에는 6개 + 5개 + 4개 + 4개 + 3개 + 3개 + 2개 + 2개의 법수를 가진 8개의 구문이 나타나는데 이것을 「여덟의 모음」에 포함시키고 있다.

4. 「여덟의 모음」에서 관심을 가져야 할 경들

이제 「여덟의 모음」에 포함된 세존의 금구 성언 가운데서 우리가 보다 더 주의를 기울여서 살펴봐야 한다고 생각되는 경들을 몇 가지 소개하고자 한다.

(1) 「자애 경」(A8:1)

자비무적(慈悲無敵)이라는 말이 있다. 자비로운 사람에게는 어떤 적도 있을 수 없다는 말로 불교에서 삶의 덕목으로 강조하고 있는 말이기도 하다. 이미 초기경의 도처에서 부처님께서는 자애 혹은 자비를 드러내 보이셨으며 이를 강조하고 계신다. 본경을 통해서 부처님께서는 자애를 많이 닦으면 다음의 여덟 가지 이익이 있다고 말씀하신다.

"편안하게 잠들고, 편안하게 깨어나고, 악몽을 꾸지 않고, 사람들이 좋아하고, 비인간들이 좋아하고, 신들이 보호하고, 불이나 독이나 무기가 그를 해치지 못하고, 더 높은 경지를 통찰하지 못하더라도 범천의 세상에 태어난다. 비구들이여, 자애를 통한 마음의 해탈을 계발하고, 닦고, 많이 [공부]짓고, 수레로 삼고, 기초로 삼고, 확립하고, 굳건히 하고, 부지런히 닦으면 이러한 여덟 가지 이익이 기대된다."

초기경의 이런 가르침이 대승 불교에 전승이 되어 「관세음보살 보문품」 등으로 전개되었을 것이다. 자애를 닦는 방법은 『청정도론』 제9장의 자애 수행에서 상세하게 설명되어 있으므로 관심 있는 분들의 일독을 권한다.

한편 『청정도론』 III.57 이하에서는 자애(慈, mettā)와 죽음에 대한 마음챙김(死念, maraṇassati)[2]이라는 이 둘을 모든 것에 유익한 명상주제라고 설명하면서 권장하고 있다. 왜냐하면 이 둘은 수행자에게 크게 도움 되기 때문이며, 또한 이 둘은 수행에 전념하는 일의 조건이기 때문이라고 『청정도론』은 밝히고 있다.

(2) 「웨란자 경」(A8:11)

인도에서 바라문은 지식계급의 사람들이면서 동시에 제사를 거행함으로써 인간들을 신들과 연결시켜주는 역할을 하던 종교 계급의 사람들이었다. 그러므로 몇몇 바라문들은 선민의식이나 특권의식이 강하여 아주 거만하였으며, 그들의 자부심에 가득한 거만함은 『디가 니까야』 제1권 「암밧타 경」 등 적지 않은 초기경들에서 언급되고 있다. 세존께서는 이러한 바라문들에게 비록 그들이 연로하였더라도 먼저 인사하지 않으셨다. 이러한 세존의 태도에 대해 당시 바라문들은 부처님께 적지 않은 적대감을 가졌던 듯하다.

본경에서 웨란자 바라문은 이러한 부처님을 비난하여, 부처님이야말로 맛이 없는 자, 재물이 없는 자, [업]지음 없음을 말하는 자(도덕부정론자), 단멸을 말하는 자(단멸론자), 혐오하는 자, 폐지론자, 고행자, 모태에 들지 않는 자(천상의 모태에 태어나지 못하는 자)라고 여덟 가지의 저주의 말을 내뱉는다. 세존께서는 바라문의 그런 말에 대해 불교적인 해석으로 감동을 주고 계신다.

첫째로 웨란자 바라문이 부처님은 맛이 없는 자라고 한 비난에 대해서는 "여래는 형상의 맛, 소리의 맛, 냄새의 맛, 맛의 맛, 감촉의 맛을 여

---

2)   아래 §4의 (13)에서 소개하는 「죽음에 대한 마음챙김 경」 1/2(A8:73~74)를 참조할 것.

래는 제거하였고 그 뿌리를 잘랐고 줄기만 남은 야자수처럼 만들었고 멸절하였고 미래에 다시는 일어나지 않게끔 했다."라고 회통하고 계신다.

둘째, 재물이 없는 자라는 비난에 대해서도 첫째와 같이 대답하신다. 형상의 재물 등을 잘라버렸기에 재물이 없으시다는 말씀이다.

셋째, 도덕부정론자 즉 업지음 없음을 가르치는 자라는 비난에 대해서는 부처님이야말로 몸과 말과 마음으로 해로운 업[不善業]을 짓지 말 것을 가르치는 사람이니 진정 [업]지음 없음을 가르치는 자라고 명쾌한 해설을 내놓으신다.

넷째, 단멸론자라는 비난에 대해서는 탐욕, 성냄, 어리석음을 비롯한 모든 나쁜 불선법들의 단멸을 가르치는 자라고 대응하신다.

다섯째, 혐오하는 자라는 비난에 대해서는 "나는 몸으로 짓는 나쁜 행위와 말로 짓는 나쁜 행위와 마음으로 짓는 나쁜 행위를 혐오하고, 여러 가지 나쁜 불선법들을 마음에 품는 것을 혐오한다."고 말씀하신다.

여섯째, 폐지론자라는 비난에 대해서는 "나는 탐욕과 성냄과 어리석음을 폐지하기 위해서 법을 설한다. 나는 여러 가지 나쁜 불선법들을 폐지시키기 위하여 법을 설한다."

일곱째, 고행자라는 비난에 대해서는 "나는 나쁜 불선법들에 대해서 고행할 것을 가르친다. 몸으로 짓는 나쁜 행위와 말로 짓는 나쁜 행위와 마음으로 짓는 나쁜 행위에 대해서 고행할 것을 가르친다. 고행을 통해서 나쁜 불선법들이 제거되고 그 뿌리가 잘리고 줄기만 남은 야자수처럼 되고 멸절되고 미래에 다시는 일어나지 않게끔 된 자를 나는 고행자라고 말한다."

모태에 들지 않는 자라는 비난에 대해서는 "여래는 내생에 모태에 들어 다시 존재[再有]를 받아 태어남을 제거하였고 그 뿌리를 잘랐고 줄기만 남은 야자수처럼 만들었고 멸절하였고 미래에 다시는 일어나지 않게

끔 만들었다."

본경은 이처럼 웨란자 바라문의 비난을 명쾌하게 회통하여 불교의 궁극적 입장을 드러낸 경이다. 이렇게 설명을 하신 뒤 부처님께서는 4禪(초선부터 제4선까지)과 3明(숙명통, 천안통, 누진통)으로 부처님의 깨달음의 경지를 천명하셨으며 웨란자 바라문은 부처님의 재가 신도가 되는 것으로 경은 마무리 되고 있다.

  (3)「시하 경」(A8:12)

본경은 니간타의 제자인 시하 대장군(Sīha senāpati)이 부처님을 뵙고 나눈 대화를 담고 있는 경이다. 시하는 본래 니간타 나따뿟따의 제자였지만 니간타들이 부처님을 비난하는 말을 듣고 부처님을 뵌 뒤에 위 「웨란자 경」에서 세인들이 부처님을 여덟 가지로 비난하는 말에 대한 부처님의 회통의 말씀을 듣고는 세존의 재가 신도가 되기로 결심하고 부처님과 법과 승가에 귀의한다고 말씀 드린다.

부처님께서는 심사숙고한 연후에 신중하게 처신하라고 하셨지만, 그는 부처님의 이런 말씀 때문에 더 부처님께 귀의하고자 한다고 한다. 이렇게 부처님께서는 세 번을 신중할 것을 당부하셨고 그는 그런 부처님 말씀을 듣고 더 깊이 귀의하려는 마음이 생겼다. 그리하여 그는 마침내 그 자리에서 '일어나는 법은 그 무엇이건 그것은 모두 멸하기 마련인 법이다[集法卽滅法]'라는 티 없고 때가 없는 법의 눈[法眼]이 생겨서 예류자가 되었다.

한편 본서 제3권 「시하 경」(A5:34)과 제4권 「시하 경」(A7:54)도 시하 대장군과 관계된 경이다.

  (4)「빠하라다 경」(A8:19)

많은 초기경에는 천상의 여러 신들이 부처님께 와서 질문을 드리고 부처님의 가르침을 듣는 장면이 나타나고 있다. 그리고 여러 계층의 천상들 특히 육욕천과 색계 천상의 신들에 대한 언급도 많이 나타나고 있다. 그러나 아수라나 아수라의 왕에 대한 언급은 아주 드물며 특히 아수라 왕이 세존께 와서 문답을 나누면서 설법을 듣는 경은 거의 나타나지 않고 있다. 본경은 아수라 왕이 세존과 법담을 나누는 다른 경에서는 보기 드문 설정을 하고 있다는 데서 의미가 큰 경이다.

아수라들은 바다를 좋아했다고 한다. 그래서 세존께서는 빠하라다라는 아수라 왕에게 "큰 바다에는 어떤 경이롭고 놀랄만한 것들이 있어서 그것을 볼 때마다 아수라들은 큰 바다를 기뻐하는가?"라고 질문을 하시고 빠하라다는 여기에 대해서 여덟 가지로 대답한다. 그리고는 세존께 "세존이시여, 그러면 이 법과 율에는 어떤 경이롭고 놀랄만한 법들이 있어서 그것을 볼 때마다 비구들은 이 법과 율을 기뻐합니까?"라고 질문을 드리는데, 세존께서는 빠하라다가 대답한 큰 바다의 여덟 가지 덕목에 비유해서 설법을 하신다. 그것을 간추려보면 다음과 같다.

첫째, 이 법과 율에 순차적인 공부지음과 순차적인 실천과 순차적인 도닦음이 있다.

둘째, 내가 제자들을 위해서 제정한 학습계목을 내 제자들이 목숨을 버릴지언정 범하지 않는다.

셋째, 승가가 계를 지키지 않고 … 청정하지 않은 사람과는 함께 머물지 않고 승가가 함께 모여 즉시 그를 버려버린다.

넷째, 끄샤뜨리야, 바라문, 와이샤, 수드라의 네 가지 계급 중 어느 것에 속했더라도 여래가 선언한 법과 율에 의지해서 집을 나와 출가하면 이전의 이름과 성을 버리고 삭까의 아들 사문이라는 이름을 가지게 된다.

다섯째, 많은 비구들이 취착이 없는 열반의 요소로 반열반에 들지만 그것 때문에 열반의 요소가 모자라거나 넘친다고 알려지지 않는다.

여섯째, 이 법과 율은 하나의 맛인 해탈의 맛을 가지고 있다.

일곱째, 이 법과 율은 네 가지 마음챙김의 확립[四念處], 네 가지 바른 노력[四正勤], 네 가지 성취수단[四如意足], 다섯 가지 기능[五根], 다섯 가지 힘[五力], 일곱 가지 깨달음의 구성요소[七覺支], 여덟 가지 구성요소로 된 성스러운 도[八支聖道]와 같은 이런 여러 종류의 많은 보배를 가지고 있다.

여덟째, 이 법과 율에는 큰 존재들의 거주처여서 예류자, 예류과를 실현하기 위해 도닦는 자, 일래자, 일래과를 실현하기 위해 도닦는 자, 불환자, 불환과를 실현하기 위해 도닦는 자, 아라한, 아라한과를 실현하기 위해 도닦는 자가 있다.

이처럼 본경은 큰 바다와 불교교단을 여덟 가지로 비교해서 불교교단의 특징을 명쾌하게 드러내 보이고 있다.

(5) 「욱가 경」 1(A8:21)

『앙굿따라 니까야』에는 여러 재가 불자들이 등장하고 있다. 『앙굿따라 니까야』는 부처님의 가르침을 중요한 주제별로 모은 것이 아니라, 숫자별로 모은 것이기 때문에 불교의 기본 법수들과 관계 없이 재가자들에게 설하신 부처님의 가르침이 보존될 가능성이 어느 니까야 보다 높은 것이 하나의 이유일 것이다. 본경에 등장하는 욱가 장자는 본서 제1권 「하나의 모음」(A1:14:6-6)에서 마음에 흡족한 보시를 하는 자들 가운데서 으뜸인 청신사로 언급이 되었다.

본경에서 세존께서는 웨살리에 사는 욱가 장자는 여덟 가지 경이롭고 놀랄만한 법을 갖추었다고만 말씀하시고 더 이상 설명이 없으신다. 그러자 비구들이 욱가 장자에게 찾아가서 직접 욱가 장자로부터 그가 가진 여덟 가지 특질에 대해서 들은 것을 담은 것이 바로 본경이다. 본경에서 욱가 장자는 세존께서 인정하신 그의 여덟 가지 특질에 대해 언급하고 있는데, 몇 가지 중요한 점을 들어보면 다음과 같다. 그는 네 명의 아내를 가졌지만 완전히 금욕적인 삶을 살았고, 신들이 그에게 와서 대화를 나누고, 다섯 가지 낮은 단계의 족쇄[下分結]를 부수어 불환자가 되었다고 밝히고 있다.

(6) 「아누룻다 경」(A8:30)

본서 제1권 「아누룻다 경」2(A3:128)에 의하면 아누룻다 존자는 출가하여 첫 안거를 지내는 도중에 증득(samāpatti)을 얻어 1,000의 세계를 볼 수 있는 천안의 지혜(dibbacakkhu-ñāṇa)가 생겼다고 한다. 그러나 그는 아직 취착이 없어지지 않아 번뇌들로부터 마음이 해탈하지는 못한 채 사리뿟따 존자에게 가서 그 사실을 말하였다. 그러자 사리뿟따 존자는 아직 아누룻다 존자가 자만(māna)과 들뜸(uddhacca)과 후회(ku-kkucca)라는 불선법이 다하지 못하였음을 분명하게 지적한 뒤에 "아누룻다 존자는 이러한 세 가지 법을 버리고 이러한 세 가지 법을 마음에 잡도리하지 말고 불사(不死)의 경지로 마음을 향하게 하십시오."라고 충고하였다.

그러자 아누룻다 존자는 분발하여 세존의 가르침을 들은 뒤 이곳 쩨띠로 와서 사문의 법을 행하면서 여덟 달 동안을 경행하면서 지냈다고 한다. 그는 고된 정진으로 흥분하여 몸이 피로함을 느꼈다. 그리하여 어떤 대나무 숲 아래에 앉았는데, 그때 그의 마음에 본경에 나타나는 생각이 떠올랐다고 한다. 본경은 이것을 대인의 사유(mahāpurisa-vitakka)라고 부르고 있다.

이처럼 본경은 아누룻다 존자가 일으킨 일곱 가지 대인의 사유에다 세존이 설하신 한 가지를 담고 있는 경이다. 여덟 가지는 다음과 같다.

① 이 법은 바라는 바가 적은[少慾] 자를 위한 것이지 바라는 바가 많은 자를 위한 것이 아니다. ②이 법은 만족할 줄 아는[知足] 자를 위한 것이지 만족하지 못하는 자를 위한 것이 아니다. ③이 법은 한거(閑居)하는 자를 위한 것이지 무리지어 사는 것을 즐기는 자를 위한 것이 아니다. ④이 법은 열심히 정진하는 자를 위한 것이지 게으른 자를 위한 것

이 아니다. ⑤이 법은 마음챙김을 확립한 자를 위한 것이지 마음챙김을 놓아버린 자를 위한 것이 아니다. ⑥이 법은 삼매에 든 자를 위한 것이지 삼매에 들지 못한 자를 위한 것이 아니다. ⑦이 법은 통찰지를 갖춘 자를 위한 것이지 통찰지가 없는 자를 위한 것이 아니다. ⑧ 이 법은 사량분별(思量分別) 없음을 좋아하고 사량분별 없음을 즐기는 자를 위한 것이지 사량분별을 좋아하고 사량분별을 즐기는 자를 위한 것이 아니다.

세존께서는 이러한 여덟 가지 사유를 행하게 되면 네 가지 禪을 자유로이 얻게 되고 이를 바탕으로 열반을 실현하게 된다고 말씀하셨다. 그런 뒤 세존께서는 비구들을 불러서 이러한 여덟 가지 사유의 구체적인 의미를 더 자세하게 설명하시는 것으로 본경은 마무리 되고 있다.

(7)「보시로 인한 태어남 경」(A8:35)

본경은 재가자들이 사문이나 바라문에게 먹을 것과 마실 것과 입을 것과 탈것과 화환과 향수와 화장품과 침상과 숙소와 등불을 보시한 것의 과보를 여덟 가지로 설하고 있는 경이다.

이러한 보시를 행한 자들은 여덟 가지 과보가 기대되는데 한 가지는 인간 가운데서 부유한 끄샤뜨리야들이나 부유한 바라문들이나 부유한 장자들의 일원으로 태어난 경우이고, 여섯 가지는 육욕천에 태어나는 경우이며, 마지막 한 가지는 색계 초선천인 범중천에 태어나는 경우이다.

여기서 중요한 것은 보시를 행하였지만 계를 청정하게 지키지 못한 경우에는 이러한 여덟 가지 과보가 해당되지 않는다는 사실이다. 그래서 경은 밝히고 있다. "그러나 이런 것은 계를 가진 자에게 해당하는 것이지 계행이 나쁜 자에게는 해당하지 않는다고 나는 말한다. 비구들이여, 계를 지닌 자는 청정하기 때문에 마음의 소원을 성취한다."

초기경의 여러 곳에서 부처님께서는 보시하고 계를 지키면 천상에 태어난다고 말씀하셨는데 본경도 같은 말씀을 하고 계신다. 물론 이 가운데 천상은 욕계 천상이며, 색계의 초선천까지는 가능하나 그 이상은 아니다. 왜냐하면 색계 천상과 무색계 천상은 삼매를 통해서 성취되는 천상이며 그래서 이 둘은 범천의 세상(brahma-loka)이라고 부르고 있다. 이러한 천상에는 삼매 수행이 바탕이 되어서 도달할 수 있다. 그러나 그 가운데서도 색계 제4선천의 정거천은 삼매만으로는 도달할 수 없으며, 불환과를 얻은 성자만이 도달할 수 있는 곳이다.

한편 바로 다음 경인 「행위 경」(A8:36)도 비슷한 주제를 담고 있는데, 「행위 경」에서는 공덕행의 토대를 보시를 통한 공덕행의 토대와 계를 통한 공덕행의 토대와 수행을 통한 공덕행의 토대로 나눈 뒤 인간에 태어나는 두 가지와 욕계 천상에 태어나는 여섯 가지(=육욕천) 경우를 들고 있다.

즉, 보시를 통한 공덕행의 토대와 계를 통한 공덕행의 토대를 조금 만들었지만, 수행을 통한 공덕행의 토대를 만들지는 못한 경우는 몸이 무너져 죽은 뒤에 불운한 인간으로 태어나고, 앞의 둘을 보통으로 닦고 수행의 공덕행을 만들지 못한 경우는 운이 좋은 인간으로 태어난다.

그리고 보시를 통한 공덕행의 토대와 계를 통한 공덕행의 토대를 굳건하게 만들었지만, 수행의 공덕행의 토대를 만들지는 못한 경우로 여섯 가지를 들어서 육욕천에 배대하고 있다. 본경에서도 보듯이 육욕천은 보시와 지계를 통해서 도달하게 되는 곳이며 삼매나 통찰지의 수행이 없어도 가능한 곳으로 언급되고 있다.

보시와 지계는 선진국에서 추구하는 국가의 모델이기도 하다. 봉사하는 삶과 건전한 삶이야말로 세계의 일류 국가들이 국민들에게 권장하는 삶의 지표이기 때문이다. 불교적인 관점에서 보자면 이러한 삶을 바탕으로[戒] 정신적인 편안함과 여유가 생기고[定], 삶의 궁극을 꿰뚫어 보는 통찰지가 완성되는 것이며[慧], 그래서 궁극적인 행복을 실현하게 되는 것이니[解脫], 이러한 삶이야말로 만 생명이 필경에 성취해야 할 것이기 때문이다.

(8) 「넘쳐흐름 경」(A8:39)

본경도 "공덕이 넘쳐흐르고 유익함이 넘쳐흐르고 행복을 가져오고 신성한 결말을 가져오고 행복을 익게 하고 천상에 태어나게 하는" 여덟 가지를 설하고 계신다. 세존께서는 "이것은 원하는 것, 좋아하는 것, 마음에 드는 것, 이익, 행복으로 인도하는 것"이라고 설명하신다.

이 여덟 가지는 다름 아닌 삼귀의와 오계이다. 불자가 되는 기본이 수계이다. 수계를 한 사람이 진정한 불자다. 진정한 불자일 뿐만 아니라 수계를 함으로 해서 그에게는 이러한 공덕이 넘쳐흐르게 되고 행복이 가득하게 되고 죽어서는 천상에 태어나게 된다. 그러면 불교에서 수계할 때 재가 불자들이 일반적으로 받게 되는 계의 항목[戒目]은 무엇인가? 그 계의 항목은 다름 아닌 본경에서 부처님이 설하시는 삼귀의와 오계이다. 이러한 삼귀의와 오계가 본경에서는 행복의 조건으로 강조되고 있는 점이 눈여겨볼만하다.

(9) 「상세하게 경」(A8:42) 등의 5개 경들

「여덟의 모음」에서 빼놓을 수 없는 것이 바로 8관재계이다. 이 8관재계는 고려시대에 널리 행해진 불교의 의례 의식이었음은 국사책을 통해서도 잘 알고 있다. 8관재계는 다름 아닌 여덟 가지로 된 계를 그날 하루 만은 국왕을 비롯한 온 나라의 백성들이 지키고자 노력한 것이다.

8관재계의 내용은 살·도·음·망·주를 금하는 기본 오계에다 하루 한 끼만 먹는 것, 춤·노래·연주·연극을 관람하는 것을 멀리 여의는 것, 높고 큰 침상을 사용하지 않는 것의 셋을 추가한 것이다.

인도에서 유학할 때 역자는 배움의 기회조차 없이 남의 집에 청소나 허드레 일을 해주면서 간신히 삶을 영위해가는 찢어지게 가난한 여인네들도 일주일에 한 번씩은 금식일을 가져서 그날만은 짜이나 설탕물 등을 마시며 버텨내는 것을 보고 충격과 감동을 받은 적이 있다. 계를 지키킨다는 것은 도덕적이고 건전한 삶을 살고자 하는 다짐이요 실천이다. 그런 환경에 처한 사람들조차 계를 지키려는 노력을 하는 나라야말로 진정한 선진국이요 강대국일지도 모른다.

이런 측면에서 보자면 왕으로부터 만백성에 이르기까지 보름에 한번이나 한 달에 한번 씩이라도 8관재계를 지키고자 했던 고려는 진정한 선진국이었는지도 모른다. 선진국이란 다만 물질적인 풍요만을 누리는 것이 아니라 도덕적으로 고양되고 봉사하는 고결한 삶을 사는 나라일 것이기 때문이다. 조선조 오백 년간 억불 정책으로 끊어졌던 8관재계의 풍습이 지금시대 우리나라 아니 우리 불교계에 다시 실현되기를 소망해 본다.

(10) 「고따미 경」 (A8:51)

비구니 출가제도가 잘 갖추어진 한국 불교계에서 입에 오르내리기가 꺼려지는 제도가 다름 아닌 비구니 8경법이다. 본경은 비구니 8경법을 담고 있는 경전적인 근거가 되는 경이다. 세존께서 성도하신 후 2년 뒤에 처음으로 까삘라왓투를 방문하셨을 때이다. 세존께서는 먼저 이복동생인 난다(Nanda)를 출가시키셨고 7일째 되던 날에는 아들인 라훌라(Rāhula)를 출가시키셨다.

세존께서 사꺄 족과 꼴리야 족 사이에 로히니 강물 때문에 일어난 분쟁을 중재하러 오셨을 때 500명의 사꺄 족 남자들이 출가하였다. 세존의 이모고 계모인, 난다 존자의 어머니인 마하빠자빠띠 고따미 왕비는 그들의 아내들과 함께 세존께 여인들도 출가하게 해달라고 간청을 하였지만 세존께서는 거절하셨다. 세존께서 웨살리로 가시자 그녀는 500명의 여인들과 함께 맨발로 웨살리까지 가서 간청을 하였지만 세존께서는 역시 거절하셨다.(Vin.ii.253ff. 본경 §4) 이처럼 세존께서는 여성의 출가를 허락하는 것에 대해서는 신중에 신중을 거듭하셨다.

그때 발이 퉁퉁 부어올랐고 사지는 온통 먼지투성이였으며 슬픔과 비탄에 잠겨 눈물을 흘리고 흐느끼면서 문밖에 서있는 마하빠자빠띠 고따미 왕비 일행을 본 아난다 존자가 세존께 가서 세 번을 간청하였지만 세존께서 거절하시는 것을 보고 아난다 존자는 다른 방법으로 다음과 같이 세존께 말씀을 드린다. "세존이시여, 여자도 집을 나와 여래가 선포하신 법과 율 안으로 출가하면 예류과나 일래과나 불환과나 아라한과를 실현할 수 있습니까?" 삼계의 대도사인 부처님께서 다른 말씀을 하실리가 없으셨다. 세존께서는 "아난다여, 여자도 집을 나와 여래가 선포하신 법과 율 안으로 출가하면 예류과를 실현할 수 있고, 일래과도 불환과도 아라한과도 실현할 수 있다."라고 대사자후를 선언하셨다.

이에 아난다 존자는 다시 여인의 출가를 간청하였으며 이에 부처님께서는 여덟 가지 조건을 달아서 그것을 받아들이면 허락하겠노라고 하셨는데, 그 여덟 가지가 다름 아닌 8경법(八敬法)으로 중국에서 번역이 된 여덟 가지 무거운 법(aṭṭha garu-dhamma)이다.(내용은 본경에 해당하는 본문을 참조할 것)

역자는 8경법이 여성을 비하한 것인가 아닌가를 따지는 것보다는 위에서 인용한 "여자도 집을 나와 여래가 선포하신 법과 율 안으로 출가하면 예류과도 일래과도 불환과도 아라한과도 실현할 수 있다."는 부처님의 대선언을 더 주목해야 한다고 생각한다. 여성도 남성이 도달할 수 있는 경지에 꼭 같이 도달할 수 있다는 가르침이 인류 고대사 어디에 있었겠는가. 한편 8경법과 8경법을 제정하게 된 연유를 담은 본경의 전문은 율장 『쭐라왁가』(Vin.ii.253⑩)에도 나타나고 있다. 그러나 이것은 비구니 계목으로는 포함되어 있지 않다.

⑾ 「간략하게 경」(A8:63)
초기경에서 禪의 경지는 초선부터 제4선까지 네 가지 선[四種禪]으로 분류되고 있다. 그러나 아비담마에서는 초선부터 제5선까지의 다섯 가

지 선[五種禪]으로 분류되고 있다. 그러면 이러한 5종선의 분류에 대한 경전적 근거가 있는가? 있다. 본경이 바로 이러한 5종선에 대한 경전적 근거가 되는 하나의 경이다.

본경은 혼자 은둔하여 방일하지 않고 열심히, 스스로 독려하며 지내려고 하는 어떤 비구가 세존께 가르침을 청하자 세존께서 그 비구를 위해서 설하신 경이다.

본경에서 세존께서는 삼매를 설하시면서 "일으킨 생각과 지속적인 고찰이 함께한 삼매도 닦아야 한다. 일으킨 생각은 없고 지속적인 고찰만 있는 삼매도 닦아야 한다. 일으킨 생각도 지속적인 고찰도 없는 삼매도 닦아야 한다. 희열이 있는 삼매도 닦아야 한다. 희열이 없는 삼매도 닦아야 한다. 행복이 함께 한 삼매도 닦아야 한다. 평온이 함께한 삼매도 닦아야 한다."라고 말씀하신다.

경에 의하면 삼매는 4종선으로 분류된다. 이 분류에 의하면 일으킨 생각은 없고 지속적 고찰만 있는 삼매는 존재하지 않는다. 왜냐하면 초선은 일으킨 생각과 지속적 고찰이 있고, 제2선은 일으킨 생각과 지속적 고찰 둘 다 없기 때문이다. 그러므로 본경에 언급되는 '일으킨 생각은 없고 지속적 고찰만 있는 삼매'라는 이 구절은 아비담마에서 삼매를 5종선으로 분류하는 경전적 근거가 된다. 4종선과 5종선의 분류에 대해서는 『아비담마 길라잡이』제5장 §6의 [해설] 1과 『청정도론』XIV.86 등을 참조하기 바란다.

5종선의 측면에서 보자면 본경에 나타나는 '일으킨 생각과 지속적인 고찰이 함께한 삼매'는 초선에, '일으킨 생각은 없고 지속적인 고찰만 있는 삼매'는 제2선에, '일으킨 생각도 지속적인 고찰도 없으면서 희열이 있는 삼매'는 제3선에, '희열이 없으면서 행복이 함께 한 삼매'는 제4선에, '평온이 함께한 삼매'는 제5선에 배대된다.

본경은 계속해서 이러한 삼매를 토대로 자애·연민·같이 기뻐함·

평온의 사무량심을 닦고 사념처를 닦을 것을 말씀하셨고 이 비구는 그대로 수행해서 아라한이 되었다고 한다.

(12) 「대지의 진동 경」(A8:70)

본경은 『디가 니까야』 제2권 「대반열반경」(D16) §§3.1~3.20과 동일하다. 「대반열반경」은 부처님의 마지막 발자취를 부처님이 입멸하시기 전해부터 담고 있는 경들 가운데서 유일하게 연대기적인 측면에서 부처님의 마지막 발자취를 담고 있는 경이다. 그러다 보니 「대반열반경」의 대략 3분의 1에 해당하는 내용은 니까야의 다른 경들로 나타나고 있다. 본경도 그런 경 가운데 하나이다. 본경은 부처님께서 중병에서 나으신 뒤에 마라에게 부처님이 석 달 뒤에 입멸하실 거라는 것을 선언하시는 경이다.

역자가 여기서 거론하고 싶은 것은 "아난다여, 누구든지 네 가지 성취수단[四如意足]을 닦고, 많이 [공부]짓고, 수레로 삼고, 기초로 삼고, 확립하고, 굳건히 하고, 부지런히 닦은 사람은 원하기만 하면 백년을 머물 수도 있고, 혹은 남은 기간을 머물 수도 있다. 아난다여, 여래는 네 가지 성취수단을 닦고, 많이 [공부]짓고, 수레로 삼고, 기초로 삼고, 확립하고, 굳건히 하고, 부지런히 닦았다. 여래는 원하기만 하면 백년을 머물 수도 있고, 혹은 남은 기간을 머물 수도 있다."라는 부분이다. 여기서 백년으로 옮긴 원어는 kappa(겁, 劫)이다. 주석서에 의하면 여기서 겁은 '수명의 겁(āyu-kappa)'을 뜻한다고 한다.(AA.iv.149) 그 당시 인간이 살 수 있는 수명의 한계를 다 채울 때까지 머물 수 있다는 뜻이다. 남은 기간이란 '이쪽저쪽이다'라고 말한 백년보다 조금 더 사는 것을 뜻한다. 한편 본서 제4권 「아라까 경」(A7:70)에서 부처님 당시의 인간의 수명은 백년의 이쪽저쪽이라고 언급되고 있다. 그래서 백년으로 옮겼다. 이 부분에 해당하는 주석서를 직역하면 다음과 같다.

"여기서 겁(kappa)이란 수명의 겁(āyu-kappa)이다. 그 당시에 인간들의 수명(āyuppamāṇa)의 한계를 다 채우면서 머물 수 있다는 말이다. '혹은 남은 겁(kappāvasesaṁ vā)'이란 앞에서 말한 백년보다 조금 더 (vassa-satato atirekaṁ) 사는 것이다."(AA.iv.149)

초기불전연구원에서 발간한 『디가 니까야』 한글 번역에서는 주석서의 입장보다 경의 원어를 중시하여 '일 겁'이라고 옮겼는데 여기서는 주석서의 입장을 존중하여 '백년'으로 옮겼다. 그렇지 않으면 자칫 일 겁을 너무 긴 시간으로 신비적으로 오해할 우려가 있기 때문이다.

(13) 「죽음에 대한 마음챙김 경」 1/2(A8:73~74)

초기불교의 수행법을 총체적으로 담고 있는 『디가 니까야』 제2권 「대념처경」(D22)에서 세존께서는 사념처(四念處, 네 가지 마음챙김의 확립)로 마음챙김의 대상을 21가지 혹은 44가지로 설하셨다. 이것은 '나'라는 존재를 몸, 느낌, 마음, 심리현상들[身·受·心·法]의 네 가지로 해체해서 설하신 것이다. 이 가운데 몸에 대한 마음챙김의 대상으로는 14가지를, 느낌으로는 1가지 혹은 9가지를, 마음은 1가지 혹은 16가지를, 법에 대한 마음챙김의 대상으로는 5가지를 설하셨다. 죽음은 이러한 대상에 속하지 않는다. 죽음은 지금여기에서 현존하는 나의 구성요소가 아니기 때문이다. 그러나 죽음은 수행자에게 중요한 명상주제임은 틀림없다. 본경은 이러한 죽음을 마음챙김의 대상으로 설하고 계신 중요한 경이다.

본경을 통해서 세존께서는 비구들에게 당부하신다. "비구들이여, 죽음에 대한 마음챙김을 닦고 많이 [공부]지으면 큰 결실과 큰 이익이 있고 불사(不死)에 들어가고 불사를 완성한다. 비구들이여, 그대들은 죽음에 대한 마음챙김을 닦을지어다."

그런 뒤에 우리가 하루 밤낮밖에 살 수 없음, 하루 낮밖에 살 수 없음, 한나절밖에 살 수 없음, 한 번 밥 먹는 시간밖에 살 수 없음, 밥을 반쯤 먹는 시간밖에 살 수 없음, 네다섯 입의 음식을 씹어 삼키는 시간밖에 살 수 없음, 한 입의 음식을 씹어 삼키는 시간밖에 살 수 없음, 숨을 들이쉬었다가 내쉬는 시간밖에 살 수 없음을 비구들과 문답으로 드러내신 뒤에 이렇게 당부하신다.

"비구들이여, 그러므로 이와 같이 공부지어야 한다. '우리는 방일하지 않고 머무르리라. 번뇌를 멸하기 위하여 예리하게 죽음에 대한 마음챙김을 닦으리라.'라고. 비구들이여, 그대들은 참으로 이와 같이 공부지어야 한다."

그리고 다음의 「죽음에 대한 마음챙김 경」2(A8:74)를 통해서 인간의 삶이 죽음에 노출된 불확실한 것이라는 것을 여러 보기를 들어 보이시고, 역시 "비구들이여, 이와 같이 죽음에 대한 마음챙김을 닦고 많이 [공부지으면 큰 결실과 큰 이익이 있고 불사(不死)에 들어가고 불사를 완성한다."라고 맺고 계신다.

5. 「아홉의 모음」의 구성

『앙굿따라 니까야』「아홉의 모음」(A9)에도 모두 95개의 경들이 포함되어 있다. 이 경들을 모두 10개의 품(Vagga)으로 나누었으며 제5품까지를 「첫 번째 50개 경들의 묶음」으로 배정하였고, 나머지를 「두 번째 50개 경들의 묶음」으로 배정하였다.

이 가운데 제3품과 제6품에는 11개의 경들을 배정하였고 제10품에는 3개의 경을 포함시켰으며 나머지 품들에는 모두 10개씩의 경들을 배당하였다. 이렇게 해서 전체 95개 경들이 10개의 품으로 나누어져 있다.

그럼 각 경들의 묶음 별로 간단하게 전체를 개관해보자.

(1) 「첫 번째 50개 경들의 묶음」

본 묶음은 제1장 「깨달음 품」, 제2장 「사자후 품」, 제3장 「중생의 거처 품」, 제4장 「대 품」, 제5장 「빳짤라 품」으로 구성되어 있다. 제

3장「중생의 거처 품」에는 11개의 경들이 포함되어 있고 나머지 네 품은 모두 10개씩의 경들을 포함하고 있다. 제4장「대 품」에는「아홉의 모음」가운데 비교적 길이가 긴 경들을 모았다. 본 묶음의 제4품과 제5품 및 두 번째 묶음의 제6품은 9차제멸(九次第滅) 혹은 9차제증득(九次第證得)과 관계된 30개의 경들로 구성되어 있다.

(2)「두 번째 50개 경들의 묶음」

본 묶음은 제6장「안은 품」, 제7장「마음챙김의 확립 품」, 제8장「노력 품」, 제9장「성취수단 품」, 제10장「탐욕의 반복 품」의 다섯 개 품으로 구성되어 있다. 제6품에는 11개의 경들이 포함되어 있고, 마지막인「탐욕의 반복 품」에는 3개의 경들이 포함되어 있으며 나머지 세 품에는 각각 10개씩의 경들을 포함되어 있다.

나머지 세 품 즉 제7장부터 제9장까지에는 5계를 범함, 다섯 가지 장애, 다섯 가닥의 감각적 욕망, [나 등으로] 취착하는 다섯 가지 무더기[五取蘊], 다섯 가지 낮은 단계의 족쇄[下分結], 다섯 가지 태어날 곳, 다섯 가지 인색함, 다섯 가지 높은 단계의 족쇄[上分結], 다섯 가지 마음의 삭막함, 다섯 가지 마음의 속박으로 정리되는 다섯 가지 구성요소를 가진 일련의 해로운 경지를 해소하기 위해 제7장에서는 네 가지 마음챙김의 확립[四念處]를 닦아야 한다고 설하고 계시며, 제8장에서는 네 가지 바른 노력[四精勤]을 닦아야 한다고, 제9장에서는 네 가지 성취수단[四如意足]을 닦아야 한다고 정리하고 있다.

이렇게 하여 제7장의「공부지음 경」(A9:63)부터 제9장의「속박 경」(A9:92)까지 30개의 경들은 이러한 다섯 가지씩으로 구성되어 있는 열 가지 해로운 경지를 해소하는 방법으로 사념처, 사정근, 사여의족을 들고 있는 것으로 배대해서 경들을 편집하였다.

6. 「아홉의 모음」의 특징

「아홉의 모음」의 특징을 몇 가지로 간추리면 다음과 같다.

첫째, 아홉의 주제 가운데 가장 중요하게 다루어져야 하는 9차제멸 혹은 9차제증득에 관한 경이 많이 나타나고 있다. 제3품의 마지막인 「차제멸(次第滅) 경」(A9:31)부터 시작하여 제6품의 「차례로 소멸함 경」(A9:61)까지 대략 30개의 경들이 바로 이 주제를 담고 있다. 이 가운데 아홉 가지 차례로 소멸함[九次第滅]을 담고 있는 경은 「차제멸 경」(A9:31), 「열반 경」(A9:34), 「소[牛] 경」(A9:35), 「빤짤라 경」(A9:42) 등이고, 아홉 가지 차례로 머묾[九次第住]을 담고 있는 경은 「머묾 경」1(A9:32), 「선(禪) 경」(A9:36), 「바라문 경」(A9:38), 「천신 경」(A9:39), 「나가 경」(A9:40), 「따뿟사 경」(A9:41), 「몸으로 체험한 자 경」(A9:43), 「혜해탈 경」(A9:44) 등이며, 특히 「양면해탈 경」(A9:45) 부터 「차례로 소멸함 경」(A9:61)까지는 모두 9차제멸을 주제로 하고 있다. 한편 아홉 가지 차례로 머묾의 증득[九次第住等至]도 나타나는데 「머묾 경」2(A9:33)를 들 수 있다.

사실 초기경에서 아홉이라는 숫자를 떠올리게 하는 것은 9차제멸 혹은 9차제주라 해도 과언이 아니다. 이 9차제멸이나 9차제주는 주제별로 모은 『상윳따 니까야』에 하나의 주제로 포함되어 있지 않기 때문에 숫자별로 모은 『앙굿따라 니까야』 「아홉의 모음」에서 가장 많이 나타나는 주제가 된 것이다.

둘째, 초기경에서 아홉이라는 숫자를 통해서 떠오르는 가르침은 9차제멸의 증득 외에는 특별한 것이 없다. 그러다 보니 본 「아홉의 모음」에도 다른 법수들의 조합으로 아홉 개의 가르침을 담고 있는 경들이 많이 나타난다. 특히 그 가운데서도 5 + 4의 조합으로 된 것이 30개 정도나 된다. 특히 본 모음 가운데 제7장 「마음챙김의 확립 품」에 포함된

10개의 경들과 제8장 「바른 노력 품」에 포함된 10개의 경들과 제9장 「성취수단 품」에 포함된 10개의 경들 — 그러니까 A9:63부터 A9:92까지의 모두 30개의 경들은 각각 5계를 범함과 다섯 가지 장애 등의 5개(五蓋)로 구성된 10가지 부류의 해로운 법들을 해결하기 위해 4개로 구성된 법인 4념처와 4정근과 4여의족을 닦아야 한다는 통일된 방법으로 전개되는 경들이다.

다시 정리해보면 제7장의 「공부지음 경」(A9:63)부터 「속박 경」(A9:72)까지는 5 + 4(마음챙김)로 나타나고, 제8장의 「공부지음 경」(A9:73)부터 「속박 경」(A9:82)까지는 5 + 4(4정근)로 나타나고 제9장의 「공부지음 경」(A9:83)부터 「속박 경」(A9:92)까지는 5 + 4(4여의족)로 나타난다.

셋째, 이 이외에 아홉 가지의 법으로 구성된 경들 30개 정도를 A9:1부터 A9:30까지 본 모음의 앞부분에 속하는 여러 품에 싣고 있다. 이 경들은 비슷한 주제끼리 가깝게 놓으려한 흔적은 있지만 통일성을 찾아보기 힘들 정도로 다른 주제들을 담고 있다. 이런 경들 가운데서도 다른 법수들의 조합으로 아홉을 만든 경들이 적지 않게 포함되어 있다. 예를 들면 「힘 경」(A9:5)은 4가지 힘 + 5가지 두려움을 건넘으로 구성되어 있고, 「경우 경」(A9:21)과 「망아지 경」(A9:22)은 3 + 3 + 3의 조합으로 구성되어 있으며, 「증오 경」 1/2(A9:27~28)는 5 + 4의 조합으로 구성되어 있다. 그리고 「아홉의 모음」 맨 마지막으로 다른 모음에서와 같이 「탐욕의 반복 품」에 3개의 경들을 실어서 모두 95개의 경들이 「아홉의 모음」에 실려 있다.

7. 「아홉의 모음」에서 관심을 가져야 할 경들

이제 「아홉의 모음」에 포함된 세존의 금구성언 가운데서 우리가 보다 더 주의를 기울여서 살펴봐야 한다고 생각되는 경들을 소개하면서 해제를 마무리하고자 한다.

(1) 「깨달음 경」(A9:1)

불교는 깨달음의 종교라 한다. 그러면 어떤 법을 닦아야 깨달을 수 있는가? 본경은 이런 문제를 짚어보고 있는 경이다. 세존께서는 아홉 가지로 깨달음을 도와주는 법들을 설하고 계신다. 그것은 다음과 같다.

먼저 깨달음을 실현하기 위해 갖추어야 할 다섯 가지 전제 조건이 있다. 첫째는 좋은 친구요, 둘째는 계를 구족함이요, 셋째는 엄격하고, 마음을 여는 데 도움이 되는 이야기를 갖춤이요, 넷째는 열심히 정진함이요, 다섯째는 통찰지를 가짐이다. 이러한 다섯 가지 법을 구족하여 다시 네 가지 법을 더 닦아야 하는데 세존께서는 "탐욕을 제거하기 위해 부정관을 닦아야 한다. 악의를 제거하기 위해 자애를 닦아야 한다. 일으킨 생각을 자르기 위해 들숨날숨에 대한 마음챙김을 닦아야 한다. 내가 있다는 자아의식을 뿌리 뽑기 위해 무상이라고 [관찰하는 지혜에서 생긴] 인식을 닦아야 한다."고 말씀하신다.

이렇게 하는 자는 무아를 통찰하게 되고 그래서 그는 "내가 있다는 자아의식을 뿌리 뽑게 되고 지금여기에서 열반을 증득한다."라고 본경은 결론짓고 있다. 결국 깨달음은 무상에 투철하여 무아를 통찰함으로 귀결됨을 본경은 보여주고 있다.

(2) 「메기야 경」(A9:3)

본경은 세존께서 잔뚜가마에 머물 때 시자소임을 보던 메기야 존자에게 하신 말씀을 담고 있다. 메기야 존자는 끼미깔라 강의 언덕에서 이리저리 경행하다가 깨끗하고 아름다운 망고 숲을 보고는 그곳에 가서 혼자 수행하고자 하여 세존께 허락해달라고 말씀드린다. 그러나 세존께서는 아직 그럴 인연이 아니라고 말씀하신다. 그래도 메기야 존자는 세 번을 우겨서 세존의 허락을 받은 뒤 그곳에 가서 지내게 되었다. 그렇지만 메기야 존자가 그 망고 숲에 머물 때 대체적으로 세 가지 나쁘고 해로운 생각이 일어났는데 그것은 감각적 욕망에 대한 생각, 악의에 대한 생각, 해코지에 대한 생각이었다.

그러자 메기야 존자는 다시 세존께 다가가서 자신에게 일어난 나쁜 생각에 대해서 말씀드리고 부처님의 자문을 구하였다. 그러자 세존께서는 아직 성숙하지 않은 마음의 해탈을 성숙하게 하는 다섯 가지 법과 네 가지 법을 말씀하시는데 그 내용은 위 「깨달음 경」(A9:1)의 가르침과 같다.

(3) 「가까이 함 경」(A9:6)

본경은 사리뿟따 존자가 비구들에게 설한 내용을 담고 있다. 사리뿟따 존자는 본경에서 먼저 쌍으로 된 여섯 가지를 비구들에게 설하고 있는데 그것은 다음과 같다.

사람, 의복, 탁발음식, 거처, 마을과 성읍, 지방과 지역의 이 여섯 가지에 대해서 가까이해야 하는 것과 가까이하지 말아야 하는 것을 설하신다. 그러면 무엇을 근거로 이 여섯 가지를 가까이하거나 가까이하지 말아야 하는가? 그것은 바로 선법과 불선법이다. 이 여섯 가지를 가까이하여 해로운 법들[不善法]이 증장하고 유익한 법들[善法]이 사라진다면 그것은 가까이하지 말아야 하며, 반대로 이 여섯 가지를 가까이하여 해로운 법들이 사라지고 유익한 법들이 증장한다면 그것은 가까이해야 한다.

본경은 이처럼 가까이해야 하고 가까이하지 말아야 하는 것으로 비록 여섯 가지를 들고 있지만 이 가운데서 사람에 관계되는 것을 네 가지로 설하고 있기 때문에 전체적으로는 모두 아홉 가지의 가르침이 되어서 「아홉의 모음」에 포함되어 나타나고 있다.

어떤 사람을 의지해 머물 때 해로운 법들이 증장하고 유익한 법들이 사라지는 경우에는 음식, 의복, 거처, 약품의 4종 필수품이 잘 구해지는 등의 다른 이익이 있더라도 떠나야 하고, 반대로 해로운 법들이 사라지고 유익한 법들이 증장하면 4종 필수품이 잘 구해지지 않더라도 머물러야 하며, 게다가 4종 필수품이 잘 구해지고 수행을 통해 완성에 이를 수 있다고 알게 되면 목숨이 있는 한 그를 따라야 하고 쫓아내더라도 그를 떠나서는 안된다고 본경은 설하고 있다.

(4) 「취착이 남음[有餘] 경」(A9:12)

본경은 사리뿟따 존자가 탁발을 나갔다가 외도들이 "도반들이여, 취착이 남은 채 임종하는 모든 사람은 결코 지옥에서 벗어나지 못하며, 축생의 모태에서 벗어나지 못하며, 아귀계에서 벗어나지 못하며, 처참한 곳[苦界], 불행한 곳[惡處], 파멸처를 벗어나지 못합니다."라고 하는 소리를 듣고, 그 말이 사실인가를 세존께 여쭙는 것을 내용으로 담고 있다.

여기에 대해서 세존께서는 "아홉 부류의 사람이 있나니 그들은 취착이 남은 채 임종하더라도 지옥에서 벗어나고, 축생의 모태에서 벗어나고, 아귀계에서 벗어나고, 처참한 곳[苦界], 불행한 곳[惡處], 파멸처에서 벗어난다."고 말씀하신다.

계행과 삼매를 원만하게 갖추었고 통찰지를 원만하게 갖추지는 못했지만 다섯 가지 낮은 단계의 족쇄를 완전히 없애고 ①수명의 중반쯤에 이르러 완전한 열반에 드는 자 ② [수명의] 반이 지나서 완전한 열반에 드는 자 ③ 노력 없이 쉽게 완전한 열반에 드는 자 ④ 노력하여 어렵게 완전한 열반에 드는 자 ⑤ 더 높은 존재로 재생하여 색구경천에 이르는 자로 표현되는 다섯 부류의 불환자는 아직 취착이 남아있지만 삼악도를 벗어나게 된다고 하신다.

그리고 일래자는 계행을 원만하게 갖추었지만 삼매를 원만하게 갖추지는 못했고 통찰지도 원만하게 갖추지는 못했지만 세 가지 족쇄를 완전히 없애고 탐욕과 성냄과 미혹이 엷어져서 ⑥한 번만 더 돌아올 자[一來者]라고 불리는 경우도 있고, 같은 조건을 가져 세 가지 족쇄를 완전히 없애고 ⑦한 번만 싹 트는 자라 불리는 자도 있다.

그리고 계행을 원만하게 갖추었지만 삼매는 어느 정도만 짓고 통찰지도 어느 정도만 지은 자를 예류자라 한다. 예류자는 세 가지 족쇄를 완전히 없애고 ⑧성스러운 가문에서 성스러운 가문으로 가는 자가 되어 두 번 혹은 세 번 성스러운 가문에 태어나서 윤회한 뒤 괴로움을 끝내는 자도 있고, 세 가지 족쇄를 완전히 없애고 ⑨최대로 일곱 번만 다시 태어나는 자가 되어 신이나 인간 중에 일곱 번 태어나서 윤회한 뒤 괴로움을 끝내는 자도 있다.

위에서 보았듯이 처음의 다섯은 불환자이고, 두 번째의 둘은 일래자이고, 세 번째의 둘은 예류자인데, 이들은 아직 취착이 남아있지만 지옥, 아귀, 축생의 삼악도를 벗어나게 된다고 본경은 강조하고 있다.

(5) 「꼿티따 경」(A9:13)
출가자는 도대체 무엇을 위해서 세상의 삶의 방식을 거슬러 독신 생활을 하는가? 도대체 출가의 목적이 무엇인가? 본경에서 마하꼿티따 존자는 사리뿟따 존자에게 "도반 사리뿟따여, '금생에 경험해야 할 업을 내가 내생에 경험하기를.'이라는 목적 때문에 사람이 세존 아래서 청정범행을 닦습니까?"부터 시작해서 "도반 사리뿟따여, '경험하지 않을 업을 내가 경험하기를.'이라는 목적 때문에 사람이 세존 아래서 청정범행을 닦습니까?"라는 아홉 가지로 질문을 하지만 사리뿟따 존자는 모두 그렇지 않다고 대답한다. 그러자 마하꼿띠따 존자는 "그러면 도대체 어떤 목적 때문에 사람이 세존 아래서 청정범행을 닦습니까?"라고 질문을 한다.

여기에 대해서 사리뿟따 존자는 "도반이여, 알지 못하고 보지 못하고 증득하지 못하고 실현하지 못하고 관통하지 못한 것을, 알고 보고 증득하고 실현하고 관통하기 위해서 세존 아래서 청정범행을 닦습니다."라고 대답을 하고 다음과 같이 분명하게 밝힌다.

"도반이여, '이것은 괴로움[苦]이다.'라고 … '이것은 괴로움의 일어남[集]이다.'라고 … '이것은 괴로움의 소멸[滅]이다.'라고 … '이것은 괴로움의 소멸로 인도하는 도닦음[道]이다.'라고 알지 못하고 보지 못하고 증득하지 못하고 실현하지 못하고 관통하지 못했습니다. 그것을 알고 보고 증득하고 실현하고 관통하기 위해서 세존 아래서 청정범행을 닦습니다."

사성제를 알고 보고 증득하고 실현하고 관통하기 위해서 세존 아래서 청정범행을 닦는다는 사리뿟따 존자의 명쾌한 설명은 불교 만대의 표준이며 모든 시대의 출가자들의 가슴에 사무쳐야 할 말씀이다.

(6)「소[牛] 경」(A9:35)

「아홉의 모음」에 나타나는 주제들 가운데서 가장 많이 나타나는 가르침이 바로 9차제멸이나 9차제주나 9차제주증득으로 표현되는 삼매수행을 통한 아홉 가지 경지이다. 그것은 초선부터 제4선까지의 네 가지 선(禪)과 공무변처, 식무변처, 무소유처, 비상비비상처로 표현되는 네 가지 무색계의 경지와 마지막으로 상수멸의 경지이다. 본 모음에서는 「차제멸(次第滅) 경」(A9:31)부터 「차례로 소멸함 경」(A9: 61)까지 대략 30개의 경들이 이 주제를 담고 있다.

이 9차제멸 혹은 9차제주의 가르침은 「여덟의 모음」에 나타난 8해탈의 가르침과 내용상 동일하다. 단지 9차제주에서는 색계선의 경지로 초선부터 제4선까지의 네 가지 禪으로 설하고 있지만 8해탈의 경우에는 색계선의 경지에 대해서 삼매에 드는 대상이 안이냐 밖이냐 청정한 것이냐에 따라서 세 가지 선을 드는 것만이 다르다. 이처럼 8해탈은 3선

-4처-상수멸의 여덟 가지 삼매의 경지를 해탈에 초점을 맞추어 설한 것
이고, 9차제멸은 4선-4처-상수멸의 아홉 가지로 설한 것이다.

「아홉의 모음」에 소개되고 있는 30개의 9차제멸 혹은 9차제증득에
관계된 경들 가운데 특히 「소[牛] 경」(A9:35)은 어리석고, 우둔하고,
들판을 모르고, 바위가 울퉁불퉁 돌출한 산을 걷는 데 서투른 산악의
소의 비유와 현명하고, 영민하고, 들판을 잘 알고, 바위가 울퉁불퉁
돌출한 산을 걷는 데 능숙한 산악의 소의 비유로 9차제증득을 설하고
있는 중요한 경이다. 본경에서는 이렇게 9차제증득을 실현하여 신족
통, 천이통, 타심통, 숙명통, 천안통, 누진통의 6신통을 얻는 것까지
언급하고 있다.

(7) 「선(禪) 경」(A9:36)

초기 불교의 수행법에 대해서 관심이 많은 사람들이 가지는 의문 가
운데 아주 중요한 것이 '번뇌 다한 아라한이 되려면 반드시 네 가지 선
을 모두 다 닦아야 하는가? 게다가 공무변처부터 비상비비상처까지의
무색계선까지도 빠짐없이 다 닦아야만 아라한이 되고 깨달음을 증득하
는가?' 하는 것이다.

본경은 이러한 중요한 주제를 다루고 있는 경이다. 결론적으로 말해
서, 본경을 통해서 세존께서는 초선을 의지해서도 번뇌가 다한 아라한
이 되고, 제2선을 의지해서도, 제3선을 의지해서도, 제4선을 의지해서도
아라한이 되며, 나아가서 공무변처부터 비상비비상처까지의 각각을 의
지해서도 번뇌 다한 아라한이 된다고 분명하게 밝히신 뒤 이 의미에 대
해서 자세하게 설명하고 계신다. 즉 초선부터 비상비비상처까지의 삼매
를 반드시 모두 다 닦아야만 아라한이 되는 것은 아니라는 것이다.

그러면 어떻게 해서 초선을 의지해서 아라한이 되는가? 세존께서는
말씀하신다. 좀 길지만 중요하기 때문에 전체를 인용해본다.

"여기 비구는 감각적 욕망들을 완전히 떨쳐버리고 해로운 법[不善法]들을 떨쳐버린 뒤 … 초선에 들어 머문다. 그는 거기서 일어나는 물질이건[3] 느낌이건 인식이건 심리현상들이건 알음알이건, 그 모든 법들[4]을 무상하다고 괴로움이라고 병이라고 종기라고 화살이라고 재난이라고 질병이라고 남[他]이라고 부서지기 마련인 것이라고 공한 것이라고 무아라고 바르게 관찰한다.

그는 이런 법들로부터 마음을 돌려버린다. 그는 이런 법들로부터 마음을 돌린 뒤 불사(不死)의 경지로 마음을 향하게 한다. '이것은 고요하고 이것은 수승하다. 이것은 모든 형성된 것[行]들이 가라앉음[止]이요, 모든 재생의 근거를 놓아버림[放棄]이요, 갈애의 소진이요, 탐욕의 빛바램[離慾]이요, 소멸[滅]이요, 열반이다.'라고. 그는 여기에 확고하게 머물러 번뇌가 다함을 얻는다.(아라한) 만일 번뇌가 다함을 얻지 못하더라도 이러한 법을 좋아하고 이러한 법을 즐기기 때문에 그는 다섯 가지 낮은 단계의 족쇄를 완전히 없애고 [정거천에] 화생하여 그곳에서 완전히 열반에 들어 그 세계로부터 다시 돌아오지 않는 법을 얻는다.[不還者]"

즉 초선의 경지에서 일어난 오온의 법들이 무상이요 고요 무아라고 통찰하여 오온에 대해 연연하지 않고 열반을 증득한다는 말씀이다. 즉 초선의 경지에서 일어난 현상에 대해 무상이나 고나 무아를 통찰하여서 해탈 열반을 실현하고 아라한이 되고 불환자가 될 수 있다는 말씀

---

3) "'거기서 일어나는 물질(yadeva tattha hoti rūpagataṁ)'이란 그 초선의 순간에 토대(vatthu)로써 일어나거나, 혹은 마음에서 생긴 것(citta-samuṭṭhānika) 등으로써 물질이 일어나는 것을 말한다."(*Ibid*) 후자는 업에서 생긴 물질과 마음에서 생긴 물질을 뜻한다. 업에서 생긴 물질 등은 『아비담마 길라잡이』 6장 §§9~15를 참조할 것.

4) "'그 법들(te dhammā)'이란 물질 등 오온의 법들(pañcakkhandha-dhamma)을 말한다."(AA.iv.195)

이다.

같이 하여 제2선부터 무소유처까지의 증득도 번뇌 다한 경지의 토대가 된다고 말씀하신 뒤에 "비상비비상처의 증득과 상수멸의 이 두 경지는 증득에 능숙하고 증득에서 출정하는 것에 능숙한, 禪을 닦는 비구들이 증득에 들었다가 출정한 뒤에 바르게 설명해야 하는 것이라고 나는 말한다."라고 결론지으시고 본경을 마친다.

아무튼 초선부터 상수멸까지의 모든 경지는 해탈 열반을 실현하고 깨달음을 실현하고 번뇌 다한 아라한이 되는 튼튼한 토대가 된다고 말씀하신다.

물론 마른 위빳사나를 하는 자(sukkhavipassaka, 乾觀者) 즉 순수 위빳사나를 닦는 자(suddhavipassaka, 『청정도론』 XVIII. §8)는 선의 습기가 없이 마른 위빳사나를 닦아서 아라한이 될 수 있는데 이를 주석서에서는 '마른 위빳사나를 통해서 번뇌가 다한 자(sukkhavipassaka -khīṇāsava, DA.i.4)'라고 부르고 있다.5)

물론 이 경우에도 고도의 집중은 함께하기 마련인데 이것을 禪이나 본삼매나 증득 등으로 부르지 않고 찰나삼매(khaṇika-samādhi)라고 한다. 주석서에 의하면 찰나삼매는 순수 위빳사나를 닦을 때 나타나는 고도의 집중된 현상인데 이러한 찰나삼매는 사마타 수행을 통해서 나타나는 근접삼매에 필적하는 삼매라고도 하고 사마타 수행의 초선에 대비되는 삼매라고도 한다. 그러므로 이러한 순수 위빳사나의 경우도 삼매의 토대는 있기 마련이다.

다시 말하지만 깨달음, 해탈 열반, 번뇌 다한 아라한의 경지는 반드시 초선부터 비상비비상처와 상수멸까지의 모든 삼매를 차례대로 다 닦아야만 실현되는 것이 아님을 세존께서는 본경을 통해서 분명하게 밝히고

---

5) 여기에 대해서는 『청정도론』 XXI.112와 『아비담마 길라잡이』 9장 §29
    의 해설을 참조할 것.

계신다.

(8) 「따뱃사 경」(A9:41)

따뱃사라는 장자가 아난다 존자에게 말한다. "감각적 욕망을 즐기고 감각적 욕망을 좋아하고 감각적 욕망에 물들어 있고 감각적 욕망을 탐하는 저희 재가자들에게 출리라는 것은 절벽에서 떨어지는 것과 같습니다."라고. 그리고 그는 덧붙이기를 '그런데 출가자들의 출리의 경지도 비구들마다 다 다른 것처럼 보입니다. 이것을 어떻게 받아들여야 합니까?'라는 요지의 질문을 하자, 아난다 존자는 이 논점은 "세존을 뵙고 [해결해야 할] 것"이라고 말한 뒤 따뱃사 장자와 함께 세존께 다가가서 여기에 대해서 질문을 드리고 세존께서 설명하시는 것이 본경의 내용이다.

본경을 통해서 세존께서는 출리의 다양함을 초선부터 상수멸까지의 9차제멸로 설명하신다. '감각적 욕망'에 대한 병은 감각적 욕망이 해소된 초선의 경지로 다스려서 출리를 체험하고, '일으킨 생각이 함께한 인식과 마음에 잡도리함'의 병은 제2선으로 다스려 출리를 체험하고, '희열이 함께한 인식과 마음에 잡도리함'의 병은 제3선으로, '평온이 함께한 인식과 마음에 잡도리함'의 병은 제4선으로, '물질이 함께한 인식과 마음에 잡도리함'의 병은 공무변처로, '공무변처가 함께한 인식과 마음에 잡도리함'의 병은 식무변처로, '식무변처가 함께한 인식과 마음에 잡도리함'의 병은 무소유처로, '무소유처가 함께한 인식과 마음에 잡도리함'의 병은 비상비비상처로, 그리고 상수멸에 들어서 '통찰지로써 [사성제를] 본 뒤 번뇌를 남김없이 소멸한다.'고 부처님께서는 본경에서 말씀하고 계신다.

이처럼 수행자들은 본경에서 병으로 표현되는 다양한 심리현상들에 사로잡혀있다. 그러므로 이들로부터 벗어나는 출리도 다양할 수밖에 없다. 이처럼 수행자들은 자신이 가진 다양한 병으로부터 벗어나는 여러 가지 출리의 체험을 하지만 궁극적으로는 상수멸을 통해서 번뇌를 남김 없이 소멸하여 궁극적인 출리를 체험하게 된다고 본경은 설하고 있다.

8. 맺는 말

이상으로 『앙굿따라 니까야』 제5권에 포함된 「여덟의 모음」과 「아홉의 모음」을 개관해보았다. PTS본의 편집에 의하면 「여덟의 모음」 에는 모두 95개의 경이, 「아홉의 모음」에는 100개의 경(역자는 95개로 편집하여 번역하였음)이 포함되어 있는데 이들은 우리의 삶과 수행에 관한 다양한 주제를 포함하고 있다. 특히 「아홉의 모음」에는 주제별 모음인 『상윷따 니까야』에 하나의 주제로 포함되지 않은 9차제멸 혹은 9차제 증득에 관계된 30개의 경들이 포함되어 있다.

중국에서는 상좌부의 『상윷따 니까야』에 해당하는 『상육따 아가마』(Saṁyukta-āgama, 阿含)를 『잡아함』(雜阿含)이라 일종의 의역을 하였고 『앙굿따라 니까야』에 해당하는 『에꼿따라 아가마』(Ekottara -āgama)를 『증일아함』(增一阿含)으로 직역을 하였다. 『상육따 아가마』에다 정해진 주제가 없는 잡장(雜藏)으로서의 의미를 부여한 번역인 듯이 보인다. 그러나 상좌부의 니까야의 측면에서 보자면 『상윷따 니까야』에 포함된 경들은 그 주제가 분명하다. 그래서 『상윷따 니까야』를 56개의 주제로 나누어(상윷따, saṁyutta) 경들을 모으는데 주력하였다.

오히려 니까야의 입장에서 보자면 『앙굿따라 니까야』야 말로 일종의 잡장의 성격이 강하다. 긴 길이의 경을 『디가 니까야』로 뽑아내고 적당한 분량의 경을 『맛지마 니까야』로 뽑아내고 주제가 분명한 경들을 『상윷따 니까야』로 뽑아내고 남은 나머지 경들을 주제의 숫자에 초점을 맞추어 편집한 것이기 때문이다. 그러다 보니 중요한 주제의 범주에 들지 못하는 경들과 특히 재가자들에게 설하신 경들이 『앙굿따라 니까야』에는 많이 포함되어 있다.

물론『앙굿따라 니까야』가 잡장의 성격이 강하다고 표현한다고 해서 니까야로서의 앙굿따라의 권위를 무시한다면 곤란하다. 4부 니까야는 분명히 동일한 권위를 가진다. 어떤 니까야가 더 먼저 성립되었다거나 어떤 니까야는 후대에 삽입된 경들이 많다는 식의 비판은 적어도 니까야 자체를 두고 보자면 그 근거가 희박하다. 우리는 부처님과 직계제자들의 직설로서 4부 니까야에 동일한 권위를 부여하고 2600여년전의 부처님과 직계제자들을 눈앞에서 뵙듯이 정성을 다해서 읽어야 한다고 생각한다.

앙굿따라 니까야

여덟의 모음

Aṭṭhaka-nipāta

그분 부처님·아라한·정등각께 귀의합니다.

앙굿따라 니까야
여덟의 모음
Aṭṭhaka-nipāta

I. 첫 번째 50개 경들의 묶음
Pathama-paṇṇāsaka

제1장 자애 품
Mettā-vagga

자애 경(A8:1)
Mettā-sutta

1. 이와 같이 나는 들었다. 한때 세존께서는 사왓티에서 제따 숲의 급고독원에서 머무셨다.6) 거기서 세존께서는 "비구들이여."라고 비구들을 부르셨다. "세존이시여."라고 비구들은 세존께 응답했다. 세존께서는 이렇게 말씀하셨다.

---

6)   사왓티(Sāvatthi)와 제따 숲(Jetavana)과 급고독원(Anāthapiṇḍikassa ārāma)에 대해서는 본서 제1권 「형상 등의 품」의 첫 번째 경(A1:1:1)의 주해들을 참조할 것.

2. "비구들이여, 자애를 통한 마음의 해탈[慈心解脫][7]을 계발하고, 닦고, 많이 [공부]짓고, 수레로 삼고, 기초로 삼고, 확립하고, 굳건히 하고, 부지런히 닦으면 여덟 가지 이익이 기대된다. 무엇이 여덟인가?"

3. "편안하게 잠들고, 편안하게 깨어나고, 악몽을 꾸지 않고, 사람들이 좋아하고, 비인간들이 좋아하고, 신들이 보호하고, 불이나 독이나 무기가 그를 해치지 못하고, 더 높은 경지를 통찰하지 못하더라도 범천의 세상[8]에 태어난다. 비구들이여, 자애를 통한 마음의 해탈을 계발하고, 닦고, 많이 [공부]짓고, 수레로 삼고, 기초로 삼고, 확립하고, 굳건히 하고, 부지런히 닦으면 이러한 여덟 가지 이익이 기대된다."

4. "무량한 자애를 닦는 자는
    족쇄들이 엷어지고 재생의 근거가 파괴됨을 보노라.[9]

_____

7) "'자애를 통한 마음의 해탈[慈心解脫, mettā ceto-vimutti]'에서, 일체 중생들에게 이익을 펼치는 것(hita-pharaṇakā)이 자애다. 이러한 자애와 함께하는 마음은 다섯 가지 장애 등의 반대되는 법들로부터 해탈한다. 그래서 그것을 일러 마음의 해탈이라 한다. 혹은 특별히 일체 악의에 얽매이는 것(vyāpāda-pariyuṭṭhāna)에서 해탈하였기 때문에 마음의 해탈이라고 알아야 한다. 여기서 자애는 앞의 부분에도 역시 있다. 그러나 여기서는 마음의 해탈을 설하였기 때문에 이것은 세 번째와 네 번째 禪을 통한 본삼매에 적용된다."(AA.i.47)

8) '범천의 세상(brahma-loka)'에 대해서는 본서 제2권 「무외 경」(A4:8) 42번 주해를 참조할 것.

9) "자애를 가까운 원인(mettā-padaṭṭhāna)으로 하여 위빳사나를 순서대로 닦아, 재생의 근거(upadhi)를 파괴함이라 불리게 되는 아라한과를 얻

단 하나의 생명일지라도 타락하지 않은 마음으로
자애를 보내면 유익함이 있나니
모든 생명들에게 광대한 연민의 마음을 가진
성스러운 자는 공덕을 짓노라.
중생의 숲으로 된 땅을 정복한
왕이라는 선인(仙人)은 제사를 지내려고 작정하나니
말을 잡는 제사와 인간을 바치는 제사와
말뚝을 던지는 제사와 소마 즙을 바치는 제사와
[대문을 열고] 크게 공개적으로[無遮] 지내는 제사라네.10)
그러나 이것은 자애의 마음을 잘 닦는 자에게
16분의 1에도 미치지 못하나니
마치 모든 별들의 무리가
달빛의 [16분의 1에도 미치지 못하는] 것과 같으리.
[스스로] 죽이지도 않고 [남을 시켜] 죽이지도 않고
약탈하지 않고 약탈하게 하지 않으며
모든 존재들에게 자애의 마음을 가진 자11)

은 자에게 열 가지 장애는 제거된다는 뜻이다."(AA.iv.68)
재생의 근거(upadhi)에 대해서는 본서 제1권 「노력 경」(A2:1:2)과 「재생의 근거 경」(A2:7:3)의 주해를 참조하고, 열 가지 족쇄(saṁyojana)에 대해서는 본서 제2권 「족쇄 경」(A4:131)의 주해를 참조할 것.

10) '말뚝을 던지는 제사'와 '소마 즙을 바치는 제사'와 '[대문을 열고] 크게 공개적으로[無遮] 지내는 제사'와 제사(yañña) 일반에 대해서는 본서 제2권 「웃자야 경」(A4:39)의 주해들을 참조할 것.

11) '자애의 마음을 가진 자'는 mettaṁsa를 옮긴 것인데 주석서는 "자애로운 마음의 항목(mettāyamāna-citta-koṭṭhāsa)"(AA.iv.71)이라 풀이하고 있다.

그에게는 어떠한 원한도 없노라.”

통찰지 경(A8:2)[12]
Paññā-sutta

1. “비구들이여, 여덟 가지 원인과 여덟 가지 조건이 있나니, 이것은 아직 얻지 못한 청정범행의 시작인 통찰지[13]를 얻게 하고, 이미 얻은 것은 더욱더 증가하게 하고 풍부하게 하고 계발하게 하고 성취하게 한다. 무엇이 여덟인가?”

2. “여기 비구는 스승이나 어떤 존중할 만한 동료 수행자를 의지하여 머문다. 거기서 그에게 강한 양심과 수치심과 흠모와 존경심[14]이 확립된다. 비구들이여, 이것이 첫 번째 원인이요 첫 번째 조건이니, 이것은 아직 얻지 못한 청정범행의 시작인 통찰지를 얻게 하고, 이미 얻은 것은 더욱더 증가하게 하고 풍부하게 하고 계발하게 하고 성취하게 한다.”

---

12) 본경은 『디가 니까야』 제3권 「십상경」 (D34) §2.1 (1)과 같은 내용을 담고 있다.

13) “‘청정범행의 시작인 통찰지(ādibrahmacariyikā paññā)’란 [계 · 정 · 혜] 3학을 포함하는 도의 청정범행의 시작 단계인 통찰지를 뜻한다. 여기서 통찰지란 예비단계의 얕은 사마타와 위빳사나의 통찰지(taruṇa-samatha-vipassanā-paññā)를 뜻한다. 혹은 팔정도의 처음인 정견의 통찰지를 뜻한다.”(DA.iii.1061)
여기서 예비단계(pubba-bhāga)란 도와 과 즉 예류도부터 아라한과까지의 성자의 경지를 아직 실현하지 못한 단계를 말한다.

14) 양심과 수치심과 흠모와 존경심은 각각 hirī, ottappa, pema, gārava를 옮긴 것이다.

3. "그가 스승이나 어떤 존중할 만한 동료 수행자를 의지하여 머물 때 거기서 그에게 강한 양심과 수치심과 흠모와 존경심이 확립된다. 그는 수시로 그들에게 다가가서 '존자시여, 이것은 어떻게 됩니까? 이것의 뜻은 무엇입니까?'라고 두루 물어 보고 두루 질문한다. 그런 그에게 그 존자들은 드러나지 않은 것을 드러내어 주고 명백하지 않은 것을 명백히 해 주어서 의문을 가졌던 여러 가지 법들에 대해서 의문을 제거한다. 비구들이여, 이것이 두 번째 원인이요 두 번째 조건이니, 이것은 아직 얻지 못한 청정범행의 시작인 통찰지를 얻게 하고, 이미 얻은 것은 더욱더 증가하게 하고 풍부하게 하고 계발하게 하고 성취하게 한다."

4. "그는 그런 법을 배워서 몸이 멀리 떠남과 마음이 멀리 떠남이라는 두 가지 멀리 떠남을 구족한다. 비구들이여, 이것이 세 번째 원인이요 세 번째 조건이니, 이것은 아직 얻지 못한 청정범행의 시작인 통찰지를 얻게 하고, 이미 얻은 것은 더욱더 증가하게 하고 풍부하게 하고 계발하게 하고 성취하게 한다."

5. "그는 계를 잘 지킨다. 그는 빠띠목카(계목)의 단속으로 단속하면서 머문다. 바른 행실과 행동의 영역을 갖추고, 작은 허물에 대해서도 두려움을 보며, 학습계목을 받아 지녀 공부짓는다. 비구들이여, 이것이 네 번째 원인이요 네 번째 조건이니, 이것은 아직 얻지 못한 청정범행의 시작인 통찰지를 얻게 하고, 이미 얻은 것은 더욱더 증가하게 하고 풍부하게 하고 계발하게 하고 성취하게 한다."

6. "그는 많이 배우고[多聞] 배운 것을 잘 호지하고 배운 것을 잘 정리한다. 시작도 훌륭하고 중간도 훌륭하고 끝도 훌륭하며, 의미와 표현을 구족하여 더할 나위 없이 완벽하고 지극히 청정한 범행을 확실하게 드러내는 가르침들이 있으니, 그는 그러한 가르침들을 많이 배우고 호지하고 말로써 익숙해지고 마음으로 숙고하고 견해로써 잘 꿰뚫는다. 비구들이여, 이것이 다섯 번째 원인이요 다섯 번째 조건이니, 이것은 아직 얻지 못한 청정범행의 시작인 통찰지를 얻게 하고, 이미 얻은 것은 더욱더 증가하게 하고 풍부하게 하고 계발하게 하고 성취하게 한다."

7. "그는 해로운 법들을 제거하고 유익한 법들을 두루 갖추기 위해서 불굴의 정진으로 머문다. 그는 굳세고 분투하고 유익한 법들에 대한 임무를 내팽개치지 않는다. 비구들이여, 이것이 여섯 번째 원인이요 여섯 번째 조건이니, 이것은 아직 얻지 못한 청정범행의 시작인 통찰지를 얻게 하고, 이미 얻은 것은 더욱더 증가하게 하고 풍부하게 하고 계발하게 하고 성취하게 한다."

8. "그는 승가에 가면 이런저런 잡담을 하지 않고 쓸데없는 이야기15)를 하지 않는다. 스스로 법을 말하거나 남에게도 그렇게 하도

---

15)   『디가 니까야』 제1권 「범망경」(D1) §1.17에는 모두 27가지 쓸데없는 이야기(tiracchāna-kathā)가 언급되고 있다. 『청정도론』 등의 주석서에서는 모두 32가지 쓸데없는 이야기(Vis.IV.38)를 언급하고 있는데 Pm에 의하면 이 27가지에다 산, 강, 섬에 대한 이야기와 천상과 해탈에 대한 것도 쓸데없는 이야기에 포함시켜서 모두 32가지라고 설명하고 있다.(Pm.59) 말로만 해탈을 논하는 것도 쓸데없는 이야기에 포함시키고 있는 점을 눈여겨 볼만하다.

록 하거나 성스러운 침묵을 지킨다. 비구들이여, 이것이 일곱 번째 원인이요 일곱 번째 조건이니, 이것은 아직 얻지 못한 청정범행의 시작인 통찰지를 얻게 하고, 이미 얻은 것은 더욱더 증가하게 하고 풍부하게 하고 계발하게 하고 성취하게 한다.”

9. “그는 [나 등으로] 취착하는 다섯 가지 무더기[五取蘊]들의 법에서 법을 관찰하며[法隨觀] 머문다. 그는 '이것이 물질[色]이다. 이것이 물질의 일어남이다. 이것이 물질의 사라짐이다. 이것이 느낌[受]이다. 이것이 느낌의 일어남이다. 이것이 느낌의 사라짐이다. 이것이 인식[想]이다. 이것이 인식의 일어남이다. 이것이 인식의 사라짐이다. 이것이 심리현상들[行]이다. 이것이 심리현상들의 일어남이다. 이것이 심리현상들의 사라짐이다. 이것이 알음알이[識]다. 이것이 알음알이의 일어남이다. 이것이 알음알이의 사라짐이다.'라고 [관찰하며 머문다]. 비구들이여, 이것이 여덟 번째 원인이요 여덟 번째 조건이니, 이것은 아직 얻지 못한 청정범행의 시작인 통찰지를 얻게 하고, 이미 얻은 것은 더욱더 증가하게 하고 풍부하게 하고 계발하게 하고 성취하게 한다.”

10. “이런 그를 동료 수행자들은 이와 같이 존경한다. '이 존자는 스승이나 어떤 존중할 만한 동료 수행자를 의지하여 머물고 있다. 거기서 그에게 강한 양심과 수치심과 흠모와 존경심이 확립되었다. 이 존자는 이제 알아야 할 것을 알고 보아야 할 것을 본다.'16)라고

---

16) '알아야 할 것을 알고 보아야 할 것을 본다.'로 옮긴 원어는 jānaṁ jānāti passaṁ passati인데 '알면서 알고 보면서 본다.'로 직역할 수 있다. 그런데 주석서는 이를 각각 '알아야 할 것을 알고(jānitabbakaṁ jānāti)'와

이런 조건은 그를 사랑받게 하고 존중받게 하고 공덕이 생기게 하고 참다운 사문이 되게 하고 [마음의] 전일한 상태로 인도한다."

11. "이런 그를 두고 동료 수행자들은 이와 같이 존경한다. '이 존자는 스승이나 어떤 존중할 만한 동료 수행자를 의지하여 머물 때 거기서 그에게 강한 양심과 수치심과 흠모와 존경심이 확립되었다. 그는 수시로 그들에게 다가가서 '존자시여, 이것은 어떻게 됩니까? 이것의 뜻은 무엇입니까?'라고 두루 물어 보고 두루 질문한다. 그런 그에게 그 존자들은 드러나지 않은 것을 드러내어 주고 명백하지 않은 것을 명백히 해 주어서 의문을 가졌던 여러 가지 법들에 대해서 의문을 제거한다. 이 존자는 이제 알아야 할 것을 알고 보아야 할 것을 본다.'라고. 이런 조건은 그를 사랑받게 하고 존중받게 하고 공덕이 생기게 하고 참다운 사문이 되게 하고 [마음의] 전일한 상태로 인도한다."

12. "이런 그를 두고 동료 수행자들은 이와 같이 존경한다. '이 존자는 그런 법을 배워서 몸이 멀리 떠남과 마음이 멀리 떠남이라는 두 가지 멀리 떠남을 구족한다. 이 존자는 이제 알아야 할 것을 알고 보아야 할 것을 본다.'라고. 이런 조건은 그를 사랑받게 하고 존중받게 하고 공덕이 생기게 하고 참다운 사문이 되게 하고 [마음의] 전일한 상태로 인도한다."

13. "이런 그를 두고 동료 수행자들은 이와 같이 존경한다. '이

'보아야 할 것을 본다(passitabbakaṁ passati)'로 설명하고 있어서(AA. iv.71) 이렇게 옮겼다.

존자는 계를 잘 지킨다. 그는 계목의 단속으로 단속하면서 머문다. 바른 행실과 행동의 영역을 갖추고, 작은 허물에 대해서도 두려움을 보며, 학습계목을 받아 지녀 공부짓는다. 이 존자는 이제 알아야 할 것을 알고 보아야 할 것을 본다.'라고. 이런 조건은 그를 사랑받게 하고 존중받게 하고 공덕이 생기게 하고 참다운 사문이 되게 하고 [마음의] 전일한 상태로 인도한다."

14. "이런 그를 두고 동료 수행자들은 이와 같이 존경한다. '이 존자는 많이 배우고[多聞] 배운 것을 잘 호지하고 배운 것을 잘 정리한다. 시작도 훌륭하고 중간도 훌륭하고 끝도 훌륭하며, 의미와 표현을 구족하여 더할 나위 없이 완벽하고 지극히 청정한 범행을 확실하게 드러내는 가르침들이 있으니, 그는 그러한 가르침들을 많이 배우고 호지하고 말로써 익숙해지고 마음으로 숙고하고 견해로써 잘 꿰뚫는다. 이 존자는 이제 알아야 할 것을 알고 보아야 할 것을 본다.'라고. 이런 조건은 그를 사랑받게 하고 존중받게 하고 공덕이 생기게 하고 참다운 사문이 되게 하고 [마음의] 전일한 상태로 인도한다."

15. "이런 그를 두고 동료 수행자들은 이와 같이 존경한다. '이 존자는 해로운 법들을 제거하고 유익한 법들을 두루 갖추기 위해서 불굴의 정진으로 머문다. 그는 굳세고 분투하고 유익한 법들에 대한 임무를 내팽개치지 않는다. 이 존자는 이제 알아야 할 것을 알고 보아야 할 것을 본다.'라고. 이런 조건은 그를 사랑받게 하고 존중받게 하고 공덕이 생기게 하고 참다운 사문이 되게 하고 [마음의] 전일한 상태로 인도한다."

16. "이런 그를 두고 동료 수행자들은 이와 같이 존경한다. '이 존자는 승가에 가면 이런저런 잡담을 하지 않고 쓸데없는 이야기를 하지 않는다. 스스로 법을 말하거나 남에게도 그렇게 하도록 하거나 성스러운 침묵을 지킨다. 이 존자는 이제 알아야 할 것을 알고 보아야 할 것을 본다.'라고. 이런 조건은 그를 사랑받게 하고 존중받게 하고 공덕이 생기게 하고 참다운 사문이 되게 하고 [마음의] 전일한 상태로 인도한다."

17. "이런 그를 두고 동료 수행자들은 이와 같이 존경한다. '이 존자는 [나 등으로] 취착하는 [대상인] 다섯 가지 무더기[五取蘊]들의 법에서 법을 관찰하며[法隨觀] 머문다. 그는 '이것이 물질[色]이다. 이것이 물질의 일어남이다. 이것이 물질의 사라짐이다. 이것이 느낌[受]이다. 이것이 느낌의 일어남이다. 이것이 느낌의 사라짐이다. 이것이 인식[想]이다. 이것이 인식의 일어남이다. 이것이 인식의 사라짐이다. 이것이 심리현상들[行]이다. 이것이 심리현상들의 일어남이다. 이것이 심리현상들의 사라짐이다. 이것이 알음알이[識]다. 이것이 알음알이의 일어남이다. 이것이 알음알이의 사라짐이다.'라고 [관찰하며 머문다]. 이 존자는 이제 알아야 할 것을 알고 보아야 할 것을 본다.'라고. 이런 조건은 그를 사랑받게 하고 존중받게 하고 공덕이 생기게 하고 참다운 사문이 되게 하고 [마음의] 전일한 상태로 인도한다.

비구들이여, 이러한 여덟 가지 원인과 여덟 가지 조건이 있나니, 이것은 아직 얻지 못한 청정범행의 시작인 통찰지를 얻게 하고, 이미 얻은 것은 더욱더 증가하게 하고 풍부하게 하고 계발하게 하고 성취하게 한다."

사랑함 경1(A8:3)

Piya-sutta

1. "비구들이여, 여덟 가지 법을 갖춘 비구는 동료 수행자들이 사랑하지 않고 마음에 들어 하지 않고 존중하지 않고 경의를 표하지 않는다. 무엇이 여덟인가?"

2. "비구들이여, 여기 비구는 소중하지 않은 사람을 칭송하고, 소중한 사람을 비난하고, 이득을 탐하고, 존경을 탐하고, 양심이 없고, 수치심이 없고, 그릇된 원(願)을 가졌고, 삿된 견해를 가졌다. 비구들이여, 이러한 여덟 가지 법을 갖춘 비구는 동료 수행자들이 사랑하지 않고 마음에 들어 하지 않고 존중하지 않고 경의를 표하지 않는다."

3. "비구들이여, 여덟 가지 법을 갖춘 비구는 동료 수행자들이 사랑하고 마음에 들어 하고 존중하고 경의를 표한다. 무엇이 여덟인가?"

4. "비구들이여, 여기 비구는 소중하지 않은 사람을 칭송하지 않고, 소중한 사람을 비난하지 않고, 이득을 탐하지 않고, 존경을 탐하지 않고, 양심이 있고, 수치심이 있고, 원하는 바가 적고[少慾], 바른 견해를 가졌다. 비구들이여, 이러한 여덟 가지 법을 갖춘 비구는 동료 수행자들이 사랑하고 마음에 들어 하고 존중하고 경의를 표한다."

사랑함 경2(A8:4)

1. "비구들이여, 여덟 가지 법을 갖춘 비구는 동료 수행자들이 사랑하지 않고 마음에 들어 하지 않고 존중하지 않고 경의를 표하지 않는다. 무엇이 여덟인가?"

2. "비구들이여, 여기 비구는 이득을 탐하고, 존경을 탐하고, 멸시받지 않기를 탐하고, [적당한] 시간을 알지 못하고, 적당한 양을 알지 못하고, 깨끗하지 않고, 말을 많이 하고, 청정범행을 닦는 자들에게 욕설과 비방을 한다. 비구들이여, 이러한 여덟 가지 법을 갖춘 비구는 동료 수행자들이 사랑하지 않고 마음에 들어 하지 않고 존중하지 않고 경의를 표하지 않는다."

3. "비구들이여, 여덟 가지 법을 갖춘 비구는 동료 수행자들이 사랑하고 마음에 들어 하고 존중하고 경의를 표한다. 무엇이 여덟인가?"

4. "비구들이여, 여기 비구는 이득을 탐하지 않고, 존경을 탐하지 않고, 멸시받지 않기를 탐하지 않고, [적당한] 시간을 알고, 적당한 양을 알고, 깨끗하고, 말을 많이 하지 않고, 청정범행을 닦는 자들에게 욕설과 비방을 하지 않는다. 비구들이여, 이러한 여덟 가지 법을 갖춘 비구는 동료 수행자들이 사랑하고 마음에 들어 하고 존중하고 경의를 표한다."

세상의 법 경1(A8:5)17)

Lokadhamma-sutta

1. "비구들이여, 여덟 가지 세상의 법이 세상을 돌아가게 하고, 세상은 다시 여덟 가지 세상의 법을 돌아가게 한다. 무엇이 여덟인가?"

2. "그것은 이득과 손실, 명성과 악명, 칭송과 비난, 즐거움과 괴로움이다. 비구들이여, 이러한 여덟 가지 세상의 법이 세상을 돌아가게 하고, 세상은 다시 이러한 여덟 가지 세상의 법을 돌아가게 한다."

3. "이득과 손실, 명성과 악명
칭송과 비난, 즐거움과 괴로움
인간들과 함께 하는 이러한 법들은 무상하며
영원하지 않고 변하기 마련인 법이라.
이를 알고 마음챙기는 영민한 자는
변하기 마련인 법들을 비추어 보아서
원하는 것들이 그의 마음을 사로잡지 못하고
원하지 않는 것에서 반감이 생기지도 않나니
그에게는 순응함과 적대감이
흩어지고 사라져 존재하지 않으리.

---

17) PTS본에 나타나는 본경과 다음 경의 경제목은 '세상의 파멸'(Loka-vipatti-sutta)이다. 이 단어는 경에 나타나지 않아서 역자는 6차결집본의 경제목을 택했다.

티끌 없고 슬픔 없는 [열반의] 경지를 알고
존재의 저 언덕에 도달하여
이를 바르게 꿰뚫어 아노라."18)

세상의 법 경2(A8:6)

1. "비구들이여, 여덟 가지 세상의 법이 세상을 돌아가게 하고, 세상은 다시 여덟 가지 세상의 법을 돌아가게 한다. 무엇이 여덟인가?"

2. "그것은 이득과 손실, 명성과 악명, 칭송과 비난, 즐거움과 괴로움이다. 비구들이여, 이러한 여덟 가지 세상의 법이 세상을 돌아가게 하고, 세상은 다시 이러한 여덟 가지 세상의 법을 돌아가게 한다."

3. "비구들이여, 배우지 못한 범부에게도 이득과 손실, 명성과 악명, 칭송과 비난, 즐거움과 괴로움이 생기고 잘 배운 성스러운 제자에게도 이득과 손실, 명성과 악명, 칭송과 비난, 즐거움과 괴로움이 생긴다. 비구들이여, 그러면 여기서 잘 배운 성스러운 제자와 배우지 못한 범부의 차이점은 무엇이고, 특별한 점은 무엇이고, 다른 점은

---

18)   "여기서 '경지(pada)'란 열반의 경지(nibbāna-pada)이다. '존재(bhava)
   의 저 언덕(pāra)에 도달하여 바르게 꿰뚫어 안다(sammappajānāti).'는
   것은 존재의 저편에 이르러, 최고봉(nipphatti matthaka)에 도달하여
   열반의 경지를 안 뒤에 그러한 저 언덕에 도달했음을 바르게 꿰뚫어 안다
   는 뜻이다. 본경은 윤회를 거스르는 것(vaṭṭa-vivaṭṭa)을 설하였다."
   (AA.iv.73)

무엇인가?”

"세존이시여, 저희들의 법은 세존을 근원으로 하며, 세존을 길잡이로 하며, 세존을 귀의처로 합니다. 세존이시여, 세존께서 방금 말씀하신 것의 뜻을 [친히] 밝혀주신다면 참으로 감사하겠습니다. 세존으로부터 잘 듣고 비구들은 마음에 새겨 지닐 것입니다."

"비구들이여, 그렇다면 잘 듣고 마음에 잡도리하라. 나는 이제 설할 것이다."

"그러겠습니다, 세존이시여."라고 비구들은 세존께 응답했다.

세존께서는 이렇게 말씀하셨다.

4. "비구들이여, 배우지 못한 범부에게 이득이 생기면 그는 다음과 같이 숙고하지 않는다. '나에게는 이득이 생겼다. 그러나 이것은 참으로 무상하고 괴롭고 변하기 마련인 법이다.'라고. 그는 이처럼 있는 그대로 꿰뚫어 알지 못한다. 비구들이여, 배우지 못한 범부에게 손실이 생기면 … 명성이 생기면 … 악명이 생기면 … 칭송이 생기면 … 비난이 생기면 … 즐거움이 생기면 … 괴로움이 생기면 다음과 같이 숙고하지 않는다. '나에게는 괴로움이 생겼다. 그러나 이것은 참으로 무상하고 괴롭고 변하기 마련인 법이다.'라고. 그는 이처럼 있는 그대로 꿰뚫어 알지 못한다.

그리하여 이득이 그의 마음을 사로잡아 머물고, 손실이 그의 마음을 사로잡아 머물고, 명성이 그의 마음을 사로잡아 머물고, 악명이 그의 마음을 사로잡아 머물고, 칭송이 그의 마음을 사로잡아 머물고, 비난이 그의 마음을 사로잡아 머물고, 즐거움이 그의 마음을 사로잡아 머물고, 괴로움이 그의 마음을 사로잡아 머문다. 그는 이득에는 순응하고 손실에는 적대하며, 명성에는 순응하고 악명에는 적대하며, 칭송에는 순응하고 비난에는 적대하며, 즐거움에는 순응하고 괴로움에는 적대한다. 그는 이렇게 순응함과 적대감을 가져서 태어남·늙음·죽음으로부터 해탈하지 못하고, 근심·탄식·육체적 고통·정신적 고통·절망으로부터 해탈하지 못한다. 그는 괴로움으로부터 해탈하지 못한다고 나는 말한다."

5. "비구들이여, 잘 배운 성스러운 제자에게 이득이 생기면 그는 다음과 같이 숙고한다. '나에게는 이득이 생겼다. 그러나 이것은 참으로 무상하고 괴롭고 변하기 마련인 법이다.'라고. 그는 이처럼 있는 그대로 꿰뚫어 안다. 비구들이여, 잘 배운 성스러운 제자에게 손실이 생기면 … 명성이 생기면 … 악명이 생기면 … 칭송이 생기면 … 비난이 생기면 … 즐거움이 생기면 … 괴로움이 생기면 그는 다음과 같이 숙고한다. '나에게는 괴로움이 생겼다. 그러나 이것은 참으로 무상하고 괴롭고 변하기 마련인 법이다.'라고. 그는 이처럼 있는 그대로 꿰뚫어 안다.

그리하여 이득이 그의 마음을 사로잡아 머물지 못하고, 손실이 그의 마음을 사로잡아 머물지 못하고, 명성이 그의 마음을 사로잡아 머물지 못하고, 악명이 그의 마음을 사로잡아 머물지 못하고, 칭송이 그의 마음을 사로잡아 머물지 못하고, 비난이 그의 마음을 사로잡아 머물지 못하고, 즐거움이 그의 마음을 사로잡아 머물지 못하고, 괴로움이 그의 마음을 사로잡아 머물지 못한다. 그는 이득에 순응하지 않고 손실에 적대하지 않으며, 명성에 순응하지 않고 악명에 적대하지 않으며, 칭송에 순응하지 않고 비난에 적대하지 않으며, 즐거움에 순응하지 않고 괴로움에 적대하지 않는다. 그는 이렇게 순응함과 적대감을 버려서 태어남·늙음·죽음으로부터 해탈하고, 근심·탄식·육체적 고통·정신적 고통·절망으로부터 해탈한다. 그는 괴로움으로부터 해탈한다고 나는 말한다.

비구들이여, 이것이 잘 배운 성스러운 제자와 배우지 못한 범부의 차이점이고, 특별한 점이고, 다른 점이다."

6. "이득과 손실, 명성과 악명
    칭송과 비난, 즐거움과 괴로움
    인간들과 함께 하는 이러한 법들은 무상하며
    영원하지 않고 변하기 마련인 법이라.
    이를 알고 마음챙기는 영민한 자는
    변하기 마련인 법들을 비추어 보아서
    원하는 것들이 그의 마음을 사로잡지 못하고
    원하지 않는 것에서 반감이 생기지도 않나니
    그에게는 순응함과 적대감이
    흩어지고 사라져 존재하지 않으리.
    티끌 없고 슬픔 없는 [열반의] 경지를 알고
    존재의 저 언덕에 도달하여
    이를 바르게 꿰뚫어 아노라."

데와닷따 경(A8:7)[19]

Devadatta-sutta

1. 한때 세존께서는 라자가하에서 독수리봉 산에 머무셨는데, 데와닷따[20]가 [승가를 분열시키고] 떠난 지 얼마 되지 않았을 때였다. 거기서 세존께서는 데와닷따에 대해 비구들에게 이렇게 말씀하셨다.

2. "비구들이여, 비구가 자주자주 자신의 파멸에 대해서 숙고해보는 것은 좋은 일이다. 비구가 자주자주 남의 파멸에 대해서 숙고해보는 것은 좋은 일이다. 비구들이여, 비구가 자주자주 자신의 번영에 대해서 숙고해보는 것은 좋은 일이다. 비구가 자주자주 남의 번영에 대해서 숙고해보는 것은 좋은 일이다. 비구들이여, 데와닷따는 여덟 가지 바르지 못한 법에 사로잡혀 있고 그것에 얼이 빠져서 악처에 떨어질 것이고 지옥에 떨어질 것이고 겁(劫)이 다 하도록 [지옥에] 머물 것이고 [참회로] 용서받을 수가 없다. 무엇이 여덟인가?"

3. "비구들이여, 데와닷따는 이득에 사로잡혀 있고 그것에 얼이 빠져서 악처에 떨어질 것이고 지옥에 떨어질 것이고 겁이 다 하도록 [지옥에] 머물 것이고 [참회로] 용서받을 수가 없다. 비구들이여, 데와닷따는 손실에 … 명성에 … 악명에 … 공경에 … 천대에 … 그릇된 원(願)에 … 데와닷따는 나쁜 친구를 사귐에 사로잡혀 있고 그

---

19)   6차결집본의 경제목은 '데와닷따의 파멸'(Devadattavipatti-sutta)이다.

20)   데와닷따(Devadatta)에 대해서는 본서 제2권 「데와닷따 경」(A4:68) §1의 주해를 참조할 것.

것에 얼이 빠져서 악처에 떨어질 것이고 지옥에 떨어질 것이고 겁이
다 하도록 [지옥에] 머물 것이고 [참회로] 용서받을 수가 없다."21)

 4. "비구들이여, 이득이 생길 때 그것을 극복하고 머물러야 바
람직하다. 비구들이여, 손실이 생길 때 그것을 극복하고 머물러야 바
람직하다. 비구들이여, 명성이 생길 때 그것을 극복하고 머물러야 바
람직하다. 비구들이여, 악명이 생길 때 그것을 극복하고 머물러야 바
람직하다. 비구들이여, 공경 받을 일이 생길 때 그것을 극복하고 머
물러야 바람직하다. 비구들이여, 천대받을 일이 생길 때 그것을 극복
하고 머물러야 바람직하다. 비구들이여, 그릇된 원이 생길 때 그것을
극복하고 머물러야 바람직하다. 비구들이여, 나쁜 친구와 사귈 일이
생길 때 그것을 극복하고 머물러야 바람직하다.

 비구들이여, 그러면 어떤 이유 때문에 비구는 이득이 생길 때 그것
을 극복하고 머물러야 하고, 손실이 … 명성이 … 악명이 … 공경이
… 천대가 … 그릇된 원이 … 나쁜 친구와 사귈 일이 생길 때 그것을
극복하고 머물러야 하는가? 비구들이여, 이득이 생길 때 그것을 극
복하지 못하고 머무는 자에게 속상함과 열병을 초래하는 번뇌들이
일어날 것이다. [그러나] 이득이 생길 때 그것을 극복하고 머무는 자
에게는 그러한 속상함과 열병을 초래하는 번뇌들이 없다.

 비구들이여, 손실이 … 명성이 … 악명이 … 공경이 … 천대가 …
그릇된 원이 … 나쁜 친구와 사귈 일이 생길 때 그것을 극복하지 못
하고 머무는 자에게 속상함과 열병을 초래하는 번뇌들이 일어날 것

---

21) 본경의 주제인 이득, 손실, 명성, 악명, 공경, 천대, 그릇된 원, 나쁜 친구를
    사귐은 각각 lābha, alābha, yasa, ayasa, sakkāra, asakkāra,
    pāpicchatā, pāpamittatā를 옮긴 것이다.

이다. [그러나] 나쁜 친구와 사귈 일이 생길 때 그것을 극복하고 머무는 자에게는 그러한 속상함과 열병을 초래하는 번뇌들이 없다. 비구들이여, 이러한 이유 때문에 비구는 이득이 생길 때 그것을 극복하고 머물러야 하고, 손실이 … 명성이 … 악명이 … 공경이 … 천대가 … 그릇된 원이 … 나쁜 친구와 사귈 일이 생길 때 그것을 극복하고 머물러야 한다."

5. "비구들이여, 그러므로 이와 같이 공부지어야 한다. '우리는 이득이 생길 때 그것을 극복하고 머무를 것이다. 우리는 손실이 … 명성이 … 악명이 … 공경이 … 천대가 … 그릇된 원이 … 나쁜 친구와 사귈 일이 생길 때 그것을 극복하고 머무를 것이다.'라고. 비구들이여, 그대들은 참으로 이와 같이 머물러야 한다."

웃따라 경(A8:8)[22]
Uttara-sutta

1. 한때 웃따라 존자[23]는 마히사왓투에서 상케야까 산의 다와잘리까[24]에 머물렀다. 거기서 웃따라 존자는 비구들을 불러서 말했다.

---

22)   6차결집본의 경제목은 '웃따라의 파멸'(Uttaravipatti-sutta)이다.

23)   DPPN에는 웃따라(Uttara)라는 이름을 가진 30명에 가까운 사람이 언급되어 있다. DPPN에 의하면 본경의 웃따라 존자는 사께따(Sāketa)의 바라문의 아들이었다. 그는 어떤 일 때문에 사왓티에 갔다가 세존께서 나투신 쌍신변을 보았으며, 그 후에 세존께서 사께따에 오셔서 본서 제2권 「깔라까 경」(A4:24)을 설하시자 그 경을 듣고 출가하였으며, 세존을 따라 라자가하에 갔다가 거기서 아라한이 되었다고 한다.(Thag.22, *vv.*161~2; ThagA.ii.37)

2. "도반들이여, 비구가 자주자주 자신의 파멸에 대해서 숙고해보는 것은 좋은 일입니다. 비구가 자주자주 남의 파멸에 대해서 숙고해보는 것은 좋은 일입니다. 도반들이여, 비구가 자주자주 자신의 번영에 대해서 숙고해보는 것은 좋은 일입니다. 비구가 자주자주 남의 번영에 대해서 숙고해보는 것은 좋은 일입니다."

3. 그때에 [사대왕천의] 웻사와나 대왕[25])이 어떤 일이 있어 북쪽 지방에서 남쪽 지방으로 가다가 웃따라 존자가 마히사왓투에 있는 상케야까 산의 다와잘리까에서 비구들에게 '도반들이여, 비구가 자주자주 자신의 파멸에 대해서 숙고해보는 것은 좋은 일입니다. 비구가 자주자주 남의 파멸에 대해서 숙고해보는 것은 좋은 일입니다. 도반들이여, 비구가 자주자주 자신의 번영에 대해서 숙고해보는 것은 좋은 일입니다. 비구가 자주자주 남의 번영에 대해서 숙고해보는 것은 좋은 일입니다.'라고 법을 설하는 것을 들었다.

---

24) 6차결집본에는 와따잘리까(Vaṭajālikā)로 나타난다. 다와잘리까(Dhava
-jālikā)는 마히사왓투(Mahisavatthu) 지방의 상케야까 산(Saṁkheyya
-ka pabbata)에 있는 승원(vihāra)의 이름이라고 하며, 이 승원이 다와
나무 숲(Dhava-vana) 속에 건립되었기 때문에 붙여진 이름이라고 한
다.(AA.iv.73) 빠알리 문헌에서 마히사왓투와 상케야까 산은 본경에만 나
타나고 있는 듯하며, 그래서인지 DPPN도 이들에 대한 자세한 설명을 하
지 않고 있다.

25) 웻사와나(Vessavaṇa)는 꾸웨라(Kuvera)의 다른 이름이며, 사대천왕
(Catumahārāja) 가운데 한 명으로 북쪽의 약카(yakkha, 야차)들을 통
치한다고 한다. 꾸웨라 천왕의 수도는 위사나(Visāṇā)였기 때문에 그를
웻사와나라고도 부른다고 한다. 사대천왕에 대해서는 『디가 니까야』제3
권 「아따나띠야 경」(D32) §4 이하를, 꾸웨라 혹은 웻사와나에 대해서는
§7을 참조할 것.

4. 그때 웻사와나 대왕은, 마치 힘 센 사람이 구부렸던 팔을 펴고 폈던 팔을 구부리는 것처럼, 마히사왓투에 있는 상케야까 산의 다와잘리까에서 사라져서 삼십삼천[26]에 나타났다. 웻사와나 대왕은 신들의 왕 삭까[27]에게 다가갔다. 가서는 신들의 왕 삭까에게 이렇게 말했다.

"존자시여, 당신은 웃따라 존자가 마히사왓투에 있는 상케야까 산의 다와잘리까에서 비구들에게 '도반들이여, 비구가 자주자주 자신의 파멸에 대해서 숙고해보는 것은 좋은 일입니다. … 비구가 자주자주 남의 번영에 대해서 숙고해보는 것은 좋은 일입니다.'라고 법을 설하시는 것을 알고 계십니까?"

5. 그러자 신들의 왕 삭까는, 마치 힘 센 사람이 구부렸던 팔을 펴고 폈던 팔을 구부리는 것처럼, 삼십삼천에서 사라져서 마히사왓투에 있는 상케야까 산의 다와잘리까에서 웃따라 존자의 면전에 나타났다. 신들의 왕 삭까는 웃따라 존자에게 다가갔다. 가서는 웃따라 존자에게 절을 올리고 한 곁에 섰다. 한 곁에 서서 신들의 왕 삭까

---

26) 삼십삼천(Tāvatiṁsā devā)에서 tāvatiṁsa는 tayo(3)+tiṁsa(30)의 합성어로서 33을 나타내는 tavatiṁsa의 곡용형이며, '33에 속하는 [천신]'이라는 의미이다. 삼십삼천의 개념은 베다에서부터 등장하며 조로아스터교의 성전인 아베스타에서도 언급될 만큼 오래된 개념이다. 베다의 신들은 33의 무리로 되어 있으며 이들의 우두머리가 인드라(Indra)인데, 이것이 불교에 받아들여져서 사대왕천 바로 위의 천상으로 인정되었다.

27) '신들의 왕 삭까'의 원어는 Sakko devānam indo이다. 삭까(Sk. Śakra)는 제석(帝釋) 혹은 석제(釋提)로 한역된 신이며, 베다에 신들의 왕으로 등장하는 인드라(Indra)를 말한다. 삭까에 대한 더 자세한 설명은 『디가 니까야』 제1권 「께왓다 경」(D11) §70의 주해를 참조할 것.

는 웃따라 존자에게 이렇게 말했다.

"존자시여, 웃따라 존자께서 비구들에게 '도반들이여, 비구가 자주 자주 자신의 파멸에 대해서 숙고해보는 것은 좋은 일입니다. … 비구가 자주자주 남의 번영에 대해서 숙고해보는 것은 좋은 일입니다.'라고 법을 설하신다는 것이 사실입니까?"

"그렇습니다, 신들의 왕이여."

"존자시여, 그러면 이것은 웃따라 존자 자신의 지혜에서 생긴 것입니까? 아니면 그분 세존 아라한 정등각의 말씀입니까?"

6. "신들의 왕이여, 그렇다면 이제 비유를 하나 들겠습니다. 이 비유를 통해서 여기서 어떤 지혜로운 사람들은 [내가 하려는] 말의 뜻을 잘 이해할 것입니다. 신들의 왕이여, 예를 들면 마을이나 성읍에서 멀지 않은 곳에 큰 곡물 무더기가 있다 합시다. 그러면 군중들이 거기서 통이나 바구니나 허리에 달린 주머니나 두 손으로 곡물을 가져갈 것입니다. 그런데 어떤 사람이 그 군중들에게 다가가서 묻기를 '도대체 어디서 이 곡물을 가져왔습니까?'라고 한다면 그 군중들이 어떻게 설명할 때 바르게 설명하는 것이 되겠습니까?"

"존자시여, '저기 있는 큰 곡물 무더기로부터 가져왔습니다.'라고 말을 할 때 그 군중들은 바르게 말하는 것이 될 것입니다."

"신들의 왕이여, 그와 같이 어떤 금언이든 그것은 모두 그분 세존 아라한 정등각의 말씀입니다. 저나 다른 사람들은 그분의 말씀에 의지하여 말하는 것입니다."

7. "경이롭습니다, 존자시여. 놀랍습니다, 존자시여. 웃따라 존

자께서는 '어떤 금언이든 그것은 모두 그분 세존 아라한 정등각의 말씀입니다. 저나 다른 사람들은 그분의 말씀에 의지하여 말하는 것입니다.'라고 금언을 말씀하십니다.

웃따라 존자시여, 한때 세존께서는 라자가하에서 독수리봉 산에 머무셨는데 데와닷따가 [승가를 분열시키고] 떠난 지 얼마 되지 않았을 때였습니다. 거기서 세존께서는 데와닷따에 대해서 비구들에게 이렇게 말씀하셨습니다.

"비구들이여, 비구가 자주자주 자신의 파멸에 대해서 숙고해보는 것은 좋은 일이다. 비구가 자주자주 남의 파멸에 대해서 숙고해보는 것은 좋은 일이다. 비구들이여, 비구가 자주자주 자신의 번영에 대해서 숙고해보는 것은 좋은 일이다. 비구가 자주자주 남의 번영에 대해서 숙고해보는 것은 좋은 일이다. 비구들이여, 데와닷따는 여덟 가지 바르지 못한 법에 사로잡혀 있고 그것에 얼이 빠져서 악처에 떨어질 것이고 지옥에 떨어질 것이고 겁이 다 하도록 [지옥에] 머물 것이고 [참회로] 용서받을 수가 없다. 무엇이 여덟인가?

비구들이여, 데와닷따는 이득에 사로잡혀 있고 그것에 얼이 빠져서 악처에 떨어질 것이고 지옥에 떨어질 것이고 겁이 다 하도록 [지옥에] 머물 것이고 [참회로] 용서받을 수가 없다. 비구들이여, 데와닷따는 손실에 … 명성에 … 악명에 … 공경에 … 천대에 … 그릇된 원(願)에 … 나쁜 친구를 사귐에 사로잡혀 있고 그것에 얼이 빠져서 악처에 떨어질 것이고 지옥에 떨어질 것이고 겁이 다 하도록 [지옥에] 머물 것이고 [참회로] 용서받을 수가 없다.

비구들이여, 이득이 생길 때 그것을 극복하고 머물러야 바람직하다. 비구들이여, 손실이 생길 때 그것을 극복하고 머물러야 바람직하다. 비구들이여, 명성이 생길 때 그것을 극복하고 머물러야 바람직하다. 비구들이여, 악명이 생길 때 그것을 극복하고 머물러야 바람직하다. 비구들이여, 공경 받을 일이 생길 때 그것을 극복하고 머물러야 바람직하다. 비구들이여, 천대받을 일이 생길 때 그것을 극복하고 머물러야 바람직하다. 비구들이여, 그릇된 원이 생길 때 그것을 극복하고 머물러야 바람직하다. 비구들이여, 나쁜 친구와 사귈 일이 생길 때 그것을 극복하고 머물러야 바람직하다."

8. "비구들이여, 그러면 어떤 이유 때문에 비구는 이득이 생길 때 그것을 극복하고 머물러야 하고, 손실이 … 명성이 … 악명이 … 공경받을 일이 … 천대받을 일이 … 그릇된 원이 … 나쁜 친구와 사귈 일이 생길 때 그것을 극복하고 머물러야 하는가? 비구들이여, 이득이 생길 때 그것을 극복하지 못하고 머무는 자에게 속상함과 열병을 초래하는 번뇌들이 일어날 것이다. [그러나] 이득이 생길 때 그것을 극복하고 머무는 자에게는 그러한 속상함과 열병을 초래하는 번뇌들이 없다.

비구들이여, 손실이 … 명성이 … 악명이 … 공경받을 일이 … 천대받을 일이 … 그릇된 원이 … 나쁜 친구와 사귈 일이 생길 때 그것을 극복하지 못하고 머무는 자에게 속상함과 열병을 초래하는 번뇌들이 일어날 것이다. [그러나] 나쁜 친구와 사귈 일이 생길 때 그것을 극복하고 머무는 자에게는 그러한 속상함과 열병을 초래하는 번뇌들이 없다. 비구들이여, 이러한 이유 때문에 비구는 이득이 생길 때 그것을 극복하고 머물러야 하고, 손실이 … 명성이 … 악명이 … 공경받을 일이 … 천대받을 일이 … 그릇된 원이 … 나쁜 친구와 사권 일이 생길 때 그것을 극복하고 머물러야 한다."

9. "비구들이여, 그러므로 이와 같이 공부지어야 한다. '우리는 이득이 생길 때 그것을 극복하고 머무를 것이다. 우리는 손실이 … 명성이 … 악명이 … 공경받을 일이 … 천대받을 일이 … 그릇된 원이 … 나쁜 친구와 사귈 일이 생길 때 그것을 극복하고 머무를 것이다.'라고. 비구들이여, 그대들은 참으로 이와 같이 머물러야 한다."라고.

10. "웃따라 존자시여, 인간들 가운데는 비구, 비구니, 청신사, 청신녀의 네 가지 회중이 있습니다. 그런데 이 법문은 이들 가운데 잘 확립되어 있지 않습니다. 존자시여, 웃따라 존자께서는 이 법문을 섭수하소서. 존자께서는 이 법문을 통달하소서. 존자께서는 이 법문을 잘 호지하소서. 존자시여, 이 법문은 이익을 가져다주며 청정범행의 시작입니다."

난다 경(A8:9)
Nanda-sutta

1. "비구들이여, 난다28)에 대해서 바르게 말하는 자는 '그는

---

28) DPPN에는 25명의 난다(Nanda)가 언급되어 있는데, 본경의 주석서에는 본경의 난다 존자가 누구인지 아무 설명이 없다. DPPN은 본경의 난다 존자는 세존의 이복동생으로 숫도다나(Suddhodana, 淨飯) 왕과 마하빠자빠띠(Mahāpajāpatī) 왕비 사이에서 태어난 난다 존자라고 언급하고 있다. 난다 존자에 대해서는 본서 제1권 「하나의 모음」(A1:14:4-12)의 주해를 참조할 것.

좋은 가문의 아들이다.'라고 말할 것이다. 난다에 대해서 바르게 말하는 자는 '그는 힘이 세다.'라고 말할 것이다. 난다에 대해서 바르게 말하는 자는 '그는 환희심을 일으키게 한다.'[29]라고 말할 것이다. 난다에 대해서 바르게 말하는 자는 '그는 아주 정열적이다.'라고 말할 것이다. 비구들이여, 난다가 감각기능들의 문을 보호하지 않고, 음식에서 적당한 양을 알지 못하고, 깨어있음에 전념하지 않고, 마음챙김과 알아차림을 갖추지 못했다면 어떻게 난다가 완전하고 지극히 청정한 범행을 닦을 수 있겠는가?"

2. "비구들이여, 여기서 이렇게 난다는 감각기능들의 문을 보호한다. 비구들이여, 만일 난다가 동쪽 방향을 보게 되면 마음을 완전히 집중한 채 난다는 동쪽 방향을 본다. '내가 이와 같이 동쪽 방향을 볼 때에 탐욕과 싫어하는 마음이라는 사악하고 해로운 법들이 흐르지 않기를!'이라고 생각하면서 본다. 이처럼 여기서 그는 분명하게 알아차린다. 비구들이여, 만일 난다가 서쪽 방향을 보게 되면 … 북쪽 방향을 보게 되면 … 남쪽 방향을 보게 되면 … 위를 보게 되면 … 아래를 보게 되면 … 중간 방향을 보게 되면 마음을 완전히 집중한 채 난다는 중간 방향을 본다. '내가 이와 같이 중간 방향을 볼 때에 탐욕과 싫어하는 마음이라는 사악하고 해로운 법들이 흐르지 않기를!'이라고 생각하면서 본다. 이처럼 그는 분명하게 알아차린다. 비구들이여, 이렇게 난다는 감각기능들의 문을 보호한다."

---

29) "'환희심을 일으키는 자(pāsādika)'란 용모를 구족하여 보는 이로 하여금
     환희심을 일으키게 하는 사람(pasāda-janaka)을 말한다."(AA.iv.74)

3. "비구들이여, 여기서 이렇게 난다는 음식에서 적당한 양을 안다. 비구들이여, 여기 난다는 지혜롭게 숙고하면서 음식을 수용한다. 그것은 즐기기 위해서가 아니며, 취하기 위해서가 아니며, 치장을 하기 위해서도 아니며, 장식을 위해서도 아니며, 단지 이 몸을 지탱하고, 유지하고, 잔인함을 쉬고, 청정범행을 잘 지키기 위해서이다. '그래서 나는 오래된 느낌을 물리치고 새로운 느낌을 일어나게 하지 않을 것이다. 나는 잘 부양될 것이고 비난받을 일 없이 편안하게 머물 것이다.'라고. 비구들이여, 이렇게 난다는 음식에서 적당한 양을 안다."

4. "비구들이여, 여기서 이렇게 난다는 깨어있음에 전념한다. 비구들이여, 난다는 낮 동안에는 경행하거나 앉아서 장애가 되는 법들로부터 마음을 청정하게 한다. 밤의 초경에는 경행하거나 앉아서 장애가 되는 법들로부터 마음을 청정하게 한다. 한밤중에는 발에다 발을 포개어 오른쪽 옆구리로 사자처럼 누워서 마음챙기고 알아차리면서[正念·正知] 일어날 시간을 인식하여 마음에 잡도리한다. 밤의 삼경에는 일어나서 경행하거나 앉아서 장애가 되는 법들로부터 마음을 청정하게 한다. 비구들이여, 이렇게 난다는 깨어있음에 전념한다."

5. "비구들이여, 여기서 이렇게 난다는 마음챙기고 알아차린다. 비구들이여, 난다에게는 분명하게 지각되는 느낌들이 일어나고 머물고 꺼진다. 분명하게 지각되는 인식들이 일어나고 머물고 꺼진다. 분명하게 지각되는 생각들이 일어나고 머물고 꺼진다. 비구들이여, 이렇게 난다는 마음챙기고 알아차린다.

비구들이여, 난다가 감각기능들의 문을 보호하지 않고, 음식에서 적당한 양을 알지 못하고, 깨어있음에 전념하지 않고, 마음챙김과 알아차림을 갖추지 못했다면 어떻게 난다가 완전하고 지극히 청정한 범행을 닦을 수 있겠는가?"

쓰레기 경(A8:10)
Kāraṇḍava-sutta

1. 한때 세존께서는 짬빠에서 각가라 호수의 언덕에 머무셨다.[30] 그 무렵 비구들은 어떤 비구가 범계(犯戒)[31]하여 그에게 훈계를 하고 있었다. 그 비구는 자신의 범계로 인해 비구들로부터 훈계를 들으면 다른 질문으로 그 질문을 피해가고, 새로운 주제로 현재의 주제를 바꾸어버리고, 노여움과 성냄과 불만족을 드러내었다. 그때 세존께서는 비구들을 불러서 말씀하셨다.

2. "비구들이여, 저 사람을 쫓아버려라. 비구들이여, 저 사람을 쓸어내라. 비구들이여, 저 사람을 추방하라. 왜 다른 사람이 그대들을 성가시게 한단 말인가? 비구들이여, 여기 어떤 사람은, 다른 훌륭한 비구들이 그의 범계를 보지 못할 때까지는 그 훌륭한 비구들이 앞을 보고 돌아보고 구부리고 펴고 가사·발우·의복을 지니는 것과 꼭 같이 한다. 그러나 훌륭한 비구들이 그의 범계를 보게 되면 '이는 타

---

30) 짬빠(Campa)와 각가라 호수(Gaggarā pokkharaṇi)에 대해서는 본서 제4권 「보시 경」(A7:49) §1의 주해들을 참조할 것.

31) '범계(犯戒, 계를 범함, āpatti)'에 대해서는 본서 제1권 「하나의 모음」 (A1:12:1∼20) 첫 번째 경의 주해를 참조할 것.

락한 사문이요 사문의 찌꺼기요 사문의 쓰레기로구나.'라고 알게 된
다. 이렇게 알면 그를 밖으로 쫓아버린다. 그것은 무슨 이유 때문인
가? 다른 훌륭한 비구들을 오염시키지 않기를 바라기 때문이다."

3. "비구들이여, 예를 들면 보리밭이 있는데 거기에 하등 보리,
찌꺼기 보리, 쓰레기 보리가 생겼다 하자. 이삭이 맺기 전까지 그것
은 다른 양질의 보리들의 종자와 꼭 같고, 다른 양질의 보리들의 줄
기와 꼭 같고, 다른 양질의 보리들의 잎과 꼭 같다. 그러나 일단 이삭
을 맺게 되면 사람들은 그것이 하등 보리이고 찌꺼기 보리이고 쓰레
기 보리인 줄 안다. 이런 줄 알면 그것을 뿌리째 뽑아서 보리밭 밖으
로 내던져버린다. 그것은 무슨 이유 때문인가? 다른 양질의 보리들
을 오염시키지 않기를 바라기 때문이다.

비구들이여, 그와 같이 여기 어떤 사람은, 다른 훌륭한 비구들이
그의 범계를 보지 못할 때까지는 그 훌륭한 비구들이 앞을 보고 돌
아보고 구부리고 펴고 가사·발우·의복을 지니는 것과 꼭 같이 한
다. 그러나 훌륭한 비구들이 그의 범계를 보게 되면 '이는 타락한 사
문이요 사문의 찌꺼기요 사문의 쓰레기로구나.'라고 알게 된다. 이렇
게 알면 그를 밖으로 쫓아버린다. 그것은 무슨 이유 때문인가? 다른
훌륭한 비구들을 오염시키지 않기를 바라기 때문이다."

4. "비구들이여, 예를 들면 큰 옥수수 무더기를 키질을 한다
하자. 그러면 튼튼하고 알찬 옥수수들은 한 곳에 더미를 이룰 것이고,
반 쭉정이와 찌꺼기 옥수수들은 바람에 의해서 한쪽으로 밀려갈 것
이다. 게다가 주인이 빗자루를 가지고 더 멀리 쓸어 내버릴 것이다.

그것은 무슨 이유 때문인가? 다른 양질의 옥수수들을 오염시키지 않기를 바라기 때문이다.

비구들이여, 그와 같이 여기 어떤 사람은, 다른 훌륭한 비구들이 그의 범계를 보지 못할 때까지는 그 훌륭한 비구들이 앞을 보고 돌아보고 구부리고 펴고 가사·발우·의복을 지니는 것과 꼭 같이 한다. 그러나 훌륭한 비구들이 그의 범계를 보게 되면 '이는 타락한 사문이요 사문의 찌꺼기요 사문의 쓰레기로구나.'라고 알게 된다. 이렇게 알면 그를 밖으로 쫓아버린다. 그것은 무슨 이유 때문인가? 다른 훌륭한 비구들을 오염시키지 않기를 바라기 때문이다."

5. "비구들이여, 예를 들면 물 대롱을 원하는 자가 날카로운 도끼를 들고 숲에 들어간다 하자. 그는 이 나무 저 나무를 도끼자루로 두드려 볼 것이다. 거기서 단단하고 심재가 있는 나무들은 도끼자루로 두드리면 빈틈없는 소리가 날 것이고, 안이 썩었고 물기가 흐르고 깨끗하지 못한 나무들은 도끼 자루로 두드리면 텅 빈 소리가 날 것이다. 그러면 그는 이것의 뿌리를 자른다. 뿌리를 자른 뒤 꼭대기를 자른다. 꼭대기를 자른 뒤 안을 깨끗하게 씻어낸다. 안을 깨끗하게 씻어낸 뒤 물 대롱으로 사용한다.

비구들이여, 그와 같이 여기 어떤 사람은, 다른 훌륭한 비구들이 그의 범계를 보지 못할 때까지는 그 훌륭한 비구들이 앞을 보고 돌아보고 구부리고 펴고 가사·발우·의복을 지니는 것과 꼭 같이 한다. 그러나 훌륭한 비구들이 그의 범계를 보게 되면 '이는 타락한 사문이요 사문의 찌꺼기요 사문의 쓰레기로구나.'라고 알게 된다. 이렇게 알면 그를 밖으로 쫓아버린다. 그것은 무슨 이유 때문인가? 다른 훌륭한 비구들을 오염시키지 않기를 바라기 때문이다."

6. "함께 살면서 이 사람을 알아야 하리니
   그는 그릇된 원을 가졌고, 분노하며
   격분하고, 뻣뻣하고, 원한을 품고
   질투하고, 인색하고, 속인다는 것을.
   사람들 속에 있을 때에는 부드러운 말로
   마치 사문인양 말하지만
   혼자 있을 때는 악업을 짓고32)
   삿된 견해를 가지고 멸시하며
   몸을 꼬면서 거짓말을 하나니
   그를 사실대로33) 알아, 모두 화합하여 그를 피하라.
   쓰레기를 버리고 오물을 치우라.
   사문이 아니면서 겉보기만 사문인 쭉정이34)를 쫓아내라.
   그릇된 원과 그릇된 행동의 영역을 가진 자들을 쓸어낸 뒤
   청정한 자들은 청정한 자들과 함께 마음챙기며 지내나니
   그래서 화합하는 슬기로운 자들은 괴로움을 끝낼지라."

---

32) '혼자 있을 때는 악업을 짓고'는 raho karoti karaṇaṁ의 역어이다. 여기
   서 karaṇaṁ은 악업(pāpa-kamma)을 의미하며, 그 악업을 혼자 몰래 숨
   어서(paṭicchanno) 짓는다는 뜻이라고 주석서는 설명하고 있다.(AA.
   iv.75)

33) '사실대로'는 yathā kathaṁ의 역어이다. PTS본에는 yathā kathaṁ으
   로 나타나 있지만 6차결집본에는 yathā-tathaṁ으로 나타나 있다. 역자
   는 전후의 문맥상 후자가 더 무난한 것으로 생각되어 이를 따라 옮겼다.

34) "사악한 비구는 안으로 계행은 없고 오직 겉으로 드러나는 가사 등의 필수
   품에 의해 비구처럼 보일 뿐이다. 그러므로 '쭉정이(palāpa)'라고 말했
   다."(AAṬ.iii.208)

제1장 자애 품이 끝났다.

첫 번째 품에 포함된 경들의 목록은 다음과 같다.

① 자애 ② 통찰지, 두 가지 ③~④ 사랑함,
두 가지 ⑤~⑥ 세상의 법
⑦ 데와닷따 ⑧ 웃따라 ⑨ 난다 ⑩ 쓰레기이다.

제2장 대 품

Mahā-vagga

웨란자 경(A8:11)

Verañja-sutta

1. 한때 세존께서는 웨란자[35]에서 날레루의 님바 나무 아래에[36] 머무셨다. 그때 웨란자 바라문이 세존께 다가갔다. 가서는 세존과 함께 환담을 나누었다. 유쾌하고 기억할 만한 이야기로 서로 담소를 하고서 한 곁에 앉았다. 한 곁에 앉은 웨란자 바라문은 세존께 이렇게 말씀드렸다.

"고따마 존자여, '사문 고따마는 늙고 나이 들고 노후하고 긴 세월을 보낸 노쇠한 바라문들에게 인사를 하지도 않고 반기지도 않고 자리를 권하지도 않는다.'라고 들었습니다. 고따마 존자여, 고따마 존자가 늙고 나이 들고 노후하고 긴 세월을 보냈고 노쇠한 바라문들에게 이처럼 인사를 하지도 않고 반기지도 않고 자리를 권하지도 않는 것

---

35) 웨란자(Verañjā)는 사왓티(Sāvatthi)와 마두라(Madhura) 사이에 있는 도시(nagara)였다. 세존께서는 12번째 안거를 이곳 웨란자에서 보내셨다고 한다.(AA.ii.124)

36) '날레루의 님바 나무 아래에'는 Naḷeru-pucimanda-mūle를 옮긴 것이다. 주석서와 복주서에서 "여기서 날레루는 약카(yakkha, 야차)의 [이름]이고, 뿌찌만다는 님바 나무(nimba-rukkha)이다."라고 설명하고 있어서 이렇게 옮겼다. 이곳은 날레루라는 약카가 지배하는 곳(adhiggahita)이었기 때문에 이렇게 불렸다고 하는데 아주 조용하고 아름다운 곳이었다고 한다.(VinA.i.108~9; AAṬ.iii.195)

은 온당하지가 않습니다.”

"바라문이여, 나는 신을 포함하고 마라를 포함하고 범천을 포함하고 사문·바라문을 포함하고 신과 인간을 포함한 이 세상에서 내가 인사를 하거나 반기거나 자리를 권해야 하는 자를 보지 못한다. 바라문이여, 여래가 어떤 이에게 절을 하거나 일어서거나 자리를 권하면, 그의 머리가 떨어질 것이다.”

2. "고따마 존자는 맛이 없는 분입니다."[37]

"바라문이여, 한 가지 이유가 있으니, 그 때문에 나에 대해 바르게 말하는 어떤 사람이 '고따마 존자는 맛이 없는 분입니다.'라고 말할지도 모른다. 바라문이여, 형상의 맛, 소리의 맛, 냄새의 맛, 맛의 맛, 감촉의 맛을 여래는 제거하였고 그 뿌리를 잘랐고 줄기만 남은 야자수처럼 만들었고 멸절하였고 미래에 다시는 일어나지 않게끔 했다. 바라문이여, 이것이 그 이유이니, 그 때문에 나에 대해 바르게 말하는 어떤 사람이 '고따마 존자는 맛이 없는 분입니다.'라고 말한 것이 틀림없다. 그러나 그대는 이것을 두고 말한 것이 아니다.”

3. "고따마 존자는 재물이 없는 분입니다.”

"바라문이여, 한 가지 이유가 있으니, 그 때문에 나에 대해 바르게 말하는 어떤 사람이 '고따마 존자는 재물이 없는 분입니다.'라고 말할지도 모른다. 바라문이여, 형상의 재물, 소리의 재물, 냄새의 재물, 맛의 재물, 감촉의 재물을 여래는 제거하였고 그 뿌리를 잘랐고 줄기만

---

37) 웨란자 바라문은 이하 §§2~9에서 여덟 가지로 세존을 비난한다. 그러자 세존께서는 그런 비난의 말의 진정한 의미를 밝히신 뒤에 '그러나 그대는 이것을 두고 말한 것이 아니다.'라고 말씀하신다.

남은 야자수처럼 만들었고 멸절하였고 미래에 다시는 일어나지 않게 끔 했다. 바라문이여, 이것이 그 이유이니, 그 때문에 나에 대해 바르게 말하는 어떤 사람이 '고따마 존자는 재물이 없는 분입니다.'라고 말한 것이 틀림없다. 그러나 그대는 이것을 두고 말한 것이 아니다."

4. "고따마 존자는 [업]지음 없음³⁸⁾을 말하는 분(도덕부정론자) 입니다."

"바라문이여, 한 가지 이유가 있으니, 그 때문에 나에 대해 바르게 말하는 어떤 사람이 '고따마 존자는 [업]지음 없음을 말하는 분(도덕부 정론자)입니다.'라고 말할지도 모른다. 바라문이여, 나는 [업]지음 없음 을 가르친다. 나는 몸으로 나쁜 행위를 저지르고 말로 나쁜 행위를 저지르고 마음으로 나쁜 행위를 저지르는 자에게 여러 가지 나쁜 불 선법들을 짓지 말 것을 가르친다. 바라문이여, 이것이 그 이유이니, 그 때문에 나에 대해 바르게 말하는 어떤 사람이 '고따마 존자는 [업] 지음 없음을 말하는 분(도덕부정론자)입니다.'라고 말한 것이 틀림없다. 그러나 그대는 이것을 두고 말한 것이 아니다."

5. "고따마 존자는 단멸을 말하는 분(단멸론자)³⁹⁾입니다."

---

38) '[업] 지음 없음'으로 옮긴 akiriya는 a(부정접두어)+√kṛ(to do)에서 파 생된 명사로 '행위 없음'이란 일차적인 뜻을 가진다. 『디가 니까야 주석 서』에 의하면 나쁘거나 공덕이 되는 업지음(행위, kiriya, kamma)과 그 과보(vipāka)를 부정하는(paṭikkhipati) 것(DA.i.160; DAṬ.i.287)으로 설명되어 있다. 그래서 이런 사상은 도덕부정론이라고 정리된다. 『디가 니까야』제1권의「사문과경」(D2) §17 등에는 뿌라나 깟사빠의 도덕부 정론이 정리되어 있으니 참조할 것.

39) '단멸을 말하는 분(단멸론자)'은 uccheda-vāda를 옮긴 것이다. 여기서 uccheda는 ud(위로)+√chid(to cut)에서 파생된 명사로 '끊어짐, 멸절'

"바라문이여, 한 가지 이유가 있으니, 그 때문에 나에 대해 바르게 말하는 어떤 사람이 '고따마 존자는 단멸을 말하는 분(단멸론자)입니다.'라고 말할지도 모른다. 바라문이여, 나는 탐욕과 성냄과 어리석음의 단멸을 가르친다. 나는 여러 가지 나쁜 불선법들을 단멸할 것을 가르친다. 바라문이여, 이것이 그 이유이니, 그 때문에 나에 대해 바르게 말하는 어떤 사람이 '고따마 존자는 단멸을 말하는 분(단멸론자)입니다.'라고 말한 것이 틀림없다. 그러나 그대는 이것을 두고 말한 것이 아니다."

6. "고따마 존자는 혐오하는 분입니다."

"바라문이여, 한 가지 이유가 있으니, 그 때문에 나에 대해 바르게 말하는 어떤 사람이 '고따마 존자는 혐오하는 분입니다.'라고 말할지도 모른다. 바라문이여, 나는 혐오하는 자이다. 나는 몸으로 짓는 나쁜 행위와 말로 짓는 나쁜 행위와 마음으로 짓는 나쁜 행위를 혐오하

을 뜻한다. 죽고 나면 아무 것도 없다는 말이다. 그래서 uccheda-vāda는 '[사후]단멸론자'를 말한다. 우리는 일반적으로 단멸론이라 하면 금생에 이 몸이 죽으면 모든 것이 끝난다는 한 가지만을 생각한다. 그러나 부처님께서는 『디가 니까야』 제1권 「범망경」 (D1) §§3.9~17에서 7가지로 단멸론을 설명하고 계신다. 이 일곱 가지는 각각 인간, 욕계 천상, 색계 천상, 무색계의 공무변처, 식무변처, 무소유처, 비상비비상처인데, 여기에 태어난 중생들이 각각 그 세상에서 죽으면 모든 것이 끝난다는 견해를 국집(局執)하는 경우이다. 이렇게 본다면 금생 다음에 천국이 있고, 그 이상을 언급하지 못하는 유일신교적인 발상도 결국은 단멸론의 일종이라고도 할 수 있다. 왜냐하면 천국 다음에는 아무것도 없다는 입장이기 때문이다. 그리고 인간만이 영혼이 있어서 천국이나 지옥에 가지만, 동물들은 영혼이 없다는 발상도 일종의 단멸론적 발상이라고 할 수 있겠다. 이런 문제에 대해서는 월슈(M. Walshe)의 『죽음은 두려운 것인가(*Buddhism and Death*)』 (우철환 역, 고요한 소리, 1995)를 참조할 것.

고, 여러 가지 나쁜 불선법들을 마음에 품는 것을 혐오한다. 바라문이여, 이것이 그 이유이니, 그 때문에 나에 대해 바르게 말하는 어떤 사람이 '고따마 존자는 혐오하는 분입니다.'라고 말한 것이 틀림없다. 그러나 그대는 이것을 두고 말한 것이 아니다."

7. "고따마 존자는 폐지론자[40]입니다."

"바라문이여, 한 가지 이유가 있으니, 그 때문에 나에 대해 바르게 말하는 어떤 사람이 '고따마 존자는 폐지론자입니다.'라고 말할지도 모른다. 바라문이여, 나는 탐욕과 성냄과 어리석음을 폐지하기 위해서 법을 설한다. 나는 여러 가지 나쁜 불선법들을 폐지시키기 위하여 법을 설한다. 바라문이여, 이것이 그 이유이니, 그 때문에 나에 대해 바르게 말하는 어떤 사람이 '고따마 존자는 폐지론자입니다.'라고 말한 것이 틀림없다. 그러나 그대는 이것을 두고 말한 것이 아니다."

8. "고따마 존자는 고행자[41]입니다."

---

40) '폐지론자'는 venayika의 역어이다. 주석서는 "인사를 하는 등의 그런 일을 세존에게서 발견하지를 못하자 '이 사람은 세상의 가장 중요한 일을 던져버리고 사라지게 한다, 혹은 인사하는 일을 하지 않기 때문에 이 사람을 쫓아버려야 한다(vinetabba), 추방해야 한다(nigganhitabba).'라고 생각하면서 세존을 두고 폐지론자라고 말했다."(AA.iv.81)라고 설명하고 있다. venayika는 좋은 의미로 '길들이는 자'로 옮길 수 있다. 그러나 여기서는 주석서의 설명처럼 바라문이 부정적인 어투로 사용한 말이라서 폐지론자로 옮겼다.

41) '고행자'는 tapassi의 역어이다. 고행(tapo, Sk. tapas)은 인도의 사문 전통에서 행하던 오래된 수행 방법이다. 고행자들은 몸을 학대함으로써 이미 지은 악업을 청산하고 다음 세상에 태어날 악업을 막아 천상 등의 좋은 과보를 기대하면서 고행을 한다고 한다.(M14/i.93) 세존 당시에 유행하던 고행은 본서 제1권 「나체수행자 경」 1(A3:151) §2와 『디가 니까야』 제

"바라문이여, 한 가지 이유가 있으니, 그 때문에 나에 대해 바르게 말하는 어떤 사람이 '고따마 존자는 고행자입니다.'라고 말할지도 모른다. 바라문이여, 나는 나쁜 불선법들에 대해서 고행할 것을 가르친다. 몸으로 짓는 나쁜 행위와 말로 짓는 나쁜 행위와 마음으로 짓는 나쁜 행위에 대해서 고행할 것을 가르친다. 고행을 통해서 나쁜 불선법들이 제거되고 그 뿌리가 잘리고 줄기만 남은 야자수처럼 되고 멸절되고 미래에 다시는 일어나지 않게끔 된 자를 나는 고행자라고 말한다. 바라문이여, 여래는 고행을 통해서 나쁜 불선법들을 제거하였고 그 뿌리를 잘랐고 줄기만 남은 야자수처럼 만들었고 멸절하였고 미래에 다시는 일어나지 않게끔 만들었다. 바라문이여, 이것이 그 이유이니, 그 때문에 나에 대해 바르게 말하는 어떤 사람이 '고따마 존자는 고행하는 자입니다.'라고 말한 것이 틀림없다. 그러나 그대는 이것을 두고 말한 것이 아니다."

9. "고따마 존자는 모태에 들지 않는 분[42]입니다."

"바라문이여, 한 가지 이유가 있으니, 그 때문에 나에 대해 바르게 말하는 어떤 사람이 '고따마 존자는 모태에 들지 않는 분입니다.'라고

1권 「깟사빠 사자후 경」(D8) §14 등에 정리되어 있으니 참조할 것.

42) "바라문은 인사를 하는 등의 그런 일은 신들의 세상의 모태에 들게 되고 (devaloka-gabbha-sampatti) 신들의 세상에 재생연결을 받게 된다 (paṭisandhi-paṭilābha)고 생각하면서 세존께서는 이러한 것이 없음을 본 뒤에 세존은 모태에 들지 않는 자(apagabbha)라고 말한 것이다."(AA. iv.82)

이처럼 웨란자 바라문은 세존은 천상세계에 태어나지 못하는 자라고 저주하는 말을 하였지만 부처님께서는 깨달은 자는 다시는 어떤 존재로도 태어나지 않는다고 명쾌하게 밝히고 계신다.

말할지도 모른다. 바라문이여, 내생에 모태에 들어 다시 존재[再有]를 받아 태어남이 제거되고 그 뿌리가 잘리고 줄기만 남은 야자수처럼 되고 멸절되고 미래에 다시는 일어나지 않게끔 된 자를 나는 모태에 들지 않는 자라고 말한다. 바라문이여, 여래는 내생에 모태에 들어 다시 존재[再有]를 받아 태어남을 제거하였고 그 뿌리를 잘랐고 줄기만 남은 야자수처럼 만들었고 멸절하였고 미래에 다시는 일어나지 않게끔 만들었다. 바라문이여, 이것이 그 이유이니, 그 때문에 나에 대해 바르게 말하는 어떤 사람이 '고따마 존자는 모태에 들지 않는 분입니다.'라고 말한 것이 틀림없다. 그러나 그대는 이것을 두고 말한 것이 아니다.

바라문이여, 예를 들면 닭에게 여덟 개나 열 개나 열 두 개의 계란이 있다 하자. 닭은 계란들 위에서 바르게 품고 바르게 온기를 주고 바르게 냄새를 느끼게 한다. 그러면 병아리들은 발톱 끝이나 부리로 달걀껍질을 잘 부순 뒤 안전하게 뚫고 나올 수 있다. 이런 병아리들 가운데서 가장 먼저 나온 병아리는 제일 맏이인가 제일 어린가? 그대는 무어라 말하겠는가?"

"고따마 존자시여, 그는 제일 맏이라고 말해야 합니다. 고따마 존자시여, 그는 그들 가운데 제일 맏이입니다."

10. "바라문이여, 그와 같이 무명에 휩싸였고 [무명이라는 달걀껍질에] 속박되어 있는 알에서 태어난 중생들을 위해서 무명이라는 달걀껍질을 부순 뒤[43] 나는 이 세상에서 혼자 위없는 정등각을 성취

---

43) "'알에서 태어난 중생들(aṇḍa-bhūtā)'이란 알에서 생겼다, 태어났다는 뜻이다. 어떤 중생들은 알에서 태어나기 때문에 알에서 태어난 중생이라 말했다. 이처럼 이 모든 중생들도 또한 무명이라는 달걀껍질(avijj-aṇḍa-

했다.44) 바라문이여, 나는 참으로 세상에서 맏이이고 뛰어난 자이다. 바라문이여, 내게는 불굴의 정진이 생겼고 마음챙김이 확립되었고 혼란스럽지 않으며 몸이 경안하고 동요가 없으며 마음은 집중되어 일념이 되었다."

11. "바라문이여, 그런 나는 감각적 욕망들을 완전히 떨쳐버리고 해로운 법[不善法]들을 떨쳐버린 뒤, 일으킨 생각[尋]과 지속적인 고찰[伺]이 있고, 떨쳐버렸음에서 생긴 희열[喜]과 행복[樂]이 있는 초선(初禪)에 들어 머물렀다.

일으킨 생각과 지속적인 고찰을 가라앉혔기 때문에 자기 내면의 것이고, 확신이 있으며, 마음의 단일한 상태이고, 일으킨 생각과 지속적인 고찰은 없고, 삼매에서 생긴 희열과 행복이 있는 제2선(二禪)에 들어 머물렀다.

희열이 빛바랬기 때문에 평온하게 머물렀고, 마음챙기고 알아차리며 몸으로 행복을 경험했다. 이 [禪 때문에] '평온하고 마음챙기며 행복하게 머문다.'고 성자들이 묘사하는 제3선(三禪)에 들어 머물렀다.

행복도 버리고 괴로움도 버리고, 아울러 그 이전에 이미 기쁨과 슬픔을 소멸하였으므로 괴롭지도 즐겁지도 않으며, 평온으로 인해 마음챙김이 청정한 제4선(四禪)에 들어 머물렀다."

---

kosa) 속에서 태어났기 때문에 알에서 태어난 중생들이라 말했다. 그 무명이라는 달걀껍질에 의해 사방으로 속박되어 있고 묶여있기 때문에 '속박되어 있다(pariyonaddhā)'고 말했다. 정등각자는 이러한 무명으로 이루어진 달걀껍질을 부순(padāleti) 분이다."(AA.iv.85)

44)   아래 §§11~14에서는 부처님께서 정등각을 성취하신(sammāsambodhiṁ abhisambuddho) 과정을 4禪과 3明으로 밝히고 있다.

12. "그런 나는 이와 같이 마음이 삼매에 들고, 청정하고, 깨끗하고, 흠이 없고, 오염원이 사라지고, 유연하고, 활발발하고, 안정되고, 흔들림이 없는 상태에 이르렀을 때 전생을 기억하는 지혜[宿命通]로 마음을 향하게 하고 기울였다.

나는 수많은 전생의 갖가지 삶들을 기억한다. 즉, 한 생, 두 생, 세 생, 네 생, 다섯 생, 열 생, 스무 생, 서른 생, 마흔 생, 쉰 생, 백 생, 천 생, 십만 생, 세계가 수축하는 여러 겁, 세계가 팽창하는 여러 겁, 세계가 수축하고 팽창하는 여러 겁을 기억한다. '어느 곳에서 이런 이름을 가졌고, 이런 종족이었고, 이런 용모를 가졌고, 이런 음식을 먹었고, 이런 행복과 고통을 경험했고, 이런 수명의 한계를 가졌고, 그곳에서 죽어 다른 어떤 곳에 다시 태어나 그곳에서도 이런 이름을 가졌고, 이런 종족이었고, 이런 용모를 가졌고, 이런 음식을 먹었고, 이런 행복과 고통을 경험했고, 이런 수명의 한계를 가졌고, 그곳에서 죽어 여기 다시 태어났다.'라고 이처럼 한량없는 전생의 갖가지 모습들을 그 특색과 더불어 상세하게 기억해낸다.

바라문이여, 이것이 밤의 초경(初更)에 내가 얻은 첫 번째 영지이다. 마치 방일하지 않고 근면하고 스스로를 독려하며 머무는 자에게 무명은 사라지고 영지가 생기고 어둠은 사라지고 광명이 생기듯이, 내게 무명은 사라지고 영지가 생겼고 어둠은 사라지고 광명이 생겼다. 바라문이여, 마치 병아리가 달걀껍질을 뚫고 부화하여 나오듯이 이것이 나의 첫 번째 뚫고 나옴이었다."

13. "그런 나는 이와 같이 마음이 삼매에 들고, 청정하고, 깨끗

하고, 흠이 없고, 오염원이 사라지고, 유연하고, 활발발하고, 안정되고, 흔들림이 없는 상태에 이르렀을 때 중생들의 죽음과 다시 태어남을 [아는] 지혜[天眼通]로 마음을 향하게 하고 기울였다.

나는 청정하고 인간을 넘어선 신성한 눈[天眼]으로 중생들이 죽고 태어나고, 천박하고 고상하고, 잘생기고 못생기고, 좋은 곳[善處]에 가고 나쁜 곳[惡處]에 가는 것을 보고, 중생들이 지은 바 그 업에 따라가는 것을 꿰뚫어 안다. '이들은 몸으로 못된 짓을 골고루 하고 입으로 못된 짓을 골고루 하고 또 마음으로 못된 짓을 골고루 하고, 성자들을 비방하고, 삿된 견해를 지니고 사견업(邪見業)을 지었다. 이들은 죽어서 몸이 무너진 다음에는 처참한 곳[苦界], 불행한 곳[惡處], 파멸처, 지옥에 태어났다. 그러나 이들은 몸으로 좋은 일을 골고루 하고 입으로 좋은 일을 골고루 하고 마음으로 좋은 일을 골고루 하고, 성자들을 비방하지 않고, 바른 견해를 지니고 정견업(正見業)을 지었다. 이들은 죽어서 몸이 무너진 다음에는 좋은 곳[善處], 천상 세계에 태어났다.'라고. 이와 같이 나는 청정하고 인간을 넘어선 신성한 눈으로 중생들이 죽고 태어나고, 천박하고 고상하고, 잘생기고 못생기고, 좋은 곳[善處]에 가고 나쁜 곳[惡處]에 가는 것을 보고, 중생들이 지은 바 그 업에 따라서 가는 것을 꿰뚫어 안다.

바라문이여, 이것이 밤의 이경(二更)에 내가 얻은 두 번째 영지이다. 마치 방일하지 않고 근면하고 스스로를 독려하며 머무는 자에게 무명은 사라지고 영지가 생기고 어둠은 사라지고 광명이 생기듯이, 내게 무명은 사라지고 영지가 생겼고 어둠은 사라지고 광명이 생겼다. 바라문이여, 마치 병아리가 달걀껍질을 뚫고 부화하여 나오듯이 이것이 나의 두 번째 뚫고 나옴이었다."

14. "그런 나는 마음이 삼매에 들고, 청정하고, 깨끗하고, 흠이 없고, 오염원이 사라지고, 유연하고, 활발발하고, 안정되고, 흔들림이 없는 상태에 이르렀을 때 모든 번뇌를 소멸하는 지혜[漏盡通]로 마음을 향하게 하고 기울였다.

나는 '이것이 괴로움이다.'라고 있는 그대로 꿰뚫어 안다. '이것이 괴로움의 일어남이다.'라고 있는 그대로 꿰뚫어 안다. '이것이 괴로움의 소멸이다.'라고 있는 그대로 꿰뚫어 안다. '이것이 괴로움의 소멸로 인도하는 도닦음이다.'라고 있는 그대로 꿰뚫어 안다.

'이것이 번뇌다.'라고 있는 그대로 꿰뚫어 안다. '이것이 번뇌의 일어남이다.'라고 있는 그대로 꿰뚫어 안다. '이것이 번뇌의 소멸이다.'라고 있는 그대로 꿰뚫어 안다. '이것이 번뇌의 소멸로 인도하는 도닦음이다.'라고 있는 그대로 꿰뚫어 안다. 이와 같이 알고 이와 같이 보는 나는 감각적 욕망의 번뇌[慾漏]로부터 마음이 해탈한다. 존재의 번뇌[有漏]로부터 마음이 해탈한다. 무명의 번뇌[無明漏]로부터 마음이 해탈한다. 해탈했을 때 해탈했다는 지혜가 있다. '태어남은 다했다. 청정범행은 성취되었다. 할 일을 다 해 마쳤다. 다시는 어떤 존재로도 돌아오지 않을 것이다.'라고 꿰뚫어 안다.

바라문이여, 이것이 밤의 삼경(三更)에 내가 얻은 세 번째 영지이다. 마치 방일하지 않고 근면하고 스스로를 독려하며 머무는 자에게 무명은 사라지고 영지가 생기고 어둠은 사라지고 광명이 생기듯이, 내게 무명은 사라지고 영지가 생겼고 어둠은 사라지고 광명이 생겼다. 바라문이여, 마치 병아리가 달걀껍질을 뚫고 부화하여 나오듯이 이것이 나의 세 번째 뚫고 나옴이었다."

15. 이렇게 말씀하시자 웨란자 바라문은 세존께 이렇게 말씀드렸다.

"경이롭습니다, 고따마 존자시여. 경이롭습니다, 고따마 존자시여. 마치 넘어진 자를 일으켜 세우시듯, 덮여있는 것을 걷어내 보이시듯, [방향을] 잃어버린 자에게 길을 가리켜주시듯, 눈 있는 자 형상을 보라고 어둠 속에서 등불을 비춰주시듯, 고따마 존자께서는 여러 가지 방편으로 법을 설해주셨습니다. 저는 이제 고따마 존자께 귀의하옵고 법과 비구승가에 귀의합니다. 고따마 존자께서는 저를 재가 신자로 받아주소서. 오늘부터 목숨이 붙어 있는 그날까지 귀의하옵니다."

시하 경(A8:12)
Sīha-sutta

1. 한때 세존께서는 웨살리에서 큰 숲의 중각강당에 머무셨다.[45] 그 무렵에 잘 알려진 많은 릿차위들이 집회소에 모여 앉아서 여러 가지 방법으로 부처님을 칭송하고 법을 칭송하고 승가를 칭송하고 있었다.

2. 그때 니간타의 제자인 시하 대장군[46]이 그 회중에 앉아있

---

45) 웨살리(Vesāli)와 큰 숲(Mahāvana)과 중각강당(Kūṭāgārasālā)에 대해서는 본서 제2권 「밧디야 경」(A4:193) §1의 주해를 참조할 것.

46) 시하 대장군(Sīha senāpati)은 웨살리에 사는 릿차위 족(Licchavi) 대장군이다. 본서에서 보듯이 한때 그는 니간타(Nigaṇṭha)의 신도였으나 본경을 통해서 세존의 설법을 듣고 예류자가 되어 세존의 신도가 되었다. 본서 제3권 「시하 경」(A5:34)과 본서 제4권 「시하 경」(A7:54)도 시하

었다. 시하 대장군에게 이런 생각이 들었다.

'의심할 여지가 없이 그분 세존은 아라한이고 정등각이실 것이다. 그래서 이들 잘 알려진 많은 릿차위들이 집회소에 모여 앉아서 여러 가지 방법으로 부처님을 칭송하고 법을 칭송하고 승가를 칭송한다. 그러므로 나는 그분 세존 아라한 정등각을 친견하러 가야겠다.'

3. 그때 시하 대장군은 니간타 나따뿟따47)에게 다가갔다. 가서는 니간타 나따뿟따에게 이렇게 말했다.

"존자시여, 저는 사문 고따마를 친견하러 가고자 합니다."

"시하여, 그대는 [업]지음을 말하는 자(도덕긍정론자)인데 왜 [업]지음 없음을 말하는 자(도덕부정론자)인 사문 고따마를 보러 가고자 하는가? 시하여, 사문 고따마는 [업]지음 없음을 말하는 자라서 [업]지음 없음의 법을 설하고 그것으로 제자들을 인도한다."

그러자 세존을 친견하러 떠나려던 시하 대장군의 의도는 가라앉아 버렸다.

4. 두 번째에도 잘 알려진 많은 릿차위들이 집회소에 모여 앉아서 여러 가지 방법으로 부처님을 칭송하고 법을 칭송하고 승가를 칭송하고 있었다.

두 번째에도 니간타의 제자인 시하 대장군이 그 회중에 앉아있었다. 시하 대장군에게 이런 생각이 들었다.

대장군과 관련된 경이다.

47) 니간타 나따뿟따(Nigaṇṭha Nāṭaputta)는 자이나교의 교주인 마하위라 (Mahāvīra)를 뜻한다. 더 자세한 것은 『디가 니까야』 제1권 「사문과 경」 (D2) §§28~29와 주해들을 참조할 것.

'의심할 여지가 없이 그분 세존은 아라한이고 정등각이실 것이다. 그래서 이들 잘 알려진 많은 릿차위들이 집회소에 모여 앉아서 여러 가지 방법으로 부처님을 칭송하고 법을 칭송하고 승가를 칭송한다. 그러므로 나는 그분 세존 아라한 정등각을 친견하러 가야겠다.'

그때 시하 대장군은 니간타 나따뿟따에게 다가갔다. 가서는 니간타 나따뿟따에게 이렇게 말했다.

"존자시여, 저는 사문 고따마를 친견하러 가고자 합니다."

"시하여, 그대는 [업]지음을 말하는 자(도덕긍정론자)인데 왜 [업]지음 없음을 말하는 자(도덕부정론자)인 사문 고따마를 보러 가고자 하는가? 시하여, 사문 고따마는 [업]지음 없음을 말하는 자라서 [업]지음 없음의 법을 설하고 그것으로 제자들을 인도한다."

그러자 두 번째에도 세존을 친견하러 떠나려던 시하 대장군의 의도는 가라앉아버렸다.

5.   세 번째에도 잘 알려진 많은 릿차위들이 집회소에 모여 앉아서 여러 가지 방법으로 부처님을 칭송하고 법을 칭송하고 승가를 칭송하고 있었다.

세 번째에도 니간타의 제자인 시하 대장군이 그 회중에 앉아있었다. 시하 대장군에게 이런 생각이 들었다.

'의심할 여지가 없이 그분 세존은 아라한이고 정등각이실 것이다. 그래서 이들 잘 알려진 많은 릿차위들이 집회소에 모여 앉아서 여러 가지 방법으로 부처님을 칭송하고 법을 칭송하고 승가를 칭송한다. 그런데 니간타들에게 허락을 청하건 청하지 않건 그들이 나를 어떻게 하겠는가? 그러니 나는 니간타들에게 허락을 청하지 않고 그분

세존 아라한 정등각을 친견하러 가야겠다.'

그때 시하 대장군은 세존을 친견하기 위해서 한낮에[48] 오백 대의 마차를 준비하여 웨살리를 나갔다. 더 이상 마차로 갈 수 없는 곳에 이르자 마차에서 내린 뒤 걸어서 큰 숲으로 들어갔다. 시하 대장군은 세존께 다가갔다. 가서는 세존께 절을 올린 뒤 한 곁에 앉았다. 한 곁에 앉은 대장군 시하는 세존께 이렇게 말씀드렸다.

"세존이시여, 저는 '사문 고따마는 [업]지음 없음을 말하는 자(도덕부정론자)라서 [업]지음 없음의 법을 설하고 그것으로 제자들을 인도한다.'라고 들었습니다. 세존이시여, '사문 고따마는 [업]지음 없음을 말하는 자라서 [업]지음 없음의 법을 설하고 그것으로 제자들을 인도한다.'라고 말하는 자들은 세존께서 말씀하신 대로 말한 것입니까? 세존을 거짓으로 헐뜯지 않고 세존께서 설하신 것을 반복한 것입니까? [세존께서 설하셨다고 전해진 이것을 반복하더라도] 어떤 사람도 나쁜 견해에 빠져 비난의 조건을 만나지 않겠습니까? 저는 세존을 비방하고 싶지 않습니다."

6. "시하여, 한 가지 이유가 있으니, 그 이유 때문에 나에 대해 바르게 말하는 어떤 사람이 이렇게 말할지도 모른다. '사문 고따마는 [업]지음 없음을 말하는 자(도덕부정론자)라서 [업]지음 없음의 법을 설하고 그것으로 제자들을 인도한다.'라고.

시하여, 한 가지 이유가 있으니, 그 이유 때문에 나에 대해 바르게

---

48)   '한낮에'로 옮긴 원어는 divādivassa이다. PED는 'early in the day, at sunrise, at an early hour'로 설명하고 있지만 주석서(MA.ii.285)의 용례로 볼 때 한낮이 적당하다. 냐나몰리 스님도 한낮에(in the middle of the day)로 옮기고 있다.(Ñāṇamoli, 269)

말하는 어떤 사람이 이렇게 말할지도 모른다. '사문 고따마는 [업]지음을 말하는 자(도덕긍정론자)라서 [업]지음의 법을 설하고 그것으로 제자들을 인도한다.'라고.

시하여, 한 가지 이유가 있으니, 그 이유 때문에 나에 대해 바르게 말하는 어떤 사람이 이렇게 말할지도 모른다. '사문 고따마는 단멸을 말하는 자(단멸론자)라서 단멸의 법을 설하고 그것으로 제자들을 인도한다.'라고.

시하여, 한 가지 이유가 있으니, 그 이유 때문에 나에 대해 바르게 말하는 어떤 사람이 이렇게 말할지도 모른다. '사문 고따마는 혐오를 느끼는 자라서 혐오의 법을 설하고 그것으로 제자들을 인도한다.'라고.

시하여, 한 가지 이유가 있으니, 그 이유 때문에 나에 대해 바르게 말하는 어떤 사람이 이렇게 말할지도 모른다. '사문 고따마는 폐지론자라서 폐지하기 위하여 법을 설하고 그것으로 제자들을 인도한다.'라고.

시하여, 한 가지 이유가 있으니, 그 이유 때문에 나에 대해 바르게 말하는 어떤 사람이 이렇게 말할지도 모른다. '사문 고따마는 고행자라서 고행의 법을 설하고 그것으로 제자들을 인도한다.'라고.

시하여, 한 가지 이유가 있으니, 그 이유 때문에 나에 대해 바르게 말하는 어떤 사람이 이렇게 말할지도 모른다. '사문 고따마는 모태에 들지 않는 자라서 모태에 들지 않게 하기 위해 법을 설하고 그것으로 제자들을 인도한다.'라고.

시하여, 한 가지 이유가 있으니, 그 이유 때문에 나에 대해 바르게 말하는 어떤 사람이 이렇게 말할지도 모른다. '사문 고따마는 편안한

자라서 안식(安息)을 위해 법을 설하고 그것으로 제자들을 인도한다.'
라고."

7. "시하여, 어떤 이유가 있어, 그 때문에 나에 대해 바르게 말하는 어떤 사람이 '사문 고따마는 [업]지음 없음을 말하는 자라서 [업]지음 없음의 법을 설하고 그것으로 제자들을 인도한다.'라고 말할지도 모르겠는가?

시하여, 나는 [업]지음 없음을 가르친다. 나는 몸으로 나쁜 행위를 저지르고 말로 나쁜 행위를 저지르고 마음으로 나쁜 행위를 저지르는 자에게 여러 가지 나쁜 불선법들을 짓지 말 것을 가르친다. 시하여, 이것이 그 이유이니, 그 때문에 나에 대해 바르게 말하는 어떤 사람이 '사문 고따마는 [업]지음 없음을 말하는 자라서 [업]지음 없음의 법을 설하고 그것으로 제자들을 인도한다.'라고 말할지도 모른다.

시하여, 어떤 이유가 있어, 그 때문에 나에 대해 바르게 말하는 어떤 사람이 '사문 고따마는 [업]지음을 말하는 자라서 [업]지음의 법을 설하고 그것으로 제자들을 인도한다.'라고 말할지도 모르겠는가?

시하여, 나는 [업]지음을 가르친다. 나는 몸으로 좋은 행위를 짓고 말로 좋은 행위를 짓고 마음으로 좋은 행위를 짓는 자에게 여러 가지 선법들을 지을 것을 가르친다. 시하여, 이것이 그 이유이니, 그 때문에 나에 대해 바르게 말하는 어떤 사람이 '사문 고따마는 [업]지음을 말하는 자라서 [업]지음의 법을 설하고 그것으로 제자들을 인도한다.'라고 말할지도 모른다.

시하여, 어떤 이유가 있어, 그 때문에 나에 대해 바르게 말하는 어떤 사람이 '사문 고따마는 단멸을 말하는 자라서 단멸의 법을 설하고 그것으로 제자들을 인도한다.'라고 말할지도 모르겠는가?

시하여, 나는 탐욕과 성냄과 어리석음의 단멸을 가르친다. 나는 여러 가지 나쁜 불선법들을 단멸할 것을 가르친다. 시하여, 이것이 그 이유이니, 그 때문에 나에 대해 바르게 말하는 어떤 사람이 '사문 고따마는 단멸을 말하는 자라서 단멸의 법을 설하고 그것으로 제자들을 인도한다.'라고 말할지도 모른다.

시하여, 어떤 이유가 있어, 그 때문에 나에 대해 바르게 말하는 어떤 사람이 '사문 고따마는 혐오를 느끼는 자라서 혐오의 법을 설하고 그것으로 제자들을 인도한다.'라고 말할지도 모르겠는가?

시하여, 나는 혐오하는 자이다. 나는 몸으로 짓는 나쁜 행위와 말로 짓는 나쁜 행위와 마음으로 짓는 나쁜 행위를 혐오하고, 여러 가지 나쁜 불선법들을 혐오한다. 시하여, 이것이 그 이유이니, 그 때문에 나에 대해 바르게 말하는 어떤 사람이 '사문 고따마는 혐오하는 자라서 혐오를 위해서 법을 설하고 그것으로 제자들을 인도한다.'라고 말할지도 모른다.

시하여, 어떤 이유가 있어, 그 때문에 나에 대해 바르게 말하는 어떤 사람이 '사문 고따마는 폐지론자라서 폐지하기 위하여 법을 설하고 그것으로 제자들을 인도한다.'라고 말할지도 모르겠는가?

시하여, 나는 탐욕과 성냄과 어리석음을 폐지하기 위해서 법을 설한다. 나는 여러 가지 나쁜 불선법들을 폐지시키기 위하여 법을 설한다. 바라문이여, 이것이 그 이유이니, 그 때문에 나에 대해 바르게 말하는 어떤 사람이 '사문 고따마는 폐지론자여서 폐지하기 위하여 법을 설하고 그것으로 제자들을 인도한다.'라고 말할지도 모른다.

시하여, 어떤 이유가 있어, 그 때문에 나에 대해 바르게 말하는 어떤 사람이 '사문 고따마는 고행자라서 고행의 법을 설하고 그것으로 제자들을 인도한다.'라고 말할지도 모르겠는가?

시하여, 나는 나쁜 불선법들에 대해서 고행할 것을 말한다. 몸으로 짓는 나쁜 행위와 말로 짓는 나쁜 행위와 마음으로 짓는 나쁜 행위에 대해서 고행할 것을 말한다. 고행을 통해서 나쁜 불선법들이 제거되고 그 뿌리가 잘리고 줄기만 남은 야자수처럼 되고 멸절되고 미래에 다시는 일어나지 않게끔 된 자를 나는 고행자라고 말한다. 시하여, 여래는 고행을 통해서 나쁜 불선법들을 제거하였고 그 뿌리를 잘랐고 줄기만 남은 야자수처럼 만들었고 멸절하였고 미래에 다시는 일어나지 않게끔 만들었다. 시하여, 이것이 그 이유이니, 그 때문에 나에 대해 바르게 말하는 어떤 사람이 '사문 고따마는 고행자라서 고행의 법을 설하고 그것으로 제자들을 인도한다.'라고 말할지도 모른다.

시하여, 어떤 이유가 있어, 그 때문에 나에 대해 바르게 말하는 어떤 사람이 '사문 고따마는 모태에 들지 않는 자라서 모태에 들지 않도록 하기 위해 법을 설하고 그것으로 제자들을 인도한다.'라고 말할지도 모르겠는가?

시하여, 내생에 모태에 들어 다시 존재[再有]를 받아 태어남이 제거되고 그 뿌리가 잘리고 줄기만 남은 야자수처럼 되고 멸절되고 미래에 다시는 일어나지 않게끔 된 자를 나는 모태에 들지 않는 자라고 말한다. 시하여, 여래는 내생에 모태에 들어 다시 존재[再有]를 받아 태어남을 제거하였고 그 뿌리를 잘랐고 줄기만 남은 야자수처럼 만들었고 멸절하였고 미래에 다시는 일어나지 않게끔 만들었다. 시하여, 이것이 그 이유이니, 그 때문에 나에 대해 바르게 말하는 어떤 사람이 '사문 고따마는 모태에 들지 않는 자라서 모태에 들지 못하도록 하기 위해 법을 설하고 그것으로 제자들을 인도한다.'라고 말할지도 모른다.

시하여, 어떤 이유가 있어, 그 때문에 나에 대해 바르게 말하는 어떤 사람이 '사문 고따마는 편안한 자라서 안식(安息)을 위해 법을 설하고 그것으로 제자들을 인도한다.'라고 말할지도 모르겠는가?

시하여, 나는 편안한 자여서 최고의 편안함으로 안식을 위해 법을 설하고 이것으로 제자들을 인도한다. 시하여, 이것이 그 이유이니, 그 때문에 나에 대해 바르게 말하는 어떤 사람이 '사문 고따마는 편안한 자라서 안식(安息)을 위해 법을 설하고 그것으로 제자들을 인도한다.' 라고 말할지도 모른다."

8. 이렇게 말씀하시자 시하 대장군은 세존께 이렇게 말씀드렸다. "경이롭습니다, 세존이시여. 경이롭습니다, 세존이시여. 마치 넘어진 자를 일으켜 세우시듯, 덮여있는 것을 걷어내 보이시듯, [방향을] 잃어버린 자에게 길을 가리켜주시듯, 눈 있는 자 형상을 보라고 어둠 속에서 등불을 비춰주시듯, 세존께서는 여러 가지 방편으로 법을 설해주셨습니다. 저는 이제 세존께 귀의하옵고 법과 비구승가에 귀의합니다. 세존께서는 저를 재가 신자로 받아주소서. 오늘부터 목숨이 붙어 있는 그날까지 귀의하옵니다."

"시하여, 심사숙고한 연후에 행하라.49) 그대와 같이 잘 알려진 사람은 심사숙고하는 것이 좋다."

"세존이시여, '시하여, 심사숙고한 연후에 행하라. 그대와 같이 잘

---

49) "'심사숙고한 연후에 행하라.(anuviccakāraṁ karohi)'는 것은 잘 알아보고(anuviditvā) 생각하고(cintetvā) 재어본 뒤에(tulayitvā) 해야 할 바를 행하라고 말씀하신 것이다."(AA.iv.98)

알려진 사람은 심사숙고하는 것이 좋다.'라는 세존의 이러한 [말씀]으로 저는 더욱더 마음이 흡족하고 기쁩니다. 세존이시여, 다른 외도들은 저를 제자로 얻은 뒤 '시하 대장군은 우리의 제자가 되었다.'라고 온 웨살리에 깃발을 들고 다닐 것입니다. 그런데도 세존께서는 제게 이렇게 말씀하십니다. '시하여, 심사숙고한 연후에 행하라. 그대와 같이 잘 알려진 사람은 심사숙고하는 것이 좋다.'라고. 세존이시여, 이런 저는 두 번째로 세존께 귀의하옵고 법과 비구승가에 또한 귀의합니다. 저는 오늘부터 목숨이 붙어있는 그날까지 세존께 귀의합니다. 세존께서는 저를 재가신자로 받아주소서."

"시하여, 그대의 가문은 오랜 세월 동안 니간타들을 위하여 준비된 우물물이었다.[50] 그러니 그들이 오면 음식을 공양해야 한다고 생각해야 한다."

"세존이시여, '시하여, 그대의 가문은 오랜 세월 동안 니간타들을 후원해왔다. 그러니 그들이 오면 음식을 공양해야 한다고 생각해야 한다.'라는 세존의 이러하신 말씀으로 저는 더욱더 마음이 흡족하고 기쁩니다. 세존이시여, 저는 듣기를 '사문 고따마는 '내게만 보시를 해야 한다. 남들에게 보시하면 안된다. 내 제자들에게만 보시해야 한다. 남의 제자들에게 보시하면 안된다. 내게 보시한 것은 큰 과보가 있다. 남들에게 보시한 것은 큰 과보가 없다. 내 제자들에게 보시한 것은 큰 과보가 있다. 남의 제자들에게 보시한 것은 큰 과보가 없다.'라고 말한다.'고 들었습니다. 그러나 이제 세존께서는 제게 니간타들

---

50) '준비된 우물물'은 opāna-bhūta의 역어이다. 준비된 우물물(pati-yatta-udapāna)처럼 항상 니간타들에게 공양을 올릴 준비가 되어 있었다는 뜻이다.(*Ibid*)

에게도 보시를 하게 하십니다. 세존이시여, 그런 때가 오면 저희들은 [무엇을 해야 할지] 알 것입니다. 세존이시여, 이런 저는 세 번째로 세존께 귀의하옵고 법과 비구승가에 또한 귀의합니다. 저는 오늘부터 목숨이 붙어있는 그날까지 세존께 귀의합니다. 세존께서는 저를 재가신자로 받아주소서."

9. 그러자 세존께서는 시하 대장군에게 순차적인 가르침을 설하셨다. 보시의 가르침, 계의 가르침, 천상의 가르침, 감각적 욕망들의 위험과 타락과 오염원, 출리에 대한 공덕을 밝혀주셨다. 세존께서는 시하 대장군의 마음이 준비가 되고 마음이 부드러워지고 마음의 장애가 없어지고 마음이 고무되고 마음에 깨끗한 믿음이 생겼음을 아시게 되었을 때, 부처님들께서 직접 얻으신 괴로움[苦]과 일어남[集]과 소멸[滅]과 도[道]라는 법의 가르침을 드러내셨다. 마치 얼룩이 없는 깨끗한 천이 바르게 잘 염색되는 것처럼, 그 자리에서 '일어나는 법은 그 무엇이건 그것은 모두 멸하기 마련인 법이다.[集法卽滅法]'라는 티 없고 때가 없는 법의 눈[法眼]이 시하 대장군에게 생겼다.51)

10. 시하 대장군은 법을 보았고 법을 얻었고 법을 체득했고 법을 간파했고 의심을 건넜고 혼란을 제거했고 무외를 얻었고 스승의 교법에서 남에게 의지하지 않게 되었다. 그는 세존께 이렇게 말씀드렸다.

"세존께서는 비구 승가와 함께 내일 저의 공양을 허락하여 주십시오."

---

51) "법의 눈(dhamma-cakkhu)이 생겼다는 것은 예류도(sotāpatti-magga)를 얻었다는 말이다."(AA.iv.102)

세존께서는 침묵으로 허락하셨다. 그러자 시하 대장군은 세존께서 침묵으로 허락하신 것을 알고서 자리에서 일어나 세존께 절을 올리고 오른쪽으로 [세 번] 돌아 [경의를 표한] 뒤에 물러갔다. 그리고는 시하 대장군은 어떤 사람을 불러 말했다. '여보게 이 사람아, 그대는 가서 신선한 생선이 있는지를 알아보라.'라고. 그런 다음 시하 대장군은 그 밤이 지나자 자신의 집에서 맛있는 여러 음식을 준비하게 하고 세존께 시간을 알려드리게 했다.

"세존이시여, 시하 대장군의 집에 음식이 준비되었습니다."라고.

11. 그때 세존께서는 오전에 옷매무새를 가다듬고 발우와 가사를 수하시고 비구 승가와 함께 시하 대장군의 집으로 가셨다. 가셔서는 비구 승가와 함께 마련된 자리에 앉으셨다.

그 무렵 많은 니간타들은 웨살리에서 이 골목 저 골목 이 거리 저 거리에서 팔을 마구 흔들면서 '오늘 시하 대장군이 크고 살찐 짐승52) 들을 잡아서 사문 고따마를 위한 음식을 만들었다. 사문 고따마는 그것이 자신을 위하여 만들어진 것53)을 알면서도 자신 때문에 준비한54) 고기를 먹는다.'고 하면서 울부짖었다.

---

52) "'살찐 짐승(thūla pasu)'이란 살찌고 큰 몸을 가진 사슴, 물소, 돼지와 같은 짐승을 말한다."(AA.iv.102)

53) "'자신을 위하여 만들어진 것(uddissa-katam)'이란 자신을 위하여, 자신과 관련하여 만든 것 즉 죽인 것(mārita)이라는 뜻이다."(AA.iv.102)

54) '자신 때문에 준비한'은 paṭicca-kammaṁ의 역어이다. 주석서는 다음과 같이 paṭicca-kammaṁ을 설명한다. "(1) 그는 그 고기 때문에 생명을 죽인 업과 접하게 된다. 그 해로운 업의 일부분은 보시하는 자(dāyaka)의 것이고 일부분은 보시를 받는 자(paṭiggāhaka)의 것이 된다고 그들은 믿고 있다. (2) 다른 방법으로 설명하면, 그것은 자신을 반연하여 만든 것

그러자 어떤 사람이 시하 대장군에게 다가갔다. 가서는 시하 대장군에게 귓속말로 이 사실을 전했다.

"존자님, 지금 많은 니간타들이 웨살리에서 이 골목 저 골목 이 거리 저 거리에서 팔을 마구 흔들면서 '오늘 시하 대장군이 크고 살찐 짐승들을 잡아서 사문 고따마를 위한 음식을 만들었다. 사문 고따마는 자신을 위하여 만든 것을 알면서도 자신 때문에 준비한 고기를 먹는다.'고 하면서 울부짖고 있는 것을 아십니까?"

"여보게, 그만하게나. 그 존자들은 오랜 세월동안 부처님을 비방하고 법을 비방하고 승가를 비방해왔지만 그 존자들은 근거 없고 헛되고 거짓이고 사실과 다른 그런 비방으로 세존을 해치지 못한다네. 그리고 우리는 목숨을 버릴지언정 고의로 살아있는 생명을 죽이지 않는다네."

12. 그때 시하 대장군은 부처님을 상수로 하는 비구 승가에게 딱딱하고 부드러운 여러 맛난 음식을 손수 대접하고 드시게 했다. 세존께서 공양을 마치시고 그릇에서 손을 떼시자 시하 대장군은 어떤 낮은 자리를 잡아서 한 곁에 앉았다. 그러자 세존께서는 시하 대장군에게 법을 설하시고 격려하시고 분발하게 하시고 기쁘게 하시고는 자리에서 일어나 떠나셨다.

(attānaṁ paṭiccakataṁ)이라는 의미이다."(AA.iv.102~103)

좋은 혈통 경(A8:13)[55]
Ājānīya-sutta

1. "비구들이여, 여덟 가지 요소를 구족한 혈통 좋은 멋진 말은 왕에게 어울리고, 왕을 섬길 수 있으며, 왕의 수족이라는 이름을 얻게 된다. 무엇이 여덟인가?"

2. "비구들이여, 여기 왕의 혈통 좋은 멋진 말은 모계와 부계 양쪽 모두로부터 순수 혈통을 이어왔다. 그는 다른 혈통 좋은 멋진 말들이 태어난 그 방향에서 태어났다. 그는 젖은 [풀]이건 마른 [풀]이건 먹을 것을 주면 그것을 흩어버리지 않고 점잖게 먹는다. 그는 대변이나 소변을 보려고 앉거나 눕는 것을 혐오스럽게 여긴다. 그는 다른 말들과 쉽게 어울리고 즐겁게 살며 다른 말들을 성가시게 하지 않는다. 그는 내면에 있는 간교함과 속임수와 비뚤어짐과 기만을 있는 그대로 마부에게 다 드러내고, 마부는 그의 이런 행동을 바로잡기 위해서 노력한다. 마구에 채울 때엔 '다른 말들이 끌어당기거나 끌어당기지 않거나 간에 나는 여기서 [열심히] 끌어당길 것이다.'라는 마음을 낸다. 그가 갈 때는 바른 길로 간다. 그는 힘이 세다. 목숨이 다하여 죽는 그 순간까지 힘을 보인다. 비구들이여, 이러한 여덟 가지 요소를 구족한 혈통 좋은 멋진 말은 왕에게 어울리고, 왕을 섬길 수 있으며, 왕의 수족이라는 이름을 얻게 된다."

3. "비구들이여, 그와 같이 여덟 가지 요소를 구족한 비구는

---

55)   6차결집본의 경제목은 '혈통 좋은 말'(Assājānīya-sutta)이다.

공양받아 마땅하고, 선사받아 마땅하고, 보시받아 마땅하고, 합장받아 마땅하며, 세상의 위없는 복밭[福田]이다. 무엇이 여덟인가?"

4. "비구들이여, 여기 비구는 계를 잘 지킨다. 빠띠목카(계목)의 단속으로 단속하면서 머문다. 바른 행실과 행동의 영역을 갖추고, 작은 허물에 대해서도 두려움을 보며, 학습계목을 받아 지녀 공부짓는다. 그는 거친 것이든 맛난 것이든 음식을 받으면 그것을 흩어버리지 않고 점잖게 먹는다. 그는 혐오하는 자여서 몸으로 짓는 나쁜 행위와 말로 짓는 나쁜 행위와 마음으로 짓는 나쁜 행위를 혐오하고, 여러 가지 나쁜 불선법들에 빠지는 것을 혐오한다. 그는 다른 비구들과 쉽게 어울리고 즐겁게 살며 다른 비구들을 성가시게 하지 않는다. 그는 내면에 있는 간교함과 속임수와 비뚤어짐과 기만을 스승이나 지자들이나 동료 수행자들에게 있는 그대로 다 드러내고 스승이나 지자들이나 동료 수행자들은 그의 이런 행동들을 바로잡기 위해서 노력한다. 공부지을 때엔 '다른 비구들이 공부를 짓건 공부를 짓지 않건 간에 나는 여기서 [열심히] 공부지을 것이다.'라는 마음을 낸다. 그가 갈 때는 바른 길로 가나니 그것은 바른 견해, 바른 사유, 바른 말, 바른 행위, 바른 생계, 바른 정진, 바른 마음챙김, 바른 삼매이다. 그는 열심히 정진한다. '피부와 힘줄과 뼈가 쇠약해지고 몸에 살점과 피가 마르더라도 남자다운 근력과 남자다운 노력과 남자다운 분발로써 얻어야 하는 것을 얻을 때까지 정진을 계속하리라.'라고. 비구들이여, 이러한 여덟 가지 요소를 구족한 비구는 공양받아 마땅하고, 선사받아 마땅하고, 보시받아 마땅하고, 합장받아 마땅하며, 세상의 위없는 복밭[福田]이다."

성마름 경(A8:14)[56]
Khaḷuṅka-sutta

1. "비구들이여, 여덟 종류의 성마른 말과 여덟 가지 말의 결점을 설하리라. 그리고 여덟 부류의 성마른 사람과 여덟 가지 사람의 결점도 설하리라. 이제 그것을 들어라. 듣고 마음에 잘 새겨라. 나는 설할 것이다."

"그렇게 하겠습니다, 세존이시여."라고 비구들은 세존께 응답했다. 세존께서는 이렇게 말씀하셨다.

2. "비구들이여, 그러면 어떤 것이 여덟 종류의 성마른 말과 여덟 가지 말의 결점인가?

비구들이여, 여기 어떤 성마른 말은 마부가 '이랴!'라고 말하면서 때리고 좨치면 뒷걸음질 치면서 마차를 뒤로 물러가게 한다. 비구들이여, 여기 이런 종류의 성마른 말이 있고, 이것이 말의 첫 번째 결점이다."

3. "다시 비구들이여, 여기 어떤 성마른 말은 마부가 '이랴!'라고 말하면서 때리고 좨치면 뒤로 뛰어올라 마차의 난간을 뒷발로 차서 부셔버리고 마차 앞에 있는 세 개의 받침 막대기를 부셔버린다. 비구들이여, 여기 이런 종류의 성마른 말이 있고, 이것이 말의 두 번

---

56) 6차결집본의 경제목은 '성마른 말'(Assakhaḷuṅka-sutta)이다.
한편 본서 제1권 「망아지 경」(A3:137)에서는 assa-khaḷuṅka를 망아지로, purisa-khaḷuṅka를 젊은 사람으로 구분하여 옮겼는데, 본경에서는 khaḷuṅka를 '성마름'으로 통일하여 성마른 말과 성마른 사람으로 옮겼다.

째 결점이다."

4. "다시 비구들이여, 여기 어떤 성마른 말은 마부가 '이랴!'라고 말하면서 때리고 쬐치면 마차의 받침대에서 넓적다리를 느슨하게 풀어헤친 뒤 마차의 받침대를 짓밟고 올라선다.57) 비구들이여, 여기 이런 종류의 성마른 말이 있고, 이것이 말의 세 번째 결점이다."

5. "다시 비구들이여, 여기 어떤 성마른 말은 마부가 '이랴!'라고 말하면서 때리고 쬐치면 잘못된 길로 들어가서 다른 길로 마차를 몰고 간다. 비구들이여, 여기 이런 종류의 성마른 말이 있고, 이것이 말의 네 번째 결점이다."

6. "다시 비구들이여, 여기 어떤 성마른 말은 마부가 '이랴!'라고 말하면서 때리고 쬐치면 몸의 앞부분을 위로 치켜들고 앞발을 위로 뻗친다. 비구들이여, 여기 이런 종류의 성마른 말이 있고, 이것이 말의 다섯 번째 결점이다."

7. "다시 비구들이여, 여기 어떤 성마른 말은 마부가 '이랴!'라고 말하면서 때리고 쬐치면 마부에게도 주의를 기울이지 않고 채찍에도 주의를 기울이지 않고 자기 이빨로 입마개를 물어뜯고 제멋대로 달려간다. 비구들이여, 여기 이런 종류의 성마른 말이 있고, 이것이 말의 여섯 번째 결점이다."

---

57) "즉 머리를 숙여 마구(yuga)를 땅에다 던져버리고 넓적다리로 마차의 받침대를 느슨하게 만들어서 두 앞발로 받침대를 짓밟고 올라선다는 뜻이다."(AA.iv.104)

8. "다시 비구들이여, 여기 어떤 성마른 말은 마부가 '이라!'라고 말하면서 때리고 쫴치면 앞으로 가지도 않고 물러가지도 않고 기둥처럼 그 자리에 멈추어버린다. 비구들이여, 여기 이런 종류의 성마른 말이 있고, 이것이 말의 일곱 번째 결점이다."

9. "다시 비구들이여, 여기 어떤 성마른 말은 마부가 '이라!'라고 말하면서 때리고 쫴치면 앞발도 움츠리고 뒷발도 움츠려서 그 자리에 네 발로 주저앉아버린다. 비구들이여, 여기 이런 종류의 성마른 말이 있고, 이것이 말의 여덟 번째 결점이다."

비구들이여, 이것이 여덟 종류의 성마른 말과 여덟 가지 말의 결점이다."

10. "비구들이여, 그러면 어떤 것이 여덟 부류의 성마른 사람과 여덟 가지 사람의 결점인가?

비구들이여, 여기 어떤 비구가 계를 범하여 비구들이 그에게 훈계를 한다. 그 비구는 자신의 범계(犯戒)로 인해 비구들로부터 훈계를 들으면 '나는 기억하지 못합니다. 나는 기억하지 못합니다.'라고 하면서 건망증으로써 그 사실을 부인한다. 예를 들면 성마른 말이 마부가 '이라!'라고 말하면서 때리고 쫴치면 뒷걸음질 치면서 마차를 뒤로 물러가게 하듯이, 이 사람은 그와 같다고 나는 말한다. 여기 이런 부류의 성마른 사람이 있고, 이것이 첫 번째 사람의 결점이다."

11. "다시 비구들이여, 어떤 비구가 계를 범하여 비구들이 그에게 훈계를 한다. 그 비구는 자신의 범계로 인해 비구들로부터 훈계를

들으면 '그대 같은 어리석고 영민하지 못한 사람의 말이 뭐 필요하겠는가? 그대가 발언할 만하다고 생각하는가?'라고 오히려 훈계하는 자에게 대든다. 예를 들면 성마른 말이 마부가 '이랴!'라고 말하면서 때리고 쬐치면 뒤로 뛰어올라 난간을 뒷발로 차서 부셔버리고 마차 앞에 있는 세 개의 받침 막대기를 부셔버리듯이, 이 사람은 그와 같다고 나는 말한다. 비구들이여, 여기 이런 부류의 성마른 사람이 있고, 이것이 두 번째 사람의 결점이다."

12. "다시 비구들이여, 어떤 비구가 계를 범하여 비구들이 그에게 훈계를 한다. 그 비구는 자신의 범계로 인해 비구들로부터 훈계를 들으면 '그대도 어떠어떠한 범계를 범했다. 그러니 그대가 먼저 참회를 해야 한다.'라고 오히려 훈계하는 자를 추궁하고 든다. 예를 들면 어떤 성마른 말이 마부가 '이랴!'라고 말하면서 때리고 쬐치면 마차의 받침대에서 넓적다리를 느슨하게 풀어헤친 뒤 마차의 받침대를 짓밟고 올라서듯이, 이 사람은 그와 같다고 나는 말한다. 비구들이여, 여기 이런 부류의 성마른 사람이 있고, 이것이 세 번째 사람의 결점이다."

13. "다시 비구들이여, 어떤 비구가 계를 범하여 비구들이 그에게 훈계를 한다. 그 비구는 자신의 범계로 인해 비구들로부터 훈계를 들으면 다른 질문으로 그 질문을 피해가고, 새로운 주제로 현재의 주제를 바꾸어 버리고, 분노와 성냄과 불만족을 거침없이 드러낸다. 예를 들면 성마른 말이 마부가 '이랴!'라고 말하면서 때리고 쬐치면 잘못된 길로 들어가서 다른 길로 마차를 몰고 가듯이, 이 사람은 그와

같다고 나는 말한다. 비구들이여, 여기 이런 부류의 성마른 사람이 있고, 이것이 네 번째 사람의 결점이다."

14. "다시 비구들이여, 어떤 비구가 계를 범하여 비구들이 그에게 훈계를 한다. 그 비구는 자신의 범계로 인해 비구들로부터 훈계를 들으면 승가 가운데서 팔을 마구 흔들면서 이야기한다. 예를 들면 성마른 말이 마부가 '이랴!'라고 말하면서 때리고 쫴치면 몸의 앞부분을 위로 치켜들고 앞발을 위로 뻗치듯이, 이 사람은 그와 같다고 나는 말한다. 비구들이여, 여기 이런 부류의 성마른 사람이 있고, 이것이 다섯 번째 사람의 결점이다."

15. "다시 비구들이여, 어떤 비구가 계를 범하여 비구들이 그에게 훈계를 한다. 그 비구는 자신의 범계로 인해 비구들로부터 훈계를 들으면 승가에게도 주의를 기울이지 않고 훈계하는 자에게도 주의를 기울이지 않고 제멋대로 나가버린다. 예를 들면 성마른 말이 마부가 '이랴!'라고 말하면서 때리고 쫴치면 마부에게도 주의를 기울이지 않고 채찍에도 주의를 기울이지 않고 자기 이빨로 입마개를 물어뜯고 제멋대로 달려가듯이, 이 사람은 그와 같다고 나는 말한다. 비구들이여, 여기 이런 부류의 성마른 사람이 있고, 이것이 여섯 번째 사람의 결점이다."

16. "다시 비구들이여, 어떤 비구가 계를 범하여 비구들이 그에게 훈계를 한다. 그 비구는 자신의 범계로 인해 비구들로부터 훈계를 들으면 '나는 범했습니다.' 또는 '아닙니다, 나는 범하지 않았습니다.'라고 말하지 않고 침묵으로 승가를 성가시게 만든다. 예를 들면 성

마른 말이 마부가 '이랴!'라고 말하면서 때리고 좨칠 때 앞으로 가지도 않고 물러가지도 않고 기둥처럼 그 자리에 멈추어버리듯이, 이 사람은 그와 같다고 나는 말한다. 비구들이여, 여기 이런 부류의 성마른 사람이 있고, 이것이 일곱 번째 사람의 결점이다."

17. "다시 비구들이여, 어떤 비구가 계를 범하여 비구들이 그에게 훈계를 한다. 그 비구는 자신의 범계로 인해 비구들로부터 훈계를 들으면 이렇게 말한다. '무엇 때문에 그대 존자들은 내게 지나치게 걱정을 합니까? 나는 이제 공부지음을 버리고 낮은 [재가자의] 삶으로 되돌아갈 것입니다.'라고. 그는 공부지음을 버리고 낮은 [재가자의] 삶으로 되돌아간다. 예를 들면 성마른 말이 마부가 '이랴!'라고 말하면서 때리고 좨치면 앞발도 움츠리고 뒷발도 움츠려서 그 자리에 네 발로 주저앉아버리듯이, 이 사람은 그와 같다고 나는 말한다. 비구들이여, 여기 이런 부류의 성마른 사람이 있고, 이것이 여덟 번째 사람의 결점이다.

비구들이여, 이것이 여덟 부류의 성마른 사람과 여덟 가지 사람의 결점이다."

더러움 경(A8:15)
Mala-sutta

1. "비구들이여, 여덟 가지 더러움이 있다. 무엇이 여덟인가?"

2. "비구들이여, 암송하지 않음은 만뜨라58)의 더러움이다. 세

---

58) '만뜨라(manta, Sk. mantra)'는 신성하고 비밀스러운 말씀(gutta-

우지 않음은 집의 더러움이다. 게으름은 아름다움의 더러움이다. 방일은 [자신을] 보호함의 더러움이다. 나쁜 행실은 여자의 더러움이다. 인색함은 보시의 더러움이다. 나쁜 불선법은 이세상과 저세상에서 더러움이다. 비구들이여, 그러나 이보다 더한 더러움이 있나니, 무명이 가장 큰 더러움이다. 비구들이여, 이러한 여덟 가지 더러움이 있다."

3. "암송하지 않음은 만뜨라의 더러움
세우지 않음은 집의 더러움
게으름은 아름다움의 더러움
방일은 [자신을] 보호함의 더러움
나쁜 행실은 여자의 더러움
인색함은 보시의 더러움
나쁜 불선법은 이세상과 저세상에서 더러움
이러한 더러움보다 더한 더러움이 있나니
무명이 가장 큰 더러움이어라."

사자(使者) **경**(A8:16)
Dūteyya-sutta

1. "비구들이여, 여덟 가지 법을 갖춘 비구는 사자(使者)가 되기에 적합하다. 무엇이 여덟인가?"

---

bhāsane, Dhtp 578)이라는 뜻이다. 주로 4베다에 실려 있는 게송으로 된 찬미가(sūkta, *hymn*)를 뜻하는데, 초기경에서는 베다 자체를 만뜨라(manta)라고 칭하고 있다.(D.i.96; M.ii.166 등)

2.　"비구들이여, 여기 비구는 [직접] 듣고, 남에게 듣게 하며, 학습하고, 호지하며, 알고, [남에게] 알게 하며, 일치함과 불일치함을 [아는 것에] 능숙하고, 분쟁을 만들지 않는다. 비구들이여, 이러한 여덟 가지 법을 갖춘 비구는 사자가 되기에 적합하다.

3.　"비구들이여, 여덟 가지 법을 갖춘 사리뿟따는 사자가 되기에 적합하다. 무엇이 여덟인가?"

4.　"비구들이여, 여기 사리뿟따는 [직접] 듣고, 남에게 듣게 하며, 학습하고, 호지하며, 알고, [남에게] 알게 하며, 일치함과 불일치함을 [아는 것에] 능숙하고, 분쟁을 만들지 않는다. 비구들이여, 이러한 여덟 가지 법을 갖춘 사리뿟따는 사자가 되기에 적합하다."

5.　"거친 말을 하는59) 회중을 만나도 두려워하지 않고
　　　[부처님] 말씀을 생략하지도 않고, 교법을 감추지도 않으며
　　　의심을 여읜 것을 말하고, 질문에도 성내지 않는
　　　그러한 비구가 사자로 가기에 적합하다."

---

59)　'거친 말을 하는'으로 옮긴 원어는 PTS본에는 uggahavādinaṁ으로 나타나지만 의미가 통하지 않는다. 6차결집본에는 uggavādinaṁ으로 나타나며 율장(Vin.ii.202) 등에도 이렇게 나타나고 있다. 『율장 복주서』는 욕설을 하는(pharusa-vacanena samannāgataṁ)으로 설명하고 있어서(VinṬ.iii.417) 이렇게 옮겼다.

구속 경1(A8:17)

Bandhati-sutta

1. "비구들이여, 여덟 가지 방법으로 여자는 남자를 구속한다.
무엇이 여덟인가?"

2. "비구들이여, 외모로 여자는 남자를 구속한다. 비구들이여,
웃음으로 여자는 남자를 구속한다. 비구들이여, 대화로 여자는 남자를
구속한다. 비구들이여, 노래로 여자는 남자를 구속한다. 비구들이여,
눈물로 여자는 남자를 구속한다. 비구들이여, 옷차림새로 여자는 남
자를 구속한다. 비구들이여, 숲에서 가져온 [꽃 등]60)으로 여자는 남
자를 구속한다. 비구들이여, 감각접촉으로 여자는 남자를 구속한다.
비구들이여, 이러한 여덟 가지 방법으로 여자는 남자를 구속한다."

구속 경2(A8:18)

1. "비구들이여, 여덟 가지 방법으로 남자는 여자를 구속한다.
무엇이 여덟인가?"

2. "비구들이여, 외모로 남자는 여자를 구속한다. 비구들이여,
웃음으로 남자는 여자를 구속한다. 비구들이여, 대화로 남자는 여자
를 구속한다. 비구들이여, 노래로 남자는 여자를 구속한다. 비구들이
여, 눈물로 남자는 여자를 구속한다. 비구들이여, 옷차림새로 남자는

---

60) "숲에서 꺾어 가져온 꽃이나 과일 등의 선물로 구속한다는 뜻이다."(AA.
iv.106)

여자를 구속한다. 비구들이여, 숲에서 가져온 [꽃 등]으로 남자는 여자를 구속한다. 비구들이여, 감각접촉으로 남자는 여자를 구속한다. 비구들이여, 이러한 여덟 가지 방법으로 남자는 여자를 구속한다."

빠하라다 경(A8:19)
Pahārāda-sutta

1. 한때 세존께서는 웨란자[61]에서 날레루 님바 나무 아래에 머무셨다. 그때 빠하라다 아수라 왕[62]이 세존께 다가갔다. 가서는 세존께 절을 올리고 한 곁에 섰다. 한 곁에 서있는 빠하라다 아수라 왕에게 세존께서는 이렇게 말씀하셨다.

"빠하라다여, 아수라들은 큰 바다를 기뻐하는가?"

"세존이시여, 아수라들은 큰 바다를 기뻐합니다."

---

[61] 주석서에 의하면 부처님께서는 12번째 안거를 이곳 웨란자(Verañjā)에서 보내셨다고 한다.(AA.ii.124) 웨란자 바라문이 안거 석 달 동안 부처님을 상수로 한 승가에 공양을 하겠다고 약속했으나 그 사실을 잊어버려 대중이 어려움을 겪은 사실이 율장에 나타나기도 한다.(Vin.iii.1~11) 몇몇 경들을 통해서 유추해보면 웨란자는 마두라와 사왓티 근방에 있었던 도시였다.

[62] 주석서에 의하면 빠하라다 아수라 왕(Pahārāda Asurinda)과 웨빠쩟띠(Vepacitti)와 라후(Rāhu)는 세 명의 아수라 연장자(jeṭṭhaka)이다. 빠하라다는 세존께서 처음 정등각을 성취하셨을 때 찾아뵙겠다고 하였지만 뵙지 못하고 성도 후 12년째 되던 해에 본경에 나타나듯이 웨란자에서 세존을 뵈었다고 한다.(AA.iv.106) 빠하라다는 『디가 니까야』 제2권 「대회경(大會經)」 (D20) §12에서도 여러 아수라들 가운데 하나로 언급되고 있다.
한편 인도 신화에서 아수라들은 신들(devā)과 싸우는 존재로 묘사되며 초기불교에서도 받아들여져 육도 윤회 가운데 하나로 언급되고 있다.

"빠하라다여, 그러면 큰 바다에는 어떤 경이롭고 놀랄만한 것들이 있어서, 그것을 볼 때마다 아수라들은 큰 바다를 기뻐하는가?"

"세존이시여, 큰 바다에는 여덟 가지 경이롭고 놀랄만한 것들이 있습니다. 그것을 볼 때마다 아수라들은 큰 바다를 기뻐합니다. 무엇이 여덟인가요?"

2. "세존이시여, 큰 바다는 점차 기울어지고 점차 비탈지고 점차 경사지지, 갑작스럽게 절벽이 되지 않습니다. 큰 바다가 점차 기울어지고 점차 비탈지고 점차 경사지지, 갑작스럽게 절벽이 되지 않는 이것이 큰 바다의 첫 번째 경이롭고 놀랄만한 것입니다. 이것을 볼 때마다 아수라들은 큰 바다를 기뻐합니다."

3. "다시 세존이시여, 큰 바다는 머무는 특징을 가져서 해안을 넘어가지 않습니다. 큰 바다가 머무는 특징을 가져서 해안을 넘어가지 않는 이것이 큰 바다의 두 번째 경이롭고 놀랄만한 것입니다. 이것을 볼 때마다 아수라들은 큰 바다를 기뻐합니다."

4. "다시 세존이시여, 큰 바다는 죽은 시체와 함께 머물지 않습니다. 큰 바다에 죽은 시체가 있으면 그것을 즉시 기슭으로 실어가서 땅으로 밀어내버립니다. 큰 바다가 죽은 시체와 함께 머물지 않아서, 큰 바다에 죽은 시체가 있으면 그것을 즉시 기슭으로 실어가서 땅으로 밀어내버리는 이것이 큰 바다의 세 번째 경이롭고 놀랄만한 것입니다. 이것을 볼 때마다 아수라들은 큰 바다를 기뻐합니다."

5. "다시 세존이시여, 강가, 야무나, 아찌라와띠, 사라부, 마히

와 같은 큰 강들이 큰 바다에 이르면 이전의 이름과 성을 버리고 큰 바다라는 이름을 가지게 됩니다. 강가, 야무나, 아찌라와띠, 사라부, 마히와 같은 큰 강들이 큰 바다에 이르면 이전의 이름과 성을 버리고 큰 바다라는 이름을 가지게 되는 이것이 큰 바다의 네 번째 경이롭고 놀랄만한 것입니다. 이것을 볼 때마다 아수라들은 큰 바다를 기뻐합니다."

6. "다시 세존이시여, 이 세상에 강은 그 어떤 것이건 큰 바다로 이르고 또 허공에서 비가 떨어지지만 그것 때문에 큰 바다가 모자라거나 넘친다고 알려져 있지 않습니다. 이 세상에 강은 그 어떤 것이건 큰 바다로 이르고 또 허공에서 비가 떨어지지만 그것 때문에 큰 바다가 모자라거나 넘친다고 알려져 있지 않은 이것이 큰 바다의 다섯 번째 경이롭고 놀랄만한 것입니다. 이것을 볼 때마다 아수라들은 큰 바다를 기뻐합니다."

7. "다시 세존이시여, 큰 바다는 하나의 맛인 짠 맛을 가지고 있습니다. 큰 바다가 하나의 맛인 짠 맛을 가지고 있는 이것이 큰 바다의 여섯 번째 경이롭고 놀랄만한 것입니다. 이것을 볼 때마다 아수라들은 큰 바다를 기뻐합니다."

8. "다시 세존이시여, 큰 바다는 진주, 수정, 녹주석, 소라, 규석, 산호, 은, 금, 루비, 묘안석과 같은 여러 종류의 많은 보배를 가지고 있습니다. 큰 바다가 진주, 수정, 녹주석, 소라, 규석, 산호, 은, 금, 루비, 묘안석과 같은 여러 종류의 많은 보배를 가지고 있는 이것이 큰 바다의 일곱 번째 경이롭고 놀랄만한 것입니다. 이것을 볼 때마다

아수라들은 큰 바다를 기뻐합니다."

9. "다시 세존이시여, 큰 바다는 띠미, 띠밍갈라, 띠미라밍갈라, 아수라, 나가, 간답바와 같은 큰 존재들의 거주처입니다. 큰 바다에는 백 요자나의 몸을 가진 존재도 있고, 이백 요자나, 삼백 요자나, 사백 요자나, 오백 요자나의 몸을 가진 존재도 있습니다. 큰 바다가 띠미, 띠밍갈라, 띠미라밍갈라, 아수라, 나가, 간답바와 같은 큰 존재들의 거주처여서 큰 바다에는 백 요자나의 몸을 가진 존재도 있고, 이백 요자나, 삼백 요자나, 사백 요자나, 오백 요자나의 몸을 가진 존재도 있는 이것이 큰 바다의 여덟 번째 경이롭고 놀랄만한 것입니다. 이것을 볼 때마다 아수라들은 큰 바다를 기뻐합니다.

세존이시여, 큰 바다에는 이러한 여덟 가지 경이롭고 놀랄만한 것들이 있습니다. 이것을 볼 때마다 아수라들은 큰 바다를 기뻐합니다."

10. "세존이시여, 비구들은 이 법과 율을 기뻐합니까?"

"빠하라다여, 비구들은 이 법과 율을 기뻐한다."

"세존이시여, 그러면 이 법과 율에는 어떤 경이롭고 놀랄만한 법들이 있어서, 그것을 볼 때마다 비구들은 이 법과 율을 기뻐합니까?"

"빠하라다여, 이 법과 율에는 여덟 가지 경이롭고 놀랄만한 것들이 있나니, 그것을 볼 때마다 비구들은 이 법과 율을 기뻐한다. 무엇이 여덟인가?"

11. "빠하라다여, 예를 들면 큰 바다가 점차 기울어지고 점차 비탈지고 점차 경사지지, 갑작스럽게 절벽이 되지 않는 것처럼, 이 법과 율에는 순차적인 공부지음과 순차적인 실천과 순차적인 도닦음

이 있으며,63) 갑작스럽게 완전한 지혜를 꿰뚫음이 없다. 빠하라다여, 이 법과 율에 순차적인 공부지음과 순차적인 실천과 순차적인 도닦음이 있지, 갑작스럽게 완전한 지혜를 꿰뚫음이 없는 이것이 이 법과 율의 첫 번째 경이롭고 놀랄만한 것이다. 이것을 볼 때마다 비구들은 이 법과 율을 기뻐한다."

12. "다시 빠하라다여, 예를 들면 큰 바다가 머무는 특징을 가져서 해안을 넘어가지 않는 것처럼, 내가 제자들을 위해서 제정한 학습계목을 내 제자들은 목숨을 버릴지언정 범하지 않는다. 빠하라다여, 내가 제자들을 위해서 제정한 학습계목을 내 제자들이 목숨을 버릴지언정 범하지 않는 이것이 이 법과 율의 두 번째 경이롭고 놀랄만한 것이다. 이것을 볼 때마다 비구들은 이 법과 율을 기뻐한다."

---

63) "순차적인 공부지음 등에서 '순차적인 공부지음(anupubba-sikkhā)'에는 삼학(三學, tisso sikkhā)이 포함되고, '순차적인 실천(anupubba-kiriyā)'에는 열세 가지 두타행(dhutaṅga)이 포함되며, '순차적인 도닦음(anupubba-paṭipadā)'에는 일곱 가지 수관(隨觀, anupassanā), 열여덟 가지 큰 위빳사나(mahāvipassanā), 서른여덟 가지 대상의 분석(ā-rammaṇa-vibhatti), 서른일곱 가지 보리분법(bodhipakkhiya-dhamma)이 포함된다."(AA.iv.111)
복주서에 의하면 7가지 수관(隨觀)은 무상의 수관(anicca-anu-passanā), 괴로움의 수관(dukkha-anupassanā), 무아의 수관(anatta-anupassanā), 염오의 수관(nibbida-anupassanā), 이욕의 수관(virāga-anupassanā), 소멸의 수관(nirodha-anupassanā), 놓아버림의 수관(paṭinissagga-anupassanā)이다.(AAṬ.i.67)
그리고 13가지 두타행은 『청정도론』 제2장을, 18가지 큰 위빳사나는 『청정도론』 XX.90을, 38가지 대상의 분석은 『청정도론』 제3장 이하와 『아비담마 길라잡이』 9장의 40가지 명상주제를, 37가지 보리분법은 『청정도론』 XXII.33 이하와 『아비담마 길라잡이』 7장 §24 이하를 참조할 것.

13. "다시 빠하라다여, 예를 들면 큰 바다가 죽은 시체와 함께 머물지 않아서 큰 바다에 죽은 시체가 있으면 그것을 즉시 기슭으로 실어가서 땅으로 밀어내버리는 것처럼, 승가는 계를 지키지 않고, 나쁜 성품을 지니고, 불결하고, 의심하는 습관을 가지고, 비밀리에 행하고, 사문이 아니면서 사문이라 주장하고, 청정범행을 닦지 않으면서 청정범행을 닦는다고 주장하고, [썩은 업에 의해] 안이 썩었고, [여섯 감각의 문을 통해 탐욕 등 오염원들이] 흐르고, [탐욕 등의 쓰레기를 가져] 청정하지 않은 사람과는 함께 머물지 않는다. 승가는 함께 모여 즉시 그를 내쳐버린다. 설혹 그가 비구 승가 가운데 앉아있다 하더라도 그는 승가로부터 멀고 승가는 그로부터 멀다.

빠하라다여, 승가가 계를 지키지 않고, 나쁜 성품을 지니고, 불결하고, 의심하는 습관을 가지고, 비밀리에 행하고, 사문이 아니면서 사문이라 주장하고, 청정범행을 닦지 않으면서 청정범행을 닦는다고 주장하고, [썩은 업에 의해] 안이 썩었고, [여섯 감각의 문을 통해 탐욕 등 오염원들이] 흐르고, [탐욕 등의 쓰레기를 가져] 청정하지 않은 사람과는 함께 머물지 않고, 승가가 함께 모여 즉시 그를 내쳐버리며, 설혹 그가 비구 승가 가운데 앉아있다 하더라도 그는 승가로부터 멀고 승가는 그로부터 먼 이것이 이 법과 율의 세 번째 경이롭고 놀랄만한 것이다. 이것을 볼 때마다 비구들은 이 법과 율을 기뻐한다."

14. "다시 빠하라다여, 예를 들면 강가, 야무나, 아찌라와띠, 사라부, 마히와 같은 큰 강들이 큰 바다에 이르면 이전의 이름과 성을 버리고 큰 바다라는 이름을 가지게 되는 것처럼, 끄샤뜨리야, 바라문,

와이샤, 수드라의 네 가지 계급이 여래가 선언한 법과 율에 의지해서 집을 나와 출가하면 이전의 이름과 성을 버리고 사꺄의 아들[釋子] 사문이라는 이름을 가지게 된다. 빠하라다여, 끄샤뜨리야, 바라문, 와이샤, 수드라의 네 가지 계급이 여래가 선언한 법과 율에 의지해서 집을 나와 출가하면 이전의 이름과 성을 버리고 사꺄의 아들 사문이라는 이름을 가지게 되는 이것이 이 법과 율의 네 번째 경이롭고 놀랄만한 것이다. 이것을 볼 때마다 비구들은 이 법과 율을 기뻐한다."

15. "다시 빠하라다여, 예를 들면 이 세상에 강은 그 어떤 것이건 큰 바다로 이르고 또 허공에서 비가 떨어지지만 그것 때문에 큰 바다가 모자라거나 넘친다고 알려져 있지 않은 것처럼, 많은 비구들은 취착이 없는 열반의 요소로 반열반에 들지만 그것 때문에 열반의 요소가 모자라거나 넘친다고 알려지지 않는다. 빠하라다여, 많은 비구들이 취착이 없는 열반의 요소로 반열반에 들지만 그것 때문에 열반의 요소가 모자라거나 넘친다고 알려져 있지 않은 이것이 이 법과 율의 다섯 번째 경이롭고 놀랄만한 것이다. 이것을 볼 때마다 비구들은 이 법과 율을 기뻐한다."

16. "다시 빠하라다여, 예를 들면 큰 바다가 하나의 맛인 짠 맛을 가지고 있는 것처럼, 이 법과 율도 하나의 맛인 해탈의 맛을 가지고 있다. 빠하라다여, 이 법과 율은 하나의 맛인 해탈의 맛을 가지고 있는 이것이 이 법과 율의 여섯 번째 경이롭고 놀랄만한 것이다. 이것을 볼 때마다 비구들은 이 법과 율을 기뻐한다."

17. "다시 빠하라다여, 예를 들면 큰 바다가 진주, 수정, 녹주석, 소라, 규석, 산호, 은, 금, 루비, 묘안석과 같은 여러 종류의 많은 보배를 가지고 있는 것처럼, 이 법과 율도 네 가지 마음챙김의 확립[四念處], 네 가지 바른 노력[四正勤], 네 가지 성취수단[四如意足], 다섯 가지 기능[五根], 다섯 가지 힘[五力], 일곱 가지 깨달음의 구성요소[七覺支], 여덟 가지 구성요소로 된 성스러운 도[八支聖道]와 같은 많은 보배를 가지고 있다.64) 빠하라다여, 이 법과 율이 네 가지 마음챙김의 확립 [四念處], 네 가지 바른 노력[四正勤], 네 가지 성취수단[四如意足], 다섯 가지 기능[五根], 다섯 가지 힘[五力], 일곱 가지 깨달음의 구성요소[七覺支], 여덟 가지 구성요소로 된 성스러운 도[八支聖道]와 같은 여러 종류의 많은 보배를 가지고 있는 이것이 이 법과 율의 일곱 번째 경이롭고 놀랄만한 것이다. 이것을 볼 때마다 비구들은 이 법과 율을 기뻐한다."

18. "다시 빠하라다여, 예를 들면 큰 바다는 띠미, 띠밍갈라, 띠미라밍갈라, 아수라, 나가, 간답바와 같은 큰 존재들의 거주처이다. 큰 바다에는 백 요자나의 몸을 가진 존재도 있고, 이백 요자나, 삼백 요자나, 사백 요자나, 오백 요자나의 몸을 가진 존재도 있는 것처럼, 이 법과 율도 큰 존재들의 거주처여서 그곳엔 예류자, 예류과를 실현하기 위해 도닦는 자, 일래자, 일래과를 실현하기 위해 도닦는 자, 불환자, 불환과를 실현하기 위해 도닦는 자, 아라한, 아라한과를 실현하

---

64)   이것을 모두 합하면 37가지 보리분법(bodhipakkhiya-dhamma)이 된
      다. 37보리분법의 설명은 『아비담마 길라잡이』 7장 §§24~33의 해설들
      을 참조할 것.

기 위해 도닦는 자가 있다.65) 빠하라다여, 이 법과 율이 큰 존재들의 거주처여서 예류자, 예류과를 실현하기 위해 도닦는 자, 일래자, 일래과를 실현하기 위해 도닦는 자, 불환자, 불환과를 실현하기 위해 도닦는 자, 아라한, 아라한과를 실현하기 위해 도닦는 자가 있는 이것이 이 법과 율의 여덟 번째 경이롭고 놀랄만한 것이다. 이것을 볼 때마다 비구들은 이 법과 율을 기뻐한다.

　빠하라다여, 이 법과 율에는 이러한 여덟 가지 경이롭고 놀랄만한 것들이 있나니, 이것을 볼 때마다 비구들은 이 법과 율을 기뻐한다."

포살 경(A8:20)
Uposatha-sutta

1.　이와 같이 나는 들었다. 한때 세존께서는 사왓티에서 동쪽 원림[東園林]에 있는 미가라마따(녹자모) 강당에 머무셨다.66) 그때 세존께서는 비구승가에 둘러싸여 앉아 계셨고, 그날은 포살일이었다.

---

65)　"'예류자(sotāpanna)'란 도(magga)라 불리는 흐름(sota)에 이미 들어 (āpajjitvā), 흐름을 얻어 머무는 자로 예류과에 머문다는 뜻이다. '예류과를 실현하기 위해 도닦는 자(sotāpatti-phala-sacchikiriyāya paṭi-panno)'란 예류과를 직접 경험하기 위해 도닦는, 첫 번째 도에 머무는 자이다. 이 사람은 [아라한과로부터] 여덟 번째 사람이라고도 한다.
　　'일래자(sakadāgāmi)'는 한 번만(sakideva) 이 세상에 재생연결(paṭi-sandhi)을 받고 나서 다시 돌아오지 않는, 두 번째 과에 머무는 자이다.
　　'불환자(anāgāmi)'란 재생연결을 통해서 욕계 세상(kāma-loka)에 돌아오지 않는, 세 번째 과에 머무는 자를 말한다."(AAṬ.iii.214)

66)　동쪽 원림[東園林, Pubbārāma]과 미가라마따(녹자모) 강당(Migāra-mātu-pāsāda)에 대해서는 본서 제1권 「족쇄 경」(A2:4:5) §1의 주해들을 참조할 것.

그때 아난다 존자는 밤이 흘러 초경(初更)이 지나자 자리에서 일어나서 한쪽 어깨가 드러나게 윗옷을 입고 세존을 향해 합장하여 인사를 올린 뒤 이렇게 말씀드렸다.

"세존이시여, 밤이 흘러 초경이 지났습니다. 비구 승가는 오래 앉아 있었습니다. 세존께서는 비구들에게 **빠띠목카 암송**67)을 허락해주십시오."

이렇게 말씀드렸지만 세존께서는 침묵하고 계셨다.68)

2. 아난다 존자는 밤이 흘러 이경(二更)이 지나자 자리에서 일어나 한쪽 어깨가 드러나게 윗옷을 입고 세존을 향해 합장하여 인사를 올린 뒤 두 번째로 이렇게 말씀드렸다.

"세존이시여, 밤이 흘러 이경이 지났습니다. 비구 승가는 오래 앉아 있었습니다. 세존께서는 비구들에게 **빠띠목카** 암송을 허락해주십시오."

두 번째에도 역시 세존께서는 침묵하고 계셨다.

3. 아난다 존자는 밤이 흘러 삼경(三更)이 되자 자리에서 일어나서 한쪽 어깨가 드러나게 윗옷을 입고 세존을 향해 합장하여 인사를 올린 뒤 세 번째로 이렇게 말씀드렸다.

"세존이시여, 밤이 흘러 삼경이 지났습니다. 비구 승가는 오래 앉

---

67) '빠띠목카 암송(pātimokkha-uddesā)' 등에 대해서는 본서 제1권 「빠띠목카 경」 (A2:17:2)의 주해들을 참조할 것.

68) "세존께서는 앉아서 비구들의 마음을 굽어보신 뒤 계행이 나쁜 한 사람을 발견하시고는 '만약 내가 이 사람이 앉아있음에도 불구하고 빠띠목카를 설한다면 7일 후에 이 사람의 머리가 깨어질 것이다.'라고 아신 뒤 그에 대한 연민 때문에 침묵하고 계셨던 것이다."(AA.iv.112)

아 있었습니다. 세존께서는 비구들에게 빠띠목카 암송을 허락해주십시오."

"아난다여, 회중이 청정하지 않다."

그때 마하목갈라나 존자에게 이런 생각이 들었다.

'세존께서는 어떤 사람을 두고 '아난다여, 회중이 청정하지 않다.'라고 말씀하셨을까?'

4. 그때 마하목갈라나 존자는 자기의 마음으로 승가의 모든 비구들의 마음을 대하여 주의를 기울였다. 마하목갈라나 존자는 계를 지키지 않고, 나쁜 성품을 지니고, 불결하고, 의심하는 습관을 가지고, 비밀리에 행하고, 사문이 아니면서 사문이라 주장하고, 청정범행을 닦지 않으면서 청정범행을 닦는다고 주장하고, [썩은 업에 의해] 안이 썩었고, [여섯 감각의 문을 통해 탐욕 등 오염원들이] 흐르고, [탐욕 등의 쓰레기를 가져] 청정하지 않은 사람이 비구 승가 가운데 앉아있는 것을 보았다. 보고는 자리에서 일어나 그 사람에게 다가가서 이렇게 말했다.

"도반이여, 일어나시오. 세존께서는 그대를 보셨습니다. 그대는 비구들과 함께 머물지 못합니다."

그 사람은 침묵하고 있었다. 두 번째로 마하목갈라나 존자는 그 사람에게 말했다.

"도반이여, 일어나시오. 세존께서는 그대를 보셨습니다. 그대는 비구들과 함께 머물지 못합니다."

두 번째에도 그 사람은 침묵하고 있었다. 세 번째로 마하목갈라나 존자는 그 사람에게 말했다.

"도반이여, 일어나시오. 세존께서는 그대를 보셨습니다. 그대는 비구들과 함께 머물지 못합니다."

세 번째에도 그 사람은 침묵하고 있었다.

5.　그러자 목갈라나 존자는 그 사람의 팔을 붙잡아 바깥문의 현관으로 끌어낸 뒤 빗장을 잠그고는 세존께 다가갔다. 가서는 세존께 이렇게 말씀드렸다.

"세존이시여, 제가 그 사람을 쫓아냈습니다. 이제 회중은 청정합니다. 세존께서는 비구들에게 빠띠목카 암송을 허락해주십시오."

"묘하구나, 목갈라나여. 놀랍구나, 목갈라나여. 저 쓸모없는 인간은 팔이 붙잡힐 때까지 기다리고 있었다니!"

그때 세존께서는 비구들을 불러서 말씀하셨다.

6.　"비구들이여, 이제 그대들이 포살을 준수하고 빠띠목카를 암송하라. 오늘부터는 나는 빠띠목카를 암송하지 않을 것이다. 비구들이여, 여래가 청정하지 못한 회중에서 빠띠목카를 암송하는 것은 있을 수 없고 이치에 맞지 않다."

7.　"비구들이여, 큰 바다에는 여덟 가지 경이롭고 놀랄만한 것들이 있다. 이것을 볼 때마다 아수라들은 큰 바다를 기뻐한다. 무엇이 여덟인가?

비구들이여, 큰 바다는 점차 기울어지고 점차 비탈지고 점차 경사지지, 갑작스럽게 절벽이 되지 않는다. 큰 바다가 점차 기울어지고 점차 비탈지고 점차 경사지지, 갑작스럽게 절벽이 되지 않는 이것이 큰 바다의 첫 번째 경이롭고 놀랄만한 것이다. 이것을 볼 때마다 아수라들은 큰 바다를 기뻐한다.

…… ……

다시 비구들이여, 큰 바다는 띠미, 띠밍갈라, 띠미라밍갈라, 아수라, 나가, 간답바와 같은 큰 존재들의 거주처이다. 큰 바다에는 백 요자나의 몸을 가진 존재도 있고, 이백 요자나, 삼백 요자나, 사백 요자나, 오백 요자나의 몸을 가진 존재도 있다. 큰 바다가 띠미, 띠밍갈라, 띠미라밍갈라, 아수라, 나가, 간답바와 같은 큰 존재들의 거주처여서 큰 바다에는 백 요자나의 몸을 가진 존재도 있고, 이백 요자나, 삼백 요자나, 사백 요자나, 오백 요자나의 몸을 가진 존재도 있는 이것이 큰 바다의 여덟 번째 경이롭고 놀랄만한 것이다. 이것을 볼 때마다 아수라들은 큰 바다를 기뻐한다.

비구들이여, 큰 바다에는 이러한 여덟 가지 경이롭고 놀랄만한 것들이 있다. 이것을 볼 때마다 아수라들은 큰 바다를 기뻐한다.”

8. “비구들이여, 그와 같이 이 법과 율에는 여덟 가지 경이롭고 놀랄만한 것들이 있나니, 이것을 볼 때마다 비구들은 이 법과 율을 기뻐한다. 무엇이 여덟인가?

비구들이여, 예를 들면 큰 바다가 점차 기울어지고 점차 비탈지고 점차 경사지지, 갑작스럽게 절벽이 되지 않는 것처럼, 이 법과 율에는 순차적인 공부지음과 순차적인 실천과 순차적인 도닦음이 있지, 갑작스럽게 완전한 지혜를 꿰뚫음이 없다. 비구들이여, 이 법과 율에 순차적인 공부지음과 순차적인 실천과 순차적인 도닦음이 있으며, 갑작스럽게 완전한 지혜를 꿰뚫음이 없는 이것이 이 법과 율의 첫 번째 경이롭고 놀랄만한 것이다. 이것을 볼 때마다 비구들은 이 법과 율을 기뻐한다.

……

다시 비구들이여, 예를 들면 큰 바다는 띠미, 띠밍갈라, 띠미라밍
갈라, 아수라, 나가, 간답바와 같은 큰 존재들의 거주처이다. 큰 바다
에는 백 요자나의 몸을 가진 존재도 있고, 이백 요자나, 삼백 요자나,
사백 요자나, 오백 요자나의 몸을 가진 존재도 있는 것처럼, 이 법과
율도 큰 존재들의 거주처여서 그곳엔 예류자, 예류과를 실현하기 위
해 도닦는 자, 일래자, 일래과를 실현하기 위해 도닦는 자, 불환자, 불
환과를 실현하기 위해 도닦는 자, 아라한, 아라한과를 실현하기 위해
도닦는 자가 있다. 비구들이여, 이 법과 율이 큰 존재들의 거주처여
서 예류자, 예류과를 실현하기 위해 도닦는 자, 일래자, 일래과를 실
현하기 위해 도닦는 자, 불환자, 불환과를 실현하기 위해 도닦는 자,
아라한, 아라한과를 실현하기 위해 도닦는 자가 있는 이것이 이 법과
율의 여덟 번째 경이롭고 놀랄만한 것이다. 이것을 볼 때마다 비구들
은 이 법과 율을 기뻐한다.

비구들이여, 이 법과 율에는 이러한 여덟 가지 경이롭고 놀랄만
한 것들이 있나니, 이것을 볼 때마다 비구들은 이 법과 율을 기뻐
한다."[69]

---

[69]   본경은 율장 『쭐라왁가』 (Vin.ii.236~240)에도 꼭 같이 나타난다.

제2장 대 품이 끝났다.

두 번째 품에 포함된 경들의 목록은 다음과 같다.

① 웨란자 ② 시하 ③ 좋은 혈통
④ 성마름 ⑤ 더러움
⑥ 사자(使者), 두 가지 ⑦~⑧ 구속
⑨ 빠하라다 ⑩ 포살이다.

제3장 장자 품

Gahapati-vagga

욱가 경1(A8:21)

Ugga-sutta

1. 한때 세존께서는 웨살리에서 큰 숲의 중각강당에 머무셨다. 거기서 세존께서는 "비구들이여."라고 비구들을 부르셨다. "세존이시여."라고 비구들은 세존께 응답했다. 세존께서는 이렇게 말씀하셨다.

2. "비구들이여, 웨살리에 사는 욱가 장자70)는 여덟 가지 경이롭고 놀랄만한 법을 갖추었다고 알지어다."

세존께서는 이렇게 말씀하셨다. 선서께서는 이렇게 말씀하신 뒤 자리에서 일어나 거처로 들어가셨다.

3. 그때 어떤 비구가 오전에 옷매무새를 가다듬고 발우와 가사를 수하고 웨살리의 욱가 장자의 집으로 갔다. 가서는 마련된 자리에 앉았다. 그때 웨살리의 욱가 장자가 그 비구에게 다가갔다. 가서는 그 비구에게 절을 올리고 한 곁에 앉았다. 한 곁에 앉은 웨살리의 욱가 장자에게 그 비구는 이렇게 말했다.

---

70) 웨살리에 사는 욱가 장자(Ugga gahapati Vesālika)는 본서 제1권「하나의 모음」(A1:14:6-6)에서 마음에 흡족한 보시를 하는 자들 가운데서 으뜸인 청신사로 언급이 되고 있다. 그곳의 주해를 참조할 것.

4. "장자여, 그대는 여덟 가지 경이롭고 놀랄만한 법을 갖추었다고 세존께서 설명하셨습니다. 장자여, 그대는 어떤 여덟 가지 경이롭고 놀랄만한 법을 갖추었기에 세존께서 그대를 두고 이렇게 설명하십니까?"

"존자시여, 제가 어떤 여덟 가지 경이롭고 놀랄만한 법을 갖추었기에 세존께서 저를 두고 그렇게 설명하셨는지 저는 알지 못합니다. 존자시여, 그렇지만 제게는 여덟 가지 경이롭고 놀랄만한 법이 있습니다. 그것을 듣고 잘 마음에 잡도리하십시오. 저는 말씀드리겠습니다."

"그렇게 하겠습니다, 장자여."라고 그 비구는 웨살리의 욱가 장자에게 응답했다. 웨살리의 욱가 장자는 이렇게 말했다.

5. "존자시여, 제가 맨 처음 세존께서 멀리서 오시는 것을 뵈었을 때 세존을 뵙자마자 저의 마음에는 청정한 믿음이 생겼습니다. 존자시여, 이것이 제게 생긴 첫 번째 경이롭고 놀랄만한 법입니다. 이런 저는 청정한 믿음을 가진 마음으로 세존께 경배를 드렸습니다. 세존께서는 이런 제게 순차적인 가르침을 설해주셨습니다. 보시의 가르침, 계의 가르침, 천상의 가르침, 감각적 욕망들의 위험과 타락과 오염원, 출리의 공덕을 밝혀주셨습니다."

6. "세존께서는 저의 마음이 준비가 되고 마음이 부드러워지고 마음의 장애가 없어지고 마음이 고무되고 마음에 깨끗한 믿음이 생겼다고 아셨을 때, 모든 부처님들께서 직접 얻으신 괴로움[苦]과 일어남[集]과 소멸[滅]과 도[道]라는 법의 가르침을 드러내셨습니다. 마치 얼룩이 없는 깨끗한 천이 고르게 잘 염색되는 것처럼, 그 자리에

서 '일어나는 법은 그 무엇이건 그것은 모두 멸하기 마련인 법이다[集法卽滅法].'라는 티 없고 때가 없는 법의 눈이 제게 생겼습니다.

저는 법을 보았고 법을 얻었고 법을 체득했고 법을 간파했고 의심을 건넜고 혼란을 제거했고 무외를 얻었고 스승의 교법에서 남에게 의지하지 않게 되었습니다. 거기서 저는 부처님과 법과 승가에 귀의했으며, 청정범행을 다섯 번째로 하는[71] 학습계목을 수지했습니다. 존자시여, 이것이 제게 생긴 두 번째 경이롭고 놀랄만한 법입니다."

7. "존자시여, 제게는 네 명의 젊은 아내가 있었습니다. 그때 저는 아내들에게 다가가서 이렇게 말했습니다. '부인들이여, 나는 청정범행을 다섯 번째로 하는 학습계목을 수지했습니다. 원하는 자는 이곳의 재물을 즐겨도 되고 공덕을 지어도 되고 혹은 그대의 친척이나 [친정] 집으로 돌아가도 되고 혹은 그 사람에게 보내줄 테니 마음에 드는 남자가 있으면 말하시오.'라고. 존자시여, 이렇게 말하자 첫 번째 아내가 제게 '서방님, 이러이러한 이름의 남자를 제게 주십시오.'라고 말했습니다. 그래서 저는 그 남자를 불러서 왼손에 아내를 잡고 오른 손으로 물병을 쥐고 그 사람에게 뿌리는 [의식을 거쳐] 그녀를 보내주었습니다. 존자시여, 이처럼 저는 젊은 아내를 보냈지만 마음이 흔들린 것을 기억하지 못합니다. 존자시여, 이것이 제게 생긴

---

71) '청정범행을 다섯 번째로 하는'은 brahmacariya-pañcama를 옮긴 것이다. 재가 오계 가운데 세 번째는 삿된 음행 즉 자기 아내 이외의 여인과 성행위를 하지 않는 것이다. 그러나 욱가 장자는 성행위를 완전히 금하는, 청정범행을 내용으로 하는 오계를 지키겠다고 맹세하고 계를 받았기 때문에 '청정범행을 다섯 번째로 하는 학습계목(brahmacariya-pañcamāni sikkhāpadāni)'이라는 표현을 쓰고 있다. 다음 문단을 보면 이 사실이 분명히 드러난다.

세 번째 경이롭고 놀랄만한 법입니다."

8. "존자시여, 저는 저의 집안에 있는 재물을 혼자 두고 사용하지 않고 계행을 구족하고 선한 성품을 가진 분들과 함께 나누어가집니다. 존자시여, 이것이 제게 생긴 네 번째 경이롭고 놀랄만한 법입니다."

9. "존자시여, 저는 비구들을 섬길 때 정성을 다해서 섬기고 성의 없이 섬기지 않습니다. 존자시여, 이것이 제게 생긴 다섯 번째 경이롭고 놀랄만한 법입니다."

10. "존자시여, 만일 그 존자가 제게 법을 설하시면 저는 정성을 다해서 듣고 성의 없이 듣지 않습니다. 만일 그 존자가 제게 법을 설하지 않으시면 제가 그분에게 법을 설합니다. 존자시여, 이것이 제게 생긴 여섯 번째 경이롭고 놀랄만한 법입니다."

11. "존자시여, 신들이 제게 와서 '장자여, 세존께서는 법을 잘 설하셨습니다.'라고 알려주는 것은 경이로운 것이 아닙니다. 이런 말을 들으면 저는 신들에게 '신들이여, '세존께서는 법을 잘 설하셨습니다.'라는 것은 그대들이 한 말인가요, 아닌가요?'라고 물어봅니다. 존자시여, 그러나 저는 '신들이 내게 다가왔고 나는 신들과 함께 대화를 나눈다.'라는 그 [사실] 때문에 마음이 우쭐하지 않습니다. 존자시여, 이것이 제게 생긴 일곱 번째 경이롭고 놀랄만한 법입니다."

12. "존자시여, 세존께서 설하신 다섯 가지 낮은 단계의 족쇄[五

下分結 가운데 어떤 것도 제게서 버려지지 않은 것을 보지 못합니다.72) 존자시여, 이것이 제게 생긴 여덟 번째 경이롭고 놀랄만한 법입니다.

존자시여, 제게는 이러한 여덟 가지 경이롭고 놀랄만한 법이 있습니다. 그러나 제가 어떤 여덟 가지 경이롭고 놀랄만한 법을 갖추었기에 세존께서 저를 두고 그렇게 설명하셨는지 저는 알지 못합니다."

13. 그때 그 비구는 웨살리의 욱가 장자의 집에서 탁발음식을 얻어서 자리에서 일어나 나왔다. 그는 공양을 마치고 탁발에서 돌아와서 세존께 다가갔다. 가서는 세존께 절을 올리고 한 곁에 앉았다. 한 곁에 앉아서 그 비구는 지금까지 있었던 웨살리의 욱가 장자와의 대화를 모두 세존께 아뢰었다.

14. "장하고 장하구나, 비구여. 마치 웨살리의 욱가 장자가 그와 같이 바르게 말했던 것처럼, 나도 웨살리의 욱가 장자는 바로 그러한 여덟 가지 경이롭고 놀랄만한 법을 갖추었다고 말한다. 비구여, 그러므로 웨살리의 욱가 장자는 그러한 여덟 가지 경이롭고 놀랄만한 법을 갖추었다고 알지어다."

욱가 경2(A8:22)

1. 한때 세존께서는 왓지에서 핫티가마에 머무셨다. 거기서 세

---

72)　열 가지 족쇄 가운데서 '다섯 가지 낮은 단계의 족쇄[五下分結, pañc-orambhāgiyāni saṁyojanāni]'를 끊은 자는 불환자이다. 열 가지 족쇄에 대해서는 본서 제2권 「족쇄 경」(A4:131)의 주해를 참조할 것.

존께서는 "비구들이여."라고 비구들을 부르셨다. "세존이시여."라고
비구들은 세존께 응답했다. 세존께서는 이렇게 말씀하셨다.

2. "비구들이여, 핫티가마에 사는 욱가 장자73)는 여덟 가지 경
이롭고 놀랄만한 법을 갖추었다고 알지어다."
세존께서는 이렇게 말씀하셨다. 이렇게 말씀하신 뒤 선서께서는
자리에서 일어나 거처로 들어가셨다.

3. 그때 어떤 비구가 오전에 옷매무새를 가다듬고 발우와 가사
를 수하고 핫티가마의 욱가 장자의 집으로 갔다. 가서는 마련된 자리
에 앉았다. 그때 핫티가마의 욱가 장자가 그 비구에게 다가갔다. 가
서는 그 비구에게 절을 올리고 한 곁에 앉았다. 한 곁에 앉은 핫티가
마의 욱가 장자에게 그 비구는 이렇게 말했다.

4. "장자여, 그대는 여덟 가지 경이롭고 놀랄만한 법을 갖추었
다고 세존께서 설명하셨습니다. 장자여, 그대는 어떤 여덟 가지 경이
롭고 놀랄만한 법을 갖추었기에 세존께서 그대를 두고 이렇게 설명
하십니까?"
"존자시여, 제가 어떤 여덟 가지 경이롭고 놀랄만한 법을 갖추었기
에 세존께서 저를 두고 그렇게 설명하셨는지 저는 알지 못합니다. 존
자시여, 그렇지만 제게는 여덟 가지 경이롭고 놀랄만한 법이 있습니
다. 그것을 듣고 잘 마음에 잡도리하십시오. 저는 말씀드리겠습니다."

---

73)   핫티가마에 사는 욱가 장자(Ugga gahapati Hatthigāmaka)는 본서 제1
      권 「하나의 모음」(A1:14:6-7)에서 승가를 시봉하는 자들 가운데서 으
      뜸인 욱가따 장자(Uggata gahapati)로 나타나고 있다. 그곳의 주해를 참
      조할 것.

"그렇게 하겠습니다, 장자여."라고 그 비구는 핫티가마의 욱가 장자에게 응답했다. 핫티가마의 욱가 장자는 이렇게 말했다.

5. "존자시여, 제가 나가 숲에서 놀고 있다가 맨 처음 세존께서 멀리서 오시는 것을 뵈었을 때 세존을 뵙자마자 저의 마음에는 청정한 믿음이 생겼고 술기운이 싹 사라졌습니다. 존자시여, 이것이 제게 생긴 첫 번째 경이롭고 놀랄만한 법입니다. 이런 저는 청정한 믿음을 가진 마음으로 세존께 경배를 드렸습니다. 세존께서는 이런 제게 순차적인 가르침을 설해주셨습니다. 보시의 가르침, 계의 가르침, 천상의 가르침, 감각적 욕망들의 위험과 타락과 오염원, 출리의 공덕을 밝혀주셨습니다."

6. "세존께서는 저의 마음이 준비가 되고 마음이 부드러워지고 마음의 장애가 없어지고 마음이 고무되고 마음에 깨끗한 믿음이 생겼다고 아셨을 때, 모든 부처님들께서 직접 얻으신 괴로움[苦]과 일어남[集]과 소멸[滅]과 도[道]라는 법의 가르침을 드러내셨습니다. 마치 얼룩이 없는 깨끗한 천이 고르게 잘 염색되는 것처럼, 그 자리에서 '일어나는 법은 그 무엇이건 그것은 모두 멸하기 마련인 법이다. [集法卽滅法]'라는 티 없고 때가 없는 법의 눈이 제게 생겼습니다.

저는 법을 보았고 법을 얻었고 법을 체득했고 법을 간파했고 의심을 건넜고 혼란을 제거했고 무외를 얻었고 스승의 교법에서 남에게 의지하지 않게 되었습니다. 거기서 저는 부처님과 법과 승가에 귀의했으며, 청정범행을 다섯 번째로 하는 학습계목을 수지했습니다. 존자시여, 이것이 제게 생긴 두 번째 경이롭고 놀랄만한 법입니다."

7. "존자시여, 제게는 네 명의 젊은 아내가 있었습니다. 그때 저는 아내들에게 다가가서 이렇게 말했습니다. '부인들이여, 나는 청정범행을 다섯 번째로 하는 학습계목을 수지했습니다. 원하는 자는 이곳의 재물을 즐겨도 되고 공덕을 지어도 되고 혹은 그대의 친척이나 [친정] 집으로 돌아가도 되고 혹은 그 사람에게 보내줄 테니 마음에 드는 남자가 있으면 말하시오'라고. 존자시여, 이렇게 말하자 첫 번째 아내가 제게 '서방님, 이러이러한 이름의 남자를 제게 주십시오.'라고 말했습니다. 그래서 저는 그 남자를 불러서 왼손에 아내를 잡고 오른 손으로 물병을 쥐고 그 사람에게 뿌리는 [의식을 거쳐] 그녀를 보내주었습니다. 존자시여, 이처럼 저는 젊은 아내를 보냈지만 마음이 흔들린 것을 기억하지 못합니다. 존자시여, 이것이 제게 생긴 세 번째 경이롭고 놀랄만한 법입니다."

8. "존자시여, 저는 저의 집안에 있는 재물을 혼자 두고 사용하지 않고 계행을 구족하고 선한 성품을 가진 분들과 함께 나누어가집니다. 존자시여, 이것이 제게 생긴 네 번째 경이롭고 놀랄만한 법입니다."

9. "존자시여, 저는 비구들을 섬길 때 정성을 다해서 섬기고 성의 없이 섬기지 않습니다. 존자시여, 만일 그 존자가 제게 법을 설하시면 저는 정성을 다해서 듣고 성의 없이 듣지 않습니다. 만일 그 존자가 제게 법을 설하지 않으시면 제가 그분에게 법을 설합니다. 존자시여, 이것이 제게 생긴 다섯 번째 경이롭고 놀랄만한 법입니다."74)

---

74)   바로 앞 경(A8:21)의 §§9~10이 여기서는 하나의 항목으로 언급되고 있다.

10. "존자시여, 제가 승가를 초대할 때 신들이 와서 제게 이렇게 알려주는 것은 경이로운 것이 아닙니다. '아무개 비구는 양면으로 해탈[兩面解脫]한 자이고, 아무개 비구는 통찰지로 해탈[慧解脫]한 자이고, 아무개 비구는 몸으로 체험한 자이고, 아무개 비구는 견해를 얻은 자이고, 아무개 비구는 믿음으로 해탈한 자이고, 아무개 비구는 법을 따르는 자이고, 아무개 비구는 믿음을 따르는 자이고, 아무개 비구는 계를 지키며 선한 성품을 가진 자이고, 아무개 비구는 계를 파하고 나쁜 성품을 가진 자입니다.'라고. 저는 승가에 공양을 올리면서 '이 분에게는 적게 드려야지. 이 분에게는 많이 드려야지.'라는 생각을 일으킨 것을 기억하지 못합니다. 존자시여, 저는 평등한 마음으로 드렸습니다. 존자시여, 이것이 제게 생긴 여섯 번째 경이롭고 놀랄만한 법입니다."

11. "존자시여, 신들이 제게 와서 '장자여, 세존께서는 법을 잘 설하셨습니다.'라고 알려주는 것은 경이로운 것이 아닙니다. 이런 말을 들으면 저는 신들에게 '신들이여, '세존께서는 법을 잘 설하셨습니다.'라는 것은 그대들이 한 말인가요, 아닌가요?'라고 물어봅니다. 존자시여, 그러나 저는 '신들이 내게 다가왔고 나는 신들과 함께 대화를 나눈다.'라는 그 사실 때문에 마음이 우쭐하지 않습니다. 존자시여, 이것이 제게 생긴 일곱 번째 경이롭고 놀랄만한 법입니다."

12. "존자시여, 만일 제가 세존보다 먼저 임종하면 그것은 경이로운 일이 못됩니다. 그러나 세존께서 저를 두고 '핫티가마의 욱가 장자가 족쇄에 속박되어 다시 이 세상에 돌아오게 되는 그러한 족쇄

는 더 이상 없다.'75)라고 설명하신다면 [경이로운 일입니다.] 이것이 제게 생긴 여덟 번째 경이롭고 놀랄만한 법입니다."

13. 그때 그 비구는 핫티가마의 욱가 장자의 집에서 탁발음식을 얻어서 자리에서 일어나 나왔다. 그는 공양을 마치고 탁발에서 돌아와서 세존께 다가갔다. 가서는 세존께 절을 올리고 한 곁에 앉았다. 한 곁에 앉아서 그 비구는 지금까지 있었던 핫티가마의 욱가 장자와의 대화를 모두 세존께 아뢰었다.

14. "장하고 장하구나, 비구여. 핫티가마의 욱가 장자가 그와 같이 바르게 말했던 것처럼, 나도 핫티가마의 욱가 장자는 바로 그러한 여덟 가지 경이롭고 놀랄만한 법을 갖추었다고 말한다. 비구여, 핫티가마의 욱가 장자는 그러한 여덟 가지 경이롭고 놀랄만한 법을 갖추었다고 알지어다."

핫타까 경1(A8:23)
Hatthaka-sutta

1. 한때 세존께서는 알라위에서 악갈라와 탑묘76)에 머무셨다. 거기서 세존께서는 "비구들이여."라고 비구들을 부르셨다. "세존이

---

75) "이것을 통해서 이 청신사는 자신이 불환과를 얻었음을 말하고 있다." (AA.iv.114)

76) 알라위(Āḷavī)에 대해서는 본서 제1권 「알라와까 경」 (A3:34) §1의 주해를 참조할 것.
악갈라와 탑묘(Aggāḷava cetiya)에 대한 설명은 주석서에는 나타나지 않는다.

시여."라고 비구들은 세존께 응답했다. 세존께서는 이렇게 말씀하셨다.

2. "비구들이여, 알라위에 사는 핫타까[77]는 일곱 가지 경이롭고 놀랄만한 법을 갖추었다고 알지어다. 무엇이 일곱인가?"

3. "비구들이여, 알라위의 핫타까는 믿음이 있다. 비구들이여, 알라위의 핫타까는 계를 잘 지킨다. 비구들이여, 알라위의 핫타까는 양심이 있다. 비구들이여, 알라위의 핫타까는 수치심이 있다. 비구들이여, 알라위의 핫타까는 많이 배웠다. 비구들이여, 알라위의 핫타까는 잘 베푼다. 비구들이여, 알라위의 핫타까는 통찰지가 있다. 비구들이여, 알라위의 핫타까는 이러한 일곱 가지 경이롭고 놀랄만한 법을 갖추었다고 알지어다."

세존께서는 이렇게 말씀하셨다. 이렇게 말씀하신 뒤 선서께서는 자리에서 일어나 거처로 들어가셨다.

4. 그때 어떤 비구가 오전에 옷매무새를 가다듬고 발우와 가사를 수하고 알라위의 핫타까의 집으로 갔다. 가서는 마련된 자리에 앉았다. 그때 알라위의 핫타까는 그 비구에게 다가갔다. 가서는 그 비구에게 절을 올리고 한 곁에 앉았다. 한 곁에 앉은 알라위의 핫타까에게 그 비구는 이렇게 말했다.

---

77)   알라위에 사는 핫타까(Hatthaka Āḷavaka)는 본서 제1권 「하나의 모음」 (A1:14:6-4)에서 사섭법을 실천하는 자들 가운데 최상이라고 언급되고 있다. 그리고 본서 제1권 「발원 경」 3(A2:12:3)에서 재가자들이 본받아야 할 사람으로 부처님께서 말씀하고 계실만큼 그는 뛰어난 재가자였다. 더 자세한 설명은 본서 제1권 「알라와까 경」 (A3:34) §1의 주해를 참조할 것.

"도반이여, 그대는 일곱 가지 경이롭고 놀랄만한 법을 갖추었다고 세존께서 설명하셨습니다. 무엇이 일곱인가요? [세존께서는 다음과 같이 말씀하셨습니다.] '비구들이여, 알라위의 핫타까는 믿음이 있다. 비구들이여, 알라위의 핫타까는 계를 잘 지킨다. 비구들이여, 알라위의 핫타까는 양심이 있다. 비구들이여, 알라위의 핫타까는 수치심이 있다. 비구들이여, 알라위의 핫타까는 많이 배웠다. 비구들이여, 알라위의 핫타까는 잘 베푼다. 비구들이여, 알라위의 핫타까는 통찰지가 있다.'라고. 도반이여, 그대는 이러한 일곱 가지 경이롭고 놀랄만한 법을 갖추었다고 세존께서는 설명하셨습니다."

"존자시여, [세존께서 이렇게 말씀하실 때에] 흰옷을 입은 재가자는 아무도 없었습니까?"

"도반이여, 흰옷을 입은 재가자는 아무도 없었습니다."

"존자시여, 흰옷을 입은 재가자가 아무도 없었다니 참으로 다행입니다."

5.   그때 그 비구는 알라위의 핫타까 장자의 집에서 탁발음식을 얻어서 자리에서 일어나 나왔다. 그는 공양을 마치고 탁발에서 돌아와서 세존께 다가갔다. 가서는 세존께 절을 올리고 한 곁에 앉았다. 한 곁에 앉아서 세존께 이렇게 말씀드렸다.

"세존이시여, 여기 저는 오전에 옷매무새를 가다듬고 발우와 가사를 수하고 알라위의 핫타까의 집으로 갔습니다. 가서는 마련된 자리에 앉았습니다. 그때 알라위의 핫타까는 제게 다가왔습니다. 와서는 제게 절을 올리고 한 곁에 앉았습니다. 한 곁에 앉은 알라위의 핫타까에게 저는 이렇게 말했습니다.

'도반이여, 그대는 일곱 가지 경이롭고 놀랄만한 법을 갖추었다고 세존께서 설명하셨습니다. 무엇이 일곱인가요? [세존께서는 다음과 같이 말씀하셨습니다.] '비구들이여, 알라위의 핫타까는 믿음이 있다. 비구들이여, 알라위의 핫타까는 계를 잘 지킨다. 비구들이여, 알라위의 핫타까는 양심이 있다. 비구들이여, 알라위의 핫타까는 수치심이 있다. 비구들이여, 알라위의 핫타까는 많이 배웠다. 비구들이여, 알라위의 핫타까는 잘 베푼다. 비구들이여, 알라위의 핫타까는 통찰지가 있다.'라고. 도반이여, 그대는 이러한 일곱 가지 경이롭고 놀랄만한 법을 갖추었다고 세존께서는 설명하셨습니다.'

세존이시여, 이렇게 말하자 알라위의 핫타까는 제게 말했습니다. '존자시여, [세존께서 이렇게 말씀하실 그때에] 흰옷을 입은 재가자는 아무도 없었습니까?'라고.

[저는 말했습니다.] '도반이여, 흰옷을 입은 재가자는 아무도 없었습니다.'라고.

[그는 말했습니다.] '존자시여, 흰옷을 입은 재가자가 아무도 없었다니 참으로 다행입니다.'라고.''

6. "장하고 장하구나, 비구여. 비구여, 그 선남자는 바라는 바가 적구나[少慾]. 자기에게 유익한 법이 있는데도 그것이 남들에게 알려지는 것을 바라지 않는구나. 비구여, 그러므로 그대는 알라위의 핫타까가 이 여덟 번째의 경이롭고 놀랄만한 법을 갖추었다고 알지니, 그것은 바로 바라는 바가 적음[少慾]이다."

핫타까 경2(A8:24)

1. 한때 세존께서는 알라위에서 악갈라와 탑묘에 머무셨다. 그 때 알라위의 핫타까는 오백 명의 재가 신도들에 둘러싸여 세존께 다 가갔다. 가서는 세존께 절을 올리고 한 곁에 앉았다. 한 곁에 앉은 알 라위의 핫타까에게 세존께서는 이렇게 말씀하셨다.

2. "핫타까여, 그대의 회중은 크구나. 그런데 그대는 어떻게 이 큰 회중을 섭수하는가?"

"세존이시여, 세존께서는 네 가지 섭수하는 행위[四攝事]를 설해주 셨는데 저는 이것을 통해서 이 큰 회중을 섭수합니다. 세존이시여, 제가 '이 사람은 보시로써 섭수해야 한다.'라고 알게 되면 저는 보시 로써 그를 섭수합니다. 세존이시여, 제가 '이 사람은 사랑스런 말[愛 語]로써 섭수해야 한다.'라고 알게 되면 저는 사랑스런 말로써 그를 섭수합니다. 세존이시여, 제가 '이 사람은 이로운 행위[利行]로써 섭수 해야 한다.'라고 알게 되면 저는 이로운 행위로써 그를 섭수합니다. 세존이시여, 제가 '이 사람은 함께 함[同事]으로써78) 섭수해야 한다.' 라고 알게 되면 저는 함께 함으로써 그를 섭수합니다. 세존이시여, 그리고 저의 집안에는 재물이 있습니다. 그리고 가난한 자에게는 그 러한 소문이 없음을 그들은 압니다."79)

---

78) '함께 함[同事]'은 samānattata를 옮긴 것이다. 주석서는 "이 경우에는 보시를 하는 등의 행위는 없지만 함께 먹고 마시고 앉는 등으로 자신과 동 일하게 만들어서 섭수하는 것을 뜻한다."(AA.iv.115)라고 설명하고 있다.

79) "'가난한 자에게는 그러한 소문이 없음을 안다.'라는 것은 가난한 자 (dalidda)의 경우 어떤 것을 보시하거나 줄 수 있는 능력이 없다. 그래서

3. "장하고 장하구나, 핫타까여. 그것이야말로 큰 회중을 섭수하는 토대이다. 핫타까여, 과거세에 큰 회중을 섭수한 자들은 모두 이러한 네 가지 섭수하는 행위로 큰 회중을 섭수했다. 핫타까여, 미래세에 큰 회중을 섭수할 자들도 모두 이러한 네 가지 섭수하는 행위로 큰 회중을 섭수할 것이다. 핫타까여, 지금에 큰 회중을 섭수하는 자들도 모두 이러한 네 가지 섭수하는 행위로 큰 회중을 섭수한다."

4. 그때 세존께서는 알라위의 핫타까에게 법을 설하시고 격려하시고 분발하게 하시고 기쁘게 하셨다. 그러자 알라위의 핫타까는 자리에서 일어나 세존께 절을 올리고 오른쪽으로 [세 번] 돌아 [경의를 표한] 뒤에 물러갔다. 세존께서는 알라위의 핫타까가 물러간 지 오래되지 않아서 비구들을 불러서 말씀하셨다.

5. "비구들이여, 알라위의 핫타까는 여덟 가지 경이롭고 놀랄 만한 법을 갖추었다고 알지어다. 무엇이 여덟인가?"

6. "비구들이여, 알라위의 핫타까는 믿음이 있다. 비구들이여, 알라위의 핫타까는 계를 잘 지킨다. 비구들이여, 알라위의 핫타까는 양심이 있다. 비구들이여, 알라위의 핫타까는 수치심이 있다. 비구들이여, 알라위의 핫타까는 많이 배웠다. 비구들이여, 알라위의 핫타까는 잘 베푼다. 비구들이여, 알라위의 핫타까는 통찰지가 있다. 비구들이여, 알라위의 핫타까는 바라는 바가 적다. 비구들이여, 알라위의 핫

그들은 가난한 자에게는 그와 같은 소문이 없음을 알지만 내 경우는 소문이 나왔다고 안다. 그들은 보시의 교훈(dinnovāda)에 확고하며 내가 교법(anusāsani)을 어기지 않았다고 안다."(AA.iv.115)

타까는 이러한 여덟 가지 경이롭고 놀랄만한 법을 갖추었다고 알지 어다."

마하나마 경(A8:25)
Mahānāma-sutta

1. 　한때 세존께서는 삭까에서 까삘라왓투의 니그로다 원림에 머무셨다. 그때 삭까 사람 마하나마[80]가 세존께 다가갔다. 가서는 세존께 절을 올리고 한 곁에 앉았다. 한 곁에 앉아서 삭까 사람 마하나마는 세존께 이렇게 말씀드렸다.
"세존이시여, 어떻게 재가 신도가 됩니까?"
"마하나마여, 부처님께 귀의하고 법에 귀의하고 승가에 귀의할 때 재가 신도가 된다."

2. 　"세존이시여, 그러면 어떻게 재가 신도가 계를 지킵니까?"
"마하나마여, 재가 신도는 생명을 죽이는 것을 멀리 여의고, 주지 않은 것을 가지는 것을 멀리 여의고, 삿된 음행을 멀리 여의고, 거짓 말을 멀리 여의고, 방일하는 근본이 되는 술과 중독성 물질을 멀리 여읜다. 이렇게 재가 신도는 계를 지킨다."

3. 　"세존이시여, 그러면 어떻게 재가 신도가 자신의 이익을 위해서는 도를 닦지만 남의 이익을 위해서는 도를 닦지 않게 됩니까?"

---

80) 　마하나마(Mahānāma)는 삭까의 왕이었으며 아누룻다 존자의 형이며 세존의 사촌이기도 하다. 까삘라왓투(Kapilavatthu)와 마하나마에 대해서는 본서 제1권 「마하나마 경」(A3:73) §1의 주해를 참조할 것.

"마하나마여, 재가 신도가 자신은 믿음을 구족하지만 남으로 하여금 믿음을 구족하도록 하지 않는다. 자신은 계를 구족하지만 남으로 하여금 계를 구족하도록 하지 않는다. 자신은 베풂을 구족하지만 남으로 하여금 베풂을 구족하도록 하지 않는다. 자신은 비구들을 친견하고자 하지만 남으로 하여금 비구들을 친견하도록 하지 않는다. 자신은 정법을 듣고자 하지만 남으로 하여금 정법을 듣도록 하지 않는다. 자신은 들은 법을 바르게 잘 호지하지만 남으로 하여금 법을 호지하도록 하지 않는다. 자신은 호지한 법들의 뜻을 면밀히 조사하지만 남으로 하여금 뜻을 면밀히 조사하도록 하지 않는다. 자신은 뜻을 완전하게 알고 법을 완전하게 안 뒤에 [출세간]법에 이르게 하는 법을 닦지만 남으로 하여금 [출세간]법에 이르게 하는 법을 닦도록 하지 않는다.

마하나마여, 이렇게 재가 신도가 자신의 이익을 위해서는 도를 닦지만 남의 이익을 위해서는 도를 닦지 않게 된다."

4. "세존이시여, 그러면 어떻게 재가 신도가 자신의 이익을 위해서도 도를 닦고 남의 이익을 위해서도 도를 닦게 됩니까?"

"마하나마여, 재가 신도가 자신도 믿음을 구족하고 남으로 하여금 믿음을 구족하도록 한다. 자신도 계를 구족하고 남으로 하여금 계를 구족하도록 한다. 자신도 베풂을 구족하고 남으로 하여금 베풂을 구족하도록 한다. 자신도 비구들을 친견하고자 하고 남으로 하여금 비구들을 친견하도록 한다. 자신도 정법을 듣고자 하고 남으로 하여금 정법을 듣도록 한다. 자신도 들은 법을 바르게 잘 호지하고 남으로 하여금 법을 호지하도록 한다. 자신도 호지한 법들의 뜻을 면밀히 조사하고 남으로 하여금 뜻을 면밀히 조사하도록 한다. 자신도 뜻을 완전하게 알고 법을 완전하게 안 뒤에 [출세간]법에 이르게 하는 법을 닦고 남으로 하여금 [출세간]법에 이르게 하는 법을 닦도록 한다.

마하나마여, 이렇게 재가 신도가 자신의 이익을 위해서도 도를 닦고 남의 이익을 위해서도 도를 닦게 된다."

지와까 경(A8:26)
Jīvaka-sutta

1.   한때 세존께서는 라자가하에서 지와까의 망고 숲에 머무셨다. 그때 지와까 꼬마라밧짜81)가 세존께 다가갔다. 가서는 세존께 절을 올리고 한 곁에 앉았다. 한 곁에 앉아서 지와까 꼬마라밧짜는 세존께 이렇게 말씀드렸다.

"세존이시여, 어떤 것이 재가 신도입니까?"

"지와까여, 부처님께 귀의하고 법에 귀의하고 승가에 귀의하는 이것이 바로 재가 신도이다."

2.   "세존이시여, 그러면 어떻게 재가 신도가 계를 지킵니까?"

"지와까여, 재가 신도는 생명을 죽이는 것을 멀리 여의고, 주지 않은 것을 가지는 것을 멀리 여의고, 삿된 음행을 멀리 여의고, 거짓말을 멀리 여의고, 방일하는 근본이 되는 술과 중독성 물질을 멀리 여

---

81)   지와까 꼬마라밧짜(Jīvaka Komārabhacca)는 라자가하의 빔비사라왕과 궁중의 주치의였으며, 아버지 빔비사라왕을 시해하고 왕위를 찬탈한 아자따삿뚜도 그를 주치의로 삼아서 가까이에 두었다. 부처님의 주치의이기도 하였던 그는 부처님 당시의 명의(名醫)이다. 그에 대해서는 본서 제1권 「하나의 모음」A1:14:6-9의 주해를 참조할 것.

윈다. 이렇게 재가 신도는 계를 지킨다."

3. "세존이시여, 그러면 어떻게 재가 신도가 자신의 이익을 위해서는 도를 닦지만 남의 이익을 위해서는 도를 닦지 않게 됩니까?"

"지와까여, 재가 신도가 자신은 믿음을 구족하지만 남으로 하여금 믿음을 구족하도록 하지 않는다. 자신은 계를 구족하지만 남으로 하여금 계를 구족하도록 하지 않는다. 자신은 베풂을 구족하지만 남으로 하여금 베풂을 구족하도록 하지 않는다. 자신은 비구들을 친견하고자 하지만 남으로 하여금 비구들을 친견하도록 하지 않는다. 자신은 정법을 듣고자 하지만 남으로 하여금 정법을 듣도록 하지 않는다. 자신은 들은 법을 바르게 잘 호지하지만 남으로 하여금 법을 호지하도록 하지 않는다. 자신은 호지한 법들의 뜻을 면밀히 조사하지만 남으로 하여금 뜻을 면밀히 조사하도록 하지 않는다. 자신은 뜻을 완전하게 알고 법을 완전하게 안 뒤에 [출세간]법에 이르게 하는 법을 닦지만 남으로 하여금 [출세간]법에 이르게 하는 법을 닦도록 하지 않는다.

지와까여, 이렇게 재가 신도는 자신의 이익을 위해서는 도를 닦지만 남의 이익을 위해서는 도를 닦지 않게 된다."

4. "세존이시여, 그러면 어떻게 재가 신도가 자신의 이익을 위해서도 도를 닦고 남의 이익을 위해서도 도를 닦게 됩니까?"

"지와까여, 재가 신도가 자신도 믿음을 구족하고 남으로 하여금 믿음을 구족하도록 한다. 자신도 계를 구족하고 남으로 하여금 계를 구족하도록 한다. 자신도 베풂을 구족하고 남으로 하여금 베풂을 구족하도록 한다. 자신도 비구들을 친견하고자 하고 남으로 하여금 비구들을 친견하도록 한다. 자신도 정법을 듣고자 하고 남으로 하여금 정법을 듣도록 한다. 자신도 들은 법을 바르게 잘 호지하고 남으로 하여금 법을 호지하도록 한다. 자신도 호지한 법들의 뜻을 면밀히 조사하고 남으로 하여금 뜻을 면밀히 조사하도록 한다. 자신도 뜻을 완전하게 알고 법을 완전하게 안 뒤에 [출세간]법에 이르게 하는 법을 닦고 남으로 하여금 [출세간]법에 이르게 하는 법을 닦도록 한다.

지와까여, 이렇게 재가 신도는 자신의 이익을 위해서도 도를 닦고 남의 이익을 위해서도 도를 닦게 된다."

힘 경1(A8:27)
Bala-sutta

1. "비구들이여, 여덟 가지 힘이 있다. 무엇이 여덟인가?"

2. "비구들이여, 아이들은 우는 것이 힘이다. 여자들은 화내는 것이 힘이다. 도둑들은 무기(武器)가 힘이다. 왕들은 통치권이 힘이다. 어리석은 자들은 속 타게 하는 것이 힘이다. 현자들은 진정시키는 것이 힘이다. 많이 배운 사람들은 숙고하는 것이 힘이다. 사문과 바라문들은 인욕하는 것이 힘이다. 비구들이여, 이러한 여덟 가지 힘이 있다."

힘 경2(A8:28)

1. 그때 사리뿟따 존자가 세존께 다가갔다. 가서는 세존께 절을 올리고 한 곁에 앉았다. 한 곁에 앉은 사리뿟따 존자에게 세존께서는 이렇게 말씀하셨다.

"사리뿟따여, 번뇌 다한 비구에게는 얼마나 많은 종류의 힘이 있어서, 그 힘을 가진 번뇌 다한 비구가 '나의 번뇌는 다했다.'고 번뇌의 소멸을 천명하는가?"

2. "세존이시여, 번뇌 다한 비구에게는 여덟 가지 힘이 있어서, 그 힘을 가진 번뇌 다한 비구는 '나의 번뇌는 다했다.'고 번뇌의 소멸을 천명합니다. 무엇이 여덟인가요?"

3. "세존이시여, 여기 번뇌 다한 비구는 모든 형성된 것들[諸行]을 무상하다고 있는 그대로 바른 통찰지로 분명하게 봅니다. 세존이시여, 번뇌 다한 비구가 모든 형성된 것들은 무상하다고 있는 그대로 바른 통찰지로 분명하게 보는 이것이 번뇌 다한 비구의 힘입니다. 그 힘을 가져서 번뇌 다한 비구는 '나의 번뇌는 다했다.'고 번뇌의 소멸을 천명합니다."

4. "다시 세존이시여, 번뇌 다한 비구는 감각적 욕망을 숯불구덩이와 같다고 있는 그대로 바른 통찰지로 분명하게 봅니다. 세존이시여, 번뇌 다한 비구가 감각적 욕망을 숯불구덩이와 같다고 있는 그대로 바른 통찰지로 분명하게 보는 이것 역시 번뇌 다한 비구의 힘입

니다. 그 힘을 가져서 번뇌 다한 비구는 '나의 번뇌는 다했다.'고 번뇌의 소멸을 천명합니다."

5. "다시 세존이시여, 번뇌 다한 비구의 마음은 멀리 여읨으로 향하고,[82] 멀리 여읨으로 기울고, 멀리 여읨에 기대고, 멀리 여읨에 머물고,[83] 출리를 기뻐하고, 모든 곳에서 번뇌를 일으킬만한 법들을 없애버립니다. 세존이시여, 번뇌 다한 비구의 마음이 멀리 여읨으로 향하고, 멀리 여읨으로 기울고, 멀리 여읨에 기대고, 멀리 여읨에 머물고, 출리를 기뻐하고, 모든 곳에서 번뇌를 일으킬만한 법들을 없애버리는 것도 번뇌 다한 비구의 힘입니다. 그 힘을 가져서 번뇌 다한 비구는 '나의 번뇌는 다했다.'고 번뇌의 소멸을 천명합니다."

6. "다시 세존이시여, 번뇌 다한 비구는 네 가지 마음챙김의 확립[四念處]을 잘 닦았고 완전하게 닦았습니다. 세존이시여, 번뇌 다한 비구가 네 가지 마음챙김의 확립[四念處]을 잘 닦았고 완전하게 닦은 이것 역시 번뇌 다한 비구의 힘입니다. 그 힘을 가져서 번뇌 다한 비구는 '나의 번뇌는 다했다.'고 번뇌의 소멸을 천명합니다."

7. "다시 세존이시여, 번뇌 다한 비구는 네 가지 성취수단[四如意足]을 잘 닦았고 완전하게 닦았습니다. …
다시 세존이시여, 번뇌 다한 비구는 다섯 가지 기능[五根]을 잘 닦

---

82)   "'멀리 여읨으로 향한다.(viveka-ninna)'는 것은 과를 증득함(phala-samāpatti)으로써 열반으로 향한다는 뜻이다."(AA.iv.116)

83)   "'멀리 여읨에 머문다.(vivekaṭṭha)'는 것은 오염원(kilesa)을 모두 죽였거나 혹은 오염원으로부터 아주 멀리 있다는 뜻이다."(*Ibid*)

았고 완전하게 닦았습니다. …

다시 세존이시여, 번뇌 다한 비구는 일곱 가지 깨달음의 구성요소
[七覺支]를 잘 닦았고 완전하게 닦았습니다. …

다시 세존이시여, 번뇌 다한 비구는 여덟 가지 구성요소를 가진 성
스러운 도[八支聖道]를 잘 닦았고 완전하게 닦았습니다. 세존이시여,
번뇌 다한 비구가 여덟 가지 구성요소를 가진 성스러운 도[八支聖道]
를 잘 닦았고 완전하게 닦은 이것 역시 번뇌 다한 비구의 힘입니다.
그 힘을 가져서 번뇌 다한 비구는 '나의 번뇌는 다했다.'고 번뇌의 소
멸을 천명합니다.

세존이시여, 번뇌 다한 비구에게는 이러한 여덟 가지 힘이 있어서,
그 힘을 가진 번뇌 다한 비구는 '나의 번뇌는 다했다.'고 번뇌의 소멸
을 천명합니다."[84]

적당하지 않은 순간 경(A8:29)

Akkhaṇa-sutta

1. "비구들이여, '세상만사 적당한 순간이 있다. 세상만사 적당
한 순간이 있다.'라고 배우지 못한 범부는 말한다. 그러나 그는 적당
한 순간과 적당하지 않은 순간을 알지 못한다. 비구들이여, 청정범행
을 닦는 데에 여덟 가지 적당하지 않은 순간과 적당하지 않은 시기가
있다. 무엇이 여덟인가?"

---

84)   본경의 여덟 가지 힘 가운데서 네 가지 성취수단의 힘을 제외한 일곱 가지
        힘은 『디가 니까야』 제3권 「십상경」 (D34) §1.8 ⑽의 내용과 같다.

2. "비구들이여, 여래가 세상에 출현한다. 그는 아라한이고, 바르게 깨달았고, 영지와 실천을 구족했고, 피안으로 잘 갔고, 세상을 잘 알고, 가장 높고, 사람을 잘 길들이고, 신과 인간의 스승이고, 부처님, 세존이다. 그는 [오염원들을] 고요하게 하고, [오염원들을] 완전히 소멸시키고, 바른 깨달음으로 인도하며, 선서에 의해서 체득된 [네 가지 성스러운 진리의] 법을 설한다. 그러나 이 사람은 지옥에 태어나 있다. 이것이 청정범행을 닦는 데에 첫 번째 적당하지 않은 순간이고 적당하지 않은 시기이다."

3. "다시 비구들이여, 여래가 세상에 출현한다. 그는 아라한이고, 바르게 깨달았고, 영지와 실천을 구족했고, 피안으로 잘 갔고, 세상을 잘 알고, 가장 높고, 사람을 잘 길들이고, 신과 인간의 스승이고, 부처님, 세존이다. 그는 [오염원들을] 고요하게 하고, [오염원들을] 완전히 소멸시키고, 바른 깨달음으로 인도하며, 선서에 의해서 체득된 [네 가지 성스러운 진리의] 법을 설한다. 그러나 이 사람은 축생계에 태어나 있다. 이것이 청정범행을 닦는 데에 두 번째 적당하지 않은 순간이고 적당하지 않은 시기이다."

다시 비구들이여, 여래가 세상에 출현한다. 그는 아라한이고 … [네 가지 성스러운 진리의] 법을 설한다. 그러나 이 사람은 아귀계에 태어나 있다. 이것이 청정범행을 닦는 데에 세 번째 적당하지 않은 순간이고 적당하지 않은 시기이다.

다시 비구들이여, 여래가 세상에 출현한다. 그는 아라한이고 … [네 가지 성스러운 진리의] 법을 설한다. 그러나 이 사람은 어떤 긴 수명을 가진 신들의 무리에85) 태어나 있다. 이것이 청정범행을 닦는 데에 네 번째 적당하지 않은 순간이고 적당하지 않은 시기이다.

다시 비구들이여, 여래가 세상에 출현한다. 그는 아라한이고 … [네 가지 성스러운 진리의] 법을 설한다. 그러나 이 사람은 비구와 비구니와 청신사와 청신녀가 가지 않는 변방에서 무지몽매한 멸려차들 가운데 태어난다. 이것이 청정범행을 닦는 데에 다섯 번째 적당하지 않은 순간이고 적당하지 않은 시기이다.

다시 비구들이여, 여래가 세상에 출현한다. 그는 아라한이고 … [네 가지 성스러운 진리의] 법을 설한다. 이 사람은 지역의 중심86)에 태어난다. 그러나 그는 삿된 견해를 가졌고 전도된 견87)을 가져서 '보시한 것도 없고 바친 것도 없고 제사(헌공)한 것도 없다. 선업과 악업에 대한 결실도 없고 과보도 없다. 이 세상도 없고 저 세상도 없다. 어머니도 없고 아버지도 없다. 화생하는 중생도 없고 이 세상과 저 세상을 스스로 최상의 지혜로 실현하여 그 세상을 선언하는, 바르게 살고 바르게 도닦는 사문·바라문들도 이 세상에는 없다.'라고 말한다. 이것이 청정범행을 닦는 데에 여섯 번째 적당하지 않은 순간이고 적당하지 않은 시기이다.

다시 비구들이여, 여래가 세상에 출현한다. 그는 아라한이고 … [네 가지 성스러운 진리의] 법을 설한다. 이 사람은 지역의 중심에 태

---

85) "무상유정천의 신들을 말한다."(AA.iv.116)

86) '지역의 중심'으로 옮긴 원어는 majjhimesu janapadesu인데 '중심지'로 직역할 수 있으며 중국(中國)으로 한역할 수 있다.

87) '삿된 견해'와 '전도된 견'은 각각 micchā-diṭṭhi와 viparīta-dassana를 직역한 것이다.

어난다. 그러나 그는 통찰지가 없고 바보고 귀머거리와 벙어리여서 잘 설해진 것인지 잘못 설해진 것인지 그 뜻을 잘 아는 능력이 없다. 이것이 청정범행을 닦는 데에 일곱 번째 적당하지 않은 순간이고 적당하지 않은 시기이다."

4. "다시 비구들이여, 여래고, 아라한이고, 바르게 깨달았고, 영지와 실천을 구족했고, 피안으로 잘 갔고, 세상을 잘 알고, 가장 높고, 사람을 잘 길들이고, 신과 인간의 스승이고, 부처님인 세존이 세상에 출현하지 않아서, [오염원들을] 고요하게 하고, [오염원들을] 완전히 소멸시키고, 바른 깨달음으로 인도하며, 선서에 의해서 체득된 [네 가지 성스러운 진리의] 법을 설하지 않는다. 그러나 이 사람은 지역의 중심에 태어난다. 그는 지혜를 가졌고 바보가 아니고 귀머거리도 벙어리도 아니어서 잘 설해진 것인지 잘못 설해진 것인지 그 뜻을 잘 아는 능력이 있다. 이것이 청정범행을 닦는 데에 여덟 번째 적당하지 않은 순간이고 적당하지 않은 시기이다.

비구들이여, 청정범행을 닦는 데에 이러한 여덟 가지 적당하지 않은 순간과 적당하지 않은 시기가 있다."[88]

5. "비구들이여, 청정범행을 닦기에 적당한 단 하나의 순간과 시기가 있다. 무엇이 하나인가?"

6. "비구들이여, 여기 여래가 세상에 출현한다. 그는 아라한이

---

88) 이상 여덟 가지는 『디가 니까야』 제3권 「십상경」 (D34) §2.1 (7)과 같은 내용이다. 한편 같은 책의 「합송경」 (D33) §3.2 (4)에는 아수라로 태어나는 것이 포함되어 모두 아홉 가지로 나타나고 있다.

고, 바르게 깨달았고, 영지와 실천을 구족했고, 피안으로 잘 갔고, 세상을 잘 알고, 가장 높고, 사람을 잘 길들이고, 신과 인간의 스승이고, 부처님, 세존이다. 그는 [오염원들을] 고요하게 하고, [오염원들을] 완전히 소멸시키고, 바른 깨달음으로 인도하며, 선서에 의해서 체득된 [네 가지 성스러운 진리의] 법을 설한다. 그리고 이 사람은 지역의 중심에 태어난다. 그는 지혜를 가졌고 바보가 아니고 귀머거리도 벙어리도 아니어서 잘 설해진 것인지 잘못 설해진 것인지 그 뜻을 잘 아는 능력이 있다. 비구들이여, 이것이 청정범행을 닦기에 적당한 단 하나의 순간과 하나의 시기이다."

7.   "정법이 잘 설해질 때 인간으로 태어났지만
   때를 얻지 못하는 자들은 그 때를 놓쳐버렸나니
   부적절한 시기는 인간에게 크나큰 장애라고 말하노라.
   여래들은 참으로 드물게 세상에 태어나니
   그들을 친견하기란 세상에서 참으로 만나기 어렵다.
   그러므로 인간으로 태어남을 얻었고
   정법의 가르침이 있을 때
   번영을 원하는 사람은 거기서 정진해야 하리.
   어떻게 정법을 알고서도 그 시기를
   그냥 보내버린단 말인가?
   바른 시기를 놓쳐버린 자들은 지옥에 태어나서 슬퍼하리.
   여기서 정법의 확실성을 잃어버린 자는[89]

---

89)   "'잃어버린다(virādheti)'는 것은 '만약 어떤 게으른 자가 여기서 이 순간 (khaṇa)을 얻고서도 정법의 확실성(saddhammassa niyāmata)인 성스러운 도(ariya-magga)를 성취하지 못한다면'이라는 뜻이다."(AA.iv.117)

상인이 이익을 놓쳐버리고
오래도록 괴로워하는 것과 같도다.
무명에 가린 사람은 정법으로부터 멀어지나니
오랫동안 나고 죽는 윤회를 달게 받는다.
정법이 잘 설해질 때 인간으로 태어나서
스승의 가르침대로 행했고 행할 것이고 행하는 자들은
세상에서 위없는 청정범행을 닦을 바른 시기를 꿰뚫었노라.
여래가 선언한 도를 닦고
눈을 가진 태양의 후예가 설한 대로 단속하고
제어하고 항상 마음챙기고
[욕망이]] 새어나오지 않게 하며
마라의 영역이라 불리는 윤회로 나아감을 끊어버리고
번뇌 다함을 얻은 자는 세상의 피안에 이르렀노라.”

아누룻다 경(A8:30)[90]

Anuruddha-sutta

1. 한때 세존께서는 박가에서 숨수마라기리의 베사깔라 숲에 있는 녹야원에 머무셨다.[91] 그 무렵에 아누룻다 존자는 쩨띠[92]에서

---

90) 6차결집본의 경제목은 ‘아누룻다의 깊은 사유’(Anuruddhamahāvitakka -sutta)이다.

91) 박가(Bhagga)와 수도 숨수마라기리(Suṁsumāragiri, 악어산)와 베사깔 라 숲(Bhesakalā-vana)에 대해서는 본서 제4권 「졸고 있음 경」 (A7:58) §1의 주해를 참조할 것.

92) 쩨띠(Ceti)는 부처님 당시 인도 중원의 16국 가운데 하나였다. 『리그베

동쪽 대나무 숲에 머물고 있었다. 아누룻다 존자가 한적한 곳에 가서 홀로 앉아있을 때에 마음속에 이런 생각이 떠올랐다.93)

'이 법은 바라는 바가 적은[少慾] 자를 위한 것이지 바라는 바가 많은 자를 위한 것이 아니다. 이 법은 만족할 줄 아는[知足] 자를 위한 것이지 만족하지 못하는 자를 위한 것이 아니다. 이 법은 한거(閑居)하는 자를 위한 것이지 무리지어 사는 것을 즐기는 자를 위한 것이

다』에서 쩨디(Cedi)로 나타나는 지역과 동일한 듯하다. 현재 북인도의 분델칸드(Bundelkhand) 지역이라고 한다.

93) "'이런 생각이 떠올랐다.'라는 것에 대한 설명은 다음과 같다. 장로는 출가하여 첫 안거를 지내는 도중에 증득(samāpatti)을 얻어 1,000의 세계를 볼 수 있는 천안의 지혜(dibbacakkhu-ñāṇa)가 생겼다고 한다. 그는 사리뿟따 존자에게 가서 이렇게 말했다. '도반 사리뿟따여, 나는 인간을 넘어선 청정한 하늘눈[天眼]으로 1,000의 세계를 살펴봅니다. 내게는 불굴의 정진이 생겼고 마음챙김은 확립되어 잊어버림이 없고 내 몸은 편안하여 동요가 없고 마음은 집중되어 하나가 되었습니다. 그러나 나는 아직 취착이 없어지지 않아 번뇌들로부터 마음이 해탈하지는 못했습니다.'

그러자 사리뿟따 존자가 대답했다. "도반 아누룻다여, '나는 인간을 넘어선 청정한 하늘눈[天眼]으로 1,000의 세계를 살펴봅니다.'라고 하는 것은 그대의 자만(māna)입니다. '나에게는 불굴의 정진이 생겼고 … 마음은 집중되어 하나가 되었습니다.'라고 하는 것은 그대의 들뜸(uddhacca)입니다. '그러나 나는 아직 취착이 없어지지 않아 번뇌들로부터 마음이 해탈하지는 못했습니다.'라고 하는 것은 그대의 후회(kukkucca)입니다. 아누룻다 존자는 이러한 세 가지 법을 버리고 이러한 세 가지 법을 마음에 잡도리하지 말고 불사(不死)의 경지로 마음을 향하게 하십시오."라고 사리뿟따 존자는 명상주제를 설했다.(이것은 본서 제1권 「아누룻다 경」2(A3:128)에 나타나고 있다.)

그는 명상주제를 받아서 스승에게 질문한 뒤 쩨띠로 가서 사문의 법을 행하면서 여덟 달 동안을 경행하면서 지냈다. 그는 고된 정진으로 흥분하여 몸이 피로함을 느꼈다. 그리하여 어떤 대나무 숲 아래에 앉았다. 그때 그의 마음에 이와 같은 생각이 떠올랐다. 이것은 다름 아닌 대인의 사유(mahāpurisa-vitakka)를 했다는 뜻이다."(AA.iv.118)

아니다. 이 법은 열심히 정진하는 자를 위한 것이지 게으른 자를 위한 것이 아니다. 이 법은 마음챙김을 확립한 자를 위한 것이지 마음챙김을 놓아버린 자를 위한 것이 아니다. 이 법은 삼매에 든 자를 위한 것이지 삼매에 들지 못한 자를 위한 것이 아니다. 이 법은 통찰지를 갖춘 자를 위한 것이지 통찰지가 없는 자를 위한 것이 아니다.'94)

2. 그때 세존께서는 마음으로 아누룻다 존자의 마음에 일어난 생각을 아시고 마치 힘 센 사람이 구부렸던 팔을 펴고 폈던 팔을 구부리는 것처럼 박가에서 숨수마라기리의 베사깔라 숲에 있는 녹야원에서 사라져 쩨띠에서 동쪽 대나무 숲에 머물고 있는 아누룻다 존자의 앞에 나타나셔서 마련된 자리에 앉으셨다. 아누룻다 존자는 세존께 절을 올린 뒤 한 곁에 앉았다. 한 곁에 앉은 아누룻다 존자에게 세존께서는 이렇게 말씀하셨다.

3. "장하고 장하구나, 아누룻다여. 아누룻다여, 그대는 대인의 일곱 가지 사유를 하였구나. '이 법은 바라는 바가 적은[少慾] 자를 위한 것이지 바라는 바가 많은 자를 위한 것이 아니다. 이 법은 만족할 줄 아는[知足] 자를 위한 것이지 만족하지 못하는 자를 위한 것이 아니다. 이 법은 한거(閑居)하는 자를 위한 것이지 무리지어 사는 것을 즐기는 자를 위한 것이 아니다. 이 법은 열심히 정진하는 자를 위한 것이지 게으른 자를 위한 것이 아니다. 이 법은 마음챙김을 확립한

---

94) 아누룻다 존자는 이렇게 일곱 가지 사유를 하였다. 이러한 아누룻다 존자에게 세존께서는 본경을 통해서 사량분별 없음(nippapañca)에 대한 사유를 더하여 모두 여덟 가지 대인의 사유(mahāpurisa-vitakka)를 말씀해 주신다.

자를 위한 것이지 마음챙김을 놓아버린 자를 위한 것이 아니다. 이 법은 삼매에 든 자를 위한 것이지 삼매에 들지 못한 자를 위한 것이 아니다. 이 법은 통찰지를 갖춘 자를 위한 것이지 통찰지가 없는 자를 위한 것이 아니다.'라고 아누룻다여, 그대는 여덟 번째로 '이 법은 사량분별(思量分別) 없음을 좋아하고95) 사량분별 없음을 즐기는 자를 위한 것이지 사량분별을 좋아하고 사량분별을 즐기는 자를 위한 것이 아니다.'라는 이런 대인의 사유를 하여야 한다."

4. "아누룻다여, 그대가 이러한 여덟 가지 대인의 사유를 할 때 그대는 원하기만 하면 감각적 욕망들을 완전히 떨쳐버리고 해로운 법[不善法]들을 떨쳐버린 뒤, 일으킨 생각[尋]과 지속적인 고찰[伺]이 있고, 떨쳐버렸음에서 생긴 희열[喜]과 행복[樂]이 있는 초선(初禪)에 들어 머물게 될 것이다."

5. "아누룻다여, 그대가 이러한 여덟 가지 대인의 사유를 할 때 그대는 원하기만 하면 일으킨 생각과 지속적인 고찰을 가라앉혔기 때문에 자기 내면의 것이고, 확신이 있으며, 마음의 단일한 상태이고, 일으킨 생각과 지속적인 고찰은 없고, 삼매에서 생긴 희열과 행복이 있는 제2선(二禪)에 들어 머물 것이다."

6. "아누룻다여, 그대가 이러한 여덟 가지 대인의 사유를 할 때 그대는 원하기만 하면 희열이 빛바랬기 때문에 평온하게 머물고

---

95) "'사량분별 없음을 좋아하는 자(nippapañcārāma)'란 갈애와 자만과 견해에 의한 사량분별이 없기 때문에 사량분별 없음(nippapañca)이라는 열반의 경지(nibbāna-pada)를 즐기는 자를 말한다."(AA.iv.120)

마음챙기고 알아차리며 몸으로 행복을 경험할 것이다. 이 [禪 때문에] '평온하고 마음챙기며 행복하게 머문다.'고 성자들이 묘사하는 제3선(三禪)에 들어 머물 것이다."

7. "아누룻다여, 그대가 이러한 여덟 가지 대인의 사유를 할 때 그대는 원하기만 하면 행복도 버리고 괴로움도 버리고, 아울러 그 이전에 이미 기쁨과 슬픔을 소멸하였으므로 괴롭지도 즐겁지도 않으며, 평온으로 인해 마음챙김이 청정한 제4선(四禪)에 들어 머물 것이다."

8. "아누룻다여, 그대가 이러한 여덟 가지 대인의 사유를 하여 그대가 원하기만 하면 바로 지금여기에서 행복하게 머물게 하는, 높은 마음인 네 가지 선[四種禪]을 원하는 대로 얻고 힘들이지 않고 얻고 어렵지 않게 얻을 때, 마치 장자나 장자의 아들이 가진, 여러 가지 색으로 물들인 옷이 가득한 옷상자처럼, 분소의는 그대를 만족하면서 머물게 하고, 기쁘게 하고, 초조하지 않게 하고, 편히 머물게 하고, 열반으로 들어가게 할 것이다."[96]

9. "아누룻다여, 그대가 이러한 여덟 가지 대인의 사유를 하여

---

[96] "'분소의(糞掃衣, paṁsukūla)'란 23가지 들판(khetta)에 버려져있는 분소의를 말한다. 마치 장자나 장자의 아들이 이른 아침이나 그 어느 때에 그가 원하는 옷을 입으면 그 옷상자가 소중하게 보이듯이, 그와 마찬가지로 그대에게도 옷을 만족하는 위대하고 성스러운 계보에 만족하면서 머물때 그 분소의는 그대를 기쁘게 하고, 갈애와 사견의 초조함으로 초조하지 않게 하고, 행복하게 머물게 하고, 불사(不死)인 열반으로 들어가게 할 것이라는 말이다."(AA.iv.120~121)
23가지 들판에 대해서는 『청정도론』 II.§15를 참조할 것.

그대가 원하기만 하면 바로 지금여기에서 행복하게 머물게 하는, 높은 마음인 네 가지 선[四種禪]을 원하는 대로 얻고 힘들이지 않고 얻고 어렵지 않게 얻을 때, 마치 장자나 장자의 아들에게 주어진 잡곡이 섞이지 않은 최상의 쌀밥과 여러 가지 국과 여러 가지 반찬처럼, 한 덩이 탁발음식은 그대를 만족하면서 머물게 하고, 기쁘게 하고, 초조하지 않게 하고, 편히 머물게 하고, 열반으로 들어가게 할 것이다."

10. "아누룻다여, 그대가 이러한 여덟 가지 대인의 사유를 하여 그대가 원하기만 하면 바로 지금여기에서 행복하게 머물게 하는, 높은 마음인 네 가지 선[四種禪]을 원하는 대로 얻고 힘들이지 않고 얻고 어렵지 않게 얻을 때, 마치 장자나 장자의 아들이 소유한, 안팎이 회반죽으로 잘 칠해졌고 바람막이가 잘 되어 있으며 빗장이 채워졌고 여닫이 창문이 부착되어 있고 누각이 있는 저택처럼, 나무 아래에 머무는 것은 그대를 만족하면서 머물게 하고, 기쁘게 하고, 초조하지 않게 하고, 편히 머물게 하고, 열반으로 들어가게 할 것이다."

11. "아누룻다여, 그대가 이러한 여덟 가지 대인의 사유를 하여 그대가 원하기만 하면 바로 지금여기에서 행복하게 머물게 하는, 높은 마음인 네 가지 선[四種禪]을 원하는 대로 얻고 힘들이지 않고 얻고 어렵지 않게 얻을 때, 마치 장자나 장자의 아들이 소유한, 긴 양털의 덮개가 펴져있고 꽃무늬가 새겨져있는 흰색의 모직 이불이 깔려있고 사슴 가죽의 깔개가 있고 천개(天蓋)가 있으며 양쪽에 빨간 받침이 있는 침상처럼, 건초를 깔아 만든 침상은 그대를 만족하면서 머물게 하고, 기쁘게 하고, 초조하지 않게 하고, 편히 머물게 하고,

열반으로 들어가게 할 것이다."

12. "아누룻다여, 그대가 이러한 여덟 가지 대인의 사유를 하여 그대가 원하기만 하면 바로 지금여기에서 행복하게 머물게 하는, 높은 마음인 네 가지 선[四種禪]을 원하는 대로 얻고 힘들이지 않고 얻고 어렵지 않게 얻을 때, 마치 장자나 장자의 아들이 사용하는 생 버터, 정제된 버터, 기름, 꿀, 당밀과 같은 여러 가지 약처럼, 썩은 오줌으로 만든 약은 그대를 만족하면서 머물게 하고, 그대를 기쁘게 하고, 초조하지 않게 하고, 편히 머물게 하고, 열반으로 들어가게 할 것이다."

13. "아누룻다여, 그러므로 그대는 다가오는 우기철의 안거를 여기 쩨띠의 동쪽 대나무 숲에서 지내도록 하라."

"그렇게 하겠습니다, 세존이시여."라고 아누룻다 존자는 세존께 대답했다.

그때 세존께서는 아누룻다 존자를 이렇게 교계하신 뒤 마치 힘 센 사람이 구부렸던 팔을 펴고 폈던 팔을 구부리는 것처럼 쩨띠의 동쪽 대나무 숲에서 사라져서 박가의 숨수마라기리의 베사깔라 숲에 있는 녹야원에 나타나셨다. 세존께서는 마련된 자리에 앉으셨다. 자리에 앉으시자 세존께서는 비구들을 불러서 말씀하셨다.

14. "비구들이여, 나는 그대들에게 여덟 가지 대인의 사유를 설하리라. 이제 그것을 들어라. 듣고 마음에 잘 새겨라. 나는 설할 것이다."

"그렇게 하겠습니다, 세존이시여."라고 비구들은 세존께 응답했다. 세존께서는 이렇게 말씀하셨다.

"비구들이여, 그러면 어떤 것이 여덟 가지 대인의 사유인가?"

15. "비구들이여, 이 법은 바라는 바가 적은[少慾] 자를 위한 것이지 바라는 바가 많은 자를 위한 것이 아니다. 이 법은 만족할 줄 아는[知足] 자를 위한 것이지 만족하지 못하는 자를 위한 것이 아니다. 이 법은 한거(閑居)하는 자를 위한 것이지 무리지어 사는 것을 즐기는 자를 위한 것이 아니다. 이 법은 열심히 정진하는 자를 위한 것이지 게으른 자를 위한 것이 아니다. 이 법은 마음챙김을 확립한 자를 위한 것이지 마음챙김을 놓아버린 자를 위한 것이 아니다. 이 법은 삼매에 든 자를 위한 것이지 삼매에 들지 못한 자를 위한 것이 아니다. 이 법은 통찰지를 갖춘 자를 위한 것이지 통찰지가 없는 자를 위한 것이 아니다. 이 법은 사량분별(思量分別) 없음을 좋아하고 사량분별 없음을 즐기는 자를 위한 것이지 사량분별을 좋아하고 사량분별을 즐기는 자를 위한 것이 아니다."

16. "비구들이여, '이 법은 바라는 바가 적은[少慾] 자를 위한 것이지 바라는 바가 많은 자를 위한 것이 아니다.'라고 한 것은 무슨 이유로 그렇게 말했는가?"

17. "비구들이여, 여기 비구는 바라는 바가 적지만 '사람들이 나를 바라는 바가 적은 자라고 알아주기를.' 하고 바라지 않는다. 만족할 줄 알지만 '사람들이 나를 만족할 줄 아는 자라고 알아주기를.' 하고 바라지 않는다. 한거하지만 '사람들이 나를 한거하는 자라고 알아주기를.' 하고 바라지 않는다. 열심히 정진하지만 '사람들이 나를 열심히 정진하는 자라고 알아주기를.' 하고 바라지 않는다. 마음챙김을

확립했지만 '사람들이 나를 마음챙김을 확립한 자라고 알아주기를.' 하고 바라지 않는다. 삼매에 들었지만 '사람들이 나를 삼매에 든 자라고 알아주기를.' 하고 바라지 않는다. 통찰지를 갖추었지만 '사람들이 나를 통찰지를 갖춘 자라고 알아주기를.' 하고 바라지 않는다. 사량분별이 없지만 '사람들이 나를 사량분별이 없는 자라고 알아주기를.' 하고 바라지 않는다. 비구들이여, '이 법은 바라는 바가 적은[少欲] 자를 위한 것이지 바라는 바가 많은 자를 위한 것이 아니다.'라고 한 것은 이런 이유로 그렇게 말했다."

18. "비구들이여, '이 법은 만족할 줄 아는[知足] 자를 위한 것이지 만족하지 못하는 자를 위한 것이 아니다.'라고 한 것은 무슨 이유로 그렇게 말했는가?"

19. "비구들이여, 여기 비구는 의복이나 탁발음식이나 거처나 병구완을 위한 약품이 좋은 것이든 안 좋은 것이든 그것으로 만족한다. 비구들이여, '이 법은 만족할 줄 아는[知足] 자를 위한 것이지 만족하지 못하는 자를 위한 것이 아니다.'라고 한 것은 이런 이유로 그렇게 말했다."

20. "비구들이여, '이 법은 한거(閑居)하는 자를 위한 것이지 무리지어 사는 것을 즐기는 자를 위한 것이 아니다.'라고 한 것은 무슨 이유로 그렇게 말했는가?"

21. "비구들이여, 여기 비구가 한거하면서 머물 때 비구들이나 비구니들이나 남자 신도들이나 여자 신도들이나 왕들이나 왕의 대신

들이나 외도들이나 외도의 제자들이 찾아온다. 그러면 거기서 비구는 멀리 여읨으로 향하고 멀리 여읨으로 기울고 멀리 여읨에 기대고 멀리 여읨에 머물고 출리를 기뻐하는 마음으로 [멀리 여읨을] 격려함과 관계된 이야기를 한다. 비구들이여, '이 법은 한거(閑居)하는 자를 위한 것이지 무리지어 사는 것을 즐기는 자를 위한 것이 아니다.'라고 한 것은 이런 이유로 그렇게 말했다."

22. "비구들이여, '이 법은 열심히 정진하는 자를 위한 것이지 게으른 자를 위한 것이 아니다.'라고 한 것은 무슨 이유로 그렇게 말했는가?"

23. "비구들이여, 여기 비구는 해로운 법[不善法]들을 제거하고 유익한 법[善法]들을 두루 갖추기 위해서 열심히 정진하며 머문다. 그는 굳세고 분투하며 유익한 법들에 대한 임무를 내팽개치지 않는다. 비구들이여, '이 법은 열심히 정진하는 자를 위한 것이지 게으른 자를 위한 것이 아니다.'라고 한 것은 이런 이유로 그렇게 말했다."

24. "비구들이여, '이 법은 마음챙김을 확립한 자를 위한 것이지 마음챙김을 놓아버린 자를 위한 것이 아니다.'라고 한 것은 무슨 이유로 그렇게 말했는가?"

25. "비구들이여, 여기 비구는 마음챙김을 닦는 자이다. 그는 최상의 마음챙김과 슬기로움을 구족하여 오래 전에 행하고 오래 전에 말한 것일지라도 모두 기억하고 생각해낸다. 비구들이여, '이 법은 마음챙김을 확립한 자를 위한 것이지 마음챙김을 놓아버린 자를 위한

것이 아니다.'라고 한 것은 이런 이유로 그렇게 말했다."

26. "비구들이여, '이 법은 삼매에 든 자를 위한 것이지 삼매에 들지 못한 자를 위한 것이 아니다.'라고 한 것은 무슨 이유로 그렇게 말했는가?"

27. "비구들이여, 여기 비구는 감각적 욕망들을 완전히 떨쳐버리고 … 초선(初禪)을 구족하여 머문다. … 제2선(二禪)을 구족하여 머문다. … 제3선(三禪)을 구족하여 머문다. … 제4선(四禪)을 구족하여 머문다. 비구들이여, '이 법은 삼매에 든 자를 위한 것이지 삼매에 들지 못한 자를 위한 것이 아니다.'라고 한 것은 이런 이유로 그렇게 말한 것이다."

28. "비구들이여, '이 법은 통찰지를 갖춘 자를 위한 것이지 통찰지가 없는 자를 위한 것이 아니다.'라고 한 것은 무슨 이유로 그렇게 말했는가?"

29. "비구들이여, 여기 비구는 통찰지를 가졌다. 그는 일어나고 사라짐을 꿰뚫고, 성스럽고, 통찰력이 있고, 바르게 괴로움의 소멸로 인도하는 통찰지를 구족하였다. 비구들이여, '이 법은 통찰지를 갖춘 자를 위한 것이지 통찰지가 나쁜 자를 위한 것이 아니다.'라고 한 것은 이런 이유로 그렇게 말한 것이다."

30. "비구들이여, '이 법은 사량분별(思量分別) 없음을 좋아하고 사량분별 없음을 즐기는 자를 위한 것이지 사량분별을 좋아하고 사

량분별을 즐기는 자를 위한 것이 아니다.'라고 한 것은 무슨 이유로
그렇게 말했는가?"

31. "비구들이여, 여기 비구의 마음은 사량분별의 소멸에 들어
가고[97] 청정한 믿음을 가지고 안정되고 확고하고 해탈한다. 비구들
이여, '이 법은 사량분별 없음을 좋아하고 사량분별 없음을 즐기는
자를 위한 것이지 사량분별을 좋아하고 사량분별을 즐기는 자를 위
한 것이 아니다.'라고 한 것은 이런 이유로 그렇게 말한 것이다."

32. 그때 아누룻다 존자는 다가오는 우기철의 안거도 쩨띠에서
동쪽 대나무 숲에서 지냈다. 그때 아누룻다 존자는 혼자 은둔하여 방
일하지 않고 열심히, 스스로 독려하며 지냈다. 그는 오래지 않아 좋
은 가문의 아들들이 성취하고자 집에서 나와 출가하는, 그 위없는 청
정범행의 완성을 지금여기에서 최상의 지혜로 알고 실현하고 구족하
여 머물렀다. '태어남은 다했다. 청정범행은 성취되었다. 해야 할 일
을 다 해 마쳤다. 다시는 어떤 존재로도 돌아오지 않을 것이다.'라고
최상의 지혜로 알았다. 그래서 아누룻다 존자는 아라한들 중의 한 분
이 되었다. 아누룻다 존자는 아라한과를 얻은 바로 그 시간에 이런
게송을 읊었다.

33. "세상의 위없는 스승께서는
　　　나의 사유를 잘 아신 뒤

---

97)　"'사량분별의 소멸(papañca-nirodha)'이란 열반의 경지(nibbāna-pada)
　　　를 뜻하고, '들어간다(pakkhandati)'는 것은 [열반을] 대상으로 삼아서
　　　들어간다는 뜻이다."(AA.iv.122)

마음으로 이루어진 몸으로

신통으로써 내게 다가오셔서

나의 사유와 그것을 넘어선

[여덟 번째 사유를] 말씀하셨도다.

사량분별 없음을 즐거워하시는 부처님은

사량분별 없음을 설하셨나니

나는 그분의 법을 잘 알아서

교법을 기뻐하며 머물렀으며

세 가지 영지를 증득해서

부처님의 교법을 실천했노라."

제3장 장자 품이 끝났다.

세 번째 품에 포함된 경들의 목록은 다음과 같다.

두 가지 ①~② 욱가, 두 가지 ③~④ 핫타까

⑤ 마하나마 ⑥ 지와까, 두 가지 ⑦~⑧ 힘

⑨ 적당하지 않은 순간 ⑩ 아누룻다이다.

제4장 보시 품

Dāna-vagga

보시 경1 (A8:31)

Dāna-sutta

1. "비구들이여, 여덟 가지 보시가 있다. 무엇이 여덟인가?"

2. "함께 거주하기 때문에 보시한다. 두려움 때문에 보시한다. 내게 보시하였으므로 보시한다. 내게 보시할 것이기 때문에 보시한다. 보시는 좋은 것이기 때문에 보시한다. '나는 음식을 만들지만 이들은 만들지 않는다. 음식을 만들면서, 만들지 않는 자들에게 보시하지 않는 것은 어울리지 않는다.'라고 해서 보시한다. '내가 이 보시물을 보시함으로 해서 좋은 명성이 생길 것이다.'라고 해서 보시한다. 마음을 장엄하고 마음의 필수품을 위해서 보시한다.98) 비구들이여, 이러한 여덟 가지 보시가 있다."99)

---

98) "사마타와 위빳사나의 마음을 장엄(alaṅkhāra)하고 에워싸기(parivāra) 위해서 보시한다. 보시는 마음을 부드럽게 만들기 때문이다. 보시 받은 자도 '내가 보시물을 얻었다.'라고 마음이 부드러워지고(mudu-citta) 보시한 자도 '내가 보시를 했다.'라고 마음이 부드러워진다. 이처럼 [보시는 주고받는] 두 사람의 마음을 부드럽게 만든다. 그래서 '보시는 길들여지지 않은 것을 길들인다(adanta-damana).'라고 말한다. 이 여덟 가지 보시 가운데 마음을 장엄하는 보시가 최상이다."(DA.iii.1044~45)

99) 『디가 니까야』 제3권 「합송경」 (D33) §3.1 (6)과 같은 내용이다.

보시 경2(A8:32)

"믿음과 양심과 유익한 보시100)
이러한 법들은 참된 사람이 추구하는 것이어라.
이것은 신성한 길이라고들 말하나니
이것으로 천상 세계에 가기 때문이로다."101)

이유 경(A8:33)102)

Vatthu-sutta

1. "비구들이여, 여덟 가지 보시의 토대가 있다. 무엇이 여덟
인가?"

2. "의욕 때문에 보시한다. 성냄 때문에 보시한다. 어리석음 때
문에 보시한다. 두려움 때문에 보시한다. '선조들이 전에 보시하고 행
하던 오래된 가문의 전통을 내가 없애버리는 것은 옳지 않다.'라고

---

100) "믿음으로 보시하는 것이 믿음이고, 양심으로 보시하는 것이고 양심이고,
비난 받을 일이 없는 보시가 유익한 보시(kusala-dāna)이다."(AA.
iv.123)

101) 간단한 사구게로 구성된 본경은 「여덟의 모음」과 아무 관련이 없는데도
불구하고 PTS본과 6차결집본에 공히 「여덟의 모음」의 32번째 경으로
편집되어 있다.
한편 이 게송은 몇몇 주석서에서 도(magga)를 설명하는 보기로(DhsA
163), 보시(dāna)를 설명하는 보기(KvA 95~96) 등으로 인용되어 나타
나고 있다.

102) 6차결집본의 경제목은 '보시하는 이유'(Dānavatthu-sutta)이다.

해서 보시한다. '나는 이 보시를 하고 몸이 무너져 죽은 뒤에는 좋은 곳[善處], 천상 세계에 태어날 것이다.'라고 해서 보시한다. '내가 보시를 하면 마음이 맑아지고 흡족함과 기쁨이 일어난다.'라고 해서 보시한다. 마음을 장엄하고 마음의 필수품을 위해서 보시한다. 비구들이여, 이러한 여덟 가지 보시의 토대가 있다."

들판 경(A8:34)
Khetta-sutta

1. "여덟 가지 구성요소를 갖춘 들판에 뿌린 씨앗은 많은 결실이 없고, 달콤한 맛이 없고, 잘 자라지 못한다. 무엇이 여덟인가?"

2. "비구들이여, 여기 들판은 울퉁불퉁하고, 돌덩이가 있고, 염분이 많고, [딱딱하고] 너무 깊어서 쟁기질을 할 수 없고, [물이] 제대로 들어오지 않고, [나중에 물이] 빠질 배수로가 없고, [크고 작은] 수로가 제대로 없고, 둑이 제대로 없다. 비구들이여, 이러한 여덟 가지 구성요소를 갖춘 들판에 뿌린 씨앗은 많은 결실이 없고, 달콤한 맛이 없고, 잘 자라지 못한다.

비구들이여, 그와 마찬가지로 여덟 가지 구성요소를 갖춘 사문과 바라문들에게 올린 보시는 큰 결실이 없고, 큰 이익이 없고, 큰 빛이 없고, [과보가] 크게 퍼지지 않는다. 무엇이 여덟인가?"

3. "비구들이여, 여기 사문과 바라문들은 그릇된 견해를 가졌고, 그릇된 사유를 가졌고, 그릇된 말을 하고, 그릇된 행위를 하고, 그릇된 생계를 가졌고, 그릇된 정진을 하고, 그릇된 마음챙김을 가졌고,

그릇된 삼매를 가졌다. 비구들이여, 이러한 여덟 가지 구성요소를 갖춘 사문과 바라문들에게 올린 보시는 큰 결실이 없고, 큰 이익이 없고, 큰 빛이 없고, [과보가] 크게 퍼지지 않는다."

4.   "여덟 가지 구성요소를 갖춘 들판에 뿌린 씨앗은 많은 결실이 있고, 많은 영양분이 있고, 잘 자란다. 무엇이 여덟인가?"

5.   "비구들이여, 여기 들판은 울퉁불퉁하지 않고, 돌덩이가 없고, 염분이 없고, 너무 깊지 않아서 쟁기질을 할 수 있고, [물이] 제대로 들어오고, [나중에 물이] 빠질 배수로가 있고, [크고 작은] 수로가 있고, 둑이 있다. 비구들이여, 이러한 여덟 가지 구성요소를 갖춘 들판에 뿌린 씨앗은 많은 결실이 있고, 많은 영양분이 있고, 잘 자란다.
    비구들이여, 그와 마찬가지로 여덟 가지 구성요소를 갖춘 사문과 바라문들에게 올린 보시는 큰 결실이 있고, 큰 이익이 있고, 큰 빛이 있고, [과보가] 크게 퍼진다. 무엇이 여덟인가?"

6.   "비구들이여, 여기 사문과 바라문들은 바른 견해를 가졌고, 바른 사유를 가졌고, 바른 말을 하고, 바른 행위를 하고, 바른 생계를 가졌고, 바른 정진을 하고, 바른 마음챙김을 가졌고, 바른 삼매를 가졌다. 비구들이여, 이러한 여덟 가지 구성요소를 갖춘 사문과 바라문들에게 올린 보시는 큰 결실이 있고, 큰 이익이 있고, 큰 빛이 있고, [과보가] 크게 퍼진다."

7.   "비옥함을 구족한 들판에 잘 뿌린 구족된 씨앗은103)

_____
103)   본 게송의 키워드는 구족(성취, sampadā)이다. 본 게송에서 구족(sam-

비가 구족하여 적절하게 내리면 곡물이 구족하게 되나니
병충해가 없고 잘 자라며, 완전히 자라서 구족을 얻으리.104)
그와 같이 계를 구족한 분들께 보시한 갖가지 음식은
[세 가지] 선업을 구족하게 하도다.
그러므로 구족을 원하는, 이익을 구족한 사람은
통찰지를 구족한 자들을 섬기라, 그러면 구족이 생기나니!
영지와 실천을 구족한 자는 마음의 구족을 얻어서
업을 구족하게 되고, 이익의 구족을 얻느니라.
세상을 있는 그대로 안 뒤 견해의 구족을 얻게 되며
도의 구족이 오면 마음의 구족으로 가리라.105)
모든 더러움을 털어내고 열반의 구족을 얻어서
모든 괴로움으로부터 해탈하는 것이
일체를 구족한 것이로다."

---

padā, sampanna)이라는 단어는 무려 25번이나 나타나고 있다. 역자는
어색하지만 구족이라는 단어를 살려서 번역하였다.

104) 병충해가 없고, 잘 자라고, 완전히 자라고, 구족을 얻는 이 네 가지는 곡
식을 심어서 거두기까지의 네 가지 구족(sampadā)이라고 주석서는 설명
하고 있다.(AA.iv.125)

105) "'견해의 구족(diṭṭhi-sampadā)'이란 위빳사나의 견해이다. '도의 구족
(magga-sampadā)'이란 예류도이다. '마음의 구족으로 간다(yāti
sampanna-mānaso)'는 것은 마음을 완성하여 아라한과(arahatta)로
간다는 말이다."(Ibid)

보시로 인한 태어남 경(A8:35)[106]

Dānūpapatti-sutta

1. "비구들이여, 보시를 함으로써 여덟 가지로 [천상과 인간에] 태어남이 있다. 무엇이 여덟인가?"

2. "비구들이여, 여기 어떤 자는 사문이나 바라문에게 먹을 것과 마실 것과 입을 것과 탈것과 화환과 향수와 화장품과 침상과 숙소와 등불을 보시한다. 그는 보시한 것의 [결과를] 기대한다. 그는 부유한 끄샤뜨리야들이나 부유한 바라문들이나 부유한 장자들이 다섯 가닥의 감각적 욕망을 타고나며 소유하고 즐기는 것을 본다. 그러자 그에게 '오, 참으로 나는 몸이 무너져 죽은 뒤에 부유한 끄샤뜨리야들이나 부유한 바라문들이나 부유한 장자들의 일원으로 태어나리라.'라는 생각이 든다. 그는 그 마음을 확립하고 그 마음을 굳건히 하고 그 마음을 증장시킨다. 그의 마음은 낮은 곳으로 기울고 높은 [도·과를 위해] 닦지 않아 몸이 무너져 죽은 뒤에 부유한 끄샤뜨리야들이나 부유한 바라문들이나 부유한 장자들의 일원으로 태어난다. 그러나 이런 것은 계를 가진 자에게 해당하는 것이지 계행이 나쁜 자에게는 해당하지 않는다고 나는 말한다. 비구들이여, 계를 지닌 자는 청정하기 때문에 마음의 소원을 성취한다."

3. "비구들이여, 여기 어떤 자는 사문이나 바라문에게 먹을 것과 마실 것과 입을 것과 탈것과 화환과 향수와 화장품과 침상과 숙소와 등불을 보시한다. 그는 보시한 것의 [결과를] 기대한다. 그는 '사

---

106) 본경은 『디가 니까야』 제3권 「합송경」 (D33) §3.1 (7)과 같은 내용이다.

대왕천의 천신들은 긴 수명을 가졌고 아름답고 아주 행복하다.'라고 듣는다. 그러자 그에게 '참으로 나는 몸이 무너져 죽은 뒤에 사대왕천의 천신들의 일원으로 태어나리라.'라는 생각이 든다. 그는 그 마음을 확립하고 그 마음을 굳건히 하고 그 마음을 증장시킨다. 그의 마음은 낮은 곳으로 기울고 높은 [도·과를 위해] 닦지 않아 몸이 무너져 죽은 뒤에 사대왕천의 천신들의 일원으로 태어난다. 그러나 이런 것은 계를 가진 자에게 해당하는 것이지 계행이 나쁜 자에게는 해당하지 않는다고 나는 말한다. 비구들이여, 계를 지닌 자는 청정하기 때문에 마음의 소원을 성취한다."

4. "비구들이여, 여기 어떤 자는 사문이나 바라문에게 먹을 것과 마실 것과 입을 것과 탈것과 화환과 향수와 화장품과 침상과 숙소와 등불을 보시한다. 그는 보시한 것의 [결과를] 기대한다. 그는 '삼십삼천의 천신들은 … 야마천의 천신들은 … 도솔천의 천신들은 … 화락천의 천신들은 … 타화자재천의 천신들은 긴 수명을 가졌고 아름답고 아주 행복하다.'라고 듣는다. 그러자 그에게 '참으로 나는 몸이 무너져 죽은 뒤에 타화자재천의 천신들의 일원으로 태어나리라.'라는 생각이 든다. 그는 그 마음을 확립하고 그 마음을 굳건히 하고 그 마음을 증장시킨다. 그의 마음은 낮은 곳으로 기울고 높은 [도과를 위해] 닦지 않아 몸이 무너져 죽은 뒤에 타화자재천의 천신들의 일원으로 태어난다. 그러나 이런 것은 계를 가진 자에게 해당하는 것이지 계행이 나쁜 자에게는 해당하지 않는다고 나는 말한다. 비구들이여, 계를 지닌 자는 청정하기 때문에 마음의 소원을 성취한다."

5. "비구들이여, 여기 어떤 자는 사문이나 바라문에게 먹을 것과 마실 것과 입을 것과 탈것과 화환과 향수와 화장품과 침상과 숙소와 등불을 보시한다. 그는 보시한 것의 [결과를] 기대한다. 그는 '범중천의 천신들은 긴 수명을 가졌고 아름답고 아주 행복하다.'라고 듣는다. 그러자 그에게 '참으로 나는 몸이 무너져 죽은 뒤에 범중천의 천신들의 일원으로 태어나리라.'라는 생각이 든다. 그는 그 마음을 확립하고 그 마음을 굳건히 하고 그 마음을 증장시킨다. 그의 마음은 낮은 곳으로 기울고 높은 [도과를 위해] 닦지 않아 몸이 무너져 죽은 뒤에 범중천의 천신들의 일원으로 태어난다. 그러나 이런 것은 계를 가진 자에게 해당하는 것이지 계행이 나쁜 자에게는 해당하지 않는다고 나는 말한다. 비구들이여, 계를 지닌 자는 청정하기 때문에 마음의 소원을 성취한다.

비구들이여, 보시를 함으로써 이러한 여덟 가지로 [천상과 인간에] 태어남이 있다."

행위 경(A8:36)[107]
Kiriya-sutta

1. "비구들이여, 세 가지 공덕행의 토대가 있다. 무엇이 셋인가?"

2. "보시를 통한 공덕행의 토대, 계를 통한 공덕행의 토대, 수행을 통한 공덕행의 토대이다."[108]

---

107) 6차결집본의 경제목은 '공덕행의 토대'(Puññakiriyavatthu-sutta)이다.

108) 세 가지 공덕행의 토대(puññakiriya-vatthu)는 『디가 니까야』 제3권

3. "비구들이여, 여기 어떤 사람의 경우 보시를 통한 공덕행의 토대와 계를 통한 공덕행의 토대는 조금 만들었지만, 수행을 통한 공덕행의 토대를 만들지는 못했다. 그는 몸이 무너져 죽은 뒤에 불운한 인간109)으로 태어난다."

4. "비구들이여, 여기 어떤 사람의 경우 보시를 통한 공덕행의 토대와 계를 통한 공덕행의 토대는 보통으로 만들었지만, 수행을 통한 공덕행의 토대를 만들지는 못했다. 그는 몸이 무너져 죽은 뒤에 운이 좋은 인간으로 태어난다."

5. "비구들이여, 여기 어떤 사람의 경우 보시를 통한 공덕행의 토대와 계를 통한 공덕행의 토대는 굳건하게 만들었지만, 수행을 통한 공덕행의 토대를 만들지는 못했다. 그는 몸이 무너져 죽은 뒤에 사대왕천의 신들의 동료로 태어난다.

비구들이여, 거기서 사대천왕110)들은 보시를 통한 공덕행의 토대

「합송경」(D33) §1.10 (38)에 언급되고 있다.

109) "'불운한 인간(manussa-dobhagya)'이란 인간들 중에서 성공, 행복, 행운이 없는 다섯 종류의 낮은 가문(nīca-kula)을 말한다."(AA.iv.127)
한편 『맛지마 니까야』의 「어리석은 자와 현자의 경」(M129)에 의하면 다섯 종류의 낮은 가문은 불가촉천민 가문(caṇḍāla-kula), 사냥꾼 가문(nesāda-kula), 죽세공 가문(vena-kula), 마차공 가문(rathakāra-kula), 넝마주이 가문(pukkusa-kula)이다.

110) 사대천왕(Catu-mahārāja)은 사대왕천(Cātu-mahārājikā)을 관장하는 네 명의 왕들이다. 사대천왕에 대해서는 본서 제1권 「사대천왕 경」 1(A3:36) §1의 주해를 참조할 것.
이하 본경의 §10까지는 보시를 통해서 도달하게 되는 곳으로 육욕천(六欲天, cha devalokā)과 각 천상의 수장(왕)들을 언급하고 있다.

와 계를 통한 공덕행의 토대를 아주 굳건하게 만들어, 열 가지 측면
에서 사대왕천의 신들을 능가하나니, 그것은 하늘의 수명, 하늘의 용
모, 하늘의 행복, 하늘의 명성, 하늘의 권력, 하늘의 형상, 하늘의 소
리, 하늘의 향기, 하늘의 맛, 하늘의 감촉이다."

6.　"비구들이여, 여기 어떤 사람의 경우 보시를 통한 공덕행의
토대와 계를 통한 공덕행의 토대는 굳건하게 만들었지만, 수행을 통
한 공덕행의 토대를 만들지는 못했다. 그는 몸이 무너져 죽은 뒤에
삼십삼천의 신들의 동료로 태어난다.

비구들이여, 거기서 신들의 왕 삭까111)는 보시를 통한 공덕행의
토대와 계를 통한 공덕행의 토대를 아주 굳건하게 만들어, 열 가지
측면에서 삼십삼천의 신들을 능가하나니, 그것은 하늘의 수명, 하늘
의 용모, 하늘의 행복, 하늘의 명성, 하늘의 권력, 하늘의 형상, 하늘
의 소리, 하늘의 향기, 하늘의 맛, 하늘의 감촉이다."

7.　"비구들이여, 여기 어떤 사람의 경우 보시를 통한 공덕행의
토대와 계를 통한 공덕행의 토대는 굳건하게 만들었지만, 수행을 통
한 공덕행의 토대를 만들지는 못했다. 그는 몸이 무너져 죽은 뒤에
야마천의 신들의 동료로 태어난다.

비구들이여, 거기서 신의 아들 수야마112)는 보시를 통한 공덕행의

---

111)　삼십삼천(Tāvatiṁsā)의 수장은 삭까(Sakka, 인드라)이며, 삭까는 신들
　　　의 왕이라고 베다에서부터 일컬어지고 있다. 불교 신화에서도 그대로 차
　　　용되었다. 신들의 왕 삭까에 대해서는 본서 제1권 「사대천왕 경」
　　　2(A3:37) §1의 주해를 참조할 것.

112)　수야마(Suyāma)는 야마천(Yāmā)의 왕이다. 부처님께서 마야부인을 위
　　　해서 도솔천에 가셔서 아비담마를 설하고 상까사(Saṅkasa)로 내려오셨

토대와 계를 통한 공덕행의 토대를 아주 굳건하게 만들어, 열 가지 측면에서 야마천의 신들을 능가하나니, 그것은 하늘의 수명, 하늘의 용모, 하늘의 행복, 하늘의 명성, 하늘의 권력, 하늘의 형상, 하늘의 소리, 하늘의 향기, 하늘의 맛, 하늘의 감촉이다."

8. "비구들이여, 여기 어떤 사람의 경우 보시를 통한 공덕행의 토대와 계를 통한 공덕행의 토대는 굳건하게 만들었지만, 수행을 통한 공덕행의 토대를 만들지는 못했다. 그는 몸이 무너져 죽은 뒤에 도솔천의 신들의 동료로 태어난다.

비구들이여, 거기서 신의 아들 산뚜시따113)는 보시를 통한 공덕행의 토대와 계를 통한 공덕행의 토대를 아주 굳건하게 만들어, 열 가지 측면에서 도솔천의 신들을 능가하나니, 그것은 하늘의 수명, 하늘의 용모, 하늘의 행복, 하늘의 명성, 하늘의 권력, 하늘의 형상, 하늘의 소리, 하늘의 향기, 하늘의 맛, 하늘의 감촉이다."

9. "비구들이여, 여기 어떤 사람의 경우 보시를 통한 공덕행의 토대와 계를 통한 공덕행의 토대는 굳건하게 만들었지만, 수행을 통한 공덕행의 토대를 만들지는 못했다. 그는 몸이 무너져 죽은 뒤에 화락천의 신들의 동료로 태어난다.

비구들이여, 거기서 신의 아들 수님미따114)는 보시를 통한 공덕행

을 때 수야마가 불자(拂子)를 들고 수행(隨行)하였다고 한다.(『청정도론』 XII.79 등) 야마천에 대해서는 본서 「저승사자 경」(A3:35) §1의 주해를 참조할 것.

113) 산뚜시따(Santusita, 문자적으로는 '잘 만족함'을 뜻함)는 도솔천(兜率天, Tusitā)의 왕이다. 도솔천에 대해서는 본서 제2권 「경이로움 경」 1(A4:127) §1의 주해를 참조할 것.

의 토대와 계를 통한 공덕행의 토대를 아주 굳건하게 만들어, 열 가지 측면에서 화락천의 신들을 능가하나니, 그것은 하늘의 수명, 하늘의 용모, 하늘의 행복, 하늘의 명성, 하늘의 권력, 하늘의 형상, 하늘의 소리, 하늘의 향기, 하늘의 맛, 하늘의 감촉이다."

10. "비구들이여, 여기 어떤 사람의 경우 보시를 통한 공덕행의 토대와 계를 통한 공덕행의 토대는 굳건하게 만들었지만, 수행을 통한 공덕행의 토대를 만들지는 못했다. 그는 몸이 무너져 죽은 뒤에 타화자재천의 신들의 동료로 태어난다.

비구들이여, 거기서 신의 아들 와사왓띠115)는 보시를 통한 공덕행의 토대와 계를 통한 공덕행의 토대를 아주 굳건하게 만들어, 열 가지 측면에서 타화자재천의 신들을 능가하나니, 그것은 하늘의 수명, 하늘의 용모, 하늘의 행복, 하늘의 명성, 하늘의 권력, 하늘의 형상, 하늘의 소리, 하늘의 향기, 하늘의 맛, 하늘의 감촉이다.

비구들이여, 이러한 여덟 가지 공덕행의 토대가 있다."

---

114) 수님미따(Sunimmita, 문자적으로는 '잘 창조됨'을 뜻함)는 화락천(Nim-mānarati)의 왕이다. 화락천에 대해서는 본서 제1권 「팔관재계 경」 (A3:70) §8의 주해를 참조할 것.

115) 와사왓띠(Vasavatti, 문자적으로는 '자재'를 뜻함) 타화자재천(Para-nimmitavasavatti)의 왕이다. 마라(Māra)도 때로는 와사왓띠라고 불리는데(J.i.63, 232; iii.309) 불교에서는 마라를 타화자재천에 거주하고 있으며 무리 혹은 군대를 가지고 있다고 보기 때문이다.(MA.i.33) 타화자재천에 대해서는 본서 제1권 「팔관재계 경」 (A3:70) §8의 주해를 참조할 것.

참된 사람 경1(A8:37)[116]
Sappurisa-sutta

1. "비구들이여, 여덟 가지 참된 사람의 보시가 있다. 무엇이 여덟인가?"

2. "깨끗한 것을 보시하고, 좋은 것을 보시하고, 적절한 시기에 보시하고, 적당한 것을 보시하고, 생각한 뒤 보시하고,[117] 지속적으로 보시하고, 보시하는 마음을 청정하게 하고, 보시한 뒤 흡족한 마음을 가진다. 비구들이여, 이러한 여덟 가지 참된 사람의 보시가 있다."

3. "적절한 시기에 그는
깨끗하고 좋고 적당한 음료와 먹거리를
훌륭한 복밭인 청정범행을 닦는 자들에게
지속적으로 보시하나니
물질적인 것을 많이 베풀되 후회하지 않노라.
통찰력 가진 분들은 이와 같이 베푼 보시를 칭송하노라.
신심 있고 슬기롭고 현명한 그는
관대한 마음으로 이와 같이 보시한 뒤
악의 없는 행복한 세상에 태어나리라."

---

116) 6차결집본의 경제목은 '참된 사람의 보시'(Sappurisadāna-sutta)이다.

117) "'이 사람에게 보시를 하면 큰 결과가 있을 것이다. 이 사람에게 보시를 하면 큰 결과가 없을 것이다.'라고 수용할 자를 찾아서 보시를 하거나 혹은 의도를 가지고 보시를 하는 것을 '생각한 뒤에 보시한다.(viceyya deti)' 고 한다.(AA.iv.127)

참된 사람 경2(A8:38)118)

1. "비구들이여, 참된 사람이 한 가문에 태어나게 되면 많은 사람들에게 이로움이 되고 이익이 되고 행복이 된다. 부모에게 이로움이 되고 이익이 되고 행복이 된다. 아들과 아내에게 이로움이 되고 이익이 되고 행복이 된다. 하인과 일꾼들에게 이로움이 되고 이익이 되고 행복이 된다. 친구와 동료들에게 이로움이 되고 이익이 되고 행복이 된다. 선조들에게 이로움이 되고 이익이 되고 행복이 된다. 왕에게 이로움이 되고 이익이 되고 행복이 된다. 신들에게 이로움이 되고 이익이 되고 행복이 된다. 사문·바라문들에게 이로움이 되고 이익이 되고 행복이 된다."

2. "비구들이여, 예를 들면 충분하게 내리는 비는 모든 곡식을 영글게 하여 많은 사람들에게 이로움이 되고 이익이 되고 행복이 되는 것과 같다. 비구들이여, 그와 같이 참된 사람이 한 가문에 태어나게 되면 많은 사람들에게 이로움이 되고 이익이 되고 행복이 된다. 부모에게 이로움이 되고 이익이 되고 행복이 된다. 아들과 아내에게 이로움이 되고 이익이 되고 행복이 된다. 하인과 일꾼들에게 이로움이 되고 이익이 되고 행복이 된다. 친구와 동료들에게 이로움이 되고 이익이 되고 행복이 된다. 선조들에게 이로움이 되고 이익이 되고 행복이 된다. 왕에게 이로움이 되고 이익이 되고 행복이 된다. 신들에게 이로움이 되고 이익이 되고 행복이 된다. 사문·바라문들에게 이로움이 되고 이익이 되고 행복이 된다."

---

118) 비슷한 내용이 본서 제3권 「참된 사람 경」 (A5:42)에도 나타나고 있다.

3. "현자가 집에 머물면 많은 사람들에게 이익이 되나니
처음엔 어머니와 아버지가 지은 공덕을 기억하면서
밤낮으로 게으르지 않고 그들을 법답게 섬기고
집을 떠나 출가하면 청정범행을 닦는 것을 존중하고
믿음이 굳고 온화하며 법을 알아 그것을 공경하노라.
왕에게 이롭고 신들에게 이롭고 친척과 친구들에게 이롭고
모두에게 이로운, 정법에 확고부동한 그는
인색의 더러움을 없애고 세상에 행운을 가져다주노라."

넘쳐흐름 경(A8:39)
Abhisanda-sutta

1. "비구들이여, 여덟 가지 공덕이 넘쳐흐르고 유익함이 넘쳐
흐르고 행복을 가져오고 신성한 결말을 가져오고 행복을 익게 하고
천상에 태어나게 하는 것이 있다. 이것은 원하는 것, 좋아하는 것, 마
음에 드는 것, 이익, 행복으로 인도한다. 무엇이 여덟인가?"

2. "비구들이여, 여기 성스러운 제자는 부처님께 귀의한다. 비
구들이여, 이것이 첫 번째 공덕이 넘쳐흐르고 유익함이 넘쳐흐르고
행복을 가져오고 신성한 결말을 가져오고 행복을 익게 하고 천상에
태어나게 하는 것이다. 이것은 원하는 것, 좋아하는 것, 마음에 드는
것, 이익, 행복으로 인도한다."

3. "다시 비구들이여, 여기 성스러운 제자는 법에 귀의한다. 비

구들이여, 이것이 두 번째 공덕이 넘쳐흐르고 … 행복으로 인도한다.”

4. “다시 비구들이여, 여기 성스러운 제자는 승가에 귀의한다. 비구들이여, 이것이 세 번째 공덕이 넘쳐흐르고 … 행복으로 인도한다.”

5. “비구들이여, 다섯 가지 보시가 있나니 이것은 위대한 보시이며, 최초의 것으로 인정되었고, 오랜 세월 동안 유지되어 왔고, [부처님 등 성자들의] 계보라고 알려졌고, 오래된 것이며, 그것은 거부하면 안 되는 것이고, 과거의 [부처님에 의해서도] 거부되지 않았고, 현재에도 거부되지 않으며, 미래에도 거부되지 않을 것이며, 지혜로운 사문들과 바라문들에 의해서 비난받지 않는 것이다. 무엇이 다섯인가?”

6. “비구들이여, 여기 성스러운 제자는 생명을 죽이는 것을 버리고 생명을 죽이는 것을 멀리 여의었다. 생명을 죽이는 것을 멀리 여읜 성스러운 제자는 한량없는 중생들에게 두려움 없음을 베풀고 증오 없음을 베풀고 악의 없음을 베푼다. 그는 한량없는 중생들에게 두려움 없음을 베풀고 증오 없음을 베풀고 악의 없음을 베푼 뒤 두려움 없음과 증오 없음과 악의 없음을 나누어 가진다.

비구들이여, 이것이 첫 번째 보시이니, 이것은 위대한 보시이며, 최초의 것으로 인정되었고, 오랜 세월 동안 유지되어 왔고, [부처님 등 성자들의] 계보라고 알려졌고, 오래된 것이며, 그것은 거부하면 안 되는 것이고, 과거의 [부처님에 의해서도] 거부되지 않았고, 현재에도 거부되지 않으며, 미래에도 거부되지 않을 것이며, 지혜로운 사문들과 바라문들에 의해서 비난받지 않는 것이다. 이것이 네 번째 공덕이 넘쳐흐르고 유익함이 넘쳐흐르고 행복을 가져오고 신성한 결말을 가져오고 행복을 익게 하고 천상에 태어나게 하는 것이다. 이것은 원하는 것, 좋아하는 것, 마음에 드는 것, 이익, 행복으로 인도한다."

7. "다시 비구들이여, 여기 성스러운 제자는 주지 않은 것을 가지는 것을 버리고 주지 않은 것을 가지는 것을 멀리 여의었다. …
샛된 음행을 버리고 샛된 음행을 멀리 여의었다. …
거짓말을 버리고 거짓말을 멀리 여의었다. …
방일하는 근본이 되는 술과 중독성 물질을 섭취하는 것을 버리고 방일하는 근본이 되는 술과 중독성 물질을 섭취하는 것을 멀리 여의었다. 방일하는 근본이 되는 술과 중독성 물질을 섭취하는 것을 멀리 여읜 성스러운 제자는 한량없는 중생들에게 두려움 없음을 베풀고 증오 없음을 베풀고 악의 없음을 베푼다. 그는 한량없는 중생들에게 두려움 없음을 베풀고 증오 없음을 베풀고 악의 없음을 베푼 뒤 두려움 없음과 증오 없음과 악의 없음을 나누어 가진다.

비구들이여, 이것이 다섯 번째 보시이니, 이것은 위대한 보시이며, 최초의 것으로 인정되었고, 오랜 세월 동안 유지되어 왔고, [부처님 등 성자들의] 계보라고 알려졌고, 오래된 것이며, 그것은 거부하면 안 되는 것이고, 과거의 [부처님에 의해서도] 거부되지 않았고, 현재에도 거부되지 않으며, 미래에도 거부되지 않을 것이며, 지혜로운 사문들과 바라문들에 의해서 비난받지 않는 것이다. 이것이 여덟 번째 공덕이 넘쳐흐르고 유익함이 넘쳐흐르고 행복을 가져오고 신성한 결말을 가져오고 행복을 익게 하고 천상에 태어나게 하는 것이다. 이것은 원하는 것, 좋아하는 것, 마음에 드는 것, 이익, 행복으로 인도한다.

비구들이여, 이러한 여덟 가지 공덕이 넘쳐흐르고 유익함이 넘쳐흐르고 행복을 가져오고 신성한 결말을 가져오고 행복을 익게 하고 천상에 태어나게 하는 것이 있다. 이것은 원하는 것, 좋아하는 것, 마음에 드는 것, 이익, 행복으로 인도한다."

가장 경미함 경(A8:40)[119]
Sabbalahuso-sutta

1. "비구들이여, 생명을 죽이는 것을 자행하고 습관적으로 행하고 많이 지으면, 지옥에 태어나게 되고 축생의 모태에 태어나게 되고 아귀계에 태어나게 된다. 생명을 죽여서 받는 가장 경미한[120] 과보는 사람의 수명을 단축시키는 것이다."

2. "비구들이여, 주지 않은 것을 가지는 것을 자행하고 습관적으로 행하고 많이 지으면, 지옥에 태어나게 되고 축생의 모태에 태어나게 되고 아귀계에 태어나게 된다. 주지 않은 것을 가져서 받는 가장 경미한 과보는 사람이 재물을 잃게 된다."

3. "비구들이여, 삿된 음행을 자행하고 습관적으로 행하고 많이 지으면, 지옥에 태어나게 되고 축생의 모태에 태어나게 되고 아귀

---

119) 6차결집본의 경제목은 '악행의 과보'(Duccaritavipāka-sutta)이다.

120) '가장 경미함'은 sabba-lahuso를 옮긴 것인데, 주석서에서 가장 경미함(sabba-lahuko)이라고 설명하고 있어서(AA.iv.128) 이렇게 옮겼다. 살생 등을 많이 지으면 삼악도에 태어나지만 가장 경미한 과보로는 이러한 것들이 있다는 말이다.

계에 태어나게 된다. 삿된 음행을 해서 받는 가장 경미한 과보는 적들로 하여금 원한을 맺게 한다."121)

4. "비구들이여, 거짓말을 자행하고 습관적으로 행하고 많이 지으면, 지옥에 태어나게 되고 축생의 모태에 태어나게 되고 아귀계에 태어나게 된다. 거짓말을 해서 받는 가장 경미한 과보는 사실이 아닌 것으로 사람의 비방을 받게 된다."122)

5. "비구들이여, 이간질을 자행하고 습관적으로 행하고 많이 지으면, 지옥에 태어나게 되고 축생의 모태에 태어나게 되고 아귀계에 태어나게 된다. 이간질을 해서 받는 가장 경미한 과보는 사람과의 우정에 금이 가게 한다."123)

6. "비구들이여, 욕설을 자행하고 습관적으로 행하고 많이 지으면, 지옥에 태어나게 되고 축생의 모태에 태어나게 되고 아귀계에 태어나게 된다. 욕설을 해서 받는 가장 경미한 과보는 사람으로부터 마음에 들지 않는 소리를 [많이 듣게] 된다."124)

---

121) "적들로 하여금 원한을 맺게 한다. 그에겐 적들이 많다. 누구든지 그를 보면 그에게 원한을 일으킬 뿐 가라앉질 않는다. 이와 같은 사람은 다른 사람이 보호하고 지켜온 소유물(bhaṇḍa)에 대해서 죄를 범한 결과이다."(*Ibid*)

122) "다른 사람이 한 것도 오직 그에게로 다 떨어진다."(*Ibid*)

123) "어떤 사람과 우정을 맺든지 간에 반드시 그 우정이 깨진다."(AA.iv.129)

124) "오나가나 신랄하고 거칠고 귀에 거슬리고 질책하고 급소를 끊는 그런 말을 듣는다. 마음에 드는 소리를 듣지 못한다."(*Ibid*)

7. "비구들이여, 잡담을 자행하고 습관적으로 행하고 많이 지으면, 지옥에 태어나게 되고 축생의 모태에 태어나게 되고 아귀계에 태어나게 된다. 잡담을 해서 받는 가장 경미한 과보는 사람이 그의 말을 받아들이지 않게 된다."125)

8. "비구들이여, 방일하는 근본이 되는 술과 중독성 물질을 섭취하는 것을 자행하고 습관적으로 행하고 많이 지으면, 지옥에 태어나게 되고 축생의 모태에 태어나게 되고 아귀계에 태어나게 된다. 방일하는 근본이 되는 술과 중독성 물질을 섭취해서 받는 가장 경미한 과보는 그 사람이 미쳐버리게 된다."

제4장 보시 품이 끝났다.

네 번째 품에 포함된 경들의 목록은 다음과 같다.

두 가지 ①~② 보시 ③ 이유
④ 들판 ⑤ 보시로 인한 태어남
⑥ 행위, 두 가지 ⑦~⑧ 참된 사람
⑨ 넘쳐흐름 ⑩ 가장 경미함이다.

---

125) "'그대가 무엇 때문에 이 말을 하는가? 누가 당신의 말을 곧이듣겠는가?'라는 말을 듣게 된다."(Ibid)

제5장 포살 품

Uposatha-vagga

간략하게 경(A8:41)[126]

Saṁkhitta-sutta

1. 이와 같이 나는 들었다. 한때 세존께서는 사왓티에서 제따 숲의 급고독원에서 머무셨다. 거기서 세존께서는 "비구들이여."라고 비구들을 부르셨다. "세존이시여."라고 비구들은 세존께 응답했다. 세존께서는 이렇게 말씀하셨다.

2. "비구들이여, 여덟 가지 구성요소를 가진 포살[八關齋戒]을 준수하면 큰 결실이 있고, 큰 이익이 있고, 큰 빛이 있고, 크게 [과보 가] 퍼진다. 비구들이여, 그러면 어떻게 여덟 가지 구성요소를 가진 포살을 준수하면 큰 결실이 있고, 큰 이익이 있고, 큰 빛이 있고, 크 게 [과보가] 퍼지는가?"

3. "비구들이여, 여기 성스러운 제자는 이와 같이 숙고한다. '아라한들은 일생 내내 생명을 죽이는 것을 버리고, 생명을 죽이는 것을 멀리 여의고, 몽둥이를 내려놓고, 칼을 내려놓는다. 그분들은 양 심적이고, 동정심이 있으며, 모든 생명의 이익을 위하고, 연민하며 머문다. 나 역시 오늘 이 밤과 이 낮이 다가도록 생명을 죽이는 것을

---

126)   6차결집본의 경제목은 '간략한 포살'(Saṅkhittūposatha-sutta)이다.

버리고, 생명을 죽이는 것을 멀리 여의고, 몽둥이를 내려놓고, 칼을 내려놓으리라. 양심적이고, 동정심을 가져, 모든 생명의 이익을 위하고, 연민하며 머물리라. 이러한 공덕으로 나는 아라한을 본받으리라. 그러면 나의 포살은 바르게 준수될 것이다.'라고, 그는 이러한 첫 번째 구성요소를 구족한다."

4.   "'아라한들은 일생 내내 주지 않은 것을 가지는 것을 버리고, 주지 않은 것을 가지는 것을 멀리 여의었다. 그분들은 준 것만을 받고, 준 것만을 받으려고 하며, 스스로 훔치지 않아 자신을 깨끗하게 하여 머문다. 나 역시 오늘 이 밤과 이 낮이 다가도록 주지 않은 것을 가지는 것을 버리고, 주지 않은 것을 가지는 것을 멀리 여의리라. 준 것만을 받고, 준 것만을 받으려고 하고, 스스로 훔치지 않아 내 자신을 깨끗하게 하여 머물리라. 이러한 공덕으로 나는 아라한을 본받으리라. 그러면 나의 포살은 바르게 준수될 것이다.'라고, 그는 이러한 두 번째 구성요소를 구족한다."

5.   "'아라한들은 일생 내내 금욕적이지 못한 삶을 버리고, 청정 범행을 닦는다. 그분들은 도덕적이고 성행위의 저속함을 멀리 여의었다. 나 역시 오늘 이 밤과 이 낮이 다가도록 금욕적이지 못한 삶을 버리고, 청정범행을 닦으리라. 도덕적이고 성행위의 저속함을 멀리 여의리라. 이러한 공덕으로 나는 아라한을 본받으리라. 그러면 나의 포살은 바르게 준수될 것이다.'라고, 그는 이러한 세 번째 구성요소를 구족한다."

6. "'아라한들은 일생 내내 거짓말을 버리고, 거짓말을 멀리 여의었다. 그분들은 진실을 말하며, 진실에 부합하고, 굳건하고, 믿음직하여, 세상을 속이지 않는다. 나 역시 오늘 이 밤과 이 낮이 다가도록 거짓말을 버리고, 거짓말을 멀리 여의리라. 진실을 말하며, 진실에 부합하고, 굳건하고, 믿음직하여, 세상을 속이지 않으리라. 이러한 공덕으로 나는 아라한을 본받으리라. 그러면 나의 포살은 바르게 준수될 것이다.'라고. 그는 이러한 네 번째 구성요소를 구족한다."

7. "'아라한들은 일생 내내 방일하는 근본이 되는 술과 중독성 물질을 섭취하는 것을 버리고, 방일하는 근본이 되는 술과 중독성 물질을 멀리 여의었다. 나 역시 오늘 이 밤과 이 낮이 다가도록 방일하는 근본이 되는 술과 중독성 물질을 섭취하는 것을 버리고, 방일하는 근본이 되는 술과 중독성 물질을 멀리 여의리라. 이러한 공덕으로 나는 아라한을 본받으리라. 그러면 나의 포살은 바르게 준수될 것이다.'라고. 그는 이러한 다섯 번째 구성요소를 구족한다."

8. "'아라한들은 일생 내내 하루 한 끼만 먹는다. 그분들은 밤에 [먹는 것을] 여의고 때 아닌 때에 먹는 것을 멀리 여의었다. 나 역시 오늘 이 밤과 이 낮이 다가도록 하루 한 끼만 먹으리라. 나도 밤에 [먹는 것을] 그만두고, 때 아닌 때에 먹는 것을 멀리 여의리라. 이러한 공덕으로 나는 아라한을 본받으리라. 그러면 나의 포살은 바르게 준수될 것이다.'라고. 그는 이러한 여섯 번째 구성요소를 구족한다."

9. "'아라한들은 일생 내내 춤, 노래, 연주, 연극을 관람하는 것

을 멀리 여의었다. 그분들은 화환과 향과 화장품으로 치장하는 것을 멀리 여의었다. 나 역시 오늘 이 밤과 이 낮이 다가도록 춤, 노래, 연주, 연극을 관람하는 것을 멀리 여의리라. 화환을 [목에] 거는 것을 멀리 여의리라. 이러한 공덕으로 나는 아라한을 본받으리라. 그러면 나의 포살은 바르게 준수될 것이다.'라고. 그는 이러한 일곱 번째 구성요소를 구족한다."

10. "'아라한들은 일생 내내 높고 큰 침상을 버리고, 높고 큰 침상을 멀리 여의었다. 그분들은 소파나 골풀로 만든 돗자리의 낮은 침상에서 잠을 잔다. 나 역시 오늘 이 밤과 이 낮이 다가도록 높고 큰 침상을 버리고, 높고 큰 침상을 멀리 여의리라. 소파나 골풀로 만든 돗자리의 낮은 침상에서 잠을 자리라. 이러한 공덕으로 나는 아라한을 본받으리라. 그러면 나의 포살은 바르게 준수될 것이다.'라고. 그는 이러한 여덟 번째 구성요소를 구족한다.127)

비구들이여, 이와 같이 여덟 가지 구성요소를 가진 포살[八關齋戒]을 준수하면 큰 결실이 있고, 큰 이익이 있고, 큰 빛이 있고, 크게 [과보가] 퍼진다."

상세하게 경(A8:42)128)
Vitthata-sutta

1. "비구들이여, 여덟 가지 구성요소를 가진 포살[八關齋戒]을

---

127) 이상 본경의 팔관재계의 설명은 본서 제1권 「팔관재계 경」(A3:70) §§9 ~16과 같은 내용이다.

128) 6차결집본의 경제목은 '상세한 포살'(Vitthatūposatha-sutta)이다.

준수하면 큰 결실이 있고, 큰 이익이 있고, 큰 빛이 있고, 크게 [과보가] 퍼진다. 비구들이여, 그러면 어떻게 여덟 가지 구성요소를 가진 포살을 준수하면 큰 결실이 있고, 큰 이익이 있고, 큰 빛이 있고, 크게 [과보가] 퍼지는가?"

2. "비구들이여, 여기 성스러운 제자는 이와 같이 숙고한다. '아라한들은 일생 내내 생명을 죽이는 것을 버리고, 생명을 죽이는 것을 멀리 여의고, 몽둥이를 내려놓고, 칼을 내려놓는다. 그분들은 양심적이고, 동정심이 있으며, 모든 생명의 이익을 위하고, 연민하며 머문다. 나 역시 오늘 이 밤과 이 낮이 다가도록 생명을 죽이는 것을 버리고, 생명을 죽이는 것을 멀리 여의고, 몽둥이를 내려놓고, 칼을 내려놓으리라. 나도 양심적이고, 동정심을 가져, 모든 생명의 이익을 위하고, 연민하며 머물리라. 이러한 공덕으로 나는 아라한을 본받으리라. 그러면 나의 포살은 바르게 준수될 것이다.'라고 그는 이러한 첫 번째 구성요소를 구족한다."

… …

3. "'아라한들은 일생 내내 높고 큰 침상을 버리고, 높고 큰 침상을 멀리 여의었다. 그분들은 긴 의자나 골풀로 만든 돗자리의 낮은 침상에서 잠을 잔다. 나 역시 오늘 이 밤과 이 낮이 다가도록 높고 큰 침상을 버리고, 높고 큰 침상을 멀리 여의리라. 나도 긴 의자나 골풀로 만든 돗자리의 낮은 침상에서 잠을 자리라. 이러한 공덕으로 나는 아라한을 본받으리라. 그러면 나의 포살은 바르게 준수될 것이다.'라고 그는 이러한 여덟 번째 구성요소를 구족한다.

비구들이여, 이와 같이 여덟 가지 구성요소를 가진 포살[八關齋戒]을 준수하면 큰 결실이 있고, 큰 이익이 있고, 큰 빛이 있고, 크게 [과보가] 퍼진다."

4. "그러면 얼마만큼 큰 결실이 있고, 큰 이익이 있고, 큰 빛이 있고, 크게 [과보가] 퍼지는가?

비구들이여, 예를 들면 어떤 사람이 앙가, 마가다, 까시, 꼬살라, 왓지, 말라, 쩨띠, 왕가, 꾸루, 빤짤라, 맛차, 수라세나, 앗사까, 아완띠, 간다라, 깜보자라는 칠보가 가득한 이 열여섯의 큰 나라를 다스리는 지배자가 된다고 하더라도 그의 지배력은 여덟 가지 구성요소를 가진 포살[八關齋戒]을 준수하는 것의 16분의 1만큼의 가치도 없다. 그 것은 무슨 이유인가? 비구들이여, 인간들의 왕위는 천상의 행복에 비하면 하잘 것 없기 때문이다."

5. "비구들이여, 인간들의 50년은 사대왕천의 단 하루 밤낮과 같고, 그 밤으로 [계산하여] 30일이 한 달이고, 그 달로 [계산하여] 12달이 1년이다. 그 해로 [계산하여] 사대왕천의 신들의 수명의 한계는 500년이다. 비구들이여, 어떤 여자나 남자가 여덟 가지 구성요소를 가진 포살[八關齋戒]을 준수하고서 몸이 무너져 죽은 뒤 사대왕천의 신들 가운데 태어나는 것은 가능하다. 비구들이여, 이것과 관련하여 나는 말했다. '인간들의 왕위는 천상의 행복에 비하면 하잘 것 없다.' 라고."

6. "비구들이여, 인간들의 100년은 삼십삼천의 신들의 하루 밤낮과 같고, 그 밤으로 [계산하여] 30일이 한 달이고, 그 달로 [계산하

여] 12달이 1년이다. 그 해로 [계산하여] 삼십삼천의 신들의 수명의 한계는 1,000년이다. 비구들이여, 어떤 여자나 남자가 여덟 가지 구성요소를 가진 포살[八關齋戒]을 준수하고서 몸이 무너져 죽은 뒤 삼십삼천의 신들 가운데 태어나는 것은 가능하다. 비구들이여, 이것과 관련하여 나는 말했다. '인간들의 왕위는 천상의 행복에 비하면 하잘 것 없다.'라고."

7. "비구들이여, 인간들의 200년은 야마천의 신들의 하루 밤낮과 같고, 그 밤으로 [계산하여] 30일이 한 달이고, 그 달로 [계산하여] 12달이 1년이다. 그 해로 [계산하여] 야마천의 신들의 수명의 한계는 2,000년이다. 비구들이여, 어떤 여자나 남자가 여덟 가지 구성요소를 가진 포살[八關齋戒]을 준수하고서 몸이 무너져 죽은 뒤 야마천의 신들 가운데 태어나는 것은 가능하다. 비구들이여, 이것과 관련하여 나는 말했다. '인간들의 왕위는 천상의 행복에 비하면 하잘 것 없다.'라고."

8. "비구들이여, 인간들의 400년은 도솔천의 신들의 하루 밤낮과 같고, 그 밤으로 [계산하여] 30일이 한 달이고, 그 달로 [계산하여] 12달이 1년이다. 그 해로 [계산하여] 도솔천의 신들의 수명의 한계는 4,000년이다. 비구들이여, 어떤 여자나 남자가 여덟 가지 구성요소를 가진 포살[八關齋戒]을 준수하고서 몸이 무너져 죽은 뒤 도솔천의 신들 가운데 태어나는 것은 가능하다. 비구들이여, 이것과 관련하여 나는 말했다. '인간들의 왕위는 천상의 행복에 비하면 하잘 것 없다.'라고."

9. "비구들이여, 인간들의 800년은 화락천의 신들의 하루 밤낮과 같고, 그 밤으로 [계산하여] 30일이 한 달이고, 그 달로 [계산하여] 12달이 1년이다. 그 해로 [계산하여] 화락천의 신들의 수명의 한계는 8,000년이다. 비구들이여, 어떤 여자나 남자가 여덟 가지 구성요소를 가진 포살[八關齋戒]을 준수하고서 몸이 무너져 죽은 뒤 화락천의 신들 가운데 태어나는 것은 가능하다. 비구들이여, 이것과 관련하여 나는 말했다. '인간들의 왕위는 천상의 행복에 비하면 하잘 것 없다.'라고."

10. "비구들이여, 인간들의 1,500년은 타화자재천의 신들의 하루 밤낮과 같고, 그 밤으로 [계산하여] 30일이 한 달이고, 그 달로 [계산하여] 12달이 1년이다. 그 해로 [계산하여] 타화자재천의 신들의 수명의 한계는 일만 육천년이다. 비구들이여, 어떤 여자나 남자가 여덟 가지 구성요소를 가진 포살[八關齋戒]을 준수하고서 몸이 무너져 죽은 뒤 타화자재천의 신들 가운데 태어나는 것은 가능하다. 비구들이여, 이것과 관련하여 나는 말했다. '인간들의 왕위는 천상의 행복에 비하면 하잘 것 없다.'라고."

11. "생명을 빼앗지 말고, 주지 않은 것을 가지지 말고
거짓말을 하지 말고, 술을 마시지 말고
금욕적이지 못한 삶과 성행위를 삼가고
밤과 때 아닌 때에 먹지 말고
화환을 [목에] 걸지 말고, 향을 뿌리지 말고
낮은 침상이나 땅이나 풀로 엮은 자리 위에 자야 하리.

깨달은 자는 이것을 설하였으니
그것은 바로 여덟 가지 구성요소를 가진
괴로움을 종식시키는 포살이라네.
달과 태양, 둘 다 아름답게 보이나니
이곳에서 저곳으로 움직이면서
그들이 미치는 곳마다 빛을 주기 때문이라네.
그들은 어둠을 흩어버리고 허공에 떠오르며
구름을 비추고 모든 방향을 밝게 비추리.
이 우주에 보배가 있으니
진주, 수정, 녹주석, 행운을 가져오는 청금석
금괴, 번쩍이는 금, 순금, 하따까 금이 그것이라네.
그러나 이들은 여덟 가지 구성요소를 가진 포살의
16분의 1의 가치에도 미치지 못하나니
마치 모든 별들이 달의 광휘로움의
16분의 1도 얻지 못하는 것과 같도다.
그러므로 계를 지닌 여자와 남자는
여덟 가지 구성요소를 가진 포살을 준수하여
비난받지 않으며, 행복을 가져올 덕을 쌓아서
선처에 태어날진저!"129)

---

129)   게송을 포함한 본경은 본서 제1권 「팔관재계 경」 (A3:70) §§9~24와 같
       은 내용을 담고 있다.

위사카 경(A8:43)
Visākhā-sutta

1. 이와 같이 나는 들었다. 한때 세존께서는 사왓티에서 동쪽 원림에 있는 미가라마따(녹자모) 강당에 머무셨다. 그때 미가라마따 위사카[130]가 세존께 다가갔다. 가서는 세존께 절을 올리고 한 곁에 앉았다. 한 곁에 앉은 미가라마따 위사카에게 세존께서는 이렇게 말씀하셨다.

2. "위사카여, 여덟 가지 구성요소를 가진 포살[八關齋戒]을 준수하면 큰 결실이 있고, 큰 이익이 있고, 큰 빛이 있고, 크게 [과보가] 퍼진다. 위사카여, 그러면 어떻게 여덟 가지 구성요소를 가진 포살을 준수하면 큰 결실이 있고, 큰 이익이 있고, 큰 빛이 있고, 크게 [과보가] 퍼지는가?"

3. "위사카여, 여기 성스러운 제자는 이와 같이 숙고한다. '아라한들은 일생 내내 생명을 죽이는 것을 버리고, 생명을 죽이는 것을 멀리 여의고, 몽둥이를 내려놓고, 칼을 내려놓는다. 그분들은 양심적이고, 동정심이 있으며, 모든 생명의 이익을 위하고, 연민하며 머문다. 나 역시 오늘 이 밤과 이 낮이 다가도록 생명을 죽이는 것을 버리고, 생명을 죽이는 것을 멀리 여의고, 몽둥이를 내려놓고, 칼을 내려놓으리라. 나도 양심적이고, 동정심을 가져, 모든 생명의 이익을 위하고, 연민하며 머물리라. 이러한 공덕으로 나는 아라한을 본받으리라.

---

130) 미가라마따(녹자모) 위사카(Visākhā Migāramātā)에 대해서는 본서 제 1권 「족쇄 경」(A2:4:5) §1의 주해를 참조할 것.

그러면 나의 포살은 바르게 준수될 것이다.'라고, 그는 이러한 첫 번째 구성요소를 구족한다.

…… ……

'아라한들은 일생 내내 높고 큰 침상을 버리고, 높고 큰 침상을 멀리 여의었다. 그분들은 긴 의자나 골풀로 만든 돗자리의 낮은 침상에서 잠을 잔다. 나 역시 오늘 이 밤과 이 낮이 다가도록 높고 큰 침상을 버리고, 높고 큰 침상을 멀리 여의리라. 나도 긴 의자나 골풀로 만든 돗자리의 낮은 침상에서 잠을 자리라. 이러한 공덕으로 나는 아라한을 본받으리라. 그러면 나의 포살은 바르게 준수될 것이다.'라고 그는 이러한 여덟 번째 구성요소를 구족한다.

위사카여, 이와 같이 여덟 가지 구성요소를 가진 포살[八關齋戒]을 준수하면 큰 결실이 있고, 큰 이익이 있고, 큰 빛이 있고, 크게 [과보가] 퍼진다."

4   "그러면 얼마만큼 큰 결실이 있고, 큰 이익이 있고, 큰 빛이 있고, 크게 [과보]가 퍼지는가?

위사카여, 예를 들면 어떤 사람이 앙가, 마가다, 까시, 꼬살라, 왓지, 말라, 쩨띠, 왕가, 꾸루, 빤짤라, 맛차, 수라세나, 앗사까, 아완띠, 간다라, 깜보자라는 칠보가 가득한 이 열여섯의 큰 나라를 다스리는 지배자가 된다고 하더라도 그의 지배력은 여덟 가지 구성요소를 가진 포살[八關齋戒]을 준수하는 것의 16분의 1만큼의 가치도 없다. 그것은 무슨 이유인가? 위사카여, 인간들의 왕위는 천상의 행복에 비하면 하잘 것 없기 때문이다."

5. "위사카여, 인간들의 50년은 사대왕천의 단 하루 밤낮과 같고, 그 밤으로 [계산하여] 30일이 한 달이고, 그 달로 [계산하여] 12달이 1년이다. 그 해로 [계산하여] 사대왕천의 신들의 수명의 한계는 500년이다. 위사카여, 어떤 여자나 남자가 여덟 가지 구성요소를 가진 포살[八關齋戒]을 준수하고서 몸이 무너져 죽은 뒤 사대왕천의 신들 가운데 태어나는 것은 가능하다. 위사카여, 이것과 관련하여 나는 말했다. '인간들의 왕위는 천상의 행복에 비하면 하잘 것 없다.'라고."

6. "위사카여, 인간들의 100년은 삼십삼천의 신들의 하루 밤낮과 같고, 그 밤으로 [계산하여] 30일이 한 달이고, 그 달로 [계산하여] 12달이 1년이다. 그 해로 [계산하여] 삼십삼천의 신들의 수명의 한계는 1,000년이다. 위사카여, 어떤 여자나 남자가 여덟 가지 구성요소를 가진 포살[八關齋戒]을 준수하고서 몸이 무너져 죽은 뒤 삼십삼천의 신들 가운데 태어나는 것은 가능하다. 위사카여, 이것과 관련하여 나는 말했다. '인간들의 왕위는 천상의 행복에 비하면 하잘 것 없다.'라고."

7. "위사카여, 인간들의 200년은 야마천의 신들의 하루 밤낮과 같고, …

위사카여, 인간들의 400년은 도솔천의 신들의 하루 밤낮과 같고, …

위사카여, 인간들의 800년은 화락천의 신들의 하루 밤낮과 같고, …

위사카여, 인간들의 1,500년은 타화자재천의 신들의 하루 밤낮과 같고, 그 밤으로 [계산하여] 30일이 한 달이고, 그 달로 [계산하여] 12달이 1년이다. 그 해로 [계산하여] 타화자재천의 신들의 수명의 한계는 일만 육천년이다. 위사카여, 어떤 여자나 남자가 여덟 가지 구성요소를 가진 포살[八關齋戒]을 준수하고서 몸이 무너져 죽은 뒤 타화자재천의 신들 가운데 태어나는 것은 가능하다. 위사카여, 이것과 관련하여 나는 말했다. '인간들의 왕위는 천상의 행복에 비하면 하잘것 없다.'라고."

8. "생명을 빼앗지 말고, 주지 않은 것을 가지지 말고
   거짓말을 하지 말고, 술을 마시지 말고
   금욕적이지 못한 삶과 성행위를 삼가고
   밤과 때 아닌 때에 먹지 말고
   화환을 [목에] 걸지 말고, 향을 뿌리지 말고
   낮은 침상이나 땅이나 풀로 엮은 자리 위에 자야 하리.
   깨달은 자는 이것을 설하였으니
   그것은 바로 여덟 가지 구성요소를 가진
   괴로움을 종식시키는 포살이라네.
   달과 태양, 둘 다 아름답게 보이나니
   이곳에서 저곳으로 움직이면서
   그들이 미치는 곳마다 빛을 주기 때문이라네.
   그들은 어둠을 흩어버리고 허공에 떠오르며
   구름을 비추고 모든 방향을 밝게 비추리.
   이 우주에 보배가 있으니
   진주, 수정, 녹주석, 행운을 가져오는 청금석

금괴, 번쩍이는 금, 순금, 하따까 금이 그것이라네.

그러나 이들은 여덟 가지 구성요소를 가진 포살의

16분의 1의 가치에도 미치지 못하나니

마치 모든 별들이 달의 광휘로움의

16분의 1도 얻지 못하는 것과 같도다.

그러므로 계를 지닌 여자와 남자는

여덟 가지 구성요소를 가진 포살을 준수하여

비난받지 않으며, 행복을 가져올 덕을 쌓아서

선처에 태어날진저!"131)

와셋타 경(A8:44)

Vāseṭṭha-sutta

1. 한때 세존께서는 웨살리에서 큰 숲의 중각강당에 머무셨다. 그때 와셋타 청신사132)가 세존께 다가갔다. 가서는 세존께 절을 올린 뒤 한 곁에 앉았다. 한 곁에 앉은 와셋타 청신사에게 세존께서는 이렇게 말씀하셨다.

"와셋타여, 여덟 가지 구성요소를 가진 포살[八關齋戒]을 준수하면 큰 결실이 있고, 큰 이익이 있고, 큰 빛이 있고, 크게 [과보가] 퍼진다.

---

131) 게송을 포함한 본경은 본서 제1권 「팔관재계 경」(A3:70) §§9~24와 같은 내용을 담고 있다.

132) 주석서는 와셋타 청신사(Vāseṭṭha upāsaka)에 대해서 자세한 설명을 하지 않고 있는데 본경을 통해서 볼 때 그는 웨살리의 바라문인 듯하다. 와셋타(Sk. Vaiśiṣṭa)는 베다 문헌과 초기경들에 많이 나타나는 바라문의 족성이다.

와셋타여, 그러면 어떻게 여덟 가지 구성요소를 가진 포살을 준수하면 큰 결실이 있고, 큰 이익이 있고, 큰 빛이 있고, 크게 [과보가] 퍼지는가?

… <이하 앞의 위사카 경(A8:43)이 게송까지 포함되어 반복됨> …

> 그러므로 계를 가진 여자와 남자는
> 여덟 가지 구성요소를 가진 포살을 준수하여
> 비난받지 않으며, 행복을 가져올 덕을 쌓아서
> 선처에 태어날진저!"

2.   이렇게 말씀하시자 와셋타 청신사는 세존께 말씀드렸다.
"세존이시여, 만일 저의 사랑하는 가족과 친척들이 여덟 가지 구성요소를 가진 포살[八關齋戒]을 준수하면 저의 사랑하는 가족과 친척들에게 오랜 세월 이익과 행복이 있을 것입니다. 세존이시여, 만일 모든 *끄샤뜨리야*들이 여덟 가지 구성요소를 가진 포살[八關齋戒]을 준수하면 모든 *끄샤뜨리야*들에게 오랜 세월 이익과 행복이 있을 것입니다. 세존이시여, 만일 모든 바라문들이 … 모든 와이샤들이 … 모든 수드라들이 여덟 가지 구성요소를 가진 포살[八關齋戒]을 준수하면 모든 수드라들에게 오랜 세월 이익과 행복이 있을 것입니다."

3.   "그러하다, 와셋타여. 만일 모든 *끄샤뜨리야*들이 여덟 가지 구성요소를 가진 포살[八關齋戒]을 준수하면 모든 *끄샤뜨리야*들에게는 오랜 세월 이익과 행복이 있을 것이다. 와셋타여, 만일 모든 바라문들이 … 모든 와이샤들이 … 모든 수드라들이 여덟 가지 구성요소

를 가진 포살을 준수하면 모든 수드라들에게는 오랜 세월 이익과 행복이 있을 것이다. 와셋타여, 만일 마라와 범천을 포함한 신의 세상이, 혹은 사문·바라문과 신과 사람을 포함한 인간의 세상이 여덟 가지 구성요소를 가진 포살을 준수하면 그들에게는 오랜 세월 이익과 행복이 있을 것이다.

와셋타여, 만일 이 큰 살라 나무들조차도 여덟 가지 구성요소를 가진 포살을 준수한다면 이 큰 살라 나무들에게도 오랜 세월 이익과 행복이 있을 것이다. 물론 그들이 인간처럼 생각할 수 있다면 말이다. 그럴진대 사람에게 있어서야 말해 무엇 하겠는가?"

봇자 경(A8:45)
Bojjhā-sutta

1. 이와 같이 나는 들었다. 한때 세존께서는 사왓티에서 제따 숲에 있는 급고독원에 머무셨다. 그때 봇자 청신녀133)가 세존께 다가갔다. 가서는 세존께 절을 올리고 한 곁에 앉았다. 한 곁에 앉은 봇자 청신녀에게 세존께서는 이렇게 말씀하셨다.

2. "봇자여, 여덟 가지 구성요소를 가진 포살[八關齋戒]을 준수하면 큰 결실이 있고, 큰 이익이 있고, 큰 빛이 있고, 크게 [과보가] 퍼진다. 봇자여, 그러면 어떻게 여덟 가지 구성요소를 가진 포살을 준수하면 큰 결실이 있고, 큰 이익이 있고, 큰 빛이 있고, 크게 [과보가] 퍼지는가?"

---

133) 봇자 청신녀(Bojjhā upāsikā)는 본경에만 나타난다. 주석서에는 그녀에 대해서 아무런 설명이 없다.

3. "봇자여, 여기 성스러운 제자는 이와 같이 숙고한다. '아라한들은 일생 내내 생명을 죽이는 것을 버리고, 생명을 죽이는 것을 멀리 여의고, 몽둥이를 내려놓고, 칼을 내려놓는다. 그분들은 양심적이고, 동정심이 있으며, 모든 생명의 이익을 위하고, 연민하며 머문다. 나 역시 오늘 이 밤과 이 낮이 다가도록 생명을 죽이는 것을 버리고 생명을 죽이는 것을 멀리 여의고, 몽둥이를 내려놓고, 칼을 내려놓으리라. 나도 양심적이고, 동정심을 가져, 모든 생명의 이익을 위하고, 연민하며 머물리라. 이러한 공덕으로 나는 아라한을 본받으리라. 그러면 나의 포살은 바르게 준수될 것이다.'라고 그는 이러한 첫 번째 구성요소를 구족한다.

…… ……

'아라한들은 일생 내내 높고 큰 침상을 버리고, 높고 큰 침상을 멀리 여의었다. 그분들은 긴 의자나 골풀로 만든 돗자리의 낮은 침상에서 잠을 잔다. 나 역시 오늘 이 밤과 이 낮이 다가도록 높고 큰 침상을 버리고, 높고 큰 침상을 멀리 여의리라. 나도 긴 의자나 골풀로 만든 돗자리의 낮은 침상에서 잠을 자리라 이러한 공덕으로 나는 아라한을 본받으리라. 그러면 나의 포살은 바르게 준수될 것이다.'라고 그는 이러한 여덟 번째 구성요소를 구족한다.

봇자여, 이와 같이 여덟 가지 구성요소를 가진 포살[八關齋戒]을 준수하면 큰 결실이 있고, 큰 이익이 있고, 큰 빛이 있고, 크게 [과보가] 퍼진다."

4. "그러면 얼마만큼 큰 결실이 있고, 큰 이익이 있고, 큰 빛이

있고, 크게 [과보가] 퍼지는가?

봇자여, 예를 들면 어떤 사람이 앙가, 마가다, 까시, 꼬살라, 왓지, 말라, 쩨띠, 왕가, 꾸루, 빤짤라, 맛차, 수라세나, 앗사까, 아완띠, 간다라, 깜보자라는 칠보가 가득한 이 열여섯의 큰 나라를 다스리는 지배자가 된다고 하더라도 그의 지배력은 여덟 가지 구성요소를 가진 포살[八關齋戒]을 준수하는 것의 16분의 1만큼의 가치도 없다. 그것은 무슨 이유인가? 봇자여, 인간들의 왕위는 천상의 행복에 비하면 하잘 것 없기 때문이다."

5. "봇자여, 인간들의 50년은 사대왕천의 단 하루 밤낮과 같고, 그 밤으로 [계산하여] 30일이 한 달이고, 그 달로 [계산하여] 12달이 1년이다. 그 해로 [계산하여] 사대왕천의 신들의 수명의 한계는 500년이다. 봇자여, 어떤 여자나 남자가 여덟 가지 구성요소를 가진 포살[八關齋戒]을 준수하고서 몸이 무너져 죽은 뒤 사대왕천의 신들 가운데 태어나는 것은 가능하다. 봇자여, 이것과 관련하여 나는 말했다. '인간들의 왕위는 천상의 행복에 비하면 하잘 것 없다.'라고"

6. "봇자여, 인간들의 100년은 삼삽삼천의 신들의 하루 밤낮과 같고, …

봇자여, 인간들의 200년은 야마천의 신들의 하루 밤낮과 같고, …

봇자여, 인간들의 400년은 도솔천의 신들의 하루 밤낮과 같고, …

봇자여, 인간들의 800년은 화락천의 신들의 하루 밤낮과 같고, …

봇자여, 인간들의 1,500년은 타화자재천의 신들의 하루 밤낮과 같고, 그 밤으로 [계산하여] 30일이 한 달이고, 그 달로 [계산하여] 12달이 1년이다. 그 해로 [계산하여] 타화자재천의 신들의 수명의 한계는 일만 육천년이다. 봇자여, 어떤 여자나 남자가 여덟 가지 구성요소를 가진 포살[八關齋戒]을 준수하고서 몸이 무너져 죽은 뒤 타화자재천의 신들 가운데 태어나는 것은 가능하다. 봇자여, 이것과 관련하여 나는 말했다. '인간들의 왕위는 천상의 행복에 비하면 하잘 것 없다.' 라고."

7. "생명을 빼앗지 말고, 주지 않은 것을 가지지 말고
거짓말을 하지 말고, 술을 마시지 말고
금욕적이지 못한 삶과 성행위를 삼가고
밤과 때 아닌 때에 먹지 말고
화환을 [목에] 걸지 말고, 향을 뿌리지 말고
낮은 침상이나 땅이나 풀로 엮은 자리 위에 자야 하리.
깨달은 자는 이것을 설하였으니
그것은 바로 여덟 가지 구성요소를 가진
괴로움을 종식시키는 포살이라네.
달과 태양, 둘 다 아름답게 보이나니
이곳에서 저곳으로 움직이면서
그들이 미치는 곳마다 빛을 주기 때문이라네.
그들은 어둠을 흩어버리고 허공에 떠오르며
구름을 비추고 모든 방향을 밝게 비추리.
이 우주에 보배가 있으니
진주, 수정, 녹주석, 행운을 가져오는 청금석
금괴, 번쩍이는 금, 순금, 하따까 금이 그것이라네.

그러나 이들은 여덟 가지 구성요소를 가진 포살의
16분의 1의 가치에도 미치지 못하나니
마치 모든 별들이 달의 광휘로움의
16분의 1도 얻지 못하는 것과 같도다.
그러므로 계를 지닌 여자와 남자는
여덟 가지 구성요소를 가진 포살을 준수하여
비난받지 않으며, 행복을 가져올 덕을 쌓아서
선처에 태어날진저!"134)

아누룻다 경(A8:46)
Anuruddha-sutta

1. 한때 세존께서는 꼬삼비에서 고시따 원림에 머무셨다.135)
그 무렵에 아누룻다 존자는 낮 동안의 머묾에 들어가서 홀로 앉아 있
었다. 그때 아름다운 몸을 가진 많은 신들이 아누룻다 존자에게 다가
갔다. 가서는 아누룻다 존자에게 절을 올리고 한 곁에 섰다. 한 곁에
서서 그 신들은 아누룻다 존자에게 이렇게 말했다.

"아누룻다 존자시여, 우리는 아름다운 몸을 가진 신들이라 합니다.
우리는 세 가지 경우에 능력을 발휘하고 자유자재로 나툽니다. 아누
룻다 존자시여, 우리는 우리가 원하는 색깔이 그 어떤 것이건 즉시에
그 색깔을 드러냅니다. 존자시여, 우리는 우리가 원하는 소리가 그

---

134)   게송을 포함한 본경은 앞의 위사카 경(A8:43)과 같은 내용을 담고 있다.

135)   꼬삼비(Kosambi)와 고시따 원림(Ghositārāma)에 대해서는 본서 제2권
      「깜보자 경」(A4:80) §1의 주해를 참조할 것.

어떤 것이건 즉시에 그 소리를 드러냅니다. 존자시여, 우리는 우리가 원하는 행복이 그 어떤 것이건 즉시에 그 행복을 드러냅니다. 아누룻다 존자시여, 아름다운 몸을 가진 우리 신들은 이러한 세 가지 경우에 능력을 발휘하고 자유자재로 나툽니다."

2. 그러자 아누룻다 존자에게 이런 생각이 들었다. '오, 참으로 신들은 피부색이 파랗고 파란 옷을 입고 파란 장식을 하여 모두 파랗게 되기를.' 그러자 신들은 아누룻다 존자의 마음을 알고 파란 피부색과 파란 옷에 파란 장식을 하여 모두 파랗게 되었다.

그러자 아누룻다 존자에게 이런 생각이 들었다. '오, 참으로 신들은 피부색이 노랗고 노란 옷을 입고 노란 장식을 하여 모두 노랗게 되기를. … 오, 참으로 신들은 피부색이 붉고 붉은 옷을 입고 붉은 장식을 하여 모두 붉게 되기를. … 오, 참으로 신들은 피부색이 희고 흰 옷을 입고 흰 장식을 하여 모두 희게 되기를.' 그러자 신들은 아누룻다 존자의 마음을 알고 흰 피부색과 흰 옷에 흰 장식을 하여 모두 희게 되었다.

그때 어떤 신들은 노래하고 어떤 신들은 춤을 추고 어떤 신들은 손뼉을 쳤습니다. 마치 다섯 가지 악기[136]가 잘 조율되어 있고 잘 준비되어 있을 때 숙련된 연주자에 의해 잘 연주되면, 그 악기의 소리는 감미롭고 매혹적이고 아름답고 취하게 하듯이, 장엄을 한 신들의 소리도 듣기 좋고 감미롭고 매혹적이고 아름답고 취하게 하였다.

---

136) "한 면만 있는 북(ātata), 양면이 있는 북(vitata), 여러 면이 있는 북(ātata-vitata), 피리(susira, 관악기), 심벌즈(ghana)의 다섯이다."(DA. ii.617)

3. 　그러자 아누룻다 존자는 감각기관들을 제어했다.[137] 그때 신들은 '아누룻다 존자는 거들떠보지도 않는구나.'라고 여기고 거기서 사라졌다. 그때 아누룻다 존자는 해거름에 홀로 앉음을 풀고 자리에서 일어나 세존께 다가갔다. 가서는 세존께 절을 올리고 한 곁에 앉았다. 한 곁에 앉은 아누룻다 존자는 세존께 이렇게 말씀드렸다.

"세존이시여, 여기서 저는 낮 동안의 머묾에 들어가서 홀로 앉아 있었습니다. 그때 아름다운 몸을 가진 많은 신들이 제게 다가왔습니다. 와서는 제게 절을 올리고 한 곁에 섰습니다. 한 곁에 서서 그 신들은 제게 이렇게 말했습니다.

'아누룻다 존자시여, 우리는 아름다운 몸을 가진 신들이라 합니다. 우리는 세 가지 경우에 능력을 발휘하고 자유자재로 나툽니다. 아누룻다 존자시여, 우리는 우리가 원하는 색깔이 그 어떤 것이건 즉시에 그 색깔을 드러냅니다. 존자시여, 우리는 우리가 원하는 소리가 그 어떤 것이건 즉시에 그 소리를 드러냅니다. 존자시여, 우리는 우리가 원하는 행복이 그 어떤 것이건 즉시에 그 행복을 드러냅니다. 아누룻다 존자시여, 아름다운 몸을 가진 우리 신들은 이러한 세 가지 경우에 능력을 발휘하고 자유자재로 나툽니다.'

그러자 제게 이런 생각이 들었습니다. '오, 참으로 신들은 피부색이 파랗고 파란 옷을 입고 파란 장식을 하여 모두 파랗게 되기를.' 그러자 신들은 저의 마음을 알고 파란 피부색과 파란 옷에 파란 장식을 하여 모두 파랗게 되었습니다.

---

137) "'감각기관들을 제어했다.(indriyāni okkhipi)'는 것은 '이 신들은 [수행자들에게] 적당하지 않은 것을 한다.'라고 생각하면서 감각기관들을 아래로 두었고, 눈을 뜨고 쳐다보지 않았다는 뜻이다."(AA.iv.131)

그러자 제게 이런 생각이 들었습니다. '오, 참으로 신들은 피부색이 노랗고 노란 옷을 입고 노란 장식을 하여 모두 노랗게 되기를. … 오, 참으로 신들은 피부색이 붉고 붉은 옷을 입고 붉은 장식을 하여 모두 붉게 되기를. … 오, 참으로 신들은 피부색이 희고 흰 옷을 입고 흰 장식을 하여 모두 희게 되기를.' 그러자 신들은 저의 마음을 알고 흰 피부색과 흰 옷에 흰 장식을 하여 모두 희게 되었습니다.

그때 어떤 신들은 노래하고 어떤 신들은 춤을 추고 어떤 신들은 손뼉을 쳤습니다. 마치 다섯 가지 악기가 잘 조율되어 있고 잘 준비되어 있을 때 숙련된 연주자에 의해 잘 연주되면, 그 악기의 소리는 감미롭고 매혹적이고 아름답고 취하게 하듯이, 장엄을 한 신들의 소리도 듣기 좋고 감미롭고 매혹적이고 아름답고 취하게 했습니다. 그러자 저는 감각기관들을 제어했습니다. 그때 신들은 '아누룻다 존자는 거들떠보지도 않는구나.'라고 여기고 거기서 사라졌습니다.

세존이시여, 어떤 법을 갖춘 여인이 몸이 무너져 죽은 뒤에 아름다운 몸을 가진 신들의 동료로 태어납니까?"

4. "아누룻다여, 여덟 가지 법을 갖춘 여인은 몸이 무너져 죽은 뒤에 아름다운 몸을 가진 신들의 동료로 태어난다. 무엇이 여덟인가?"

5. "아누룻다여, 여기 [딸의] 이익을 바라고 이로움을 희구하며 연민의 정이 가득한 부모가 연민의 마음을 일으켜 딸을 남자에게 시집을 보내면, 그녀는 남편보다 먼저 일어나고 나중에 자고 시중을 잘 들고 행실이 곱고 예쁜 말을 한다.

그녀는 남편이 존중하는 사람이면 그가 누구든, 즉 어머니든 아버지든 사문·바라문이든 그들 모두를 존경하고 존중하고 예배하고 공경한다. 그리고 찾아온 사람들에게는 자리와 [발 씻을] 물을 내어드려 공경한다.

그녀는 남편의 가내 공업이 모직물에 관한 것이건 면직물에 관한 것이건 거기에 숙련되고 게으르지 않으며 그것을 완성할 수 있는 검증을 거쳐 충분히 실행할 수 있고 충분히 연구할 수 있는 자가 된다.

그녀는 남편 집안의 식솔이라면 그 누구든, 즉 하인들이든 심부름꾼들이든 일꾼들이든 그들 모두가 한 일은 했다고 알고, 하지 않은 일은 하지 않았다고 알고, 아픈 사람들의 힘과 허약함을 알고, 딱딱한 음식과 부드러운 음식을 각자의 몫에 맞게 분배한다.

그녀는 남편이 벌어오는 재물이나 곡식이나 은이나 금을 보호하고 수호하여 잘 간직하며, 그것에 대해 강도짓을 하지 않고 도둑질을 하지 않고 술을 사마시지 않고 낭비하지 않는다.

그녀는 청신녀가 되어 부처님께 귀의하고, 법에 귀의하고, 승가에 귀의한다.

그녀는 계를 잘 지켜 생명을 죽이는 것을 멀리 여의고, 주지 않은 것을 가지는 것을 멀리 여의고, 삿된 음행을 멀리 여의고, 거짓말하는 것을 멀리 여의고, 방일하는 근본이 되는 술과 중독성 물질을 멀리 여윈다.

그녀는 베푸는 자여서 인색함의 때가 없는 마음으로 재가에 살고, 아낌없이 보시하고, 손은 깨끗하고, 주는 것을 좋아하고, 다른 사람의 요구에 반드시 부응하고, 보시하고 나누어 가지는 것을 좋아한다.

아누룻다여, 이러한 여덟 가지 법을 갖춘 여인은 몸이 무너져 죽은 뒤에 아름다운 몸을 가진 신들의 동료로 태어난다."

6. "모든 곳에서 항상 열심히 정성을 다해 부양하는 자는
모든 즐거움을 가져다주는 남편을 업신여기지 않으며
선량한 여인은 질투하는 말로 남편을 성나게 하지도 않는다.
현명한 그녀는 남편이 존중하는 모든 사람들을 공경하고
먼저 일어나고 게으르지 않으며 측근들을 잘 챙기나니
남편의 마음에 들게 행동하고 재산을 잘 보호한다.
남편의 뜻과 영향력을 따르면서 그렇게 살아가는 여인은
아름다움이라 불리는 신들이 머무는 그곳에 태어나리."138)

위사카 경2(A8:47)139)

Visākhā-sutta

1. 한때 세존께서는 사왓티에서 동쪽 원림에 있는 미가라마따
(녹자모) 강당에 머무셨다. 그때 미가라마따 위사카가 세존께 다가갔
다. 가서는 세존께 절을 올리고 한 곁에 앉았다. 한 곁에 앉은 미가라
마따 위사카에게 세존께서는 이렇게 말씀하셨다.

2. "위사카여, 여덟 가지 법을 갖춘 여인은 몸이 무너져 죽은
뒤에 아름다운 몸을 가진 신들의 동료로 태어난다. 무엇이 여덟인
가?"

---

138) 본 게송은 본서 제3권 「욱가하 경」(A5:33) §4의 게송과 같다.

139) 게송을 포함한 본경은 앞의 「아누룻다 경」(A8:46) §§4~6과 같은 내용
이다.

3. "위사카여, 여기 [딸의] 이익을 바라고 이로움을 희구하며 연민의 정이 가득한 부모가 연민의 마음을 일으켜 딸을 남자에게 시집보내면, 그녀는 남편보다 먼저 일어나고 나중에 자고 시중을 잘 들고 행실이 곱고 예쁜 말을 한다.

그녀는 남편이 존중하는 사람이면 그가 누구든, 즉 어머니든 아버지든 사문·바라문이든 그들 모두를 존경하고 존중하고 예배하고 공경한다. 그리고 찾아온 사람들에게는 자리와 [발 씻을] 물을 내어드려 공경한다.

그녀는 남편의 가내 공업이 모직물에 관한 것이건 면직물에 관한 것이건, 거기에 숙련되고 게으르지 않으며 그것을 완성할 수 있는 검증을 거쳐 충분히 실행할 수 있고 충분히 연구할 수 있는 자가 된다.

그녀는 남편 집안의 식솔이라면 누구든, 즉 하인들이든 심부름꾼들이든 일꾼들이든 그들 모두가 한 일은 했다고 알고, 하지 않은 일은 하지 않았다고 알고, 아픈 사람들의 힘과 허약함을 알고, 딱딱한 음식과 부드러운 음식을 각자의 몫에 맞게 분배한다.

그녀는 남편이 벌어오는 재물이나 곡식이나 은이나 금을 보호하고 수호하여 잘 간직하며, 그것에 대해 강도짓을 하지 않고 도둑질을 하지 않고 술을 사마시지 않고 낭비하지 않는다.

그녀는 청신녀가 되어 부처님께 귀의하고, 법에 귀의하고, 승가에 귀의한다.

그녀는 계를 잘 지켜 생명을 죽이는 것을 멀리 여의고, 주지 않은 것을 가지는 것을 멀리 여의고, 삿된 음행을 멀리 여의고, 거짓말하는 것을 멀리 여의고, 방일하는 근본이 되는 술과 중독성 물질을 멀리 여읜다.

그녀는 베푸는 자여서 인색함의 때가 없는 마음으로 재가에 살고, 아낌없이 보시하고, 손은 깨끗하고, 주는 것을 좋아하고, 다른 사람의 요구에 반드시 부응하고, 보시하고 나누어 가지는 것을 좋아한다.

위사카여, 이러한 여덟 가지 법을 갖춘 여인은 몸이 무너져 죽은 뒤에 아름다운 몸을 가진 신들의 동료로 태어난다."

4. "모든 곳에서 항상 열심히 정성을 다해 부양하는 자는
모든 즐거움을 가져다주는 남편을 업신여기지 않으며
선량한 여인은 질투하는 말로 남편을 성나게 하지도 않는다.
현명한 그녀는 남편이 존중하는 모든 사람들을 공경하고
먼저 일어나고 게으르지 않으며 측근들을 잘 챙기나니
남편의 마음에 들게 행동하고 재산을 잘 보호한다.
남편의 뜻과 영향력을 따르면서 그렇게 살아가는 여인은
아름다움이라 불리는 신들이 머무는 그곳에 태어나리."

나꿀라마따 경(A8:48)[140]
Nakulamātā-sutta

1. 한때 세존께서는 박가에서 숨수마라기리의 베사깔라 숲에 있는 녹야원에 머무셨다. 그때 장자의 아내 나꿀라마따[141]가 세존께 다가갔다. 가서는 세존께 절을 올리고 한 곁에 앉았다. 한 곁에 앉은

---

140)   게송을 포함한 본경은 바로 앞의 「위사카 경」2(A8:47)와 같은 내용이다.
141)   나꿀라마따(Nakulamātā, 나꿀라의 어머니)에 대해서는 본서 제2권 「어 울리는 삶 경」 1(A4:55) §1의 주해를 참조할 것.

장자의 아내 나꿀라마따에게 세존께서는 이렇게 말씀하셨다.

2. "나꿀라마따여, 여덟 가지 법을 갖춘 여인은 몸이 무너져 죽은 뒤에 아름다운 몸을 가진 신들의 동료로 태어난다. 무엇이 여덟인가?"

3. "나꿀라마따여, 여기 [딸의] 이익을 바라고 이로움을 희구하며 연민의 정이 가득한 부모가 연민의 마음을 일으켜 딸을 남자에게 시집을 보내면, 그녀는 남편보다 먼저 일어나고 나중에 자고 시중을 잘 들고 행실이 곱고 예쁜 말을 한다.

그녀는 남편이 존중하는 사람이면 그가 누구든, 즉 어머니든 아버지든 사문·바라문이든 그들 모두를 존경하고 존중하고 예배하고 공경한다. 그리고 찾아온 사람들에게는 자리와 [발 씻을] 물을 내어드려 공경한다.

그녀는 남편의 가내 공업이 모직물에 관한 것이건 면직물에 관한 것이건, 거기에 숙련되고 게으르지 않으며 그것을 완성할 수 있는 검증을 거쳐 충분히 실행할 수 있고 충분히 연구할 수 있는 자가 된다.

그녀는 남편 집안의 식솔이라면 누구든, 즉 하인들이든 심부름꾼들이든 일꾼들이든 그들 모두가 한 일은 했다고 알고, 하지 않은 일은 하지 않았다고 알고, 아픈 사람들의 힘과 허약함을 알고, 딱딱한 음식과 부드러운 음식을 각자의 몫에 맞게 분배한다.

그녀는 남편이 벌어오는 재물이나 곡식이나 은이나 금을 보호하고 수호하여 잘 간직하며, 그것에 대해 강도짓을 하지 않고 도둑질을 하지 않고 술을 사마시지 않고 낭비하지 않는다.

그녀는 청신녀가 되어 부처님께 귀의하고, 법에 귀의하고, 승가에 귀의한다.

그녀는 계를 잘 지켜 생명을 죽이는 것을 멀리 여의고, 주지 않은 것을 가지는 것을 멀리 여의고, 삿된 음행을 멀리 여의고, 거짓말하는 것을 멀리 여의고, 방일하는 근본이 되는 술과 중독성 물질을 멀리 여읜다.

그녀는 베푸는 자여서 인색함의 때가 없는 마음으로 재가에 살고, 아낌없이 보시하고, 손은 깨끗하고, 주는 것을 좋아하고, 다른 사람의 요구에 반드시 부응하고, 보시하고 나누어 가지는 것을 좋아한다.

나꿀라마따여, 이러한 여덟 가지 법을 갖춘 여인은 몸이 무너져 죽은 뒤에 아름다운 몸을 가진 신들의 동료로 태어난다."

4.   "모든 곳에서 항상 열심히 정성을 다해 부양하는 자는
       모든 즐거움을 가져다주는 남편을 업신여기지 않으며
       선량한 여인은 질투하는 말로 남편을 성나게 하지도 않는다.
       현명한 그녀는 남편이 존중하는 모든 사람들을 공경하고
       먼저 일어나고 게으르지 않으며 측근들을 잘 챙기나니
       남편의 마음에 들게 행동하고 재산을 잘 보호한다.
       남편의 뜻과 영향력을 따르면서 그렇게 살아가는 여인은
       아름다움이라 불리는 신들이 머무는 그곳에 태어나리."

여기 이 세상 경1 (A8:49)

Idhalokika-sutta

1. 한때 세존께서는 사왓티에서 동쪽 원림에 있는 미가라마따
(녹자모) 강당에 머무셨다. 그때 미가라마따 위사카가 세존께 다가갔
다. 가서는 세존께 절을 올리고 한 곁에 앉았다. 한 곁에 앉은 미가라
마따 위사카에게 세존께서는 이렇게 말씀하셨다.

2. "위사카여, 네 가지 법을 갖춘 여인은 여기 이 세상을 극복
하기 위해[142] 도를 닦고, 그녀는 이 세상을 성취한다. 무엇이 넷인가?"

3. "위사카여, 여기 여인은 맡은 일을 잘 처리하고, 하인들을
잘 관리하고, 남편의 마음에 들게 행동하고, 가산을 잘 보호한다."

4. "위사카여, 그러면 어떻게 여인은 맡은 일을 잘 처리하는가?
위사카여, 여기 여인은 남편의 가내 공업이 모직물에 관한 것이건
면직물에 관한 것이건, 거기에 숙련되고 게으르지 않으며 그것을 완
성할 수 있는 검증을 거쳐 충분히 실행할 수 있고 충분히 연구할 수
있는 자가 된다. 위사카여, 이와 같이 여인은 맡은 일을 잘 처리한다."

---

142) '여기 이 세상을 극복하기 위해'로 옮긴 원문은 idha-loka-vijayāya이다.
복주서는 다음과 같이 설명하고 있다.
"이것은 '극복하기 위하여(abhibhavatthāya)'라는 뜻이다. 지금 이 세상
의 해로운 것을 피함으로써 극복하고, 그 때문에 그 목적을 성취하는 자를
두고 '이 세상을 극복하기 위해 도를 닦는다.'라고 한다. 왜냐하면 그는 [오
염원의] 적을 억누르고, 최고의 이상을 성취하기 때문이다. 그러므로 '이
세상을 성취한다.'라고 하셨다."(AAṬ.iii.223)

5. "위사카여, 그러면 어떻게 여인은 하인들을 잘 관리하는가?

위사카여, 여기 여인은 남편 집안의 식솔이라면 누구든, 즉 하인들이든 심부름꾼들이든 일꾼들이든 그들 모두가 한 일은 했다고 알고, 하지 않은 일은 하지 않았다고 알고, 아픈 사람들의 힘과 허약함을 알고, 딱딱한 음식과 부드러운 음식을 각자의 몫에 맞게 분배한다. 위사카여, 이와 같이 여인은 하인들을 잘 관리한다."

6. "위사카여, 그러면 어떻게 여인은 남편의 마음에 들게 행동하는가?

위사카여, 여기 여인은 남편이 마음에 들어 하지 않는 것이라 여겨지는 것은 목숨을 버릴지언정 절대로 행하지 않는다. 위사카여, 이와 같이 여인은 남편의 마음에 들게 행동한다."

7. "위사카여, 그러면 어떻게 여인은 가산을 잘 보호하는가?

위사카여, 여기 여인은 남편이 벌어오는 재물이나 곡식이나 은이나 금을 보호하고 수호하여 잘 간직하며, 그것에 대해 강도짓을 하지 않고 도둑질을 하지 않고 술을 사마시지 않고 낭비하지 않는다. 위사카여, 이와 같이 여인은 가산을 잘 보호한다.

위사카여, 이러한 네 가지 법을 갖춘 여인은 여기 이 세상을 극복하기 위해 도를 닦고, 그녀는 이 세상을 성취한다."

8. "위사카여, 네 가지 법을 갖춘 여인은 다음 세상을 극복하기 위해 도를 닦고, 그녀는 다음 세상을 성취한다. 무엇이 넷인가?"

9. "위사카여, 여기 여인은 믿음을 구족하고, 계를 구족하고, 베풂을 구족하고, 통찰지를 구족한다."

10. "위사카여, 그러면 어떻게 여인은 믿음을 구족하는가?

위사카여, 여기 여인은 믿음이 있다. 그녀는 여래의 깨달음에 믿음을 가진다. '이런 [이유로] 그분 세존께서는 아라한[應供]이시며, 완전히 깨달은 분[正等覺]이시며, 영지와 실천을 구족한 분[明行足]이시며, 피안으로 잘 가신 분[善逝]이시며, 세간을 잘 알고 계신 분[世間解]이시며, 가장 높은 분[無上士]이시며, 사람을 잘 길들이는 분[調御丈夫]이시며, 하늘과 인간의 스승[天人師]이시며, 깨달은 분[佛]이시며, 세존(世尊)이시다.'라고, 위사카여, 이와 같이 여인은 믿음을 구족한다."

11. "위사카여, 그러면 어떻게 여인은 계를 구족하는가?

위사카여, 여기 여인은 생명을 죽이는 것을 멀리 여의고, 주지 않은 것을 가지는 것을 멀리 여의고, 삿된 음행을 멀리 여의고, 거짓말하는 것을 멀리 여의고, 방일하는 근본이 되는 술과 중독성 물질을 멀리 여읜다. 위사카여, 이와 같이 여인은 계를 구족한다."

12. "위사카여, 그러면 어떻게 여인은 베풂을 구족하는가?

위사카여, 여기 여인은 인색함의 때가 없는 마음으로 재가에 살고, 아낌없이 보시하고, 손은 깨끗하고, 주는 것을 좋아하고, 다른 사람의 요구에 반드시 부응하고, 보시하고 나누어 가지는 것을 좋아한다. 위사카여, 이와 같이 여인은 베풂을 구족한다."

13. "위사카여, 그러면 어떻게 여인은 통찰지를 구족하는가?

위사카여, 여기 여인은 통찰지를 가졌다. 그녀는 일어나고 사라짐을 꿰뚫고, 성스럽고, 통찰력이 있고, 바르게 괴로움의 소멸로 인도하는 통찰지를 구족하였다. 위사카여, 이와 같이 여인은 통찰지를 구족한다.

위사카여, 이러한 네 가지 법을 갖춘 여인은 다음 세상을 극복하기 위해 도를 닦고, 그녀는 다음 세상을 성취한다."

14. "맡은 일을 잘 처리하고, 하인들을 잘 관리하며
남편의 마음에 들게 행동하고, 가산을 잘 보호하며
믿음과 계를 구족하고
[구하는 자의] 말뜻을 알고, 인색을 여의어
내생의 번영을 가져오는 내면의 길을 깨끗하게 하도다.
이러한 여덟 가지 법을 가진 여인은
계를 잘 지키고 법답고 진실을 말하는 자라고 불리나니
열여섯 가지를 구족했고143)
여덟 가지 구성요소를 갖추었으며
계를 가진 이러한 청신녀들은
아름다운 [몸을] 가진 천상 세계에 태어나리라."

---

143) "'열여섯 가지를 구족했다.'라는 것은 경(sutta)에서 설한 여덟 가지와, 시(gāthā)에서 설한 여덟 가지의 열여섯 가지 측면을 구족했다는 뜻이다."(AA.iv.131)

여기 이 세상 경2(A8:50)

1. "비구들이여, 네 가지 법을 갖춘 여인은 여기 이 세상을 극복하기 위해 도를 닦고, 그녀는 이 세상을 성취한다. 무엇이 넷인가?"

2. "비구들이여, 여기 여인은 맡은 일을 잘 처리하고, 하인들을 잘 관리하고, 남편의 마음에 들게 행동하고, 가산을 잘 보호한다."

3. "비구들이여, 그러면 어떻게 여인은 맡은 일을 잘 처리하는가?

비구들이여, 여기 여인은 남편의 가내 공업이 모직물에 관한 것이건 면직물에 관한 것이건, 거기에 숙련되고 게으르지 않으며 그것을 완성할 수 있는 검증을 거쳐 충분히 실행할 수 있고 충분히 연구할 수 있는 자가 된다. 비구들이여, 이와 같이 여인은 맡은 일을 잘 처리한다."

4. "비구들이여, 그러면 어떻게 여인은 하인들을 잘 관리하는가?

비구들이여, 여기 여인은 남편 집안의 식솔이라면 누구든, 즉 하인들이든 심부름꾼들이든 일꾼들이든 그들 모두가 한 일은 했다고 알고, 하지 않은 일은 하지 않았다고 알고, 아픈 사람들의 힘과 허약함을 알고, 딱딱한 음식과 부드러운 음식을 각자의 몫에 맞게 분배한다. 비구들이여, 이와 같이 여인은 하인들을 잘 관리한다."

5. "비구들이여, 그러면 어떻게 여인은 남편의 마음에 들게 행동하는가?

비구들이여, 여기 여인은 남편이 마음에 들어 하지 않는 것이라 여겨지는 것은 목숨을 버릴지언정 절대로 행하지 않는다. 비구들이여, 이와 같이 여인은 남편의 마음에 들게 행동한다.”

6. “비구들이여, 그러면 어떻게 여인은 가산을 잘 보호하는가?

비구들이여, 여기 여인은 남편이 벌어오는 재물이나 곡식이나 은이나 금을 보호하고 수호하여 잘 간직하며, 그것에 대해 강도짓을 하지 않고 도둑질을 하지 않고 술을 사마시지 않고 낭비하지 않는다. 비구들이여, 이와 같이 여인은 가산을 잘 보호한다.

비구들이여, 이러한 네 가지 법을 갖춘 여인은 여기 이 세상을 극복하기 위해 도를 닦고, 그녀는 이 세상을 성취한다.”

7. “비구들이여, 네 가지 법을 갖춘 여인은 다음 세상을 극복하기 위해 도를 닦고, 그녀는 다음 세상을 성취한다. 무엇이 넷인가?”

8. “비구들이여, 여기 여인은 믿음을 구족하고, 계를 구족하고, 베풂을 구족하고, 통찰지를 구족한다.”

9. “비구들이여, 그러면 어떻게 여인은 믿음을 구족하는가?

비구들이여, 여기 여인은 믿음이 있다. 그녀는 여래의 깨달음에 믿음을 가진다. ‘이런 [이유로] 그분 세존께서는 아라한[應供]이시며, 완전히 깨달은 분[正等覺]이시며, 영지와 실천을 구족한 분[明行足]이시며, 피안으로 잘 가신 분[善逝]이시며, 세간을 잘 알고 계신 분[世間解]이시며, 가장 높은 분[無上士]이시며, 사람을 잘 길들이는 분[調御丈夫]이시며, 하늘과 인간의 스승[天人師]이시며, 깨달은 분[佛]이시며, 세존

(世尊)이시다.'라고. 비구들이여, 이와 같이 여인은 믿음을 구족한다."

10. "비구들이여, 그러면 어떻게 여인은 계를 구족하는가?

비구들이여, 여기 여인은 생명을 죽이는 것을 멀리 여의고, 주지 않은 것을 가지는 것을 멀리 여의고, 삿된 음행을 멀리 여의고, 거짓 말하는 것을 멀리 여의고, 방일하는 근본이 되는 술과 중독성 물질을 멀리 여읜다. 비구들이여, 이와 같이 여인은 계를 구족한다."

11. "비구들이여, 그러면 어떻게 여인은 베풂을 구족하는가?

비구들이여, 여기 여인은 인색함의 때가 없는 마음으로 재가에 살고, 아낌없이 보시하고, 손은 깨끗하고, 주는 것을 좋아하고, 다른 사람의 요구에 반드시 부응하고, 보시하고 나누어 가지는 것을 좋아한다. 비구들이여, 이와 같이 여인은 베풂을 구족한다."

12. "비구들이여, 그러면 어떻게 여인은 통찰지를 구족하는가?

비구들이여, 여기 여인은 통찰지를 가졌다. 그녀는 일어나고 사라짐을 꿰뚫고, 성스럽고, 통찰력이 있고, 바르게 괴로움의 소멸로 인도하는 통찰지를 구족하였다. 비구들이여, 이와 같이 여인은 통찰지를 구족한다.

비구들이여, 이러한 네 가지 법을 갖춘 여인은 다음 세상을 극복하기 위해 도를 닦고, 그녀는 다음 세상을 성취한다."

13. "맡은 일을 잘 처리하고, 하인들을 잘 관리하며
남편의 마음에 들게 행동하고, 가산을 잘 보호하며
믿음과 계를 구족하고

[구하는 자의] 말뜻을 알고, 인색을 여의어
내생의 번영을 가져오는 내면의 길을 깨끗하게 하도다.
이러한 여덟 가지 법을 지닌 여인은
계를 잘 지키고 법답고 진실을 말하는 자라고 불리나니
열여섯 가지를 구족했고
여덟 가지 구성요소를 갖추었으며
계를 지닌 이러한 청신녀들은
아름다운 [몸을] 가진 천상 세계에 태어나리라."144)

제5장 포살 품이 끝났다.

다섯 번째 품에 포함된 경들의 목록은 다음과 같다.

① 간략하게 ② 상세하게 ③ 위사카
④ 와셋타, 다섯 번째로 ⑤ 봇자
⑥ 아누룻다, 다시 ⑦ 위사카 ⑧ 나꿀라마따
두 가지 ⑨~⑩ 여기 이 세상이다.

첫 번째 50개 경들의 묶음이 끝났다.

---

144) 본경은 바로 앞의 경을 비구들에게 반복하여 설하신 것이다.

두 번째 50개 경들의 묶음

Dutiya-paṇṇāsaka

제6장 안치 품

Sa-ādhāna-vagga[145)]

고따미 경(A8:51)

Gotamī-sutta

1. 한때 세존께서는 삭까에서 까삘라왓투의 니그로다 원림에 머무셨다.[146)] 그때 마하빠자빠띠 고따미[147)]가 세존께 다가갔다.[148)]

---

145) 6차결집본에는 '고따미 품'(Gotamī-vagga)으로 나타난다.

146) "세존께서 [성도하신 후] 처음으로 까삘라왓투를 방문하셨을 때이다." (AA.iv.132)

147) 마하빠자빠띠 고따미(Mahāpajāpati Gotami)는 데와다하(Devadaha)의 숩빠붓다(Suppabuddha)의 딸이며, 부처님의 어머니인 마하마야(Mahāmāyā) 부인의 여동생이기도 하다. 마하마야 부인이 세존을 낳은 지 7일 만에 돌아가시자 세존을 양육했으며, 세존의 아버지인 숫도다나 왕과 결혼하여 세존의 계모가 되었다. 더 자세한 것은 본서 제1권 「하나의 모음」(A1:14:5-1) 주해를 참조할 것.

148) "세존께서는 까삘라왓투를 방문하셔서 맨 먼저 난다(Nanda)를 출가시키셨고 7일째 되던 날에 라훌라(Rāhula)를 출가시키셨다. 삭까족과 꼴리야족 사이에 로히니 강물 때문에 분쟁이 일어나(cumbaṭaka-kalaha) 양쪽 국민들 사이에서 전쟁이 일어날 위기에 처했을 때 스승께서 나서셔서 그들의 왕을 달래어 「자신의 폭력 경」(Attadaṇḍa-sutta, Sn.iv.15)을

가서는 세존께 절을 올리고 한 곁에 섰다. 한 곁에 서서 마하빠자빠띠 고따미는 세존께 이렇게 말씀드렸다.

"세존이시여, 여자도 집을 나와 여래가 선포하신 법과 율 안으로 출가하도록 해주시면 감사하겠습니다."

"그만하시오, 고따미여. 그대는 여자가 집을 나와 여래가 선포하신 법과 율 안으로 출가하는 것을 요청하지 마시오."149)

2.   두 번째로 마하빠자빠띠 고따미는 세존께 이렇게 말씀드렸다.

"세존이시여, 여자도 집을 나와 여래가 선포하신 법과 율 안으로

설하셨다. 왕들은 마음이 누그러져 각각 250명의 남자들을 세존께로 보냈다. 그 500명의 남자들은 세존의 곁에 출가하였다. 그러자 그들의 부인들이 교단으로 사람을 보내어 불평을 말하였다. 세존은 그들에게 불평이 일어난 사실을 아시고 그 500명의 젊은 비구들을 꾸날라 연못(kuṇala -daha, 뻐꾸기 연못)으로 데려가서 자신들이 뻐꾸기였을 적에 앉았던 돌 위에 앉게 하고서 「꾸날라 자따까」(Kuṇāla-jaataka, Jā.v.412f)의 설법으로 불평을 가라앉힌 뒤 그 모두를 예류과에 머물게 하셨고, 다시 마하와나(大林)로 데려가서 아라한과에 머물게 하셨다. 그들의 마음을 알기 위해 다시 그들의 부인들을 교단으로 보내었다. 그들은 '우리가 재가에서 머무는 것은 불가능 하다.'라고 말하면서 부인들을 교단으로부터 돌려보내었다. 그 부인들은 '우리도 이제 집으로 돌아가는 것은 적당하지 않다. 그러니 마하빠자빠띠 곁에 가서 [세존께] 출가를 허락받아 달라고 해서 출가합시다.'라고 말하면서 그 500명도 마하빠자빠띠 곁에 가서는 '존경하는 분이시여, 저희들의 출가를 허락받아 주십시오.'라고 말했다. 그래서 마하빠자빠띠는 그 부인들을 데리고 세존께 다가간 것이다."(AA.iv.132)

149)   "무슨 이유로 세존께서는 거절하셨는가? 모든 부처님들께도 사부대중(catasso parisā)이 있지 않았는가? 물론 그러했다. 그러나 고생하면서 여러 차례 간청한 뒤에 마침내 출가를 허락하면 '어렵게 얻었다.'라면서 그들이 바르게 간직할 것이라고 생각하시었다. 그래서 중요함을 부각시킨 뒤에 출가를 허락하시고자 하여 거절하셨다."(AA.iv,132~133)

출가하도록 해주시면 감사하겠습니다."

"그만하시오, 고따미여. 그대는 여자가 집을 나와 여래가 선포하신 법과 율 안으로 출가하는 것을 요청하지 마시오."

3. 　세 번째로 마하빠자빠띠 고따미는 세존께 이렇게 말씀드렸다.

"세존이시여, 여자도 집을 나와 여래가 선포하신 법과 율 안으로 출가하도록 해주시면 감사하겠습니다."

"그만하시오, 고따미여. 당신은 여자가 집을 나와 여래가 선포하신 법과 율 안으로 출가하는 것을 요청하지 마시오."

그러자 마하빠자빠띠 고따미는 '세존께서는 여자가 집을 나와 여래가 선포하신 법과 율 안으로 출가하는 것을 허락하지 않으시는구나.'라고 하면서 슬픔과 비탄에 잠겨 눈물을 흘리고 흐느끼면서 세존께 절을 올리고 오른쪽으로 [세 번] 돌아 [경의를 표한] 뒤에 물러갔다.

4. 　그 후 세존께서는 까삘라왓투에 원하는 만큼 머무시고 웨살리를 향하여 유행을 떠나셨다. 차례차례 유행을 하시어 웨살리에 도착하셨다. 세존께서는 그곳 웨살리에서 큰 숲의 중각강당에 머무셨다. 그때 마하빠자빠띠 고따미는 삭발을 하고 노란색 가사를 입고 많은 삭까의 여인들과 함께 웨살리로 들어가 차례대로 웨살리에 있는 큰 숲의 중각강당에 도착하였다.

그때 마하빠자빠띠 고따미는 발이 퉁퉁 부어올랐고, 사지는 온통 먼지투성이였으며, 슬픔과 비탄에 잠겨 눈물을 흘리고 흐느끼면서 문밖에 서있었다. 아난다 존자는 마하빠자빠띠 고따미가 발이 퉁퉁 부어올랐고, 사지는 온통 먼지투성이며, 슬픔과 비탄에 잠겨 눈물을 흘리고 흐느끼면서 문밖에 서있는 것을 보았다. 보고는 마하빠자빠띠 고따미에게 이렇게 말하였다.

"고따미여, 당신은 왜 발이 퉁퉁 부어올랐고, 사지는 온통 먼지투성이며, 슬픔과 비탄에 잠겨 눈물을 흘리고 흐느끼면서 문밖에 서있습니까?"

"아난다 존자시여, 세존께서는 여자가 집을 나와 여래가 선포하신 법과 율 안으로 출가하는 것을 허락하지 않으십니다."

"고따미여, 그렇다면 여기에 계십시오. 제가 세존께 여자도 집을 나와 여래가 선포하신 법과 율 안으로 출가하도록 간청을 해보겠습니다."

5. 그러자 아난다 존자는 세존께 다가갔다. 가서는 세존께 절을 올리고 한 곁에 앉았다. 한 곁에 앉아서 아난다 존자는 세존께 이렇게 말씀드렸다.

"세존이시여, 마하빠자빠띠 고따미께서 발이 퉁퉁 부어올랐고, 사지는 온통 먼지투성이며, 슬픔과 비탄에 잠겨 눈물을 흘리고 흐느끼면서 문밖에 서서 '세존께서는 여자가 집을 나와 여래가 선포하신 법과 율 안으로 출가하는 것을 허락하지 않으십니다.'라고 말하고 있습니다. 세존이시여, 여자도 집을 나와 여래가 선포하신 법과 율 안으로 출가하도록 해주십시오."

"그만하라, 아난다여. 그대는 여자가 집을 나와 여래가 선포하신 법과 율 안으로 출가하는 것을 요청하지 말라."

두 번째로 … 세 번째로 아난다 존자는 세존께 이렇게 말씀드렸다.

"세존이시여, 여자도 집을 나와 여래가 선포하신 법과 율 안으로 출가하도록 해주십시오."

"그만하라, 아난다여. 그대는 여자가 집을 나와 여래가 선포하신 법과 율 안으로 출가하는 것을 요청하지 말라."

6. 그러자 아난다 존자에게 이런 생각이 들었다.

'세존께서는 여자가 집을 나와 여래가 선포하신 법과 율 안으로 출가하는 것을 허락하지 않으시는구나. 그러니 나는 다른 방법으로 여자도 집을 나와 여래가 선포하신 법과 율 안으로 출가하도록 세존께 간청을 해야겠다.'

그때 아난다 존자는 세존께 이렇게 말씀드렸다.

"세존이시여, 여자도 집을 나와 여래가 선포하신 법과 율 안으로 출가하면 예류과나 일래과나 불환과나 아라한과를 실현할 수 있습니까?"

"아난다여, 여자도 집을 나와 여래가 선포하신 법과 율 안으로 출가하면 예류과도 일래과도 불환과도 아라한과도 실현할 수 있다."

"세존이시여, 만일 여자도 집을 나와 여래가 선포하신 법과 율 안으로 출가하여 예류과도 일래과도 불환과도 아라한과도 실현할 수 있다면 마하빠자빠띠 고따미는 세존께 많은 도움을 주었습니다. 그분은 세존의 이모였고 유모였고 양육자였으며, 세존의 생모가 돌아가셨을 때 세존께 젖을 먹였습니다. 세존이시여, 여자도 집을 나와 여래가 선포하신 법과 율 안으로 출가할 수 있도록 허락해주시면 좋겠습니다."

7. "아난다여, 만일 마하빠자빠띠 고따미가 여덟 가지 무거운

법[八敬法]을150) 받아들인다면 그녀는 구족계를 받을 수 있다.

(1) 비구니가 구족계를 받은 지 100년이 되었다 하더라도 바로 그 날 구족계를 받은 비구에게 절을 올리고 자리에서 일어나 맞이하고 합장하고 경의를 표해야 하나니, 이 법을 존경하고 존중하고 예배하고 공경하여 목숨이 붙어있는 한 범하지 말아야 한다.

(2) 비구니는 비구가 없는 거주처151)에서 안거를 나서는 안 되나니, 이 법을 존경하고 존중하고 예배하고 공경하여 목숨이 붙어있는 한 범하지 말아야 한다.

(3) 보름마다 비구니는 비구 승가에게 포살에 대한 질문을 해야 하고 교계를 받아야 하나니, 이 법을 존경하고 존중하고 예배하고 공경하여 목숨이 붙어있는 한 범하지 말아야 한다.

(4) 안거를 마치면 비구니는 [비구 승가와 비구니 승가의] 두 승가 앞에서 본 것과 들은 것과 의심쩍은 것152)의 세 가지에 대해서 자자(自恣)153)를 해야 하나니, 이 법을 존경하고 존중하고 예배하고 공경

---

150) 아래서 설해지는 '여덟 가지 무거운 법(aṭṭha garu-dhamma)'은 우리에게 팔경법(八敬法)으로 잘 알려진 것이다. 팔경법이 여성을 비하한 것인가 아닌가를 따지는 것보다는 위 §5에서 말씀하신 "여자도 집을 나와 여래가 선포하신 법과 율 안으로 출가하면 예류과, 일래과, 불환과, 아라한과도 실현할 수 있다."는 부처님의 대사자후를 우리는 더 주목해야 할 것이다. 한편 팔경법은 비구니 계목에는 포함되어 있지 않다.

151) "'비구가 없는 거주처(abhikkhuka āvāsa)'란 사는 곳 부근에 교계(ovāda)를 듣기 위해 다가가더라도 교계를 해줄 스승(ācariya)이 없는 곳을 뜻한다."(AA.iv.135)

152) "'의심쩍은 것(parisaṅkā)'이란 본 것과 들은 것에 대해서 의심이 가는 것을 뜻한다."(*Ibid*)

153) '자자(自恣, pavāraṇā)'는 석 달의 안거(vassa)가 끝날 때(vassaṁ-vuttha, SA.i.276) 모든 대중들이 모여서 석 달간의 생활을 되돌아보고

하여 목숨이 붙어있는 한 범하지 말아야 한다.

(5) 무거운 법154)을 범한 비구니는 두 승가에게 보름간의 참회를 행해야 하나니, 이 법을 존경하고 존중하고 예배하고 공경하여 목숨이 붙어있는 한 범하지 말아야 한다.

(6) 두 안거 기간(2년) 동안 여섯 가지 법에 대해 학습계목을 성취한 뒤155) 식차마나156)는 두 승가로부터 구족계를 받아야 하나니, 이 법을 존경하고 존중하고 예배하고 공경하여 목숨이 붙어있는 한 범하지 말아야 한다.

(7) 어떤 이유로도 비구니는 비구에게 욕설을 하거나 비방을 해서는 안되나니, 이 법을 존경하고 존중하고 예배하고 공경하여 목숨이 붙어있는 한 범하지 말아야 한다.

(8) 아난다여, 오늘부터 비구니들이 비구들을 [교계하고 가르치는

반성하는 의식이다.

『상윳따 니까야 복주서』는 이렇게 설명한다.

"자자란 도닦음을 청정(paṭipatti-visodhana)하게 하고 각자 자신의 잘못을 깨끗이(vajja-sodhana) 하기 위한 기회를 주는 것(okāsa-dāna)을 말한다. 그러므로 일반적으로는 안거가 끝날 때 행해지는 것인데, 이것을 청정해지기 위한 자백(visuddhi-desanā)이라고 한다."(SAṬ.i.253)

154) "'무거운 법(garu-dhamma)'이란 무거운 승잔죄(saṅghādises-āpatti)를 뜻한다."(*Ibid*)

155) "'여섯 가지 법(cha dhammā)'이란 때 아닌 때에 먹지 않는 것 등의 여섯 가지이고, 2년 동안 그 여섯 가지 법 가운데서 단 하나의 학습계목도 어기지 않고 완전히 성취한 뒤에 구족계를 받아야 한다는 뜻이다."(*Ibid*)
즉 여성은 처음에 출가하면 식차마나(sikkhamānā)가 되어 2년 동안 6가지 법을 준수한 뒤에 구족계(비구니계)를 받아야 한다는 뜻이다.

156) 중국에서 식차마나(式叉摩那)로 음역한 식카마나(sikkhamānā)에 대해서는 본서 제3권 「비구니 등의 경」(A5:263) §1의 주해를 참조할 것.

등의] 말을 하는 것은 금지되지만 비구들이 비구니들을 [교계하고 가르치는 등의] 말을 하는 것은 금지되지 않나니, 이 법을 존경하고 존중하고 예배하고 공경하여 목숨이 붙어있는 한 범하지 말아야 한다.

아난다여, 만일 마하빠자빠띠 고따미가 이러한 여덟 가지 무거운 법[八敬法]을 받아들인다면 그녀는 구족계를 받을 수 있다."

8. 그러자 아난다 존자는 세존으로부터 이러한 여덟 가지 무거운 법을 배운 뒤 마하빠자빠띠 고따미에게 갔다. 가서는 마하빠자빠띠 고따미에게 이렇게 말했다.

"고따미여, 만일 당신이 여덟 가지 무거운 법[八敬法]을 받아들인다면 구족계를 받을 수 있습니다.

비구니가 구족계를 받은 지 100년이 되었다 하더라도 바로 그날 구족계를 받은 비구에게 절을 올리고 자리에서 일어나 맞이하고 합장하고 경의를 표해야 하나니, 이 법을 존경하고 존중하고 예배하고 공경하여 목숨이 붙어있는 한 범하지 말아야 합니다.

비구니는 비구가 없는 거주처에서 안거를 나서는 안 되나니, 이 법을 존경하고 존중하고 예배하고 공경하여 목숨이 붙어있는 한 범하지 말아야 합니다.

보름마다 비구니는 비구 승가에게 포살에 대한 질문을 해야 하고 교계를 받아야 하나니, 이 법을 존경하고 존중하고 예배하고 공경하여 목숨이 붙어있는 한 범하지 말아야 합니다.

안거를 마치면 비구니는 [비구 승가와 비구니 승가의] 두 승가 앞에서 본 것과 들은 것과 의심쩍은 것의 세 가지에 대해서 자자(自恣)를 해야 하나니, 이 법을 존경하고 존중하고 예배하고 공경하여 목숨이 붙어있는 한 범하지 말아야 합니다.

무거운 법을 범한 비구니는 두 승가에게 보름간의 참회를 행해야하나니, 이 법을 존경하고 존중하고 예배하고 공경하여 목숨이 붙어있는 한 범하지 말아야 합니다.

두 안거 기간(2년) 동안 여섯 가지 법에 대해 학습계목을 성취한 뒤식차마나는 두 승가로부터 구족계를 받아야 하나니, 이 법을 존경하고 존중하고 예배하고 공경하여 목숨이 붙어있는 한 범하지 말아야합니다.

어떤 이유로도 비구니는 비구에게 욕설을 하거나 비방을 해서는안되나니, 이 법을 존경하고 존중하고 예배하고 공경하여 목숨이 붙어있는 한 범하지 말아야 합니다.

고따미여, 오늘부터 비구니들이 비구들을 [교계하고 가르치는 등의] 말을 하는 것은 금지되지만, 비구들이 비구니들을 [교계하고 가르치는 등의] 말을 하는 것은 금지되지 않나니, 이 법을 존경하고 존중하고 예배하고 공경하여 목숨이 붙어있는 한 범하지 말아야 합니다.

고따미여, 만일 당신이 이러한 여덟 가지 무거운 법[八敬法]을 받아들인다면 구족계를 받을 수 있습니다."

"아난다 존자시여, 마치 장식을 좋아하는 어리고 젊은 여자나 남자가 머리를 감은 뒤 연꽃 화환이나 재스민 화환이나 장미꽃 화환을 얻으면 두 손으로 받아서 몸의 최상인 머리에 놓는 것과 같이, 저는 이러한 여덟 가지 무거운 법을 받아들여 목숨이 붙어있는 한 범하지 않을 것입니다."

9. 그러자 아난다 존자는 세존께 다가갔다. 가서는 세존께 절

을 올리고 한 곁에 앉았다. 한 곁에 앉아서 아난다 존자는 세존께 이렇게 말씀드렸다.

"세존이시여, 마하빠자빠띠 고따미는 여덟 가지 무거운 법[八敬法]을 받아들여 목숨이 붙어있는 한 범하지 않겠다고 했습니다."

"아난다여, 만일 여자가 집을 나와 여래가 선포하신 법과 율 안으로 출가하지 않으면 청정범행은 오래 머물 것이고 정법은 천년을 머물게 될 것이다. 그러나 여자도 집을 나와 여래가 선포하신 법과 율안으로 출가하게 되었으므로 이제 청정범행은 오래 머물지 못할 것이고 정법은 오백년 밖에 머물지 못할 것이다.

아난다여, 마치 어떤 가문이든 여자가 많고 남자가 적은 가문은 도둑이나 밤도둑의 침입을 받기 쉬운 것과 같이, 여자가 집을 나와 출가하는 그런 법과 율에는 청정범행이 오래 머물지 못한다.

아난다여, 마치 벼를 잘 심은 논에 벼멸구가 퍼지면 벼를 잘 심은 그 논은 오래 가지 못하는 것과 같이, 여자가 집을 나와 출가하는 그런 법과 율에는 청정범행이 오래 머물지 못한다.

아난다여, 마치 잘 자란 사탕수수 밭에 붉은 뼈처럼 되는 병이 돌면 그 잘 자란 사탕수수 밭은 오래 가지 못하는 것과 같이, 여자가 집을 나와 출가하는 그런 법과 율에는 청정범행이 오래 머물지 못한다.

아난다여, 마치 남자가 큰 호수에다 오직 미래를 대비하여 제방을 쌓아서 물이 범람하지 못하게 하듯이, 나도 오직 미래를 대비하여 비구니들에게 여덟 가지 무거운 법[八敬法]을 제정하여 목숨이 붙어있는 한 범하지 못하도록 하였다."157)

---

157) "큰 호수에다 오직 미래를 대비하여 제방을 쌓는다는 것은 다음과 같은 뜻을 보여주신다.

교계 경(A8:52)

Ovāda-sutta

1. 한때 세존께서는 웨살리에서 큰 숲에 있는 중각강당에 머무셨다. 그때 아난다 존자가 세존께 다가갔다. 가서는 세존께 절을 올리고 한 곁에 앉았다. 한 곁에 앉아서 아난다 존자는 세존께 이렇게 말씀드렸다.

"세존이시여, 어떠한 법을 갖춘 비구가 비구니들을 교계하는 자로 선출되어야 합니까?"

"아난다여, 여덟 가지 법을 갖춘 비구가 비구니들을 교계하는 자로 선출되어야 한다. 무엇이 여덟인가?"

2. "아난다여, 여기 비구는 계를 잘 지켜 계목의 단속으로 단속하면서 머문다. 바른 행실과 행동의 영역을 갖추고, 작은 허물에 대해서도 두려움을 보며, 학습계목을 받아 지녀 공부짓는다.

그는 많이 배우고[多聞] 배운 것을 잘 호지하고 배운 것을 잘 정리한다. 시작도 훌륭하고 중간도 훌륭하고 끝도 훌륭하며, 의미와 표현을 구족하여 더할 나위 없이 완벽하고 지극히 청정한 범행을 확실하

큰 호수에는 비록 제방을 쌓지 않는다 하더라도 어느 정도의 물은 차 있을 것이다. 그러나 미리 제방을 쌓아두면, 쌓지 않았을 때에 고여 있지 못할 물도 고여 있게 된다. 그와 마찬가지로 이런 일이 일어나기 전에 오직 미래를 대비하여 범하지 않도록 하기 위해 무거운 법[八敬法]을 제정하였다. 그것을 제정하지 않았을 때 여자가 출가하면 정법은 오백 년 밖에 머물지 못할 것이다. 그러나 미래를 대비하여 제정했기 때문에 나중 오백 년 동안도 정법이 머물 것이다. 그러므로 처음 설한 천년 동안 머문다."
(AA.iv.136~137)

게 드러내는 가르침들이 있으니, 그는 그러한 가르침들을 많이 배우고 호지하고 말로써 익숙해지고 마음으로 숙고하고 견해로써 잘 꿰뚫는다.

두 가지 빠띠목카를 경(경분별)과 부분적인 것(건도와 보유)158)으로 상세하게 잘 전승받고 잘 분석하고 잘 전개하고 잘 판별한다. 선한 말을 하고, 선한 말씨를 가졌고, 예의바르게 말하고, 명확하고 흠이 없고 뜻을 바르게 전달하는 언변을 구족하였다. 비구니 승가에게 법다운 이야기로 가르치고 격려하고 분발하게 하고 기쁘게 할 능력이 있다. 대체로 비구니들의 호감을 사고 그들의 마음에 든다. 세존을 의지하여 출가하여 물들인 옷을 입은 후로 무거운 법을 범한 적이 없다. 20안거나 20안거 이상이 되어야 한다.

아난다여, 이러한 여덟 가지 법을 갖춘 비구가 비구니들을 교계하는 자로 선출되어야 한다."

간략하게 경(A8:53)
Saṁkhitta-sutta

1. 한때 세존께서는 웨살리에서 큰 숲의 중각강당에 머무셨다. 그때 마하빠자빠띠 고따미가 세존께 다가갔다. 가서는 세존께 절을 올리고 한 곁에 섰다. 한 곁에 서서 마하빠자빠띠 고따미는 세존께 이렇게 말씀드렸다.

"세존이시여, 세존께서는 제게 간략하게 법을 설해주소서. 저는 세존께서 설해주시는 그 법을 듣고 혼자 은둔하여 방일하지 않고 열심

---

158) 두 가지 빠띠목카와 경과 부분적인 것에 대한 상세한 설명은 본서 제4권 「율을 호지하는 자 경」 2(A7:72) §2의 주해를 참조할 것.

히, 스스로 독려하며 지내고자 합니다."

2. "고따미여, 어떤 법들이 탐욕에 물들게 하고 탐욕의 빛바램으로 인도하지 않으며, [윤회의] 족쇄에 묶이게 하고 족쇄로부터 벗어남으로 인도하지 않으며, [윤회를] 증장시키고 감소함으로 인도하지 않으며,159) 크나큰 욕심을 생기게 하고 욕심 없음[少慾]으로 인도하지 않으며, 만족할 줄 모르게 하고 만족함[知足]으로 인도하지 않으며, 무리지어 살게 하고 한거(閑居)함으로 인도하지 않으며, 게으르게 하고 열심히 정진함으로 인도하지 않으며, 공양하기 어렵게 하고 공양하기 쉬움으로 인도하지 않는다고 그대가 알게 되면, '이것은 법이 아니고 이것은 율이 아니고 이것은 스승의 교법이 아니다.'라고 그대는 전적으로 호지해야 합니다."

3. "고따미여, 그러나 어떤 법들이 탐욕이 빛바래도록 하고 탐욕에 물듦으로 인도하지 않으며, [윤회의] 족쇄로부터 벗어나게 하고 묶임으로 인도하지 않으며, [윤회를] 감소시키고 증장으로 인도하지 않으며, 욕심 없게[少慾] 하고 크나큰 욕심으로 인도하지 않으며, 만족[知足]하도록 하고 만족할 줄 모름으로 인도하지 않으며, 한거(閑居)하도록 하고 무리지어 사는 것으로 인도하지 않으며, 열심히 정진하게 하고 게으름으로 인도하지 않으며, 공양하기 쉽게 하고 공양하기 어렵게 하지 않는다고 그대가 알게 되면, '이것은 법이고 이것은 율이고 이것은 스승의 교법이다.'라고 그대는 전적으로 호지해야 합니다."

---

159) "'증장시킨다(ācaya)'는 것은 윤회(vaṭṭa)를 증가시킨다(vaḍḍhana)는 의미이고, 감소시키지 않는다(no apacaya)는 것은 윤회를 없애지 못한다는 의미이다."(AA.iv.137)

디가자누 경(A8:54)

Dīghajāṇu-sutta

1. 한때 세존께서는 꼴리야[160)]에서 깍까라빳따라는 꼴리야의 성읍에 머무셨다. 그때 꼴리야의 아들 디가자누[161)]가 세존께 다가갔다. 가서는 세존께 절을 올리고 한 곁에 앉았다. 한 곁에 앉은 꼴리야의 아들 디가자누는 세존께 이렇게 말씀드렸다.

"세존이시여, 저희 재가자들은 감각적 욕망을 즐기고 자식들이 북적거리는 집에서 살고 까시에서 산출된 전단향을 사용하고 화환과 향과 연고를 즐겨 사용하고 금은을 향유합니다. 세존이시여, 세존께서는 이러한 저희들에게 금생의 이익과 행복을 주고 내생의 이익과 행복을 주는 법을 설해주소서."

2. "호랑이가 다니던 길에 사는 자여,[162)] 네 가지 법은 선남자

---

160) 꼴리야(Koḷiya/Koliya)는 로히니(Rohiṇī) 강을 사이에 두고 사꺄 (Sākya, 석가족)와 인접한 공화국 체제를 유지한 나라였다. 꼴리야의 선조가 사꺄의 여인과 결혼해서 꼴리야 나라를 만들었다고 할 정도로 사꺄와는 형제국이나 다름없는 사이였다고 한다.(DPPN) 라마가마(Rāma-gāma)와 데와다하(Devadaha)가 주요 도시였으며 그 외에도 여러 곳이 초기경에 언급될 정도로 부처님과 제자들과도 인연이 많은 나라였다.

161) 디가자누(Dīghajāṇu)는 문자적으로 '긴 무릎을 가진 사람'이라는 뜻이다. 본경에만 언급이 되고 있는 꼴리야 사람이다.

162) "'호랑이가 다니던 길에 사는 자(Vyagghapajja)'라고 부른 것은 그의 습관적이고 전통적인 이름(paveṇi-nāma)으로 부른 것이다. 왜냐하면 그의 선조가 호랑이가 다니던 길에서 태어났기 때문에 그 가문의 남자들은 그렇게 불렸다."(AA.iv.137~138)
여기서 vyaggha는 호랑이를 뜻하고 pajja는 pada(길)에서 파생된 단어이다. 꼴리야족의 남자들은 모두 이렇게 불리었다고 한다. 더 자세한 설명

에게 금생의 이익과 행복을 준다. 무엇이 넷인가?"

3. "근면함을 구족함, 보호를 구족함, 선우를 사귐, 바르게 생계를 유지함이다."

4. "호랑이가 다니던 길에 사는 자여, 그러면 어떤 것이 근면함을 구족함인가? 호랑이가 다니던 길에 사는 자여, 여기 선남자는 농사나 장사나 목축이나 궁술이나 왕의 신하가 되거나 그 이외 어떤 공예의 직업을 가지고 생계를 유지하나니, 그가 거기에 숙련되고 게으르지 않으며 그것을 완성할 수 있는 검증을 거쳐 충분히 실행할 수 있고 충분히 연구할 수 있는 자가 된다. 호랑이가 다니던 길에 사는 자여, 이를 일러 근면함을 구족함이라 한다."

5. "호랑이가 다니던 길에 사는 자여, 그러면 어떤 것이 보호를 구족함인가? 호랑이가 다니던 길에 사는 자여, 여기 선남자는 열정적인 노력으로 얻었고, 팔의 힘으로 모았고, 땀으로 획득했으며, 정의롭게 법에 따라서 얻은 그의 재물을 보호하고 지키는 것을 구족한다. '어떻게 하면 나의 이 재물을 왕이 거두어 가버리지 않을까, 도둑이 훔쳐가지 않을까, 불이 태워버리지 않을까, 물이 쓸어 가버리지 않을까, 성품이 나쁜 자가 상속받지 않을까?'라고 호랑이가 다니던 길에 사는 자여, 이를 일러 보호를 구족함이라 한다."

6. "호랑이가 다니던 길에 사는 자여, 그러면 어떤 것이 선우를 가짐인가? 호랑이가 다니던 길에 사는 자여, 여기 선남자가 어떤

은 본서 제2권 「사뿌기야 경」 (A4:194) §1의 주해를 참조할 것.

마을이나 성읍에 산다. 그곳에는 믿음을 구족하고 계를 구족하고 베풂을 구족하고 통찰지를 구족한, 장자나 장자의 아들이나 계행이 원숙한 젊은이나 혹은 계행이 원숙한 노인들이 있다. 그는 이러한 사람들과 함께 지내고 대화하고 토론한다. 그런 믿음을 구족한 사람들로부터 믿음의 구족을 따라서 배우고, 그런 계를 구족한 사람들로부터 계의 구족을 따라서 배우고, 그런 베풂을 구족한 사람들로부터 베풂의 구족을 따라서 배우고, 그런 통찰지를 구족한 사람들로부터 통찰지의 구족을 따라서 배운다. 호랑이가 다니던 길에 사는 자여, 이를 일러 선우를 가짐이라 한다.”

7. “호랑이가 다니던 길에 사는 자여, 그러면 어떤 것이 바르게 생계를 유지함인가? 호랑이가 다니던 길에 사는 자여, 여기 선남자는 재물의 수입과 지출을 알고, 지나치게 풍족하지도 않고 지나치게 궁핍하지도 않게 바르게 생계를 유지한다. ‘이와 같이 내 수입은 지출을 제하고도 남을 것이고 지출이 수입을 능가하지 않을 것이다.’라고 생각하면서.

호랑이가 다니던 길에 사는 자여, 예를 들면 저울로 무게를 재는 사람이나 그의 도제가 저울을 잡으면 이만큼이 내려갔거나 혹은 이만큼이 올라갔다고 아는 것과 같다. 그와 같이 선남자는 재물의 수입과 지출을 알고, 지나치게 풍족하지도 않고 지나치게 궁핍하지도 않게 바르게 생계를 유지한다. ‘이와 같이 내 수입은 지출을 제하고도 남을 것이고 지출이 수입을 능가하지 않을 것이다.’라고 생각하면서.

호랑이가 다니던 길에 사는 자여, 만일 선남자가 수입은 적은데 호화로운 생계를 꾸려간다면 말하기를 좋아하는 사람들은 ‘이 사람은 무화과를 먹듯이 재물을 낭비하는구나.'163)라고 말한다. 만일 선남자가 수입이 많은데도 궁핍하게 생계를 꾸려간다면 말하기 좋아하는 사람들은 '이 사람은 굶어죽을 거야.'라고 말한다. 호랑이가 다니던 길에 사는 자여, 여기 선남자는 재물의 수입과 지출을 알고, 지나치게 풍족하지도 않고 지나치게 궁핍하지도 않게 바르게 생계를 유지한다. '이와 같이 내 수입은 지출을 제하고도 남을 것이고 지출이 수입을 능가하지 않을 것이다.'라고 생각하면서. 호랑이가 다니던 길에 사는 자여, 이를 일러 바르게 생계를 유지한다고 한다."

8. "호랑이가 다니던 길에 사는 자여, 재물이 생기면 네 가지 파멸의 통로164)가 있나니, 여자에 빠지고, 술에 빠지고, 노름에 빠지고, 나쁜 친구와 나쁜 동료와 나쁜 벗을 사귀는 것이다. 호랑이가 다니던 길에 사는 자여, 예를 들면 네 개의 수로와 네 개의 배수로를 가진 큰 못이 있는데 사람이 수로는 막아버리고 배수로를 열어 두었는데 마침 비까지도 적절하게 내리지 않는다면, 그 큰 못은 물이 말라버리게 될 것이고 물이 불어나지 못하게 될 것이다. 그와 같이 재물이 생기면 네 가지 파멸의 통로가 있나니, 여자에 빠지고, 술에 빠지

---

163) "'무화과를 먹듯이 재물을 낭비한다.'라는 것은 마치 무화과(udumbara)를 먹고 싶어 하는 사람이 잘 익은 무화과 나무를 흔들면 한 번의 충격으로도 많은 과일이 땅에 떨어지는 것과 같다. 그는 그 중에서 먹을 만한 것만 골라서 먹고는 나머지 더 많은 것을 버리고 간다. 그와 마찬가지로 어떤 사람은 수입보다 지출을 더 많이 만들고 재물을 향유한다. 그를 일러 무화과를 먹듯이 재물을 낭비한다고 하는 것이다."(AA.iv.138)

164) '파멸의 통로'는 apāya-mukha를 옮긴 것이고, 아래 '번영의 통로'는 āya-mukha를 옮긴 것이다. 저수지의 비유에서는 각각 '배수로'와 '수로'로 옮겼다.
한편 위에서 '수입'은 āya를 옮긴 것이고 '지출'은 apāya를 옮긴 것이다.

고, 노름에 빠지고, 나쁜 친구와 나쁜 동료와 나쁜 벗을 사귀는 것이다."

9. "호랑이가 다니던 길에 사는 자여, 재물이 생기면 네 가지 번영의 통로가 있나니, 여자에 빠지지 않고, 술에 빠지지 않고, 노름에 빠지지 않고, 좋은 친구와 좋은 동료와 좋은 벗을 사귀는 것이다. 호랑이가 다니던 길에 사는 자여, 예를 들면 네 개의 수로와 네 개의 배수로를 가진 큰 저수지가 있는데 사람이 수로는 열어 두고 배수로를 닫았는데 때마침 비도 고르게 내린다면, 그 큰 저수지는 물이 불어나게 될 것이고 물이 말라버리지 않게 될 것이다. 그와 같이 재물이 생기면 네 가지 번영의 통로가 있나니, 여자에 빠지지 않고, 술에 빠지지 않고, 노름에 빠지지 않고, 좋은 친구와 좋은 동료와 좋은 벗을 사귀는 것이다.

호랑이가 다니던 길에 사는 자여, 이러한 네 가지 법은 선남자에게 금생의 이익과 행복을 준다."

10. "호랑이가 다니던 길에 사는 자여, 네 가지 법은 선남자에게 내생의 이익과 행복을 준다. 무엇이 넷인가?"

11. "믿음의 구족, 계의 구족, 베풂의 구족, 통찰지의 구족이다."

12. "호랑이가 다니던 길에 사는 자여, 그러면 어떤 것이 믿음의 구족인가? 호랑이가 다니던 길에 사는 자여, 여기 선남자는 믿음이 있다. 그는 여래의 깨달음에 믿음을 가진다. '이런 [이유로] 그분 세존께서는 아라한[應供]이시며, 완전히 깨달은 분[正等覺]이시며, 영

지와 실천을 구족한 분[明行足]이시며, 피안으로 잘 가신 분[善逝]이시며, 세간을 잘 알고 계신 분[世間解]이시며, 가장 높은 분[無上士]이시며, 사람을 잘 길들이는 분[調御丈夫]이시며, 하늘과 인간의 스승[天人師]이시며, 깨달은 분[佛]이시며, 세존(世尊)이시다.'라고 호랑이가 다니던 길에 사는 자여, 이를 일러 믿음의 구족이라 한다."

13. "호랑이가 다니던 길에 사는 자여, 그러면 어떤 것이 계의 구족인가? 호랑이가 다니던 길에 사는 자여, 여기 선남자는 생명을 죽이는 것을 멀리 여의고, 주지 않은 것을 가지는 것을 멀리 여의고, 삿된 음행을 멀리 여의고, 거짓말을 멀리 여의고, 방일하는 근본이 되는 술과 중독성 물질을 멀리 여읜다. 호랑이가 다니던 길에 사는 자여, 이를 일러 계의 구족이라 한다."

14. "호랑이가 다니던 길에 사는 자여, 그러면 어떤 것이 베풂의 구족인가? 호랑이가 다니던 길에 사는 자여, 여기 선남자는 인색함의 때가 없는 마음으로 재가에 살고, 아낌없이 보시하고, 손은 깨끗하고, 주는 것을 좋아하고, 다른 사람의 요구에 반드시 부응하고, 보시하고 나누어 가지는 것을 좋아한다. 호랑이가 다니던 길에 사는 자여, 이를 일러 베풂의 구족이라 한다."

15. "호랑이가 다니던 길에 사는 자여, 그러면 어떤 것이 통찰지의 구족인가? 호랑이가 다니던 길에 사는 자여, 여기 선남자는 통찰지를 가졌다. 그는 일어나고 사라짐을 꿰뚫고, 성스럽고, 통찰력이 있고, 바르게 괴로움의 소멸로 인도하는 통찰지를 구족하였다. 호랑이가 다니던 길에 사는 자여, 이를 일러 통찰지의 구족이라 한다.

호랑이가 다니던 길에 사는 자여, 이러한 네 가지 법은 선남자에게 내생의 이익과 행복을 준다."

16. "해야 할 일들에 대해서 근면하고
방일하지 않고 신중하며
바르게 생계를 유지하고, 번 것을 잘 보호하며
믿음과 계를 구족하고
[구하는 자의] 말뜻을 알고, 인색을 여의어
내생의 번영을 가져오는 내면의 길을 깨끗하게 하도다.
이러한 여덟 가지 법은
재가의 [기쁨을] 추구하는 믿음 가진 자에게
둘 다에서 행복을 가져다준다고
진리라는 이름을 가진 분께서 말씀하셨나니
그것은 금생의 이익을 위하고
내생의 행복을 위한 것이로다.
이와 같이 재가자들의 보시는 공덕을 증장시키도다."

웃자야 경(A8:55)
Ujjaya-sutta

1. 그때 웃자야 바라문165)이 세존께 다가갔다. 가서는 세존과 함께 환담을 나누었다. 유쾌하고 기억할 만한 이야기로 서로 담소를

---

165) 주석서와 복주서는 웃자야(Ujjaya) 바라문에 대한 별다른 설명이 없다. 본서 제2권 「웃자야 경」(A4:39)도 같은 사람에게 설하시는 세존의 말씀을 담고 있다.

하고서 한 곁에 앉았다. 한 곁에 앉은 웃자야 바라문은 세존께 이렇게 말씀드렸다.

"고따마 존자시여, 저희는 집을 떠나 여행을 하고자 합니다. 고따마 존자께서는 이러한 저희들에게 금생의 이익과 행복을 주고 내생의 이익과 행복을 주는 법을 설해주소서."

2. "바라문이여, 네 가지 법은 선남자에게 금생의 이익이 되고 금생의 행복이 된다. 무엇이 넷인가?"[166]

3. "근면함을 구족함, 보호를 구족함, 선우를 사귐, 바르게 생계를 유지함이다."

4. "바라문이여, 그러면 어떤 것이 근면함을 구족함인가? 바라문이여, 여기 선남자는 농사나 장사나 목축이나 궁술이나 왕의 신하가 되거나 그 이외 어떤 공예의 직업을 가지고 생계를 유지하나니, 그가 거기에 숙련되고 게으르지 않으며 그것을 완성할 수 있는 검증을 거쳐 충분히 실행할 수 있고 충분히 연구할 수 있는 자가 된다. 바라문이여, 이를 일러 근면함을 구족함이라 한다."

5. "바라문이여, 그러면 어떤 것이 보호를 구족함인가? 바라문이여, 여기 선남자는 열정적인 노력으로 얻었고, 팔의 힘으로 모았고, 땀으로 획득했으며, 정의롭게 법에 따라서 얻은 그의 재물을 보호하고 지키는 것을 구족한다. '어떻게 하면 나의 이 재물을 왕이 거두어

---

166)   이하 게송을 포함한 본경의 내용은 본서 「디가자누 경」(A8:54) §§2~ 16과 같다.

가버리지 않을까, 도둑이 훔쳐가지 않을까, 불이 태워버리지 않을까, 물이 쓸어 가버리지 않을까, 성품이 나쁜 자가 상속받지 않을까?'라고. 바라문이여, 이를 일러 보호를 구족함이라 한다."

6. "바라문이여, 그러면 어떤 것이 선우를 사귐인가? 바라문이여, 여기 선남자가 어떤 마을이나 성읍에 산다. 그곳에는 믿음을 구족하고 계를 구족하고 베풂을 구족하고 통찰지를 구족한, 장자나 장자의 아들이나 계행이 원숙한 젊은이나 혹은 계행이 원숙한 노인들이 있다. 그는 이러한 사람들과 함께 지내고 대화하고 토론한다. 그런 믿음을 구족한 사람들로부터 믿음의 구족을 따라서 배우고, 그런 계를 구족한 사람들로부터 계의 구족을 따라서 배우고, 그런 베풂을 구족한 사람들로부터 베풂의 구족을 따라서 배우고, 그런 통찰지를 구족한 사람들로부터 통찰지의 구족을 따라서 배운다. 바라문이여, 이를 일러 선우를 사귐이라 한다."

7. "바라문이여, 그러면 어떤 것이 바르게 생계를 유지함인가? 바라문이여, 여기 선남자는 재물의 수입과 지출을 알고, 지나치게 풍족하지도 않고 지나치게 궁핍하지도 않게 바르게 생계를 유지한다. '이와 같이 내 수입은 지출을 제하고도 남을 것이고 지출이 수입을 능가하지 않을 것이다.'라고 생각하면서.

바라문이여, 예를 들면 저울로 무게를 재는 사람이나 그의 도제가 저울을 잡으면 이만큼이 내려갔거나 혹은 이만큼이 올라갔다고 아는 것과 같다. 그와 같이 선남자는 재물의 수입과 지출을 알고, 지나치게 풍족하지도 않고 지나치게 궁핍하지도 않게 바르게 생계를 유지한다. '이와 같이 내 수입은 지출을 제하고도 남을 것이고 지출이 수입을 능가하지 않을 것이다.'라고 생각하면서.

바라문이여, 만일 선남자가 수입은 적은데 호화로운 생계를 꾸려간다면 말하기를 좋아하는 사람들은 '이 사람은 무화과를 먹듯이 재물을 낭비하는구나.'라고 말한다. 만일 선남자가 수입이 많은데도 궁핍하게 생계를 꾸려간다면 말하기 좋아하는 사람들은 '이 사람은 굶어죽을 거야.'라고 말한다. 바라문이여, 여기 선남자는 재물의 수입과 지출을 알고, 지나치게 풍족하지도 않고 지나치게 궁핍하지도 않게 바르게 생계를 유지한다. '이와 같이 내 수입은 지출을 제하고도 남을 것이고 지출이 수입을 능가하지 않을 것이다.'라고 생각하면서. 바라문이여, 이를 일러 바르게 생계를 유지한다고 한다."

8. "바라문이여, 재물이 생기면 네 가지 파멸의 통로가 있나니, 여자에 빠지고, 술에 빠지고, 노름에 빠지고, 나쁜 친구와 나쁜 동료와 나쁜 벗을 사귀는 것이다. 바라문이여, 예를 들면 네 개의 수로와 네 개의 배수로를 가진 큰 못이 있는데 사람이 수로는 막아버리고 배수로를 열어 두었는데 마침 비까지도 적절하게 내리지 않는다면, 그 큰 못은 말라버리게 될 것이고 물이 불어나지 못하게 될 것이다. 그와 같이 재물이 생기면 네 가지 파멸의 통로가 있나니, 여자에 빠지고, 술에 빠지고, 노름에 빠지고, 나쁜 친구와 나쁜 동료와 나쁜 벗을 사귀는 것이다."

9. "바라문이여, 재물이 생기면 네 가지 번영의 통로가 있나니, 여자에 빠지지 않고, 술에 빠지지 않고, 노름에 빠지지 않고, 좋은 친

구와 좋은 동료와 좋은 벗을 사귀는 것이다. 바라문이여, 예를 들면 네 개의 네 개의 수로와 네 개의 배수로를 가진 큰 저수지가 있는데 사람이 수로는 열어 두고 배수로를 닫았는데 때마침 비도 고르게 내린다면, 그 큰 저수지는 물이 불어나게 될 것이고 물이 말라버리지 않게 될 것이다. 그와 같이 재물이 생기면 네 가지 번영의 통로가 있나니, 여자에 빠지지 않고, 술에 빠지지 않고, 노름에 빠지지 않고, 좋은 친구와 좋은 동료와 좋은 벗을 사귀는 것이다.

바라문이여, 이러한 네 가지 법은 선남자에게 금생의 이익과 행복을 준다.”

10. “바라문이여, 네 가지 법은 선남자에게 내생의 이익과 행복을 준다. 무엇이 넷인가?”

11. “믿음의 구족, 계의 구족, 베풂의 구족, 통찰지의 구족이다.”

12. “그러면 어떤 것이 믿음의 구족인가? 바라문이여, 여기 선남자는 믿음이 있다. 그는 여래의 깨달음에 믿음을 가진다. ‘이런 [이유로] 그분 세존께서는 아라한[應供]이시며, 완전히 깨달은 분[正等覺]이시며, 영지와 실천을 구족한 분[明行足]이시며, 피안으로 잘 가신 분[善逝]이시며, 세간을 잘 알고 계신 분[世間解]이시며, 가장 높은 분[無上士]이시며, 사람을 잘 길들이는 분[調御丈夫]이시며, 하늘과 인간의 스승[天人師]이시며, 깨달은 분[佛]이시며, 세존(世尊)이시다.’라고. 바라문이여, 이를 일러 믿음의 구족이라 한다.”

13. “바라문이여, 그러면 어떤 것이 계의 구족인가? 바라문이여,

여기 선남자는 생명을 죽이는 것을 멀리 여의고, 주지 않은 것을 가지는 것을 멀리 여의고, 삿된 음행을 멀리 여의고, 거짓말을 멀리 여의고, 방일하는 근본이 되는 술과 중독성 물질을 멀리 여읜다. 바라문이여, 이를 일러 계의 구족이라 한다."

14. "바라문이여, 그러면 어떤 것이 베풂의 구족인가? 바라문이여, 여기 선남자는 인색함의 때가 없는 마음으로 재가에 살고, 아낌없이 보시하고, 손은 깨끗하고, 주는 것을 좋아하고, 다른 사람의 요구에 반드시 부응하고, 보시하고 나누어 가지는 것을 좋아한다. 바라문이여, 이를 일러 베풂의 구족이라 한다."

15. "바라문이여, 그러면 어떤 것이 통찰지의 구족인가? 바라문이여, 여기 선남자는 통찰지를 가졌다. 그는 일어나고 사라짐을 꿰뚫고, 성스럽고, 통찰력이 있고, 바르게 괴로움의 소멸로 인도하는 통찰지를 구족하였다. 바라문이여, 이를 일러 통찰지의 구족이라 한다.

바라문이여, 이러한 네 가지 법은 선남자에게 내생의 이익과 행복을 준다."

16. "해야 할 일들에 대해서 근면하고
방일하지 않고 신중하며
바르게 생계를 유지하고, 번 것을 잘 보호하며
믿음과 계를 구족하고
[구하는 자의] 말뜻을 알고, 인색을 여의어
내생의 번영을 가져오는 내면의 길을 깨끗하게 하도다.
이러한 여덟 가지 법은

재가의 [기쁨을] 추구하는 믿음 가진 자에게
둘 다에서 행복을 가져다준다고
진리라는 이름을 가진 분께서 말씀하셨나니
그것은 금생의 이익을 위하고
내생의 행복을 위한 것이로다.
이와 같이 재가자들의 보시는 공덕을 증장시키도다.”

두려움 경(A8:56)
Bhaya-sutta

1. “비구들이여, 두려움이라는 것은 감각적 욕망들을 일컫는 말이다. 비구들이여, 괴로움이라는 것은 감각적 욕망들을 일컫는 말이다. 비구들이여, 병이라는 것은 감각적 욕망들을 일컫는 말이다. 비구들이여, 종기라는 것은 감각적 욕망들을 일컫는 말이다. 비구들이여, 쇠살이라는 것은 감각적 욕망들을 일컫는 말이다. 비구들이여, 결박이라는 것은 감각적 욕망들을 일컫는 말이다. 비구들이여, 흙탕이라는 것은 감각적 욕망들을 일컫는 말이다. 비구들이여, 모태[에 듦]이라는 것은 감각적 욕망들을 일컫는 말이다.”

2. “비구들이여, 그러면 왜 두려움이라는 것은 감각적 욕망들을 일컫는 말인가?

비구들이여, 감각적 욕망에 빠지고 욕탐에 묶인 사람들은 금생에도 두려움으로부터 벗어나지 못하고 내생에도 두려움으로부터 벗어나지 못한다. 그러므로 두려움이라는 것은 감각적 욕망들을 일컫는 말이다."

3. "비구들이여, 그러면 왜 괴로움이라는 것은 … 병이라는 것은 … 종기라는 것은 … 쇠살이라는 것은 … 결박이라는 것은 … 흙탕이라는 것은 … 모태[에 듦]이라는 것은 감각적 욕망들을 일컫는 말인가?

비구들이여, 감각적 욕망에 빠지고 욕탐에 묶인 사람들은 금생에도 모태[에 듦]으로부터 벗어나지 못하고 내생에도 모태[에 듦]으로부터 벗어나지 못한다. 그러므로 모태[에 듦]이라는 것은 감각적 욕망들을 일컫는 말이다."167)

4. "두려움, 괴로움, 병, 종기, 쇠살, 결박, 흙탕, 모태
이는 모두 감각적 욕망을 일컫나니
여기에 집착하는 중생은
감각적인 행복168)에 푹 빠져 다시 모태에 들도다.
그러나 비구가 근면하고
분명히 알아차림을 소홀히 하지 않을 때
건너기 어려운 이 늪을 건너서
태어남과 늙음에 빠져 떨고 있는 사람들을 굽어보도다."

---

167) 쇠살과 모태에 [듦]을 뺀 본경의 산문 부분은 본서 제4권 「두려움 경」
(A6:23)의 산문 부분과 같다.

168) '감각적인 행복'은 sāta-rūpa(기분 좋은 것)를 옮긴 것인데 주석서에서
감각적 욕망의 행복(kāma-sukha)으로 설명하고 있어서(AA.iv.139) 이
렇게 옮겼다.

공양받아 마땅함 경1(A8:57)
Āhuneyya-sutta

1. "비구들이여, 여덟 가지 요소를 구족한 비구는 공양받아 마땅하고, 선사받아 마땅하고, 보시받아 마땅하고, 합장받아 마땅하며, 세상의 위없는 복밭[福田]이다. 무엇이 여덟인가?"

2. "비구들이여, 여기 비구는 계를 잘 지킨다. … 학습계목을 받아 지녀 공부짓는다.

그는 많이 배우고[多聞] 배운 것을 잘 호지하고 … 견해로써 잘 꿰뚫는다.

그는 좋은 친구이고 좋은 동료이고 좋은 벗이다.

그는 바른 견해를 가져서, 바르게 봄을 구족하였다.

그는 바로 지금여기에서 행복하게 머물게 하는, 높은 마음인 네 가지 선[四種禪]을 원하는 대로 얻고 힘들이지 않고 얻고 어렵지 않게 얻는다.

그는 수많은 전생의 갖가지 삶들을 기억한다.[宿命通] 즉 한 생, 두 생, … 이처럼 한량없는 전생의 갖가지 모습들을 그 특색과 더불어 상세하게 기억해낸다.

그는 청정하고 인간을 넘어선 신성한 눈[天眼]으로 중생들이 죽고 태어나고, … 중생들이 지은 바 그 업에 따라가는 것을 꿰뚫어 안다.

그는 모든 번뇌가 다하여 아무 번뇌가 없는 마음의 해탈[心解脫]과 통찰지를 통한 해탈[慧解脫]을 바로 지금여기에서 스스로 최상의 지혜로 실현하고 구족하여 머문다.

비구들이여, 이러한 여덟 가지 요소를 구족한 비구는 공양받아 마땅하고, 선사받아 마땅하고, 보시받아 마땅하고, 합장받아 마땅하며, 세상의 위없는 복밭[福田]이다."

공양받아 마땅함 경2(A8:58)

1. "비구들이여, 여덟 가지 요소를 구족한 비구는 공양받아 마땅하고, 선사받아 마땅하고, 보시받아 마땅하고, 합장받아 마땅하며, 세상의 위없는 복밭[福田]이다. 무엇이 여덟인가?"

2. "비구들이여, 여기 비구는 계를 잘 지킨다. … 학습계목을 받아 지녀 공부짓는다.

그는 많이 배우고[多聞] 배운 것을 잘 호지하고 … 견해로써 잘 꿰뚫는다.

그는 불굴의 정진으로 머물고 굳세고 분투하고 유익한 법들에 대한 짐을 내팽개치지 않는다.

그는 숲 속에 머물고 외딴 거처를 의지한다.

그는 싫어함과 좋아함을 극복한다. 그는 싫어함이 일어나는 족족 이를 극복하면서 머문다.

그는 두려움과 공포를 극복한다. 그는 두려움과 공포가 일어나는 족족 이를 극복하면서 머문다.

그는 바로 지금여기에서 행복하게 머물게 하는, 높은 마음인 네 가지 선[四種禪]을 원하는 대로 얻고 힘들이지 않고 얻고 어렵지 않게 얻는다.

그는 모든 번뇌가 다하여 아무 번뇌가 없는 마음의 해탈[心解脫]과 통찰지를 통한 해탈[慧解脫]을 바로 지금여기에서 스스로 최상의 지혜로 실현하고 구족하여 머문다.

비구들이여, 이러한 여덟 가지 요소를 구족한 비구는 공양받아 마땅하고, 선사받아 마땅하고, 보시받아 마땅하고, 합장받아 마땅하며, 세상의 위없는 복밭[福田]이다."

여덟 사람 경1(A8:59)
Aṭṭhapuggala-sutta

1. "비구들이여, 여덟 사람은 공양받아 마땅하고, 선사받아 마땅하고, 보시받아 마땅하고, 합장받아 마땅하며, 세상의 위없는 복밭[福田]이다. 무엇이 여덟인가?"

2. "예류자, 예류과를 실현하기 위해 도닦는 자, 일래자, 일래과를 실현하기 위해 도닦는 자, 불환자, 불환과를 실현하기 위해 도닦는 자, 아라한, 아라한과를 위해 도닦는 자이다. 비구들이여, 이러한 여덟 사람은 공양받아 마땅하고, 선사받아 마땅하고, 보시받아 마땅하고, 합장받아 마땅하며, 세상의 위없는 복밭[福田]이다."

3. "네 가지 도를 닦는 자와 네 가지 과에 머무는 자들
이러한 승가는 올곧으며 통찰지와 계를 구족하였노라.
공양을 올리면서 공덕을 찾는 생명체들이
재생을 가져오는169) 공덕을 지을 때

---

169) '재생을 가져오는'으로 옮긴 단어는 opadhika인데 주석서에서 재생(再生,

이러한 승가에 보시하면 큰 결실이 있노라."

여덟 사람 경2(A8:60)

1. "비구들이여, 여덟 사람은 공양받아 마땅하고, 선사받아 마땅하고, 보시받아 마땅하고, 합장받아 마땅하며, 세상의 위없는 복밭[福田]이다. 무엇이 여덟인가?"

2. "예류자, 예류과를 실현하기 위해 도닦는 자, 일래자, 일래과를 실현하기 위해 도닦는 자, 불환자, 불환과를 실현하기 위해 도닦는 자, 아라한, 아라한됨을 위해 도닦는 자이다. 비구들이여, 이러한 여덟 사람은 공양받아 마땅하고, 선사받아 마땅하고, 보시받아 마땅하고, 합장받아 마땅하며, 세상의 위없는 복밭[福田]이다."

3. "네 가지 도를 닦는 자와 네 가지 과에 머무는 자들
이러한 승가가 최상이니, 중생들 가운데 여덟 사람이라.
공양을 올리면서 공덕을 찾는 생명체들이
재생을 가져오는 공덕을 지을 때
이러한 승가에 보시하면 큰 결실이 있노라."

---

upadhi)이 그 과보이고 결실이라고 설명하고 있다.(AA.iv.140)

제6장 안치 품이 끝났다.

여섯 번째 품에 포함된 경들의 목록은 다음과 같다.

① 고따미 ② 교계 ③ 간략하게
④ 디가자누 ⑤ 웃자야
⑥ 두려움, 두 가지 ⑦~⑧ 공양받아 마땅함
두 가지 ⑨~⑩ 여덟 사람이다.

제7장 대지의 진동 품

Bhūmicāla-vagga

바람[願] 경(A8:61)

Icchā-sutta

1. "비구들이여, 세상에는 여덟 부류의 사람이 있다. 무엇이 여덟인가?"

2. "비구들이여, 여기 한거(閑居)를 하지만 애를 쓰지 않는 비구에게 이득에 대한 바람이 일어난다.170) 그는 이득을 얻기 위해 분발하고 애쓰고 노력한다. 그가 이득을 얻기 위해 분발하고 애쓰고 노력해도 이득은 생기지 않는다. 그는 이득을 얻지 못하자 근심하고 상심하고 슬퍼하고 가슴 치며 울부짖고 광란한다. 비구들이여, 이를 일러 비구가 이득에 대한 바람을 가지고 머물면서, 이득을 얻기 위해 분발하고 애쓰고 노력해도 이득을 얻지 못하자, 근심하고 슬퍼하며 정법으로부터 멀어져버린다고 한다."

3. "비구들이여, 여기 한거(閑居)를 하지만 애를 쓰지 않는 비구에게 이득에 대한 바람이 일어난다. 그는 이득을 얻기 위해 분발하고 애쓰고 노력한다. 그가 이득을 얻기 위해 분발하고 애쓰고 노력하

---

170) "즉 몸으로는 멀리 떨어져서 한거를 하지만 열심히 위빳사나를 닦지 않는 비구에게 [의복, 음식, 거처, 약품의] 네 가지 필수품에 대한 욕구가 생긴다는 뜻이다."(AA.iv.140)

여 이득이 생긴다. 그는 이득을 얻자 취하고 방일하며 취함과 방일에 빠진다. 비구들이여, 이를 일러 비구가 이득에 대한 바람을 가지고 머물면서, 이득을 얻기 위해 분발하고 애쓰고 노력하여 이득을 얻자, 취하고 방일하며 정법으로부터 멀어져버린다고 한다."

4. "비구들이여, 여기 한거(閑居)를 하지만 애를 쓰지 않는 비구에게 이득에 대한 바람이 일어난다. 그는 이득을 얻기 위해 분발하지 않고 애쓰지 않고 노력하지 않는다. 그가 이득을 얻기 위해 분발하지 않고 애쓰지 않고 노력하지 않아서 이득이 생기지 않는다. 그는 이득을 얻지 못하자 근심하고 상심하고 슬퍼하고 가슴 치며 울부짖고 광란한다. 비구들이여, 이를 일러 비구가 이득에 대한 바람을 가지고 머물면서, 이득을 얻기 위해 분발하지 않고 애쓰지 않고 노력하지 않아서 이득을 얻지 못하자, 근심하고 슬퍼하며 정법으로부터 멀어져버린다고 한다."

5. "비구들이여, 여기 한거(閑居)를 하지만 애를 쓰지 않는 비구에게 이득에 대한 바람이 일어난다. 그는 이득을 얻기 위해 분발하지 않고 애쓰지 않고 노력하지 않는다. 그가 이득을 얻기 위해 분발하지 않고 애쓰지 않고 노력하지 않지만 이득이 생긴다. 그는 이득을 얻자 취하고 방일하며 취함과 방일에 빠진다. 비구들이여, 이를 일러 비구가 이득에 대한 바람을 가지고 머물면서, 이득을 얻기 위해 분발하지 않고 애쓰지 않고 노력하지 않아도 이득을 얻자, 취하고 방일하며 정법으로부터 멀어져버린다고 한다."

6. "비구들이여, 여기 한거(閑居)를 하지만 애를 쓰지 않는 비구에게 이득에 대한 바람이 일어난다. 그는 이득을 얻기 위해 분발하고 애쓰고 노력한다. 그가 이득을 얻기 위해 분발하고 애쓰고 노력해도 이득은 생기지 않는다. 그러나 그는 이득을 얻지 못하더라도 근심하지 않고 상심하지 않고 슬퍼하지 않고 가슴 치며 울부짖지 않고 광란하지 않는다. 비구들이여, 이를 일러 비구가 이득에 대한 바람을 가지고 머물면서, 이득을 얻기 위해 분발하고 애쓰고 노력하여 이득을 얻지 못하더라도, 근심하지 않고 슬퍼하지 않으며 정법으로부터 멀어지지 않는다고 한다."

7. "비구들이여, 여기 한거(閑居)를 하지만 애를 쓰지 않는 비구에게 이득에 대한 바람이 일어난다. 그는 이득을 얻기 위해 분발하고 애쓰고 노력한다. 그가 이득을 얻기 위해 분발하고 애쓰고 노력하여 이득이 생긴다. 그러나 그는 그 이득에 취하지 않고 방일하지 않고 취함과 방일에 빠지지 않는다. 비구들이여, 이를 일러 비구가 이득에 대한 바람을 가지고 머물면서, 이득을 얻기 위해 분발하고 애쓰고 노력하여 이득을 얻더라도, 취하지 않고 방일하지 않으며 정법으로부터 멀어지지 않는다고 한다."

8. "비구들이여, 여기 한거(閑居)를 하지만 애를 쓰지 않는 비구에게 이득에 대한 바람이 일어난다. 그는 이득을 얻기 위해 분발하지 않고 애쓰지 않고 노력하지 않는다. 그가 이득을 얻기 위해 분발하지 않고 애쓰지 않고 노력하지 않아서 이득이 생기지 않는다. 그러나 그는 이득을 얻지 못하더라도 근심하지 않고 상심하지 않고 슬퍼

하지 않고 가슴 치며 울부짖지 않고 광란하지 않는다. 비구들이여, 이를 일러 비구가 이득에 대한 바람을 가지고 머물면서, 이득을 얻기 위해 분발하지 않고 애쓰지 않고 노력하지 않아 이득을 얻지 못하더라도, 근심하지 않고 슬퍼하지 않으며 정법으로부터 멀어지지 않는다고 한다."

9. "비구들이여, 여기 한거(閑居)하면서도 애를 쓰지 않는 비구에게 이득에 대한 바람이 일어난다. 그는 이득을 얻기 위해 분발하지 않고 애쓰지 않고 노력하지 않는다. 그가 이득을 얻기 위해 분발하지 않고 애쓰지 않고 노력하지 않아도 이득이 생긴다. 그러나 그는 그 이득에 취하지 않고 방일하지 않고 취함과 방일이 생기지 않는다. 비구들이여, 이를 일러 비구가 이득에 대한 바람을 가져 머물면서 이득을 얻기 위해 분발하지 않고 애쓰지 않고 노력하지 않아도 이득을 얻지만, 취하지 않고 방일하지 않아 정법으로부터 멀어지지 않는다고 한다.

비구들이여, 세상에는 이러한 여덟 부류의 사람이 있다."

충분함 경(A8:62)[171]
Alaṁ-sutta

1. "비구들이여, 여섯 가지 법을 갖춘 비구는 자신에게도 충분하고 남에게도 충분하다. 무엇이 여섯인가?

---

171) 본경은 6가지, 5가지, 4가지, 4가지, 3가지, 3가지, 2가지, 2가지의 법들에 관계된 모두 8가지의 주제로 구성된 경이다. 그래서 여덟의 모음에 포함되었다.

2. "비구들이여, 여기 비구는 유익한 법들을 재빠르게 안다. 들은 법들을 잘 호지한다. 호지한 법들의 뜻을 잘 숙고한다. 뜻을 완전하게 알고 법을 완전하게 안 뒤에 [출세간]법에 이르게 하는 법을 닦는다. 선한 말을 하고, 선한 말씨를 가졌고, 예의바르게 말하고, 명확하고 흠이 없고 뜻을 바르게 전달하는 언변을 구족하였다. 청정범행을 닦는 동료 수행자들을 가르치고 격려하고 분발하게 하고 기쁘게 한다.

비구들이여, 이러한 여섯 가지 법을 갖춘 비구는 자신에게도 충분하고 남에게도 충분하다."

3. "비구들이여, 다섯 가지 법을 갖춘 비구는 자신에게도 충분하고 남에게도 충분하다. 무엇이 다섯인가?

4. "비구들이여, 여기 비구는 유익한 법들을 재빠르게 알지 못한다. 그러나 들은 법들을 잘 호지한다. 호지한 법들의 뜻을 잘 숙고한다. 뜻을 완전하게 알고 법을 완전하게 안 뒤에 [출세간]법에 이르게 하는 법을 닦는다. 선한 말을 하고, 선한 말씨를 가졌고, 예의바르게 말하고, 명확하고 흠이 없고 뜻을 바르게 전달하는 언변을 구족하였다. 청정범행을 닦는 동료 수행자들을 가르치고 격려하고 분발하게 하고 기쁘게 한다.

비구들이여, 이러한 다섯 가지 법을 갖춘 비구는 자신에게도 충분하고 남에게도 충분하다."

5. "비구들이여, 네 가지 법을 갖춘 비구는 자신에게는 충분하

지만 남에게는 충분하지 못하다. 무엇이 넷인가?"

6. "비구들이여, 여기 비구는 유익한 법들을 재빠르게 안다. 들은 법들을 잘 호지한다. 호지한 법들의 뜻을 잘 숙고한다. 뜻을 완전하게 알고 법을 완전하게 안 뒤에 [출세간]법에 이르게 하는 법을 닦는다. 그러나 선한 말을 하지 않고, 선한 말씨를 가지지 않았고, 예의 바르게 말하지 않고, 명확하고 흠이 없고 뜻을 바르게 전달하는 언변을 구족하지 못하였다. 청정범행을 닦는 동료 수행자들을 가르치고 격려하고 분발하게 하고 기쁘게 하지 않는다.

비구들이여, 이러한 네 가지 법을 갖춘 비구는 자신에게는 충분하지만 남에게는 충분하지 못하다."

7. "비구들이여, 네 가지 법을 갖춘 비구는 남에게는 충분하지만 자신에게는 충분하지 못하다. 무엇이 넷인가?

8. "비구들이여, 여기 비구는 유익한 법들을 재빠르게 안다. 들은 법들을 잘 호지한다. 그러나 호지한 법들의 뜻을 잘 숙고하지 않는다. 뜻을 완전하게 알고 법을 완전하게 안 뒤에 [출세간]법에 이르게 하는 법을 닦지도 않는다. 그러나 선한 말을 하고, 선한 말씨를 가졌고, 예의바르게 말하고, 명확하고 흠이 없고 뜻을 바르게 전달하는 언변을 구족하였다. 청정범행을 닦는 동료 수행자들을 가르치고 격려하고 분발하게 하고 기쁘게 한다.

비구들이여, 이러한 네 가지 법을 갖춘 비구는 남에게는 충분하지만 자신에게는 충분하지 못하다."

9. "비구들이여, 세 가지 법을 갖춘 비구는 자신에게는 충분하지만 남에게는 충분하지 못하다. 무엇이 셋인가?"

10. "비구들이여, 여기 비구는 유익한 법들을 재빠르게 알지 못한다. 그러나 들은 법들을 잘 호지한다. 호지한 법들의 뜻을 잘 숙고한다. 뜻을 완전하게 알고 법을 완전하게 안 뒤에 [출세간]법에 이르게 하는 법을 닦는다. 그러나 선한 말을 하지 않고, 선한 말씨를 가지지 않았고, 예의바르게 말하지 않고, 명확하고 흠이 없고 뜻을 바르게 전달하는 언변을 구족하지 못했다. 청정범행을 닦는 동료 수행자들을 가르치고 격려하고 분발하게 하고 기쁘게 하지 않는다.

비구들이여, 이러한 세 가지 법을 갖춘 비구는 자신에게는 충분하지만 남에게는 충분하지 못하다."

11. "비구들이여, 세 가지 법을 갖춘 비구는 남에게는 충분하지만 자신에게는 충분하지 못하다. 무엇이 셋인가?"

12. "비구들이여, 여기 비구는 유익한 법들을 재빠르게 알지 못한다. 그러나 들은 법들을 잘 호지한다. 그러나 호지한 법들의 뜻을 잘 숙고하지 않는다. 뜻을 완전하게 알고 법을 완전하게 안 뒤에 [출세간]법에 이르게 하는 법을 닦지도 않는다. 그러나 선한 말을 하고, 선한 말씨를 가졌고, 예의바르게 말하고, 명확하고 흠이 없고 뜻을 바르게 전달하는 언변을 구족하였다. 청정범행을 닦는 동료 수행자들을 가르치고 격려하고 분발하게 하고 기쁘게 한다.

비구들이여, 이러한 세 가지 법을 갖춘 비구는 남에게는 충분하지만 자신에게는 충분하지 못하다."

13. "비구들이여, 두 가지 법을 갖춘 비구는 자신에게는 충분하지만 남에게는 충분하지 못하다. 무엇이 둘인가?"

14. "비구들이여, 여기 비구는 유익한 법들을 재빠르게 알지 못한다. 들은 법들을 잘 호지하지도 못한다. 그러나 호지한 법들의 뜻을 잘 숙고한다. 뜻을 완전하게 알고 법을 완전하게 안 뒤에 [출세간] 법에 이르게 하는 법을 닦는다. 그러나 선한 말을 하지 않고, 선한 말씨를 가지지 않았고, 예의바르게 말하지 않고, 명확하고 흠이 없고 뜻을 바르게 전달하는 언변을 구족하지 못하였다. 청정범행을 닦는 동료 수행자들을 가르치고 격려하고 분발하게 하고 기쁘게 하지 않는다.

비구들이여, 이러한 두 가지 법을 갖춘 비구는 자신에게는 충분하지만 남에게는 충분하지 못하다."

15. "비구들이여, 두 가지 법을 갖춘 비구는 남에게는 충분하지만 자신에게는 충분하지 못하다. 무엇이 둘인가?"

16. "비구들이여, 여기 비구는 유익한 법들을 재빠르게 알지 못한다. 들은 법들을 잘 호지하지도 못한다. 호지한 법들의 뜻을 잘 숙고하지도 않는다. 뜻을 완전하게 알고 법을 완전하게 안 뒤에 [출세간]법에 이르게 하는 법을 닦지도 않는다. 그러나 선한 말을 하고, 선한 말씨를 가졌고, 예의바르게 말하고, 명확하고 흠이 없고 뜻을 바르게 전달하는 언변을 구족하였다. 청정범행을 닦는 동료 수행자들

을 가르치고 격려하고 분발하게 하고 기쁘게 한다.

비구들이여, 이러한 두 가지 법을 갖춘 비구는 남에게는 충분하지만 자신에게는 충분하지 못하다."

간략하게 경(A8:63)
Saṁkhitta-sutta

1. 그때 어떤 비구가 세존께 다가갔다. 가서는 세존께 절을 올리고 한 곁에 앉았다. 한 곁에 앉아서 그 비구는 세존께 이렇게 말씀드렸다.

"세존이시여, 세존께서는 제게 간략하게 법을 설해주시면 감사하겠습니다. 저는 세존으로부터 법을 듣고 혼자 은둔하여 방일하지 않고 열심히, 스스로 독려하며 지낼 것입니다."

"그런데 여기 어떤 쓸모없는 인간들은 이와 같이 내게 법을 설해주기를 청한다. 그러나 그에게 법을 설하여 주면 그는 나를 따르려고만 생각한다."172)

"세존이시여, 세존께서는 제게 간략하게 법을 설해주소서. 선서께서는 제게 간략하게 법을 설해주소서. 참으로 저는 세존께서 말씀하

---

172) "즉 행·주·좌·와의 행동거지를 따라서 나를 쫓아다니려고만 하고 나를 떠나려고 생각하지 않는다는 뜻이다. 그래서 그를 꾸짖으시면서 이와 같이 말씀하신 것이다. 이 비구는 경책을 주어도 방일에 빠져 지내고, 법을 들어도 그곳에서 머물고, 사문의 일(samaṇa-dhamma)을 하려고 하지 않았다고 한다. 그래서 세존께서는 이와 같이 꾸짖으신 것이다.
그런 뒤에 다시 이 비구가 아라한과를 얻을 강한 의지의 조건을 갖추었음을 보시고 [아래 §2에서] 그를 경책하시면서 '그러므로 비구여, 그대는 이와 같이 공부지어야 한다.'고 말씀하셨다."(AA.iv.141)

신 뜻을 잘 이해할 것입니다. 참으로 저는 세존께서 해주신 말씀의 상속자가 될 것입니다."

2. "그러므로 비구여, 그대는 이와 같이 공부지어야 한다. '나의 마음은 안으로 [명상주제에] 안정될 것이고, 아주 잘 안정될 것이며, 이미 일어난 나쁘고 해로운 법들이 마음을 사로잡아 머물지 못할 것이다.'라고, 비구여, 그대는 이와 같이 공부지어야 한다."173)

3. "비구여, 그대의 마음이 안으로 [명상주제에] 안정되고, 아주 잘 안정되며, 이미 일어난 나쁘고 해로운 법들이 마음을 사로잡아 머물지 못하면 그대는 이와 같이 공부지어야 한다. '나는 자애를 통한 마음의 해탈을 닦고, 많이 [공부]짓고, 수레로 삼고, 기초로 삼고, 확립하고, 굳건히 하고, 부지런히 닦을 것이다.'라고, 비구여, 그대는 이와 같이 공부지어야 한다."

4. "비구여, 그대가 이 삼매를 이와 같이 닦고 많이 [공부]지었다면 그 다음에는 일으킨 생각과 지속적인 고찰이 함께한 삼매도 닦아야 한다.174) 일으킨 생각은 없고 지속적인 고찰만 있는 삼매175)도

173) "이 경책으로 자신의 안에서 일어난 심일경성(心一境性, 마음의 하나됨, cittekaggatāmatta)인 근본삼매(mūla-samādhi)를 설하셨다."(*Ibid*) 한편 본경은 『청정도론』 IX.112 이하에서도 근본삼매를 설명하는 것으로 인용되고 있다.

174) "이와 같이 자애(mettā)를 통한 수행을 증장시킨 뒤 다시 '일으킨 생각과 지속적인 고찰이 함께한(savitakka-savicāra) 삼매를 닦아야 한다.'고 하셨다. 이 뜻은 다음과 같다. '비구여, 그대가 이 근본삼매(mūla-samādhi)를 이와 같이 자애를 통하여 닦았을 때, 그대는 그 정도에 만족하지 말고, 이 근본삼매를 다른 대상에 대해서도 4種禪, 5種禪으로 얻기

닦아야 한다. 일으킨 생각도 지속적인 고찰도 없는 삼매도 닦아야 한다. 희열이 있는 삼매도 닦아야 한다. 희열이 없는 삼매도 닦아야 한다. 행복이 함께 한 삼매도 닦아야 한다. 평온이 함께한 삼매도 닦아야 한다.

비구여, 그대가 이 삼매를 이와 같이 닦고 잘 닦았다면 그대는 이와 같이 공부지어야 한다. '나는 연민을 통한 마음의 해탈을 … 더불어 기뻐함을 통한 마음의 해탈을 … 평온을 통한 마음의 해탈을 닦고, 많이 [공부]짓고, 수레로 삼고, 기초로 삼고, 확립하고, 굳건히 하고, 부지런히 닦을 것이다.'라고. 비구여, 그대는 이와 같이 공부지어야 한다."

5. "비구여, 그대가 이 삼매를 이와 같이 닦고 많이 [공부]지었다면 그 다음에는 일으킨 생각과 지속적인 고찰이 함께한 삼매도 닦아야 한다. 일으킨 생각은 없고 지속적인 고찰만 있는 삼매도 닦아야 한다. 일으킨 생각도 지속적인 고찰도 없는 삼매도 닦아야 한다. 희열이 있는 삼매도 닦아야 한다. 희열이 없는 삼매도 닦아야 한다. 행복이 함께 한 삼매도 닦아야 한다. 평온이 함께한 삼매도 닦아야 한다.

위해 '일으킨 생각과 지속적인 고찰이 함께한 삼매'등의 방법으로 닦아야 한다.'는 뜻이다."(AA.iv.142)

175) 경에 의하면 삼매는 4種禪으로 분류된다. 이 분류에 의하면 '일으킨 생각은 없고 지속적 고찰 있는 삼매'는 존재하지 않는다. 왜냐하면 초선은 '일으킨 생각과 지속적 고찰'이 있고, 제2선은 '일으킨 생각과 지속적 고찰' 둘 다 없기 때문이다. 그러므로 본경에서 언급한 '일으킨 생각은 없고 지속적 고찰만 있는 삼매'라는 이 구절은 아비담마에서 삼매를 5種禪으로 분류하는 경전적 근거가 된다. 4종선과 5종선의 분류에 대해서는 『아비담마 길라잡이』 제5장 §6의 [해설] 1과 『청정도론』 XIV.86 등을 참조할 것.

비구여, 그대가 이 삼매를 이와 같이 닦고 잘 닦았다면 그대는 이와 같이 공부지어야 한다. '나는 몸에서 몸을 관찰하며[身隨觀] 머물 것이다. 세상에 대한 욕심과 싫어하는 마음을 버리고 근면하게, 분명히 알아차리고 마음챙기면서 머물 것이다.'라고. 비구여, 그대는 이와 같이 공부지어야 한다."

6. "비구여, 그대가 이 삼매를 이와 같이 닦고 많이 [공부]지었다면 그 다음에는 일으킨 생각과 지속적인 고찰이 함께한 삼매도 닦아야 한다. 일으킨 생각은 없고 지속적인 고찰만 있는 삼매도 닦아야 한다. 일으킨 생각도 지속적인 고찰도 없는 삼매도 닦아야 한다. 희열이 있는 삼매도 닦아야 한다. 희열이 없는 삼매도 닦아야 한다. 행복이 함께 한 삼매도 닦아야 한다. 평온이 함께한 삼매도 닦아야 한다.
비구여, 그대가 이 삼매를 이와 같이 닦고 잘 닦았다면 그대는 이와 같이 공부지어야 한다. '나는 느낌에서 느낌을 관찰하며[受隨觀] … 마음에서 마음을 관찰하며[心隨觀] … 법에서 법을 관찰하며[法隨觀] 머물 것이다. 세상에 대한 욕심과 싫어하는 마음을 버리고 근면하게, 분명히 알아차리고 마음챙기면서 머물 것이다.'라고. 비구여, 그대는 이와 같이 공부지어야 한다."

7. "비구여, 그대가 이 삼매를 이와 같이 닦고 많이 [공부]지었다면 그 다음에는 일으킨 생각과 지속적인 고찰이 함께한 삼매도 닦아야 한다. 일으킨 생각은 없고 지속적인 고찰만 있는 삼매도 닦아야 한다. 일으킨 생각도 지속적인 고찰도 없는 삼매도 닦아야 한다. 희열이 있는 삼매도 닦아야 한다. 희열이 없는 삼매도 닦아야 한다. 행

복이 함께 한 삼매도 닦아야 한다. 평온이 함께한 삼매도 닦아야 한다.

비구여, 그대가 이 삼매를 이와 같이 닦고 잘 닦았다면 그대는 어디를 가든지 편안하게 가게 될 것이고, 서는 곳마다 편안하게 서게 될 것이고, 앉는 곳마다 편안하게 앉게 될 것이고, 눕는 곳마다 편안하게 눕게 될 것이다."

8. 그러자 그 비구는 세존의 교계를 받고 자리에서 일어나 세존께 절을 올리고 오른쪽으로 [세 번] 돌아 [경의를 표한] 뒤 물러갔다. 그때 그 비구는 혼자 은둔하여 방일하지 않고 열심히, 스스로 독려하며 지냈다. 그는 오래지 않아 선남자들이 성취하고자 집에서 나와 출가하는 그 위없는 청정범행의 완성을 지금여기에서 최상의 지혜로 알고 실현하고 구족하여 머물렀다. '태어남은 다했다. 청정범행은 성취되었다. 할 일을 다 해 마쳤다. 다시는 어떤 존재로도 돌아오지 않을 것이다.'라고 최상의 지혜로 알았다. 그래서 그 비구는 아라한들 중의 한 분이 되었다.

가야 경(A8:64)[176]
Gayā-sutta

1. 한때 세존께서는 가야에서 가야시사에 머무셨다.[177] 거기

---

176) 6차결집본의 경제목은 '가야시사'(Gayāsīsa-sutta)이다.

177) 가야(Gayā)는 부처님 성도지인 보드가야(Bodhgayā) 가까이에 있는 고도(古都)이며, 힌두교의 7대 성지 가운데 하나이다.
가야시사(Gayāsīsa)는 가야 근처에 있는 언덕으로 세존께서는 가섭 삼형제와 그들의 무리 1,000명을 제도하신 후 이곳에 머무시면서 저 유명한 불의 설법(Āditta-sutta, S35/iv.19f)을 하시었고, 그들은 모두 아라한이

서 세존께서는 "비구들이여."라고 비구들을 부르셨다. "세존이시여."
라고 비구들은 세존께 응답했다. 세존께서는 이렇게 말씀하셨다.

2. "비구들이여, 내가 깨닫기 전, 아직 바른 깨달음을 성취하지
못한 보살이었을 때 광명은 인식하였지만 형상은 보지 못하였다. 그
런 내게 '만일 내가 광명도 인식하고, 형상도 보게 된다면 나의 지와
견은 더욱 청정해질 것인데.'라는 생각이 들었다. 비구들이여, 그런
나는 나중에 방일하지 않고 열심히, 스스로 독려하며 지내면서 광명
도 인식하였고, 형상도 보았다. 그러나 나는 신들과 함께 머물지 못
했고 대화하지 못했고 토론하지 못했다."

3. "비구들이여, 그런 내게 '만일 내가 광명도 인식하고, 형상
도 보게 되고, 신들과 함께 머물고 대화하고 토론하게 된다면 나의
지와 견은 더욱 청정해질 것인데.'라는 생각이 들었다. 비구들이여,
그런 나는 나중에 방일하지 않고 열심히, 스스로 독려하며 지내면서
광명도 인식하였고, 형상도 보았으며, 신들과 함께 머물고 대화하고
토론하게 되었다. 그러나 나는 '이 신들은 이런 신들의 무리로부터
혹은 저런 신들의 무리로부터 왔다.'라고 신들을 알지는 못했다."

4. "비구들이여, 그런 내게 '만일 내가 광명도 인식하고, 형상
도 보게 되고, 신들과 함께 머물고 대화하고 토론하고, '이 신들은 이

되었다고 한다.(여기에 대해서는 본서 제1권 하나의 모음(A1:14:4-6의
주해를 참조할 것.)
그리고 이곳은 데와닷따가 승단을 분열하여 그를 추종하는 비구들을 데리
고 승단을 떠나서 머물던 곳이기도 하다.(여기에 대해서는 본서 제2권
「데와닷따 경」 (A4:68) §1의 주해를 참조할 것.)

런 신들의 무리로부터 혹은 저런 신들의 무리로부터 왔다.'라고 신들을 알게 된다면 나의 지와 견은 더욱 청정해질 것인데.'라는 생각이 들었다.

비구들이여, 그런 나는 나중에 방일하지 않고 열심히, 스스로 독려하며 지내면서 광명도 인식하였고, 형상도 보았으며, 신들과 함께 머물고 대화하고 토론하고, '이 신들은 이런 신들의 무리로부터 혹은 저런 신들의 무리로부터 왔다.'라고 신들을 알게 되었다. 그러나 나는 '이 신들은 이런 업의 과보로 여기서 죽어서 저기에 태어났다.'라고 신들을 알지는 못했다. …178) 나는 '이 신들은 이런 업의 과보로 여기서 죽어서 저기에 태어났다.'라고 신들을 알게 되었다. 그러나 나는 '이 신들은 이런 음식을 먹고 이런 즐거움과 괴로움을 경험한다.'라고 신들을 알지는 못했다. … 나는 '이 신들은 이런 음식을 먹고 이런 즐거움과 괴로움을 경험한다.'라고 신들을 알게 되었다. 그러나 나는 '이 신들은 이만큼의 긴 수명을 가졌고 이만큼 오래 산다.'라고 신들을 알지는 못했다. … 나는 '이 신들은 이만큼의 긴 수명을 가졌고 이만큼 오래 산다.'라고 신들을 알게 되었다. 그러나 나는 내가 이 신들과 함께 전에 함께 산 적이 있는지 산 적이 없는지에 대해서 알지는 못했다.''

5. "비구들이여, 그런 내게 '만일 내가 광명도 인식하고, 형상도 보고, 신들과 함께 머물고 대화하고 토론하고, '이 신들은 이런 신들의 무리로부터 혹은 저런 신들의 무리로부터 왔다.'라고 신들을 알

---

178) PTS본에는 뻬얄라(생략부호)가 나타나지 않지만 6차결집본에는 나타나고 있다. 전체 문맥상 뻬얄라가 있어야 하므로 역자는 6차결집본을 따라서 뻬얄라를 넣었다.

고, '이 신들은 이런 업의 과보로 여기서 죽어서 저기에 태어났다.'라고 신들을 알고, '이 신들은 이런 음식을 먹고 이런 즐거움과 괴로움을 경험한다.'라고 신들을 알고, '이 신들은 이만큼 긴 수명을 가졌고 이만큼 오래 산다.'라고 신들을 알고, 이 신들과 함께 전에 함께 산 적이 있는지 산 적이 없는지에 대해서 알게 된다면 나의 지와 견은 더욱 청정해질 것인데.'라는 생각이 들었다.

비구들이여, 그런 나는 나중에 방일하지 않고 열심히, 스스로 독려하며 지내면서 광명도 인식하였고, 형상도 보았으며, 신들과 함께 머물고 대화하고 토론하고, '이 신들은 이런 신들의 무리로부터 혹은 저런 신들의 무리로부터 왔다.'고 신들을 알았다. 나는 '이 신들은 이런 업의 과보로 여기서 죽어서 저기에 태어났다.'라고 신들을 알았다. 나는 '이 신들은 이런 음식을 먹고 이런 즐거움과 괴로움을 경험한다.'라고 신들을 알았다. 나는 '이 신들은 이만큼의 긴 수명을 가졌고 이만큼 오래 산다.'라고 신들을 알았다. 나는 내가 이 신들과 함께 전에 함께 산 적이 있는지 산 적이 없는지에 대해서 알게 되었다."

6. "비구들이여, 내게 이와 같이 높은 신들에 대해 여덟 가지 연속적인 지와 견이 아주 청정해지지 않았더라면 나는 신을 포함하고 마라를 포함하고 범천을 포함하고 사문·바라문을 포함하고 신과 인간을 포함한 이 세상에서 내 스스로 위없는 바른 깨달음을 실현하였다고 천명하지 못하였을 것이다. 비구들이여, 그러나 내게 이와 같이 높은 신들에 대해 여덟 가지 연속적인 지와 견이 아주 청정해졌기 때문에 나는 신을 포함하고 마라를 포함하고 범천을 포함하고 사문·바라문을 포함하고 신과 인간을 포함한 이 세상에서 내 스스로

위없는 바른 깨달음을 실현하였다고 천명하였다. 그리고 내게는 '나의 해탈은 확고부동하다. 이것이 나의 마지막 태어남이며, 이제 더 이상 다시 태어남[再生]은 없다.'라는 지와 견이 일어났다."

지배 경(A8:65)[179]
Abhibhu-sutta

1. "비구들이여, 여덟 가지 지배의 경지[八勝處][180]가 있다. 무엇이 여덟인가?"

2. "어떤 자는 안으로 색깔[色]을 인식하면서,[181] 밖으로 색깔들을 본다. 그 색깔들은 제한된 것이고[182] 곱거나 혹은 흉한 것이다.

179)   6차결집본의 경제목은 '지배의 경지'(Abhibhāyatana-sutta)이다. 그리고 본경은 『디가 니까야』 제3권 「합송경」(D33) §3.1 ⑽과 「십상경」(D34) §2.1 ⑼와도 같은 내용이다. 단 본경에는 비유가 나타나지 않는다.

180)   '여덟 가지 지배의 경지[八勝處, aṭṭha abhibhāyatanāni]'에 대한 설명은 본서 제1권 「하나의 모음」(A1:20:47~54)의 주해들을 참조할 것.

181)   "'안으로 색깔을 인식하면서(ajjhattaṁ rūpasaññī)'라는 것은 안의 색깔에 대해 준비(parikamma)를 짓는 것이다. 즉 안으로 파란색의 준비(nīla-parikamma)를 지을 때는 머리털이나 담즙이나 눈동자에서 [준비를 짓고], 노란색의 준비를 지을 때는 지방이나 피부나 손발바닥이나 눈의 노란 부분에서 [준비를 짓고], 빨간색의 준비를 지을 때는 살점이나 피나 혀나 눈의 빨간 부분에서 [준비를 짓고], 흰색의 준비를 지을 때는 뼈나 이나 손발톱이나 눈의 흰 부분에서 [준비를 짓기] 때문이다. 그러나 그것은 아주 푸르지 않고 아주 노랗지 않고 아주 빨갛지 않고 아주 희지 않다. 아직 청정하지 않은(avisuddha) [단계일] 뿐이다."(AA.iv.143)

182)   "안의 색깔에서 준비를 지었지만 표상(nimitta)은 밖에서(bahiddhā) 일어난다. 그러므로 이와 같이 안의 색깔에서 준비를 짓고 밖의 표상을 통해 본삼매(appanā)에 드는 것을 '어떤 자는 안으로 색깔을 보면서 밖으로 색깔들을 본다.'라고 한 것이다. '제한된 것(paritta)'이란 확장되지 않은

이것들을 지배하면서 '나는 알고 본다.'라고 이렇게 인식한다. 이것이 첫 번째 지배의 경지이다."

3. "어떤 자는 안으로 색깔을 인식하면서, 밖으로 색깔들을 본다. 그 색깔들은 무량한 것이고 곱거나 혹은 흉한 것이다. 이것들을 지배하면서 '나는 알고 본다.'라고 이렇게 인식한다. 이것이 두 번째 지배의 경지이다."

4. "어떤 자는 안으로 색깔을 인식하지 않으면서,183) 밖으로 색깔들을 본다. 그 색깔들은 제한된 것이고 곱거나 혹은 흉한 것이다. 이것들을 지배하면서 '나는 알고 본다.'라고 이렇게 인식한다. 이것이 세 번째 지배의 경지이다."

5. "어떤 자는 안으로 색깔을 인식하지 않으면서, 밖으로 색깔들을 본다. 그 색깔들은 무량한 것이고 곱거나 혹은 흉한 것이다. 이것들을 지배하면서 '나는 알고 본다.'라고 이렇게 인식한다. 이것이 네 번째 지배의 경지이다."

6. "어떤 자는 안으로 색깔을 인식하지 않으면서, 밖으로 색깔들을 본다. 그것은 파랗고 파란색이며 파랗게 보이고 파란빛을 발한다. 이것들을 지배하면서 '나는 알고 본다.'라고 이렇게 인식한다. 이것이 다섯 번째 지배의 경지이다."

(avaḍḍhita) 것이다."(AA.iv.143~144)

183) "'안으로 색깔을 인식하지 않는다.'라는 것은 얻을 수 없기 때문에, 혹은 원하지 않기 때문에 안의 색깔에 대해 준비를 짓지 않는 것을 뜻한다."(AA. iv.145)

7. "어떤 자는 안으로 색깔을 인식하지 않으면서, 밖으로 색깔들을 본다. 그것은 노랗고 노란색이며 노랗게 보이고 노란빛을 발한다. 이것들을 지배하면서 '나는 알고 본다.'라고 이렇게 인식한다. 이것이 여섯 번째 지배의 경지이다."

8. "어떤 자는 안으로 색깔을 인식하지 않으면서, 밖으로 색깔들을 본다. 그것은 빨갛고 빨간색이며 빨갛게 보이고 빨간빛을 발한다. 이것들을 지배하면서 '나는 알고 본다.'라고 이렇게 인식한다. 이것이 일곱 번째 지배의 경지이다."

9. "어떤 자는 안으로 색깔을 인식하지 않으면서, 밖으로 색깔들을 본다. 그것은 희고 흰색이며 희게 보이고 흰빛을 발한다. 이것들을 지배하면서 '나는 알고 본다.'라고 이렇게 인식한다. 이것이 여덟 번째 지배의 경지이다.

비구들이여, 이러한 여덟 가지 지배의 경지가 있다."

해탈 경(A8:66)[184]
Vimokkha-sutta

1. "비구들이여, 여덟 가지 해탈[八解脫]이 있다. 무엇이 여덟인가?"

---

184) 본경은 『디가 니까야』 제3권 「합송경」(D33) §3.1 ⑾과 「십상경」(D34) §2.1 ⑽과도 같은 내용이다.

2. "색계[禪]을 가진 자가 색깔들을 본다.185) 이것이 첫 번째 해탈이다."

3. "어떤 자는 안으로 색계[禪]에 대한 인식이 없이 밖으로 색깔들을 본다.186) 이것이 두 번째 해탈이다."

4. "청정하다고 확신한다.187) 이것이 세 번째 해탈이다."

5. "물질[色]에 대한 인식(산냐)을 완전히 초월하고 부딪힘의 인식을 소멸하고 갖가지 인식을 마음에 잡도리하지 않기 때문에 '무한한 허공'이라고 하면서 공무변처를 구족하여 머문다. 이것이 네 번째 해탈이다."188)

---

185) "'색계[禪]을 가진 자가 색깔들을 본다.(rūpī rūpāni passati)'고 하였다. 여기서 자신의 머리털 등에서 파란색 까시나(nīla-kasiṇa) 등을 통해 일어난 색계선(rūpa-jjhāna)을 'rūpa(색)'라 부르고, 그것을 가진 자를 'rūpī(색을 가진 자)'라고 한다. 밖으로도 파란색 까시나 등의 물질을 禪의 눈으로 본다. 이것은 안과 밖의 대상인 까시나에 대해 禪이 일어난 사람의 색계 4종선(cattāri rūpa-avacara-jjhānāni)을 설하신 것이다."(AA.iv. 146)

186) "'안으로 색계[禪]에 대한 인식이 없다.(ajjhattaṁ arūpasaññī)'는 것은 자신의 머리털 등에서 색계선이 일어나지 않았다는 뜻이다. 이것은 밖에서 준비를 지어서 오직 밖에서 禪이 일어난 사람의 색계선을 설하신 것이다."(*Ibid*)

187) "'청정하다고 확신한다.(subhanteva adhimutto hoti)'는 것은 지극히 청정한 파란색 까시나 등에서 일어난 禪을 말씀하신 것이다. 물론 본삼매(appanā) 속에서는 '청정하다'라는 생각도 붙을 수 없지만 지극히 깨끗하고 청정한 까시나를 대상으로 삼아 머무는 자는 '청정하다고 확신한다.'라고 말할 만하기 때문에 세존께서 그렇게 설법하셨다."(*Ibid*)

6. "공무변처를 완전히 초월하여 '무한한 알음알이[識]'라고 하면서 식무변처를 구족하여 머문다. 이것이 다섯 번째 해탈이다."

7. "식무변처를 완전히 초월하여 '아무것도 없다.'라고 하면서 무소유처를 구족하여 머문다. 이것이 여섯 번째 해탈이다."

8. "무소유처를 완전히 초월하여 비상비비상처를 구족하여 머문다. 이것이 일곱 번째 해탈이다."

9. "비상비비상처를 완전히 초월하여 상수멸(想受滅, 인식과 느낌의 그침)을 구족하여 머문다. 이것이 여덟 번째 해탈이다.
비구들이여, 이러한 여덟 가지 해탈이 있다."

언어표현 경1(A8:67)
Vohāra-sutta

1. "비구들이여, 여덟 가지 성스럽지 못한 언어표현이189) 있다. 무엇이 여덟인가?"

2. "보지 못한 것을 보았다 하고, 듣지 못한 것을 들었다 하고, 생각하지 않은 것을 생각했다 하고, 알지 못한 것을 알았다 하고, 본 것을 보지 못했다 하고, 들은 것을 듣지 못했다 하고, 생각한 것을 생

---

188) 자세한 설명은 『청정도론』 제10장 무색의 경지를 참조할 것.

189) "'성스럽지 못한 언어표현(anariya-vohāra)'이란 결점이 있는 이야기(sadosa-kathā)를 뜻한다."(AA.iv.147)

각하지 못했다 하고, 안 것을 알지 못했다 하는 것이다. 비구들이여, 이러한 여덟 가지 성스럽지 못한 언어표현이 있다."

언어표현 경2(A8:68)

1. "비구들이여, 여덟 가지 성스러운 언어표현이 있다. 무엇이 여덟인가?"

2. "보지 못한 것을 보지 못했다 하고, 듣지 못한 것을 듣지 못했다 하고, 생각하지 않은 것을 생각하지 않았다 하고, 알지 못한 것을 알지 못했다 하고, 본 것을 보았다 하고, 들은 것을 들었다 하고, 생각한 것을 생각했다 하고, 안 것을 알았다 하는 것이다. 비구들이여, 이러한 여덟 가지 성스러운 언어표현이 있다."

회중 경(A8:69)[190]

Parisā-sutta

1. "비구들이여, 여덟 가지 회중[八會衆]이 있다. 무엇이 여덟인가?"

2. "끄샤뜨리야의 회중, 바라문의 회중, 장자의 회중, 사문의 회중, 사대천왕의 회중, 삼십삼천의 회중, 마라의 회중, 범천의 회중이다."

---

190) 본경은 『디가 니까야』 제2권 「대반열반경」 (D16) §§3.21~3.23과 같은 내용이다.

3. "비구들이여, 나는 또렷하게 기억하나니, 전에 나는 수백의 끄샤뜨리야 회중을 만나러 가서 그들과 함께 앉기 전에 대화하기 전에 토론을 벌이기 전에 거기서 그들이 어떤 용모를 가졌건 나도 그런 용모를 가졌고,191) 그들이 어떤 음성을 가졌건 나도 그런 음성을 가졌다. 나는 그들에게 법을 설하고 격려하고 분발하게 하고 기쁘게 하였다. 그들은 내가 그렇게 말할 때 '이렇게 말하는 이는 누구인가? 그는 신인가? 인간인가?'라고 [검토를 했지만] 나를 알지 못하였다. 나는 그들에게 법을 설하고 격려하고 분발하게 하고 기쁘게 한 뒤 사라졌나니, 그들은 내가 사라졌을 때 '여기서 사라진 이는 누구인가? 그는 신인가? 인간인가?'라고 [검토를 했지만] 나를 알지 못하였다."

4. "비구들이여, 나는 또렷하게 기억하나니, 전에 나는 수백의 바라문의 회중을 … 장자의 회중을 … 사문의 회중을 … 사대천왕의 회중을 … 삼십삼천의 회중을 … 마라의 회중을 … 범천의 회중을 만나러 가서 그들과 함께 앉기 전에 대화하기 전에 토론을 벌이기 전에 거기서 그들이 어떤 용모를 가졌건 나도 그런 용모를 가졌고, 그들이 어떤 음성을 가졌건 나도 그런 음성을 가졌다. 나는 그들에게 법을 설하고 격려하고 분발하게 하고 기쁘게 하였다. 그들은 내가 그렇게 말할 때 '이렇게 말하는 이는 누구인가? 그는 신인가? 인간인가?'라

---

191) "그들 가운데는 흰색의 사람도 있었고, 검은색의 사람도 황색의 사람도 있었다. 스승은 오직 황금색의 피부를 가졌다. 그러나 이것은 외관에 관해서 말한 것이다. 외관도 오직 그들에게만 나타난 것이다. 실제로 세존은 야만인과 같지 않았고, 보석과 귀걸이도 하지 않았다. 부처님의 의복을 입고 앉아계셨다. 그들도 자신과 비슷한 외관으로만 보고 있었다."(AA.iv.147~148)

고 [검토를 했지만] 나를 알지 못하였다. 나는 그들에게 법을 설하고 격려하고 분발하게 하고 기쁘게 한 뒤 사라졌나니, 그들은 내가 사라졌을 때 '여기서 사라진 이는 누구인가? 그는 신인가? 인간인가?'라고 [검토를 했지만] 나를 알지 못하였다."[192]

대지의 진동 경(A8:70)[193]
Bhūmicāla-sutta

1. 한때 세존께서는 웨살리에서 큰 숲의 중각강당에 머무셨다. 그때 세존께서는 오전에 옷매무새를 가다듬고 발우와 가사를 수하고 웨살리로 탁발을 가셨다. 웨살리에서 탁발하여 공양을 마치고 탁발에서 돌아와 아난다 존자를 불러서 말씀하셨다.

2. "아난다여, 좌구를 챙겨라. 낮 동안의 머묾을 위해 짜빨라 탑묘로 가자."
"그렇게 하겠습니다, 세존이시여."라고 아난다 존자는 세존께 대답한 뒤 좌구를 챙겨서 세존의 뒤를 따라갔다.

3. 세존께서는 짜빨라 탑묘로 가셔서 마련된 자리에 앉으셨다.

---

192) "그렇다면 왜 세존께서는 그들의 용모와 그들의 음성을 가져 그들에게 설법자가 세존임을 모르게 해서 법을 설하셨는가? 인상을 남기기 위해서이다.(vāsanatthāya) 이렇게 설법자가 누구인지 모르고 들은 법문도 미래에 원인이 되기 때문이다. 그러므로 미래를 대비하여 설하신 것이다." (AA.iv.148)

193) 본경은 『디가 니까야』 제2권 「대반열반경」 (D16) §§3.1~3.20과 동일하다.

세존께서는 자리에 앉아서 아난다 존자에게 이렇게 말씀하셨다.

4. "아난다여, 웨살리는 아름답구나. 우데나 탑묘도 아름답고, 고따마까 탑묘도 아름답고, 바후뿟따 탑묘[多子塔]도 아름답고, 삿땀바까 탑묘도 아름답고, 사란다다 탑묘도 아름답고, 짜빨라 탑묘도 아름답구나.

아난다여, 누구든지 네 가지 성취수단[四如意足]194)을 닦고 많이 [공부]짓고 수레로 삼고 기초로 삼고 확립하고 굳건히 하고 부지런히 닦은 사람은 원하기만 하면 백년을195) 머물 수도 있고, 혹은 남은 기간을 머물 수도 있다. 아난다여, 여래는 네 가지 성취수단을 닦고 많이 [공부]짓고 수레로 삼고 기초로 삼고 확립하고 굳건히 하고 부지런히 닦았다. 여래는 원하기만 하면 백년을 머물 수도 있고, 혹은 남은 기간을 머물 수도 있다."

세존께서는 이와 같이 분명한 암시를 주시고 분명한 빛을 드러내

---

194) '네 가지 성취수단(iddhi-pāda)'은 四如意足으로 한역되었다. 네 가지 성취수단은 『디가 니까야』 제2권 「자나와사바 경」(D18) §22의 주해를 참조할 것.

195) 여기서 '백년'으로 옮긴 원어는 kappa(겁, 劫)이다. 주석서에 의하면 여기서 겁은 수명의 겁(āyu-kappa)을 뜻한다고 한다.(AA.iv.149) 그 당시 인간이 살 수 있는 수명의 한계를 다 채울 때까지 머물 수 있다는 뜻이다. 남은 기간이란 '이쪽저쪽이다'라고 말한 백년보다 조금 더 사는 것을 뜻한다. 한편 본서 제4권 아라까 경(A7:70)에서는 부처님 당시의 인간의 수명은 백년의 전후라고 언급되어 있다. 그래서 백년으로 옮겼다.
이 부분에 해당하는 주석서를 직역하면 다음과 같다.
"여기서 겁(kappa)이란 수명의 겁(āyu-kappa)이다. 그 당시에 인간들의 수명(āyuppamāṇa)의 한계를 다 채우면서 머물 수 있다는 말이다. '혹은 남은 겁(kappāvasesaṁ vā)'이란 '조금 더'라고 말한, 백년보다 조금 더(vassa-satato atirekaṁ) 사는 것이다."(AA.iv.149)

셨다. 그러나 아난다 존자는 그 [뜻]을 꿰뚫어 보지 못했으니, 그의 마음이 마라에게 사로잡혔기 때문이다. 그래서 그는 세존께 '세존이시여, 세존께서는 많은 사람의 이익을 위하고 많은 사람의 행복을 위하고 세상을 연민하고 신과 인간의 이상과 이익과 행복을 위하여 백년을 머물러 주소서. 부디 선서께서는 백년을 머물러 주소서.'라고 간청하지 않았다.

5. 두 번째로 세존께서는 아난다 존자를 불러서 말씀하셨다. …

6. 세 번째로 세존께서는 아난다 존자를 불러서 말씀하셨다.
"아난다여, 웨살리는 아름답구나. 우데나 탑묘도 아름답고, 고따마까 탑묘도 아름답고, 바후뻣따 탑묘(다자탑)도 아름답고, 삿땀바까 탑묘도 아름답고, 사란다 탑묘도 아름답고, 짜빨라 탑묘도 아름답구나. 아난다여, 누구든지 네 가지 성취수단[四如意足]을 닦고 많이 [공부]짓고 수레로 삼고 기초로 삼고 확립하고 굳건히 하고 부지런히 닦은 사람은 백년을 머물 수도 있고, 혹은 남은 기간을 머물 수도 있다. 아난다여, 여래는 네 가지 성취수단을 닦고 많이 [공부]짓고 수레로 삼고 기초로 삼고 확립하고 굳건히 하고 부지런히 닦았다. 여래는 원하기만 하면 백년을 머물 수도 있고, 혹은 남은 기간을 머물 수도 있다."

세존께서는 이와 같이 분명한 암시를 주시고 분명한 빛을 드러내셨는데도 아난다 존자는 그 [뜻]을 꿰뚫어 보지 못했으니, 그의 마음이 마라에게 사로잡혔기 때문이다. 그래서 그는 세존께 '세존이시여, 세존께서는 많은 사람의 이익을 위하고 많은 사람의 행복을 위하고 세상을 연민하고 신과 인간의 이상과 이익과 행복을 위하여 백년을 머물러 주소서. 부디 선서께서는 백년을 머물러 주소서.'라고 간청하지 않았다.

7. 그러자 세존께서는 아난다 존자를 불러서 말씀하셨다.

"아난다여, 이제 그대는 갈 시간이 된 것 같구나."196)

"그렇게 하겠습니다, 세존이시여."라고 아난다 존자는 세존께 대답한 뒤 자리에서 일어나 세존께 절을 올리고 오른쪽으로 [세 번] 돌아 [경의를 표한] 뒤에 멀지 않은 곳에 있는 어떤 나무 아래 앉았다.

8. 그러자 마라 빠삐만197)이 아난다 존자가 떠난 지 오래되지 않아서 세존께 다가갔다. 가서는 한 곁에 섰다. 한 곁에 서서 마라 빠삐만은 세존께 이렇게 말씀드렸다.

"세존이시여, 이제 세존께서는 반열반(般涅槃)198)에 드십시오. 선서께서는 반열반에 드십시오. 세존이시여, 지금이 세존께서 반열반

---

196) "낮 동안의 머묾을 위해 여기 짜빨라 탑묘로 왔기 때문에, 아난다에게 '아난다여, 그대가 원하는 곳으로 가서 낮 동안을 머물러라.' 즉 공부를 하라고 하신 뜻이다."(AAṬ.iii.254)

197) "중생들에게 불행을 불러일으켜 죽게 한다고 해서 마라라고 한다.(satte anatthe niyojento māretīti māro) 빠삐만(pāpiman)이란 그의 별명이다. 그는 참으로 사악한 성품(pāpa-dhamma)을 고루 갖추고 있기 때문에 빠삐만(사악한 자)이라 부른다. 깐하(Kaṇha, 검은 자), 안따까(Antaka, 끝을 내는 자), 나무찌(Namuci), 방일함의 친척(pamatta-bhandu)이라는 다른 이름들도 그는 가지고 있다."(AA.iv.150)

198) 반열반(般涅槃)은 parinibbāna의 음역이다. 무여열반을 반열반이라 부른다. 무여열반과 유여열반에 대해서는 『디가 니까야』 제2권 「대반열반경」 §3.20의 주해를 참조할 것.

에 드실 시간입니다. 세존이시여, [전에] 세존께서는 이렇게 말씀하셨습니다.199) '빠삐만이여, 나는 내 비구 제자들이 [도를] 성취하고, 잘 훈련되고, 출중하며, 유가안은을 얻고, 많이 배우고[多聞], 법을 잘 호지(護持)하고, [출세간]법에 이르게 하는 법을 닦고, 합당하게 도를 닦고, 법을 따라 행하며,200) 자기 스승의 말씀을 파악한 뒤 그것을 천명하고 가르치고 알게 하고 확립하고 드러내고 분석하고 명료하게 설명하며, 다른 [삿된] 교설이 나타날 때 그것을 법으로201) 잘 제압하고, 제압한 뒤 [해탈을 성취하는] 기적을 갖춘202) 법을 설할 수 있기 전에는 반열반에 들지 않을 것이다.'라고.

세존이시여, 그러나 지금 세존의 비구 제자들은 [도를] 성취하고,

---

199) "이것은 세존께서 정등각을 얻으신 후 8주째에 빠삐만이 보리좌(bodhi-maṇḍa)로 가서 '세존이시여, 당신은 바라밀(pārami)을 완성하여 그 목적을 성취하였고 또 일체지지(一切知智, sabbaññuta-ñāṇa)도 통찰하였습니다. 이제 무엇 때문에 세상에 머무시려 합니까?'라고 말한 뒤 오늘 또 이와 같이 말하는 것이다. 그는 그때에 '세존이시여, 이제 그만 반열반에 드십시오.'라고 간청했다. 그때 세존께서는 빠삐만에게 '나는 내 비구 제자들이 [도를] 성취하고, 잘 훈련되고 …' 등으로 말씀하시면서 거절하셨다. 그것에 관해서 마라는 '세존께서는 이렇게 말씀하셨습니다.'라고 하고 있다."(*Ibid*)

200) "'법을 따라 행하는 자들(anudhamma-cārino)'이란 법을 따라 행하는 습성(sīla)을 가진 자들이다."(AA.iv.151)

201) "여기서 '법으로(sahadhammena)'라는 것은 원인을 갖추고(sahetuka) 이유를 갖춘(sakāraṇa) 말(vacana)로 라는 뜻이다."(*Ibid*)

202) "'[해탈을 성취하는] 기적을 갖춘(sappāṭihāriya)'이란 [해탈의] 출구(niyyānika, 벗어남, D13.§11의 주해 참조)를 만든 뒤에 법을 설하는 것이다."(*Ibid*) 여기에 대해서 복주서는 "아홉 가지 출세간법을 깨닫게 한다는 뜻이다."(AAṬ.iii.256)라고 설명하고 있다. 아홉 가지 출세간법이란 예류도와 예류과부터 아라한도와 아라한과까지의 여덟 가지와 열반을 말한다.

잘 훈련되고, 출중하며, 유가안은을 얻고, 많이 배우고, 법을 잘 호지하고, [출세간]법에 이르게 하는 법을 닦고, 합당하게 도를 닦고, 법을 따라 행하며, 자기 스승의 말씀을 파악한 뒤 그것을 천명하고 가르치고 알게 하고 확립하고 드러내고 분석하고 명료하게 설명하며, 다른 [삿된] 교설이 나타날 때 그것을 법으로 잘 제압하고, 제압한 뒤 [해탈을 성취하는] 기적을 갖춘 법을 설할 수 있습니다. 세존이시여, 그러니 이제 세존께서는 반열반에 드십시오. 선서께서는 반열반에 드십시오. 세존이시여, 지금이 세존께서 반열반에 드실 시간입니다.

세존이시여, [전에] 세존께서는 이렇게 말씀하셨습니다. '빠삐만이여, 나는 나의 비구니 제자들이 [도를] 성취하고, 잘 훈련되고, 출중하며, 유가안은을 얻고, 많이 배우고, 법을 잘 호지하고, [출세간]법에 이르게 하는 법을 닦고, 합당하게 도를 닦고, 법을 따라 행하며, 자기 스승의 말씀을 파악한 뒤 그것을 천명하고 가르치고 알게 하고 확립하고 드러내고 분석하고 명료하게 설명하며, 다른 [삿된] 교설이 나타날 때 그것을 법으로 잘 제압하고, 제압한 뒤 [해탈을 성취하는] 기적을 갖춘 법을 설할 수 있기 전에는 반열반에 들지 않을 것이다.'라고.

세존이시여, 그러나 지금 세존의 비구니 제자들은 [도를] 성취하고, 잘 훈련되고, 출중하며, 유가안은을 얻고, 많이 배우고, 법을 잘 호지하고, [출세간]법에 이르게 하는 법을 닦고, 합당하게 도를 닦고, 법을 따라 행하며, 자기 스승의 말씀을 파악한 뒤 그것을 천명하고 가르치고 알게 하고 확립하고 드러내고 분석하고 명료하게 설명하며, 다른 [삿된] 교설이 나타날 때 그것을 법으로 잘 제압하고, 제압한 뒤 [해탈을 성취하는] 기적을 갖춘 법을 설할 수 있습니다. 세존이시여, 그러니 이제 세존께서는 반열반에 드십시오. 선서께서는 반열반에 드십시오. 세존이시여, 지금이 세존께서 반열반에 드실 시간입니다.

세존이시여, [전에] 세존께서는 이렇게 말씀하셨습니다. '빠삐만이여, 나는 나의 청신사 제자들이 [도를] 성취하고, 잘 훈련되고, 출중하며, 유가안은을 얻고, 많이 배우고, 법을 잘 호지하고, [출세간]법에 이르게 하는 법을 닦고, 합당하게 도를 닦고, 법을 따라 행하며, 자기 스승의 말씀을 파악한 뒤 그것을 천명하고 가르치고 알게 하고 확립하고 드러내고 분석하고 명료하게 설명하며, 다른 [삿된] 교설이 나타날 때 그것을 법으로 잘 제압하고, 제압한 뒤 [해탈을 성취하는] 기적을 갖춘 법을 설할 수 있기 전에는 반열반에 들지 않을 것이다.'라고.

세존이시여, 그러나 지금 세존의 청신사 제자들은 [도를] 성취하고, 잘 훈련되고, 출중하며, 유가안은을 얻고, 많이 배우고, 법을 잘 호지하고, [출세간]법에 이르게 하는 법을 닦고, 합당하게 도를 닦고, 법을 따라 행하며, 자기 스승의 말씀을 파악한 뒤 그것을 천명하고 가르치고 알게 하고 확립하고 드러내고 분석하고 명료하게 설명하며, 다른 [삿된] 교설이 나타날 때 그것을 법으로 잘 제압하고, 제압한 뒤 [해탈을 성취하는] 기적을 갖춘 법을 설할 수 있습니다. 세존이시여, 그러니 이제 세존께서는 반열반에 드십시오. 선서께서는 반열반에 드십시오. 세존이시여, 지금이 세존께서 반열반에 드실 시간입니다.

세존이시여, [전에] 세존께서는 이렇게 말씀하셨습니다. '빠삐만이여, 나는 나의 청신녀 제자들이 [도를] 성취하고, 잘 훈련되고, 출중하며, 유가안은을 얻고, 많이 배우고, 법을 잘 호지하고, [출세간]법에 이르게 하는 법을 닦고, 합당하게 도를 닦고, 법을 따라 행하며, 자기 스승의 말씀을 파악한 뒤 그것을 천명하고 가르치고 알게 하고 확립하고 드러내고 분석하고 명료하게 설명하며, 다른 [삿된] 교설이 나타날 때 그것을 법으로 잘 제압하고, 제압한 뒤 [해탈을 성취하는] 기적을 갖춘 법을 설할 수 있기 전에는 반열반에 들지 않을 것이다.' 라고.

세존이시여, 그러나 지금 세존의 청신녀 제자들은 [도를] 성취하고, 잘 훈련되고, 출중하며, 유가안은을 얻고, 많이 배우고, 법을 잘 호지하고, [출세간]법에 이르게 하는 법을 닦고, 합당하게 도를 닦고, 법을 따라 행하며, 자기 스승의 말씀을 파악한 뒤 그것을 천명하고 가르치고 알게 하고 확립하고 드러내고 분석하고 명료하게 설명하며, 다른 [삿된] 교설이 나타날 때 그것을 법으로 잘 제압하고, 제압한 뒤 [해탈을 성취하는] 기적을 갖춘 법을 설할 수 있습니다. 세존이시여, 그러니 이제 세존께서는 반열반에 드십시오. 선서께서는 반열반에 드십시오. 세존이시여, 지금이 세존께서 반열반에 드실 시간입니다.

세존이시여, [전에] 세존께서는 이렇게 말씀하셨습니다. '빠삐만이여, 나는 나의 이러한 청정범행이 성공적으로 확립되고, 깊어지고, 널리 퍼지고, 많은 사람들에게 알려지고, [모든 측면에서] 광범위하고, 신과 인간들이 있는 곳에는 어디든 잘 선포되기 전에는 반열반에 들지 않을 것이다.'라고

세존이시여, 그러나 지금 세존의 이러한 청정범행은 성공적으로 확립되고, 깊어지고, 널리 퍼지고, 많은 사람들에게 알려지고, [모든

측면에서] 광범위하고, 신과 인간들이 있는 곳에는 어디든 잘 선포되었습니다. 세존이시여, 그러니 이제 세존께서는 반열반에 드십시오. 선서께서는 반열반에 드십시오. 세존이시여, 지금이 세존께서 반열반에 드실 시간입니다."

이렇게 말씀드리자 세존께서는 마라 빠삐만에게 이렇게 말씀하셨다.

"빠삐만이여, 그대는 안달하지 말라.203) 오래지 않아 여래는 반열반에 들 것이다. 지금부터 석 달을 넘기지 않고 여래는 반열반에 들 것이다."

9. 그리고 세존께서는 짜빨라 탑묘에서 마음챙기고 알아차리시면서 수명(壽命)의 상카라[行]를 포기하셨다.204) 세존께서 수명의 상카라를 포기하시자, 무시무시하고 털을 곤두서게 하는 큰 지진이 났으며 천둥번개가 내리쳤다. 그때 세존께서는 이 뜻을 아시고 그 시간에 다음의 감흥어를 읊으셨다.

"성자는 제한적인 것과 무량한 것
태어남의 원인과 존재의 상카라[行]를 포기했노라.205)

---

203) "'안달하지 말라.(appossukko)'는 것은 매달리지 말라(nirālayo)는 뜻이다. 그대 빠삐만은 [내가 성도한 후] 8주째부터 '세존이시여, 이제 세존께서는 반열반에 드십시오, 선서께서는 반열반에 드십시오.'라고 말하면서 내 주위를 배회하고 있었다. 이제 오늘부터는 안달하지 말라, 나를 반열반에 들게 하려고 매달리지 말라고 말씀하시는 것이다."(AA.iv.151)

204) "여기서 세존께서는 손으로 흙덩이(leḍḍu)를 [버리]듯이 그렇게 수명의 상카라(āyu-saṅkhāra)를 포기하시지 않았다. 앞으로 석 달간만 증득(samāpatti, 等至, 본삼매)을 유지하시고(samāpajjitvā) 그 후에는 증득을 유지하지 않을 것이라고 마음을 일으키셨다는 뜻이다. 이것을 두고 '포기하셨다(ossaji)'고 한 것이다."(*Ibid*)

205) '성자는 제한적인 것과 무량한 것 / 태어남의 원인과 존재의 상카라를 포기했노라.'로 옮긴 원문은 tulam atulañca sambhavaṁ, bhava-saṅ-khāram avassaji muni이다.

주석서는 여기서 '제한적인 것'으로 옮긴 tula란 욕계의 업을 말하고 '무량한 것'으로 옮긴 atula란 고귀한(즉, 색계와 무색계) 업이라고 설명하고 있다. 혹은 욕계와 색계의 업이 제한적인 것이고, 무색계의 업이 무량한 것이다. 혹은 과보가 적은 것이 제한적인 것이고, 과보가 큰 것이 무량한 것이다. '태어남의 원인'으로 옮긴 sambhava는 태어남을 가져오는 원인 (sambhava-hetu-bhūta)이라고 설명한다.(AA.iv.153~154)

'존재의 상카라(bhava-saṅkhāra)'란 다시 태어남을 가져오는 상카라 (bhava-abhisaṅkharaṇa)를 뜻한다. 즉 과보를 가져다는 뜻에서 태어남의 원인(sambhava)이라는 이름을 얻고, 존재로서의 업형성력이라는 뜻에서 존재의 상카라라고 이름을 얻은 '제한적인 것과 무량한 것'이라고 불리는 세간적인 업을 내려놓았다는 뜻이다. 마치 전쟁에서 무사가 갑옷을 버리듯이 자신의 안에서 일어난 오염원도 기뻐하면서 침착하게 버린다는 뜻이다.(Ibid)

아울러 주석서는 다시 양자택일의 설명을 더하고 있다. tula란 견주어보다, 조사하다의 뜻으로 현재분사이고, atulañca sambhavam은 열반과 태어남을 뜻하는 목적으로 사용되었다고 설명한다.(Ibid)

'존재의 상카라를 포기했다(bhava-saṅkhāram avassaji)'는 것은 '다섯 가지 무더기들[五蘊]은 무상하지만 이런 다섯 가지 무더기들의 소멸인 열반은 항상하다.'라는 등으로 재어보면서 부처님께서는 존재에서 위험과 열반에서 이익을 보신 뒤, 무더기들의 근본이 되는 존재의 상카라인 업 (bhava-saṅkhāra-kamma)을 '업을 소멸하는(kammakkhaya)것이 있다.'(M59/i.389)라고 설하신 대로, 업을 소멸하는 성스러운 도를 통해서 포기하셨다고 한다.(AA.iv.153~154) 그러므로 이 구절은 '잴 수 없는 [열반과] 태어남을 견주어보고, 성자는 존재의 상카라를 포기했노라.'라고 옮길 수도 있다.

206) '안으로 기쁘다.'라는 것에 대해서 주석서는 자기 자신이 기쁘다는 뜻이라고 설명하고 있고,(AA.iv.153) 복주서는 "계속해서 일어나는 자기의 법들에 대해서 위빳사나를 하고 또 영역을 반복함으로써 기쁘다."(AAṬ.iii.258)라고 덧붙이고 있다.

"삼매에 든다는 것은 근접삼매와 본삼매에 든다는 뜻이다."(AA.iv.153)

외투를 벗듯이 자신의 안에서 생긴

[오염원을]207) 벗어버렸노라."

10. 그때 아난다 존자에게 이런 생각이 들었다. '참으로 크게 대지가 진동하는구나! 참으로 이 지진은 무시무시하고 털을 곤두서게 하고 천둥번개까지 내리치는구나! 도대체 무슨 이유와 무슨 조건 때문에 이처럼 큰 지진이 나는가?'

그러자 아난다 존자는 세존께 다가갔다. 가서는 세존께 절을 올리고 한 곁에 앉았다. 한 곁에 앉은 아난다 존자는 세존께 이렇게 여쭈었다.

"세존이시여, 참으로 크게 대지가 진동합니다. 참으로 이 지진은 무시무시하고 털을 곤두서게 하고 천둥번개까지 내리칩니다. 도대체 무슨 이유와 무슨 조건 때문에 이처럼 큰 지진이 납니까?"

11. "아난다여, 여덟 가지 원인과 여덟 가지 조건 때문에 큰 지진이 난다. 무엇이 여덟인가?"

12. "아난다여, 이 대지는 물에 놓여 있고, 물은 바람에 놓여 있고, 바람은 허공에 놓여 있다. 아난다여, 큰 바람이 불기 시작하면 큰 바람은 불면서 물을 흔들고, 물은 흔들려서 땅을 흔든다. 이것이 큰 지진이 나는 첫 번째 원인이요 첫 번째 조건이다."

13. "다시 아난다여, 신통이 있고 마음의 자유자재를 얻은 사문

---

207) "'자신의 안에서 생긴 것(atta-sambhava)'이란 자신에게서 생긴 오염원 (kilesa)을 말한다."(*Ibid*)

이나 바라문이나, 큰 신통과 큰 위력을 가진 신이 있는데, 땅에 대한 그들의 인식은 제한적으로 계발되었지만 물에 대한 인식은 무량하게 계발되었다. 이런 자들이 이 땅을 흔들리게 하고, 강하게 흔들리게 하고, 요동치게 한다. 이것이 큰 지진이 나는 두 번째 원인이요 두 번째 조건이다."

14. "다시 아난다여, 보살이 마음챙기고 분명하게 알아차리면서 도솔천(뚜시따)에서 몸을 버리고 모태에 들 때에 땅이 흔들리고, 강하게 흔들리고, 요동친다. 이것이 큰 지진이 나는 세 번째 원인이요 세 번째 조건이다."

15. "다시 아난다여, 보살이 마음챙기고 분명하게 알아차리면서 모태로부터 나올 때에 땅이 흔들리고 강하게 흔들리고 요동친다. 이것이 큰 지진이 나는 네 번째 원인이요 네 번째 조건이다."

16. "다시 아난다여, 여래가 위없는 정등각을 깨달을 때에 땅이 흔들리고, 강하게 흔들리고, 요동친다. 이것이 큰 지진이 나는 다섯 번째 원인이요 다섯 번째 조건이다."

17. "다시 아난다여, 여래가 위없는 법의 바퀴를 굴릴 때에 땅이 흔들리고, 강하게 흔들리고, 요동친다. 이것이 큰 지진이 나는 여섯 번째 원인이요 여섯 번째 조건이다."

18. "다시 아난다여, 여래가 마음챙기고 알아차리면서 수명의 상카라를 포기할 때에 땅이 흔들리고, 강하게 흔들리고, 요동친다. 이

것이 큰 지진이 나는 일곱 번째 원인이요 일곱 번째 조건이다."

19. "다시 아난다여, 여래가 무여열반의 요소[界]로 반열반할 때에 땅이 흔들리고, 강하게 흔들리고, 요동친다. 이것이 큰 지진이 나는 여덟 번째 원인이요 여덟 번째 조건이다. 아난다여, 이러한 여덟 가지 원인과 여덟 가지 조건 때문에 큰 지진이 난다."

제7장 대지의 진동 품이 끝났다.

일곱 번째 품에 포함된 경들의 목록은 다음과 같다.

① 바람[願] ② 충분함 ③ 간략하게 ④ 가야 ⑤ 지배
⑥ 해탈, 두 가지 ⑦~⑧ 언어표현 ⑨ 회중 ⑩ 대지의 진동이다.

제8장 쌍 품

Yamaka-vagga

믿음 경1(A8:71)

Saddhā-sutta

1. "비구들이여, 비구가 믿음은 있지만, 계를 지키지는 못했다. 이와 같이 그는 이 구성요소를 원만하게 갖추지 못했다. 그러므로 그는 '어떻게 하면 믿음도 있고 계도 지킬 수 있을까?'라고 생각하면서 이 구성요소를 원만하게 갖추어야 한다. 비구들이여, 비구가 믿음도 있고 계도 지킬 때 그는 이 구성요소를 원만하게 갖춘다."

2. "비구들이여, 비구가 믿음도 있고 계도 지키지만, 많이 배우지는 못했다. 이와 같이 그는 이 구성요소를 원만하게 갖추지 못했다. 그러므로 그는 '어떻게 하면 믿음도 있고 계도 지키고 많이 배울 수 있을까?'라고 생각하면서 이 구성요소를 원만하게 갖추어야 한다. 비구들이여, 비구가 믿음도 있고 계도 지키고 많이 배울 때 그는 이 구성요소를 원만하게 갖춘다."

3. "비구들이여, 비구가 믿음도 있고 계도 지키고 많이 배웠지만, 법을 설하지는 않는다. …

법을 설하지만, 회중에 참여하지는 않는다. …

회중에 참여하지만, 두려움 없이 회중에게 법을 설하지는 못한다. …

두려움 없이 회중에게 법을 설하지만, 바로 지금여기에서 행복하게 머물게 하는, 높은 마음인 네 가지 선[四種禪]을 원하는 대로 얻고 힘들이지 않고 얻고 어렵지 않게 얻지는 못한다. …

바로 지금여기에서 행복하게 머물게 하는, 높은 마음인 네 가지 선[四種禪]을 원하는 대로 얻고 힘들이지 않고 얻고 어렵지 않게 얻지만, 모든 번뇌가 다하여 아무 번뇌가 없는 마음의 해탈[心解脫]과 통찰지를 통한 해탈[慧解脫]을 바로 지금여기에서 스스로 최상의 지혜로 알고 실현하고 구족하여 머물지는 못한다.

이와 같이 그는 이 구성요소를 원만하게 갖추지 못했다. 그러므로 그는 '어떻게 하면 믿음도 있고, 계도 지키고, 많이 배우고, 법을 설하고, 회중에 참여하고, 두려움 없이 회중에게 법을 설하고, 바로 지금여기에서 행복하게 머물게 하는, 높은 마음인 네 가지 선[四種禪]을 원하는 대로 얻고 힘들이지 않고 얻고 어렵지 않게 얻고, 모든 번뇌가 다하여 아무 번뇌가 없는 마음의 해탈[心解脫]과 통찰지를 통한 해탈[慧解脫]을 바로 지금여기에서 스스로 최상의 지혜로 알고 실현하고 구족하여 머물 수 있을까?'라고 생각하면서 이 구성요소를 원만하게 갖추어야 한다.

비구들이여, 비구가 믿음도 있고, 계도 지키고, 많이 배우고, 법을 설하고, 회중에 참여하고, 두려움 없이 회중에게 법을 설하고, 바로 지금여기에서 행복하게 머물게 하는, 높은 마음인 네 가지 선[四種禪]을 원하는 대로 얻고 힘들이지 않고 얻고 어렵지 않게 얻고, 모든 번뇌가 다하여 아무 번뇌가 없는 마음의 해탈[心解脫]과 통찰지를 통한 해탈[慧解脫]을 바로 지금여기에서 스스로 최상의 지혜로 알고 실현하고 구족하여 머물 때 그는 이 구성요소를 원만하게 갖춘다.

비구들이여, 이러한 여덟 가지 법을 갖춘 비구는 모든 곳에서 기쁨을 주는 자요, 모든 것을 원만하게 갖춘 자이다."

믿음 경2(A8:72)

1. "비구들이여, 비구가 믿음은 있지만, 계를 지키지는 못했다. 이와 같이 그는 이 구성요소를 원만하게 갖추지 못했다. 그러므로 그는 '어떻게 하면 믿음도 있고 계도 지킬 수 있을까?'라고 생각하면서 이 구성요소를 원만하게 갖추어야 한다.

비구들이여, 비구가 믿음도 있고 계도 지킬 때 그는 이 구성요소를 원만하게 갖춘다."

2. "비구들이여, 비구가 믿음도 있고 계도 지키지만, 많이 배우지는 못하였다. …

많이 배웠지만, 법을 설하지는 않는다. …

법을 설하지만, 회중에 참여하지는 않는다. …

회중에 참여하지만, 두려움 없이 회중에게 법을 설하지는 못한다. …

두려움 없이 회중에게 법을 설하지만, 물질[色]을 초월하여 물질이 없는[無色] 저 [네 가지] 평화로운 해탈들을 몸으로 체득하여 머물지는 못한다.208) …

---

208) "'평화로운(santa)'이란 것은 구성요소(aṅga)가 평화롭고 대상(āramma
-ṇa)이 평화롭기 때문에 평화롭다.
'해탈(vimokkha)'이란 반대되는 법들로부터 해탈했고(vimuttatta) 또
대상에 대해 확신이 있기 때문에(adhimuttatta) 해탈이다.
'물질들을 초월한다(atikkamma rūpe)'는 것은 색계선(rūpa-avacara-
jjhāna)을 초월한다는 것이다.
'물질이 없음[無色, āruppa]'이라고 한 것은 대상의 측면과 과보(vipāka)

물질[色]을 초월하여 물질이 없는[無色] 저 평화로운 해탈들을 몸으로 체득하여 머물지만, 모든 번뇌가 다하여 아무 번뇌가 없는 마음의 해탈[心解脫]과 통찰지를 통한 해탈[慧解脫]을 바로 지금여기에서 스스로 최상의 지혜로 알고 실현하고 구족하여 머물지는 못한다.

이와 같이 그는 이 구성요소를 원만하게 갖추지 못했다. 그러므로 그는 '어떻게 하면 믿음도 있고, 계도 지키고, 많이 배우고, 법을 설하고, 회중에 참여하고, 두려움 없이 회중에게 법을 설하고, 물질[色]을 초월하여 물질이 없는[無色] 저 평화로운 해탈들을 몸으로 체득하여 머물고, 모든 번뇌가 다하여 아무 번뇌가 없는 마음의 해탈[心解脫]과 통찰지를 통한 해탈[慧解脫]을 바로 지금여기에서 스스로 최상의 지혜로 알고 실현하고 구족하여 머물 수 있을까?'라고 생각하면서 이 구성요소를 원만하게 갖추어야 한다.

비구들이여, 비구가 믿음도 있고, 계도 지키고, 많이 배우고, 법을 설하고, 회중에 참여하고, 두려움 없이 회중에게 법을 설하고, 물질[色]을 초월하여 물질이 없는[無色] 저 평화로운 해탈들을 몸으로 체득하여 머무르고, 모든 번뇌가 다하여 아무 번뇌가 없는 마음의 해탈[心解脫]과 통찰지를 통한 해탈[慧解脫]을 바로 지금여기에서 스스로 최상의 지혜로 알고 실현하고 구족하여 머물 때 그는 이 구성요소를 원만하게 갖춘다.

비구들이여, 이러한 여덟 가지 법을 갖춘 비구는 모든 곳에서 기쁨

의 측면에서 물질이 없기 때문이다.
'몸으로 체득하여(kāyena phusitva)'라는 것은 정신적인 몸(nāma-kāya)으로 체득하고, 얻고, 증득한다는 뜻이다."(MA.i.162)
한편 복주서는 '정신적인 몸'이란 함께 생긴 정신의 무더기(nāma-kkhandha)를 뜻한다고 설명하고 있다.(MAṬ.i.265)

을 주는 자요, 모든 것을 원만하게 갖춘 자이다."

죽음에 대한 마음챙김 경1(A8:73)[209]
Maraṇassati-sutta

1. 한때 세존께서는 나디까[210]에서 벽돌집에 머무셨다. 거기서 세존께서는 "비구들이여."라고 비구들을 부르셨다. "세존이시여."라고 비구들은 세존께 응답했다. 세존께서는 이렇게 말씀하셨다.

2. "비구들이여, 죽음에 대한 마음챙김을 닦고 많이 [공부]지으면 큰 결실과 큰 이익이 있고 불사(不死)에 들어가고 불사를 완성한다. 비구들이여, 그대들은 죽음에 대한 마음챙김을 닦아야 한다."

3. 이렇게 말씀하시자 어떤 비구가 세존께 이렇게 말씀드렸다.
"세존이시여, 저는 죽음에 대한 마음챙김을 닦고 있습니다."
"비구여, 그러면 그대는 어떻게 죽음에 대한 마음챙김을 닦는가?"
"세존이시여, 저는 이렇게 생각합니다. '참으로 나는 하루 밤낮밖에 살 수 없을지도 모른다. 세존의 교법을 마음에 잡도리하리라. 그러면 참으로 지은 것이 많을 것이다.'라고. 세존이시여, 저는 이렇게 죽음에 대한 마음챙김을 닦습니다."

---

209) 본경에서 §5와 §7에 관계된 내용을 제외하면 본서 제4권 「죽음에 대한 마음챙김 경」 1(A6:19)과 같다.

210) PTS본의 본경에는 Naṭika(나띠까)로 나타나는데 같은 PTS본의 다른 경들에는 대부분 Nādika(나디까)로 나타나고 있어서 나디까로 통일했다. 나디까(Nādika)와 벽돌집(giñjakā-āvasatha)에 대해서는 본서 제4권 「죽음에 대한 마음챙김 경」 1(A6:19) §1의 주해를 참조할 것.

4. 그러자 또 다른 비구가 세존께 이렇게 말씀드렸다.

"세존이시여, 저도 죽음에 대한 마음챙김을 닦고 있습니다."

"비구여, 그러면 그대는 어떻게 죽음에 대한 마음챙김을 닦는가?"

"세존이시여, 저는 이렇게 생각합니다. '참으로 나는 하루 낮밖에 살 수 없을지도 모른다. 세존의 교법을 마음에 잡도리하리라. 그러면 참으로 지은 것이 많을 것이다.'라고. 세존이시여, 저는 이렇게 죽음에 대한 마음챙김을 닦습니다."

5. 그러자 또 다른 비구가 세존께 이렇게 말씀드렸다.

"세존이시여, 저도 죽음에 대한 마음챙김을 닦고 있습니다."

"비구여, 그러면 그대는 어떻게 죽음에 대한 마음챙김을 닦는가?"

"세존이시여, 저는 이렇게 생각합니다. '참으로 나는 한나절밖에 살 수 없을지도 모른다. 세존의 교법을 마음에 잡도리하리라. 그러면 참으로 지은 것이 많을 것이다.'라고. 세존이시여, 저는 이렇게 죽음에 대한 마음챙김을 닦습니다."

6. 그러자 또 다른 비구가 세존께 이렇게 말씀드렸다.

"세존이시여, 저도 죽음에 대한 마음챙김을 닦고 있습니다."

"비구여, 그러면 그대는 어떻게 죽음에 대한 마음챙김을 닦는가?"

"세존이시여, 저는 이렇게 생각합니다. '참으로 나는 한 번 밥 먹는 시간밖에 살 수 없을지도 모른다. 세존의 교법을 마음에 잡도리하리라. 그러면 참으로 지은 것이 많을 것이다.'라고. 세존이시여, 저는 이렇게 죽음에 대한 마음챙김을 닦습니다."

7. 그러자 또 다른 비구가 세존께 이렇게 말씀드렸다.

"세존이시여, 저도 죽음에 대한 마음챙김을 닦고 있습니다."

"비구여, 그러면 그대는 어떻게 죽음에 대한 마음챙김을 닦는가?"

"세존이시여, 저는 이렇게 생각합니다. '참으로 나는 밥을 반쯤 먹는 시간밖에 살 수 없을지도 모른다. 세존의 교법을 마음에 잡도리하리라. 그러면 참으로 지은 것이 많을 것이다.'라고. 세존이시여, 저는 이렇게 죽음에 대한 마음챙김을 닦습니다."

8. 그러자 또 다른 비구가 세존께 이렇게 말씀드렸다.

"세존이시여, 저도 죽음에 대한 마음챙김을 닦고 있습니다."

"비구여, 그러면 그대는 어떻게 죽음에 대한 마음챙김을 닦는가?"

"세존이시여, 저는 이렇게 생각합니다. '참으로 나는 네다섯 입의 음식을 씹어 삼키는 시간밖에 살 수 없을지도 모른다. 세존의 교법을 마음에 잡도리하리라. 그러면 참으로 지은 것이 많을 것이다.'라고. 세존이시여, 저는 이렇게 죽음에 대한 마음챙김을 닦습니다."

9. 그러자 또 다른 비구가 세존께 이렇게 말씀드렸다.

"세존이시여, 저도 죽음에 대한 마음챙김을 닦고 있습니다."

"비구여, 그러면 그대는 어떻게 죽음에 대한 마음챙김을 닦는가?"

"세존이시여, 저는 이렇게 생각합니다. '참으로 나는 한 입의 음식을 씹어 삼키는 시간밖에 살 수 없을지도 모른다. 세존의 교법을 마음에 잡도리하리라. 그러면 참으로 지은 것이 많을 것이다.'라고. 세존이시여, 저는 이렇게 죽음에 대한 마음챙김을 닦습니다."

10. 　그러자 또 다른 비구가 세존께 이렇게 말씀드렸다.

"세존이시여, 저도 죽음에 대한 마음챙김을 닦고 있습니다."

"비구여, 그러면 그대는 어떻게 죽음에 대한 마음챙김을 닦는가?"

"세존이시여, 저는 이렇게 생각합니다. '참으로 나는 숨을 들이쉬었다가 내쉬는 시간밖에 살 수 없을지도 모른다. 세존의 교법을 마음에 잡도리하리라. 그러면 참으로 지은 것이 많을 것이다.'라고 세존이시여, 저는 이렇게 죽음에 대한 마음챙김을 닦습니다."

11. 　이렇게 말씀드리자 세존께서는 비구들에게 이렇게 말씀하셨다.

"비구들이여, 어떤 비구는 이와 같이 죽음에 대한 마음챙김을 닦는다.

'참으로 나는 하루 밤낮밖에 살 수 없을지도 모른다. 세존의 교법을 마음에 잡도리하리라. 그러면 참으로 지은 것이 많을 것이다.'라고

비구들이여, 또 다른 비구는 이와 같이 죽음에 대한 마음챙김을 닦는다. '참으로 나는 하루 낮밖에 살 수 없을지도 모른다. 세존의 교법을 마음에 잡도리하리라. 그러면 참으로 지은 것이 많을 것이다.'라고

비구들이여, 또 다른 비구는 이와 같이 죽음에 대한 마음챙김을 닦는다. '참으로 나는 한나절밖에 살 수 없을지도 모른다. 세존의 교법을 마음에 잡도리하리라. 그러면 참으로 지은 것이 많을 것이다.'라고

비구들이여, 또 다른 비구는 이와 같이 죽음에 대한 마음챙김을

닦는다. '참으로 나는 한 번 밥 먹는 시간밖에 살 수 없을지도 모른다. 세존의 교법을 마음에 잡도리하리라. 그러면 참으로 지은 것이 많을 것이다.'라고.

비구들이여, 또 다른 비구는 이와 같이 죽음에 대한 마음챙김을 닦는다. '참으로 나는 밥을 반쯤 먹는 시간밖에 살 수 없을지도 모른다. 세존의 교법을 마음에 잡도리하리라. 그러면 참으로 지은 것이 많을 것이다.'라고.

비구들이여, 또 다른 비구는 이와 같이 죽음에 대한 마음챙김을 닦는다. '참으로 나는 네다섯 입의 음식을 씹어 삼키는 시간밖에 살 수 없을지도 모른다. 세존의 교법을 마음에 잡도리하리라. 그러면 참으로 지은 것이 많을 것이다.'라고.

비구들이여, 이러한 비구들을 일러 방일하게 살고, 번뇌를 멸하기 위하여 죽음에 대한 마음챙김을 둔하게 닦는다고 한다.

비구들이여, 어떤 비구는 이와 같이 죽음에 대한 마음챙김을 닦는다. '참으로 나는 한 입의 음식을 씹어 삼키는 시간밖에 살 수 없을지도 모른다. 세존의 교법을 마음에 잡도리하리라. 그러면 참으로 지은 것이 많을 것이다.'라고.

비구들이여, 또 다른 비구는 이와 같이 죽음에 대한 마음챙김을 닦는다. '참으로 나는 숨을 들이쉬었다가 내쉬는 시간밖에 살 수 없을지도 모른다. 세존의 교법을 마음에 잡도리하리라. 그러면 참으로 지은 것이 많을 것이다.'라고.

비구들이여, 이러한 비구들을 일러 부지런히 살고, 번뇌를 멸하기 위하여 죽음에 대한 마음챙김을 예리하게 닦는다고 한다.

비구들이여, 그러므로 이와 같이 공부지어야 한다. '우리는 방일하

지 않고 머무르리라. 번뇌를 멸하기 위하여 죽음에 대한 마음챙김을
예리하게 닦으리라.'라고, 비구들이여, 그대들은 참으로 이와 같이 공
부지어야 한다."

죽음에 대한 마음챙김 경2(A8:74)

1. 　한때 세존께서는 나디까에서 벽돌집에 머무셨다. 거기서 세
존께서는 "비구들이여."라고 비구들을 부르셨다. "세존이시여."라고
비구들은 세존께 응답했다. 세존께서는 이렇게 말씀하셨다.

　"비구들이여, 죽음에 대한 마음챙김을 닦고 많이 [공부]지으면 큰
결실과 큰 이익이 있고 불사(不死)에 들어가고 불사를 완성한다. 비
구들이여, 그러면 어떻게 죽음에 대한 마음챙김을 닦고 많이 [공부]
지으면 큰 결실과 큰 이익이 있고 불사(不死)에 들어가고 불사를 완
성하는가?"

2. 　"비구들이여, 여기 비구는 날이 지고 밤이 돌아왔을 때 이
와 같이 숙고한다. '내게 죽음을 가져올 여러 조건이 있다. 뱀이 나를
물지도 모른다. 혹은 전갈이 나를 물지도 모른다. 혹은 지네가 나를
물지도 모른다. 그것으로 인해 죽을지도 모르고, 그것이 내게 장애가
될지도 모른다. 혹은 발부리가 걸려 넘어질지도 모른다. 혹은 내가
먹은 음식이 탈이 날지도 모른다. 혹은 담즙이 성가시게 할지도 모르
고, 가래가 성가시게 할지도 모르고, 마치 칼처럼 [관절을 끊는] 바람
이 성가시게 할지도 모른다. 혹은 사람들이 나를 공격할지도 모르고,
비인간들이 나를 공격할지도 모른다.211) 그것으로 인해 죽을지도 모

르고, 그것이 내게 장애가 될지도 모른다.'

비구들이여, 그 비구는 이와 같이 숙고해야 한다. '내가 이 밤에 죽게 되면 내게 장애가 될, 아직 제거되지 않은 나쁘고 해로운 법[不善法]들이 내게 남아있는 것은 아닌가? 비구들이여, 만일 비구가 자신을 반조해서 '내가 이 밤에 죽게 되면 내게 장애가 될, 아직 제거되지 않은 나쁘고 해로운 법들이 내게 남아있다.'라고 알게 되면 그는 그 나쁘고 해로운 법들을 제거하기 위해 강한 의욕과 노력과 관심과 분발과 불퇴전과 마음챙김과 알아차림을 행해야 한다.

비구들이여, 예를 들면 옷이나 머리에 불이 붙은 자는 옷이나 머리의 불을 끄기 위해서 아주 강한 의욕과 노력과 관심과 분발과 불퇴전과 마음챙김과 알아차림을 행해야 하는 것과 같다. 그와 같이 그 비구는 나쁘고 해로운 법들을 제거하기 위해서 강한 의욕과 노력과 관심과 분발과 불퇴전과 마음챙김과 알아차림을 행해야 한다.

비구들이여, 만일 비구가 자신을 반조해서 '내가 이 밤에 죽더라도 내게 장애가 될, 아직 제거되지 않은 나쁘고 해로운 법들이 [더 이상] 내게 없다.'라고 알게 되면 그 비구는 밤낮으로 유익한 법에 공부지으면서 희열과 환희로 머물 것이다."

3. "비구들이여, 여기 비구는 밤이 지나고 낮이 돌아왔을 때 이와 같이 숙고한다. '내게 죽음을 가져올 여러 조건이 있다. 뱀이 나를 물지도 모른다. 혹은 전갈이 나를 물지도 모른다. 혹은 지네가 나를 물지도 모른다. 그것으로 인해 죽을지도 모르고, 그것이 내게 장

---

211) 본경에서 사람들의 공격과 비인간들의 공격에 관한 부분을 제외하면 본경은 본서 제4권 「죽음에 대한 마음챙김 경」 2(A6:20)와 같다.

애가 될지도 모른다. 혹은 발부리가 걸려 넘어질지도 모른다. 혹은 내가 먹은 음식이 탈이 날지도 모른다. 혹은 담즙이 성가시게 할지도 모르고, 가래가 성가시게 할지도 모르고, 마치 칼처럼 [관절을 끊는] 바람이 성가시게 할지도 모른다. 혹은 사람들이 나를 공격할지도 모르고, 비인간들이 나를 공격할지도 모른다. 그것으로 인해 죽을지도 모르고, 그것이 내게 장애가 될지도 모른다.'

비구들이여, 그 비구는 이와 같이 숙고해야 한다. '내가 오늘 낮에 죽게 되면 내게 장애가 될, 아직 제거되지 않은 나쁘고 해로운 법들이 내게 남아있는 것은 아닌가? 비구들이여, 만일 비구가 자신을 반조해서 '내가 오늘 낮에 죽게 되면 내게 장애가 될, 아직 제거되지 않은 나쁘고 해로운 법들이 내게 남아있다.'라고 알게 되면 그는 그 나쁘고 해로운 법들을 제거하기 위해서 강한 의욕과 노력과 관심과 분발과 불퇴전과 마음챙김과 알아차림을 행해야 한다.

비구들이여, 예를 들면 옷이나 머리에 불이 붙은 자는 옷이나 머리의 불을 끄기 위해서 아주 강한 의욕과 노력과 관심과 분발과 불퇴전과 마음챙김과 알아차림을 행해야 하는 것과 같다. 그와 같이 그 비구는 나쁘고 해로운 법들을 제거하기 위해서 의욕과 노력과 관심과 분발과 불퇴전과 마음챙김과 알아차림을 행해야 한다.

비구들이여, 만일 비구가 자신을 반조해서 '내가 오늘 낮에 죽더라도 내게 장애가 될, 아직 제거되지 않은 나쁘고 해로운 법들이 [더 이상] 내게 없다.'라고 알게 되면 그 비구는 밤낮으로 유익한 법에 공부지으면서 희열과 환희로 머물 것이다.

비구들이여, 이와 같이 죽음에 대한 마음챙김을 닦고 많이 [공부] 지으면 큰 결실과 큰 이익이 있고 불사(不死)에 들어가고 불사를 완성한다."

구족 경1 (A8:75)
Sampadā-sutta

1. "비구들이여, 여덟 가지 구족이 있다. 무엇이 여덟인가?"

2. "근면함을 구족함, 보호를 구족함, 선우를 사귐, 바르게 생계를 유지함, 믿음의 구족, 계의 구족, 베풂의 구족, 통찰지의 구족이다. 비구들이여, 이러한 여덟 가지 구족이 있다."

3. "해야 할 일들에 대해서 근면하고
방일하지 않고 신중하며
바르게 생계를 유지하고, 번 것을 잘 보호하며
믿음과 계를 구족하고
[구하는 자의] 말뜻을 알고, 인색을 여의어
내생의 번영을 가져오는 내면의 길을 깨끗하게 하도다.
이러한 여덟 가지 법은
재가의 [기쁨을] 추구하는 믿음 가진 자에게
둘 다에서 행복을 가져다준다고
진리라는 이름을 가진 분께서 말씀하셨나니
그것은 금생의 이익을 위하고
내생의 행복을 위한 것이로다.
이와 같이 재가자들의 보시는 공덕을 증장시키도다."

구족 경2(A8:76)212)

1. "비구들이여, 여덟 가지 구족이 있다. 무엇이 여덟인가?"

2. "근면함을 구족함, 보호를 구족함, 선우를 사귐, 바르게 생계를 유지함, 믿음의 구족, 계의 구족, 베풂의 구족, 통찰지의 구족이다."

3. "비구들이여, 그러면 어떤 것이 근면함을 구족함인가? 비구들이여, 여기 선남자는 농사나 장사나 목축이나 궁술이나 왕의 신하가 되거나 그 이외 어떤 공예의 직업을 가지고 생계를 유지하나니, 그가 거기에 숙련되고 게으르지 않으며 그것을 완성할 수 있는 검증을 거쳐 충분히 실행할 수 있고 충분히 연구할 수 있는 자가 된다. 비구들이여, 이를 일러 근면함을 구족함이라 한다."

4. "비구들이여, 그러면 어떤 것이 보호를 구족함인가? 비구들이여, 여기 선남자는 열정적인 노력으로 얻었고, 팔의 힘으로 모았고, 땀으로 획득했으며, 정의롭게 법에 따라서 얻은 그의 재물을 보호하고 지키는 것을 구족한다. '어떻게 하면 내 이 재물을 왕이 거두어 가버리지 않을까, 도둑이 훔쳐가지 않을까, 불이 태워버리지 않을까, 물이 쓸어 가버리지 않을까, 성품이 나쁜 자가 상속받지 않을까?'라고. 비구들이여, 이를 일러 보호를 구족함이라 한다."

---

212) 본경은 본서 「디가자누 경」(8:54)의 §§4~§§7과 §§12~§§15와 같은 내용이다. 다만 비구들에게 설한 것만이 다르다.

5. "비구들이여, 그러면 어떤 것이 선우를 사귐인가? 비구들이여, 여기 선남자가 어떤 마을이나 성읍에 산다. 그곳에는 믿음을 구족하고 계를 구족하고 베풂을 구족하고 통찰지를 구족한, 장자나 장자의 아들이나 계행이 원숙한 젊은이나 혹은 계행이 원숙한 노인들이 있다. 그는 이러한 사람들과 함께 지내고 대화하고 토론한다. 그런 믿음을 구족한 사람들로부터 믿음의 구족을 따라서 배우고, 그런 계를 구족한 사람들로부터 계의 구족을 따라서 배우고, 그런 베풂을 구족한 사람들로부터 베풂의 구족을 따라서 배우고, 그런 통찰지를 구족한 사람들로부터 통찰지의 구족을 따라서 배운다. 비구들이여, 이를 일러 선우를 사귐이라 한다."

6. "비구들이여, 그러면 어떤 것이 바르게 생계를 유지함인가? 비구들이여, 여기 선남자는 재물의 수입과 지출을 알고, 지나치게 풍족하지도 않고 지나치게 궁핍하지도 않게 바르게 생계를 유지한다. '이와 같이 내 수입은 지출을 제하고도 남을 것이고 지출이 수입을 능가하지 않을 것이다.'라고 생각하면서.

비구들이여, 예를 들면 저울로 무게를 재는 사람이나 그의 도제가 저울을 잡으면 이만큼이 내려갔거나 혹은 이만큼이 올라갔다고 아는 것과 같다. 그와 같이 선남자는 재물의 수입과 지출을 알고, 지나치게 풍족하지도 않고 지나치게 궁핍하지도 않게 바르게 생계를 유지한다. '이와 같이 내 수입은 지출을 제하고도 남을 것이고 지출이 수입을 능가하지 않을 것이다.'라고 생각하면서.

비구들이여, 만일 선남자가 수입은 적은데 호화로운 생계를 꾸려간다면 말하기를 좋아하는 사람들은 '이 사람은 무화과를 먹듯이 재물을 낭비하는구나.'[213]라고 말한다. 만일 선남자가 수입이 많은데도 궁핍하게 생계를 꾸려간다면 말하기 좋아하는 사람들은 '이 사람은 굶어죽을 거야.'라고 말한다. 비구들이여, 여기 선남자는 재물의 수입과 지출을 알고, 지나치게 풍족하지도 않고 지나치게 궁핍하지도 않게 바르게 생계를 유지한다. '이와 같이 내 수입은 지출을 제하고도 남을 것이고 지출이 수입을 능가하지 않을 것이다.'라고 생각하면서. 비구들이여, 이를 일러 바르게 생계를 유지한다고 한다."

7. "비구들이여, 그러면 어떤 것이 믿음의 구족인가? 비구들이여, 여기 선남자는 믿음이 있다. 그는 여래의 깨달음에 믿음을 가진다. '이런 [이유로] 그분 세존께서는 아라한[應供]이시며, 완전히 깨달은 분[正等覺]이시며, 영지와 실천을 구족한 분[明行足]이시며, 피안으로 잘 가신 분[善逝]이시며, 세간을 잘 알고 계신 분[世間解]이시며, 가장 높은 분[無上士]이시며, 사람을 잘 길들이는 분[調御丈夫]이시며, 하늘과 인간의 스승[天人師]이시며, 깨달은 분[佛]이시며, 세존(世尊)이시다.'라고. 비구들이여, 이를 일러 믿음의 구족이라 한다."

8. "비구들이여, 그러면 어떤 것이 계의 구족인가? 비구들이여, 여기 선남자는 생명을 죽이는 것을 멀리 여의고, 주지 않은 것을 가지는 것을 멀리 여의고, 삿된 음행을 멀리 여의고, 거짓말을 멀리 여의고, 방일하는 근본이 되는 술과 중독성 물질을 멀리 여읜다. 비구들이여, 이를 일러 계의 구족이라 한다."

---

213) 본서 「디가자누 경」(8:54) §7의 주해를 참고할 것

9. "비구들이여, 그러면 어떤 것이 베풂의 구족인가? 비구들이여, 여기 선남자는 인색함의 때가 없는 마음으로 재가에 살고, 아낌없이 보시하고, 손은 깨끗하고, 주는 것을 좋아하고, 다른 사람의 요구에 반드시 부응하고, 보시하고 나누어 가지는 것을 좋아한다. 비구들이여, 이를 일러 베풂의 구족이라 한다."

10. "비구들이여, 그러면 어떤 것이 통찰지의 구족인가? 비구들이여, 여기 선남자는 통찰지를 가졌다. 그는 일어나고 사라짐을 꿰뚫고, 성스럽고, 통찰력이 있고, 바르게 괴로움의 소멸로 인도하는 통찰지를 구족하였다. 비구들이여, 이를 일러 통찰지의 구족이라 한다.
  비구들이여, 이러한 여덟 가지 구족이 있다."

11. "해야 할 일들에 대해서 근면하고
    방일하지 않고 신중하며
    바르게 생계를 유지하고, 번 것을 잘 보호하며
    믿음과 계를 구족하고
    [구하는 자의] 말뜻을 알고, 인색을 여의어
    내생의 번영을 가져오는 내면의 길을 깨끗하게 하도다.
    이러한 여덟 가지 법은
    재가의 [기쁨을] 추구하는 믿음 가진 자에게
    둘 다에서 행복을 가져다준다고
    진리라는 이름을 가진 분께서 말씀하셨나니
    그것은 금생의 이익을 위하고
    내생의 행복을 위한 것이로다.

이와 같이 재가자들의 보시는 공덕을 증장시키도다."

바람[願] 경(A8:77)[214]
Icchā-sutta

1. 거기서 사리뿟따 존자는 "도반들이여."라고 비구들을 불렀다. "도반이시여."라고 비구들은 사리뿟따 존자에게 응답했다. 사리뿟따 존자는 이렇게 말했다.

2. "도반들이여, 세상에는 여덟 부류의 사람이 있습니다. 무엇이 여덟인가요?"

3. "도반들이여, 여기 한거(閑居)를 하지만 애를 쓰지 않는 비구에게 이득에 대한 바람이 일어납니다. 그는 이득을 얻기 위해 분발하고 애쓰고 노력합니다. 그가 이득을 얻기 위해 분발하고 애쓰고 노력해도 이득은 생기지 않습니다. 그는 이득을 얻지 못하자 근심하고 상심하고 슬퍼하고 가슴 치며 울부짖고 광란합니다. 도반들이여, 이를 일러 비구가 이득에 대한 바람을 가지고 머물면서, 이득을 얻기 위해 분발하고 애쓰고 노력해도 이득을 얻지 못하자, 근심하고 슬퍼하며 정법으로부터 멀어져버린다고 합니다."

4. "도반들이여, 여기 한거(閑居)를 하지만 애를 쓰지 않는 비구에게 이득에 대한 바람이 일어납니다. 그는 이득을 얻기 위해 분발

---

214) 본경은 본서 「바람[願] 경」(A8:61)과 같은 내용이다. 본경은 사리뿟따 존자가 비구들에게 설한 것만이 다르다.

하고 애쓰고 노력합니다. 그가 이득을 얻기 위해 분발하고 애쓰고 노력하여 이득이 생깁니다. 그는 이득을 얻자 취하고 방일하며 취함과 방일에 빠집니다. 도반들이여, 이를 일러 비구가 이득에 대한 바람을 가지고 머물면서, 이득을 얻기 위해 분발하고 애쓰고 노력하여 이득을 얻자 취하고 방일하며 정법으로부터 멀어져버린다고 합니다."

5. "도반들이여, 여기 한거(閑居)를 하지만 애를 쓰지 않는 비구에게 이득에 대한 바람이 일어납니다. 그는 이득을 얻기 위해 분발하지 않고 애쓰지 않고 노력하지 않습니다. 그가 이득을 얻기 위해 분발하지 않고 애쓰지 않고 노력하지 않아서 이득이 생기지 않습니다. 그는 이득을 얻지 못하자 근심하고 상심하고 슬퍼하고 가슴 치며 울부짖고 광란합니다. 도반들이여, 이를 일러 비구가 이득에 대한 바람을 가지고 머물면서, 이득을 얻기 위해 분발하지 않고 애쓰지 않고 노력하지 않아서 이득을 얻지 못하자, 근심하고 슬퍼하며 정법으로부터 멀어져버린다고 합니다."

6. "도반들이여, 여기 한거(閑居)를 하지만 애를 쓰지 않는 비구에게 이득에 대한 바람이 일어납니다. 그는 이득을 얻기 위해 분발하지 않고 애쓰지 않고 노력하지 않습니다. 그가 이득을 얻기 위해 분발하지 않고 애쓰지 않고 노력하지 않지만 이득이 생깁니다. 그는 이득을 얻자 취하고 방일하며 취함과 방일에 빠집니다. 도반들이여, 이를 일러 비구가 이득에 대한 바람을 가지고 머물면서, 이득을 얻기 위해 분발하지 않고 애쓰지 않고 노력하지 않아도 이득을 얻자, 취하고 방일하며 정법으로부터 멀어져버린다고 합니다."

7. "도반들이여, 여기 한거(閑居)를 하지만 애를 쓰지 않는 비구에게 이득에 대한 바람이 일어납니다. 그는 이득을 얻기 위해 분발하고 애쓰고 노력합니다. 그가 이득을 얻기 위해 분발하고 애쓰고 노력해도 이득은 생기지 않습니다. 그러나 그는 이득을 얻지 못하더라도 근심하지 않고 상심하지 않고 슬퍼하지 않고 가슴 치며 울부짖지 않고 광란하지 않습니다. 도반들이여, 이를 일러 비구가 이득에 대한 바람을 가지고 머물면서, 이득을 얻기 위해 분발하고 애쓰고 노력하여 이득을 얻지 못하더라도, 근심하지 않고 슬퍼하지 않으며 정법으로부터 멀어지지 않는다고 합니다."

8. "도반들이여, 여기 한거(閑居)를 하지만 애를 쓰지 않는 비구에게 이득에 대한 바람이 일어납니다. 그는 이득을 얻기 위해 분발하고 애쓰고 노력합니다. 그가 이득을 얻기 위해 분발하고 애쓰고 노력하여 이득이 생깁니다. 그러나 그는 그 이득에 취하지 않고 방일하지 않고 취함과 방일에 빠지지 않습니다. 도반들이여, 이를 일러 비구가 이득에 대한 바람을 가지고 머물면서, 이득을 얻기 위해 분발하고 애쓰고 노력하여 이득을 얻더라도, 취하지 않고 방일하지 않으며 정법으로부터 멀어지지 않는다고 합니다."

9. "도반들이여, 여기 한거(閑居)를 하지만 애를 쓰지 않는 비구에게 이득에 대한 바람이 일어납니다. 그는 이득을 얻기 위해 분발하지 않고 애쓰지 않고 노력하지 않습니다. 그가 이득을 얻기 위해 분발하지 않고 애쓰지 않고 노력하지 않아서 이득이 생기지 않습니다. 그러나 그는 이득을 얻지 못하더라도 근심하지 않고 상심하지 않

고 슬퍼하지 않고 가슴 치며 울부짖지 않고 광란하지 않습니다. 도반들이여, 이를 일러 비구가 이득에 대한 바람을 가지고 머물면서, 이득을 얻기 위해 분발하지 않고 애쓰지 않고 노력하지 않아 이득을 얻지 못하더라도, 근심하지 않고 슬퍼하지 않으며 정법으로부터 멀어지지 않는다고 합니다."

10. "도반들이여, 여기 한거(閑居)하면서도 애를 쓰지 않는 비구에게 이득에 대한 바람이 일어납니다. 그는 이득을 얻기 위해 분발하지 않고 애쓰지 않고 노력하지 않습니다. 그가 이득을 얻기 위해 분발하지 않고 애쓰지 않고 노력하지 않아도 이득이 생깁니다. 그러나 그는 그 이득에 취하지 않고 방일하지 않고 취함과 방일이 생기지 않습니다. 도반들이여, 이를 일러 비구가 이득에 대한 바람을 가져 머물면서 이득을 얻기 위해 분발하지 않고 애쓰지 않고 노력하지 않아도 이득을 얻지만 취하지 않고 방일하지 않아 정법으로부터 멀어지지 않는다고 합니다.

도반들이여, 세상에는 이러한 여덟 부류의 사람이 있습니다."

충분함 경(A8:78)[215]

Alaṁ-sutta

1. 거기서 사리뿟따 존자는 "도반들이여."라고 비구들을 불렀다. "도반이시여."라고 비구들은 사리뿟따 존자에게 응답했다. 사리뿟따 존자는 이렇게 말했다.

---

215) 본경은 본서 「충분함 경」(A8:62)과 같은 내용이다. 다만 사리뿟따 존자가 비구들에게 설한 것으로 나타나는 것만이 다르다.

"도반들이여, 여섯 가지 법을 갖춘 비구는 자신에게도 충분하고 남에게도 충분합니다. 무엇이 여섯인가요?

2.   "도반들이여, 여기 비구는 유익한 법들을 재빠르게 압니다. 들은 법들을 잘 호지합니다. 호지한 법들의 뜻을 잘 숙고합니다. 뜻을 완전하게 알고 법을 완전하게 안 뒤에 [출세간]법에 이르게 하는 법을 닦습니다. 선한 말을 하고, 선한 말씨를 가졌고, 예의바르게 말하고, 명확하고 흠이 없고 뜻을 바르게 전달하는 언변을 구족하였습니다. 청정범행을 닦는 동료 수행자들을 가르치고 격려하고 분발하게 하고 기쁘게 합니다.

도반들이여, 이러한 여섯 가지 법을 갖춘 비구는 자신에게도 충분하고 남에게도 충분합니다."

3.   "도반들이여, 다섯 가지 법을 갖춘 비구는 자신에게도 충분하고 남에게도 충분합니다. 무엇이 다섯인가요?"

4.   "도반들이여, 여기 비구는 유익한 법들을 재빠르게 알지 못합니다. 그러나 들은 법들을 잘 호지합니다. 호지한 법들의 뜻을 잘 숙고합니다. 뜻을 완전하게 알고 법을 완전하게 안 뒤에 [출세간]법에 이르게 하는 법을 닦습니다. 선한 말을 하고, 선한 말씨를 가졌고, 예의바르게 말하고, 명확하고 흠이 없고 뜻을 바르게 전달하는 언변을 구족하였습니다. 청정범행을 닦는 동료 수행자들을 가르치고 격려하고 분발하게 하고 기쁘게 합니다.

도반들이여, 이러한 다섯 가지 법을 갖춘 비구는 자신에게도 충분하고 남에게도 충분합니다."

5. "도반들이여, 네 가지 법을 갖춘 비구는 자신에게는 충분하지만 남에게는 충분하지 못합니다. 무엇이 넷인가요?"

6. "도반들이여, 여기 비구는 유익한 법들을 재빠르게 압니다. 들은 법들을 잘 호지합니다. 호지한 법들의 뜻을 잘 숙고합니다. 뜻을 완전하게 알고 법을 완전하게 안 뒤에 [출세간]법에 이르게 하는 법을 닦습니다. 그러나 선한 말을 하지 않고, 선한 말씨를 가지지 않았고, 예의바르게 말하지 않고, 명확하고 흠이 없고 뜻을 바르게 전달하는 언변을 구족하지 못하였습니다. 청정범행을 닦는 동료 수행자들을 가르치고 격려하고 분발하게 하고 기쁘게 하지 않습니다.

도반들이여, 이러한 네 가지 법을 갖춘 비구는 자신에게는 충분하지만 남에게는 충분하지 못합니다."

7. "도반들이여, 네 가지 법을 갖춘 비구는 남에게는 충분하지만 자신에게는 충분하지 못합니다. 무엇이 넷인가요?"

8. "도반들이여, 여기 비구는 유익한 법들을 재빠르게 압니다. 들은 법들을 잘 호지합니다. 그러나 호지한 법들의 뜻을 잘 숙고하지 않습니다. 뜻을 완전하게 알고 법을 완전하게 안 뒤에 [출세간]법에 이르게 하는 법을 닦지도 않습니다. 그러나 선한 말을 하고, 선한 말씨를 가졌고, 예의바르게 말하고, 명확하고 흠이 없고 뜻을 바르게 전달하는 언변을 구족하였습니다. 청정범행을 닦는 동료 수행자들을 가르치고 격려하고 분발하게 하고 기쁘게 합니다.

도반들이여, 이러한 네 가지 법을 갖춘 비구는 남에게는 충분하지만 자신에게는 충분하지 못합니다."

9. "도반들이여, 세 가지 법을 갖춘 비구는 자신에게는 충분하지만 남에게는 충분하지 못합니다. 무엇이 셋인가요?"

10. "도반들이여, 여기 비구는 유익한 법들을 재빠르게 알지 못합니다. 그러나 들은 법들을 잘 호지합니다. 호지한 법들의 뜻을 잘 숙고합니다. 뜻을 완전하게 알고 법을 완전하게 안 뒤에 [출세간]법에 이르게 하는 법을 닦습니다. 그러나 선한 말을 하지 않고, 선한 말씨를 가지지 않았고, 예의바르게 말하지 않고, 명확하고 흠이 없고 뜻을 바르게 전달하는 언변을 구족하지 못하였습니다. 청정범행을 닦는 동료 수행자들을 가르치고 격려하고 분발하게 하고 기쁘게 하지 않습니다.

도반들이여, 이러한 세 가지 법을 갖춘 비구는 자신에게는 충분하지만 남에게는 충분하지 못합니다."

11. "도반들이여, 세 가지 법을 갖춘 비구는 남에게는 충분하지만 자신에게는 충분하지 못합니다. 무엇이 셋인가요?"

12. "도반들이여, 여기 비구는 유익한 법들을 재빠르게 알지 못합니다. 그러나 들은 법들을 잘 호지합니다. 그러나 호지한 법들의 뜻을 잘 숙고하지 않습니다. 뜻을 완전하게 알고 법을 완전하게 안 뒤에 [출세간]법에 이르게 하는 법을 닦지도 않습니다. 그러나 선한 말을 하고, 선한 말씨를 가졌고, 예의바르게 말하고, 명확하고 흠이 없고 뜻을 바르게 전달하는 언변을 구족하였습니다. 청정범행을 닦

는 동료 수행자들을 가르치고 격려하고 분발하게 하고 기쁘게 합니다.

도반들이여, 이러한 세 가지 법을 갖춘 비구는 남에게는 충분하지만 자신에게는 충분하지 못합니다."

13. "도반들이여, 두 가지 법을 갖춘 비구는 자신에게는 충분하지만 남에게는 충분하지 못합니다. 무엇이 둘인가요?"

14. "도반들이여, 여기 비구는 유익한 법들을 재빠르게 알지 못합니다. 들은 법들을 잘 호지하지도 못합니다. 그러나 호지한 법들의 뜻을 잘 숙고합니다. 뜻을 완전하게 알고 법을 완전하게 안 뒤에 [출세간]법에 이르게 하는 법을 닦습니다. 그러나 선한 말을 하지 않고, 선한 말씨를 가지지 않았고, 예의바르게 말하지 않고, 명확하고 흠이 없고 뜻을 바르게 전달하는 언변을 구족하지 못했습니다. 청정범행을 닦는 동료 수행자들을 가르치고 격려하고 분발하게 하고 기쁘게 하지 않습니다.

도반들이여, 이러한 두 가지 법을 갖춘 비구는 자신에게는 충분하지만 남에게는 충분하지 못합니다."

15. "도반들이여, 두 가지 법을 갖춘 비구는 남에게는 충분하지만 자신에게는 충분하지 못합니다. 무엇이 둘인가요?"

16. "도반들이여, 여기 비구는 유익한 법들을 재빠르게 알지 못합니다. 들은 법들을 잘 호지하지도 못합니다. 호지한 법들의 뜻을 잘 숙고하지도 않습니다. 뜻을 완전하게 알고 법을 완전하게 안 뒤에 [출세간]법에 이르게 하는 법을 닦지도 않습니다. 그러나 선한 말을

하고, 선한 말씨를 가졌고, 예의바르게 말하고, 명확하고 흠이 없고 뜻을 바르게 전달하는 언변을 구족하였습니다. 청정범행을 닦는 동료 수행자들을 가르치고 격려하고 분발하게 하고 기쁘게 합니다.

도반들이여, 이러한 두 가지 법을 갖춘 비구는 남에게는 충분하지만 자신에게는 충분하지 못합니다."

망가짐 경(A8:79)
Parihāna-sutta

1. "비구들이여, 여덟 가지 법은 유학(有學)인 비구를 망가지게 한다. 무엇이 여덟인가?"

2. "[잡다한] 일하기를 좋아하는 것, 말하기를 좋아하는 것, 잠자기를 좋아하는 것, 무리 짓기를 좋아하는 것, 감각기능들의 문을 보호하지 않는 것, 음식에 적당한 양을 알지 못하는 것, 교제하기를 좋아하는 것, 사량분별을 좋아하는 것이다. 비구들이여, 이러한 여덟 가지 법은 유학인 비구를 망가지게 한다."

3. "비구들이여, 여덟 가지 법은 유학인 비구를 망가지지 않게 한다. 무엇이 여덟인가?"

4. "[잡다한] 일하기를 좋아하지 않는 것, 말하기를 좋아하지 않는 것, 잠자기를 좋아하지 않는 것, 무리 짓기를 좋아하지 않는 것, 감각기능들의 문을 보호하는 것, 음식에 적당한 양을 아는 것, 교제하기를 좋아하지 않는 것, 사량분별을 좋아하지 않는 것이다. 비구들

이여, 이러한 여덟 가지 법은 유학인 비구를 망가지지 않게 한다."

게으름과 열심히 정진함의 사례 경(A8:80)[216]

Kusītārambhavatthu-sutta

1. "비구들이여, 여덟 가지 게으름의 사례가 있다. 무엇이 여덟 인가?"

2. "비구들이여, 여기 비구는 어떤 일을 해야만 한다. 그에게 이런 생각이 든다. '나는 일을 해야 한다.[217] 그러나 일을 하면 몸이 피곤할 것이다. 그러니 우선 좀 누워야겠다.'라고. 그는 얻지 못한 것을 얻고 증득하지 못한 것을 증득하고 실현하지 못한 것을 실현하기 위해 열심히 정진하지 않고 드러눕는다. 이것이 게으름의 첫 번째 사례이다."

3. "다시 비구들이여, 비구가 어떤 일을 했다. 그에게 이런 생각이 든다. '나는 일을 했다. 일을 하고 나니 몸이 피곤하다. 그러니 우선 좀 누워야겠다.'라고. 그는 얻지 못한 것을 얻고 증득하지 못한 것을 증득하고 실현하지 못한 것을 실현하기 위해 열심히 정진하지 않고 드러눕는다. 이것이 게으름의 두 번째 사례이다."

---

216) 본경은 『디가 니까야』 제3권 「합송경」 (D33) §3.1(4)와 §3.1(5)를 합한 것과 같은 내용이다.

217) "'일을 해야 한다.(kammaṁ kattabbaṁ hoti)'는 것은 가사를 수선하는 것 등의 일을 해야 하는 것이다."(AA.iv.157)

4. "다시 비구들이여, 비구가 길을 떠나야 한다. 그에게 이런 생각이 든다. '나는 길을 떠나야 한다. 그러나 길을 떠나면 몸이 피곤할 것이다. 그러니 우선 좀 누워야겠다.'라고. 그는 얻지 못한 것을 얻고 증득하지 못한 것을 증득하고 실현하지 못한 것을 실현하기 위해 열심히 정진하지 않고 드러눕는다. 이것이 게으름의 세 번째 사례이다."

5. "다시 비구들이여, 비구가 길을 떠났다. 그에게 이런 생각이 든다. '나는 길을 떠났다. 길을 떠나고 나니 몸이 피곤하다. 그러니 우선 좀 누워야겠다.'라고. 그는 얻지 못한 것을 얻고 증득하지 못한 것을 증득하고 실현하지 못한 것을 실현하기 위해 열심히 정진하지 않고 드러눕는다. 이것이 게으름의 네 번째 사례이다."

6. "다시 비구들이여, 비구가 마을이나 읍으로 탁발을 하면서 딱딱한 것이건 부드러운 것이건 음식을 원하는 만큼 충분히 얻지 못한다. 그에게 이런 생각이 든다. '나는 마을이나 읍으로 탁발을 하면서 딱딱한 것이건 부드러운 것이건 음식을 원하는 만큼 충분히 얻지 못했다. 몸이 피곤해서 일을 하기에 적합하지 않다. 그러니 우선 좀 누워야겠다.'라고. 그는 얻지 못한 것을 얻고 증득하지 못한 것을 증득하고 실현하지 못한 것을 실현하기 위해 열심히 정진하지 않고 드러눕는다. 이것이 게으름의 다섯 번째 사례이다."

7. "다시 비구들이여, 비구가 마을이나 읍으로 탁발을 하면서 딱딱한 것이건 부드러운 것이건 음식을 원하는 만큼 충분히 얻는다.

그에게 이런 생각이 든다. '나는 마을이나 읍으로 탁발을 하면서 딱딱한 것이건 부드러운 것이건 음식을 원하는 만큼 충분히 얻었다. 몸이 무거워 아무 것도 할 수 없는 것이 마치 [젖은] 콩 자루 같구나.[218] 그러니 우선 좀 누워야겠다.'라고, 그는 얻지 못한 것을 얻고 증득하지 못한 것을 증득하고 실현하지 못한 것을 실현하기 위해 열심히 정진하지 않고 드러눕는다. 이것이 게으름의 여섯 번째 사례이다."

8. "다시 비구들이여, 비구에게 사소한 병이 생긴다. 그에게 이런 생각이 든다. '내게 사소한 병이 생겼으니 이제 드러누울 핑계가 생겼다. 그러니 우선 좀 누워야겠다.'라고, 그는 얻지 못한 것을 얻고 증득하지 못한 것을 증득하고 실현하지 못한 것을 실현하기 위해 열심히 정진하지 않고 드러눕는다. 이것이 게으름의 일곱 번째 사례이다."

9. "다시 비구들이여, 비구가 병이 나아서 병[상]에서 일어난 지 오래되지 않았다. 그에게 이런 생각이 든다. '나는 병이 나아서 병[상]에서 일어난 지 오래되지 않았다. 내 몸에 힘이 없어 일을 하기에 적합하지 않다. 그러니 우선 좀 누워야겠다.'라고, 그는 얻지 못한 것을 얻고 증득하지 못한 것을 증득하고 실현하지 못한 것을 실현하기 위해 열심히 정진하지 않고 드러눕는다. 이것이 게으름의 여덟 번째 사례이다.

비구들이여, 이러한 여덟 가지 게으름의 사례가 있다."

---

218) "여기서 '콩 자루(māsācita)'란 젖은 콩(tinta-māsa)이다. 마치 젖은 콩이 무거운 것처럼, [몸이] 무거운 것을 두고 한 말이다."(ibid)

10. "비구들이여, 여덟 가지 열심히 정진함의 사례가 있다. 무엇이 여덟인가?"

11. "비구들이여, 여기 비구는 어떤 일을 해야만 한다. 그에게 이런 생각이 든다. '나는 일을 해야 한다. 일을 하게 되면 부처님들의 가르침을 마음에 잡도리하는 것이 쉽지 않을 것이다. 그러니 나는 그 것에 대비해서 미리, 얻지 못한 것을 얻고 증득하지 못한 것을 증득하고 실현하지 못한 것을 실현하기 위해 열심히 정진하리라.'라고. 그는 얻지 못한 것을 얻고 증득하지 못한 것을 증득하고 실현하지 못한 것을 실현하기 위해 열심히 정진한다. 이것이 열심히 정진함의 첫 번째 사례이다."

12. "다시 비구들이여, 비구가 어떤 일을 했다. 그에게 이런 생각이 든다. '나는 일을 했다. 내가 일을 할 때 부처님들의 가르침을 마음에 잡도리할 수가 없었다. 그러니 이제 얻지 못한 것을 얻고 증 득하지 못한 것을 증득하고 실현하지 못한 것을 실현하기 위해 열심히 정진하리라.'라고. 그는 얻지 못한 것을 얻고 증득하지 못한 것을 증득하고 실현하지 못한 것을 실현하기 위해 열심히 정진한다. 이것이 열심히 정진함의 두 번째 사례이다."

13. "다시 비구들이여, 비구가 길을 떠나야 한다. 그에게 이런 생각이 든다. '나는 길을 떠나야 한다. 내가 길을 떠나게 되면 부처님들의 가르침을 마음에 잡도리하는 것이 쉽지 않을 것이다. 그러니 나는 그것에 대비해서 미리, 얻지 못한 것을 얻고 증득하지 못한 것을

증득하고 실현하지 못한 것을 실현하기 위해 열심히 정진하리라.'라고. 그는 얻지 못한 것을 얻고 증득하지 못한 것을 증득하고 실현하지 못한 것을 실현하기 위해 열심히 정진한다. 이것이 열심히 정진함의 세 번째 사례이다.”

14. “다시 비구들이여, 비구가 길을 떠났다. 그에게 이런 생각이 든다. '나는 길을 떠났다. 내가 길을 떠날 때 부처님들의 가르침을 마음에 잡도리할 수가 없었다. 그러니 이제 얻지 못한 것을 얻고 증득하지 못한 것을 증득하고 실현하지 못한 것을 실현하기 위해 열심히 정진하리라.'라고. 그는 얻지 못한 것을 얻고 증득하지 못한 것을 증득하고 실현하지 못한 것을 실현하기 위해 열심히 정진한다. 이것이 열심히 정진함의 네 번째 사례이다.”

15. “다시 비구들이여, 비구가 마을이나 읍으로 탁발을 하면서 딱딱한 것이건 부드러운 것이건 음식을 원하는 만큼 충분히 얻지 못한다. 그에게 이런 생각이 든다. '나는 마을이나 읍으로 탁발을 하면서 딱딱한 것이건 부드러운 것이건 음식을 원하는 만큼 충분히 얻지 못했다. 내 몸이 가벼워 일을 하기에 적합하다. 그러니 이제 얻지 못한 것을 얻고 증득하지 못한 것을 증득하고 실현하지 못한 것을 실현하기 위해 열심히 정진하리라.'라고. 그는 얻지 못한 것을 얻고 증득하지 못한 것을 증득하고 실현하지 못한 것을 실현하기 위해 열심히 정진한다. 이것이 열심히 정진함의 다섯 번째 사례이다.”

16. “다시 비구들이여, 비구가 마을이나 읍으로 탁발을 하면서 거칠거나 좋은 음식을 원하는 만큼 충분히 얻는다. 그에게 이런 생각

이 든다. '나는 마을이나 읍으로 탁발을 하면서 딱딱한 것이건 부드러운 것이건 음식을 원하는 만큼 충분히 얻었다. 그런 내 몸은 [충분히 먹어서] 힘이 있으니 일을 하기에 적합하다. 그러니 이제 나는 얻지 못한 것을 얻고 증득하지 못한 것을 증득하고 실현하지 못한 것을 실현하기 위해 열심히 정진하리라.'라고. 그는 얻지 못한 것을 얻고 증득하지 못한 것을 증득하고 실현하지 못한 것을 실현하기 위해 열심히 정진한다. 이것이 열심히 정진함의 여섯 번째 사례이다."

17. "다시 비구들이여, 비구에게 사소한 병이 생긴다. 그에게 이런 생각이 든다. '내게 사소한 병이 생겼다. 어쩌면 이 병이 더 악화될 수도 있을 것이다. 그러니 이제 나는 얻지 못한 것을 얻고 증득하지 못한 것을 증득하고 실현하지 못한 것을 실현하기 위해 열심히 정진하리라.'라고. 그는 얻지 못한 것을 얻고 증득하지 못한 것을 증득하고 실현하지 못한 것을 실현하기 위해 열심히 정진한다. 이것이 열심히 정진함의 일곱 번째 사례이다."

18. "다시 비구들이여, 비구가 병이 나아서 병[상]에서 일어난 지 오래되지 않았다. 그에게 이런 생각이 든다. '나는 병이 나아서 병[상]에서 일어난 지 오래되지 않았다. 어쩌면 내 병이 재발할 수도 있을 것이다. 그러니 이제 나는 얻지 못한 것을 얻고 증득하지 못한 것을 증득하고 실현하지 못한 것을 실현하기 위해 열심히 정진하리라.'라고. 그는 얻지 못한 것을 얻고 증득하지 못한 것을 증득하고 실현하지 못한 것을 실현하기 위해 열심히 정진한다. 이것이 열심히 정진함의 여덟 번째 사례이다.

비구들이여, 이러한 여덟 가지 열심히 정진함의 사례가 있다."

제8장 쌍 품이 끝났다.

여덟 번째 품에 포함된 경들의 목록은 다음과 같다.

두 가지 ①~② 믿음, 두 가지 ③~④ 죽음에 대한 마음챙김
두 가지 ⑤~⑥ 구족 ⑦ 바람[願] ⑧ 충분함
⑨ 망가짐 ⑩ 게으름과 열심히 정진함의 사례이다.

제9장 마음챙김 품

Sati-vagga

마음챙김 경(A8:81)[219]

Sati-sutta

1. "비구들이여, 마음챙김과 알아차림이 없을 때 마음챙김과 알아차림이 없는 자에게 양심과 수치심은 조건을 상실해버린다. 양심과 수치심이 없을 때 양심과 수치심이 없는 자에게 감각기능의 단속은 조건을 상실해버린다. 감각기능을 단속하지 못할 때 감각기능을 단속하지 못한 자에게 계행은 조건을 상실해버린다. 계행이 없을 때 계행을 파한 자에게 바른 삼매는 조건을 상실해버린다. 바른 삼매가 없을 때 바른 삼매가 깨진 자에게 여실지견(如實知見)은 조건을 상실해버린다. 여실지견이 없을 때 여실지견이 없는 자에게 염오와 탐욕의 빛바램은 조건을 상실해버린다. 염오와 탐욕의 빛바램이 없을 때 염오와 탐욕의 빛바램이 없는 자에게 해탈지견은 조건을 상실해버린다.

비구들이여, 예를 들면 가지와 잎이 없는 나무는 새싹이 자라나지 못하고 껍질이 완성되지 못하고 연한 목재[白木質]가 완성되지 못하고 심재(心材)가 완성되지 못하는 것과 같다. 그와 같이 마음챙김과

---

219) 6차결집본의 경제목은 '마음챙김과 알아차림'(Satisampajañña-sutta)
이다. 그리고 본경에서 마음챙김과 알아차림에 해당하는 부분을 제외하면
본서 제4권 「양심 경」(A7:61)의 내용과 같다.

알아차림이 없을 때 마음챙김과 알아차림이 없는 자에게 양심과 수치심은 조건을 상실해버린다. … 염오와 탐욕의 빛바램이 없을 때 염오와 탐욕의 빛바램이 없는 자에게 해탈지견은 조건을 상실해버린다."

2. "비구들이여, 마음챙김과 알아차림이 있을 때 마음챙김과 알아차림을 구족한 자에게 양심과 수치심은 조건을 구족한 것이다. 양심과 수치심이 있을 때 양심과 수치심을 구족한 자에게 감각기능의 단속은 조건을 구족한 것이다. 감각기능을 단속할 때 감각기능을 단속하는 자에게 계행은 조건을 구족한 것이다. 계행이 있을 때 계행을 구족한 자에게 바른 삼매는 조건을 구족한 것이다. 바른 삼매가 생길 때 바른 삼매를 구족한 자에게 여실지견(如實知見)은 조건을 구족한 것이다. 여실지견이 생길 때 여실지견을 구족한 자에게 염오와 탐욕의 빛바램은 조건을 구족한 것이다. 염오와 탐욕의 빛바램이 생길 때 염오와 탐욕의 빛바램을 구족한 자에게 해탈지견은 조건을 구족한 것이다.

비구들이여, 예를 들면 가지와 잎이 무성한 나무는 새싹이 자라나고 껍질이 완성되고 연한 목재[白木質]가 완성되고 심재(心材)가 완성되는 것과 같다. 그와 같이 마음챙김과 알아차림이 있을 때 마음챙김과 알아차림을 구족한 자에게 양심과 수치심은 조건을 구족한 것이다. … 염오와 탐욕의 빛바램이 생길 때 염오와 탐욕의 빛바램을 구족한 자에게 해탈지견은 조건을 구족한 것이다."

뿐니야 경(A8:82)

Puṇṇiya-sutta

1. 　그때 뿐니야 존자[220]가 세존께 다가갔다. 가서는 세존께 절을 올리고 한 곁에 앉았다. 한 곁에 앉아서 뿐니야 존자는 세존께 이렇게 말씀드렸다.

"세존이시여, 무슨 원인과 무슨 조건 때문에 어떤 때는 여래께서 법을 설하시고 어떤 때는 법을 설하지 않으십니까?"

2. 　"뿐니야여, 비구가 믿음이 있지만 [여래에게] 다가가지 않으면, 여래는 법을 설하지 않는다. 그러나 비구가 믿음이 있고 [여래에게] 다가오면, 여래는 법을 설한다.

뿐니야여, 비구가 믿음이 있고 [여래에게] 다가가지만, 경의를 표하지 않으면 … 경의를 표하지만, 질문을 하지 않으면 … 질문을 하지만, 귀 기울여 법을 듣지 않으면 … 귀 기울여 법을 듣지만, 들은 뒤 법을 호지하지 않으면 … 들은 뒤 법을 호지하지만, 호지한 법들의 의미를 숙고하지 않으면 … 호지한 법들의 의미를 숙고하지만, 주석서를 이해하고 삼장을 이해하여 [출세간]법에 이르게 하는 법을 닦지 않으면 여래는 법을 설하지 않는다.

그러나 비구가 믿음이 있고, [여래에게] 다가오고, 경의를 표하고, 질문을 하고, 귀 기울여 법을 듣고, 들은 뒤 법을 호지하고, 호지한

---

220)　뿐니야 존자(āyasmā Puṇṇiya)는 본경과 본서 제6권 「뿐니야 경」 (A10:83)에만 나타나고 있는데 주석서와 복주서는 그에 대한 별다른 설명을 하지 않고 있다.

법들의 의미를 숙고하고, 주석서를 이해하고 삼장을 이해하여 [출세간]법에 이르게 하는 법을 닦으면, 여래는 법을 설한다."

뿌리 경(A8:83)
Mūla-sutta

1. "비구들이여, 만일 외도 유행승들이 묻기를 '도반들이여, 모든 법221)은 무엇을 뿌리로 하며, 모든 법은 무엇을 근원으로 하며, 모든 법은 무엇으로부터 일어나며, 모든 법은 어디로 모이며, 모든 법은 무엇을 으뜸으로 하며, 모든 법은 무엇의 지배를 받으며, 모든 법은 무엇을 최상으로 하며, 모든 법은 무엇을 핵심으로 합니까?'라고 한다면, 그대들은 외도 유행승들에게 어떻게 설명을 하겠는가?"

2. "세존이시여, 저희들의 법은 세존을 근원으로 하며, 세존을 길잡이로 하며, 세존을 귀의처로 합니다. 세존이시여, 세존께서 방금 말씀하신 이 뜻을 [친히] 밝혀주신다면 참으로 감사하겠습니다. 세존으로부터 잘 듣고 비구들은 마음에 새겨 지닐 것입니다."

"비구들이여, 그렇다면 잘 듣고 마음에 잡도리하라. 나는 이제 설할 것이다."

"그러겠습니다, 세존이시여."라고 비구들은 세존께 응답했다.

세존께서는 이렇게 말씀하셨다.

3. "비구들이여, 만일 외도 유행승들이 묻기를 '모든 법은 무엇

---

221) "여기서 '모든 법(sabbe dhammā)'이란 다섯 가지 무더기(오온, pañca-kkhandhā)를 뜻한다."(AA.iv.158)

을 뿌리로 하며, 모든 법은 무엇을 근원으로 하며, 모든 법은 무엇으로부터 일어나며, 모든 법은 어디로 모이며, 모든 법은 무엇을 으뜸으로 하며, 모든 법은 무엇의 지배를 받으며, 모든 법은 무엇을 최상으로 하며, 모든 법은 무엇을 핵심으로 합니까?'라고 한다면, 그대들은 그 외도 유행승들에게 이렇게 설명해야 한다.

'도반들이여, 모든 법은 열의를 뿌리로 하며, 모든 법은 마음에 잡도리함을 근원으로 하며, 모든 법은 감각접촉으로부터 일어나며, 모든 법은 느낌으로 모이며, 모든 법은 삼매를 으뜸으로 하며, 모든 법은 마음챙김의 지배를 받으며, 모든 법은 통찰지를 최상으로 하며, 모든 법은 해탈을 핵심으로 합니다.'라고 그대들은 외도 유행승들에게 이렇게 설명해야 한다."

도둑 경(A8:84)
Cora-sutta

1. "비구들이여, 여덟 가지 특징을 가진 대도(大盜)는 이내 망하고 오래 가지 못한다. 무엇이 여덟인가?"

2. "공격해서는 안 될 사람을 공격하고,222) 남김없이 모두 가져가고, 여자를 죽이고, 처녀를 범하고, 출가자를 약탈하고, 왕의 창고를 약탈하고, 민가 가까이에서 도둑질을 하고, 장물을 보관하는 데 능숙하지 못하다. 비구들이여, 이러한 여덟 가지 특징을 가진 대도(大盜)는 이내 망하고 오래 가지 못한다."

---

222) "자신을 공격하지 않는 덕 높은 사람이나 노인이나 어린이 등 공격해서는 안 될 사람을 공격한다는 뜻이다."(*Ibid*)

3. "비구들이여, 여덟 가지 특징을 가진 대도(大盜)는 이내 망하지 않고 오래 머문다. 무엇이 여덟인가?"

4. "공격해서는 안 될 사람을 공격하지 않고, 남김없이 모두 가져가지 않고, 여자를 죽이지 않고, 처녀를 범하지 않고, 출가자를 약탈하지 않고, 왕의 창고를 약탈하지 않고, 민가 가까이에서 도둑질을 하지 않고, 장물을 보관하는 데 능숙하다. 비구들이여, 이러한 여덟 가지 특징을 가진 대도(大盜)는 이내 망하지 않고 오래 간다."

사문 경(A8:85)
Samaṇa-sutta

1. "비구들이여, 사문이라는 것은 여래·아라한·정등각을 두고 한 말이다. 비구들이여, 바라문이라는 것은 여래·아라한·정등각을 두고 한 말이다. 비구들이여, 지혜의 달인이라는 것은 여래·아라한·정등각을 두고 한 말이다. 비구들이여, 의사라는 것은 여래·아라한·정등각을 두고 한 말이다. 비구들이여, 때가 없는 자라는 것은 여래·아라한·정등각을 두고 한 말이다. 비구들이여, 깨끗한 자라는 것은 여래·아라한·정등각을 두고 한 말이다. 비구들이여, 지혜를 가진 자라는 것은 여래·아라한·정등각을 두고 한 말이다. 비구들이여, 해탈한 자라는 것은 여래·아라한·정등각을 두고 한 말이다."

2. "청정범행을 닦은 사문과 바라문이 얻어야 하는 것
　　　지혜의 달인과 의사가 얻어야 하는 위없는 것

때 없고 깨끗하고 청정한 자가 얻어야 하는 것
지혜 가진 자와 해탈한 자가 얻어야 하는 위없는 것
그 모든 것을 나는 전쟁에서 승리하여 얻었노라.
속박에서 벗어난 뒤
[사람들로 하여금] 속박에서 벗어나게 했으니
나는 최고로 잘 제어된223) 용이요
무학이요, 완전한 소멸을 이룬 자224)로다."

명성 경(A8:86)225)
Yasa-sutta

1. 한때 세존께서는 많은 비구 승가와 함께 꼬살라 [지방]에서 유행(遊行)하시다가 잇차낭갈라226)라는 꼬살라들의 바라문 마을에 도착하셨다. 세존께서는 그곳 잇차낭갈라에서 잇차낭갈라의 깊은 숲 속에 머무셨다.

---

223) "'최고로 잘 제어된(parama-danta)'이란 다른 누구에게도 배우지 않고, 격려 받지 않고, 스스로 생긴 지혜(sayambhu-ñāṇa)로써 꿰뚫은 뒤 최고로 잘 제어되었다는 뜻에서 그렇게 말한 것이다."(AA.iv.159)

224) "'완전한 소멸을 이룬 자(parinibbuta)'란 오염원을 완전히 소멸함(kilesa-parinibbāna)으로써 그렇게 불린 것이다."(*Ibid*)

225) 본경과 같은 장소와 같은 환경에서 설하고 계신 경이 본서 제3권 「나기따 경」(A5:30)과 제4권 「나기따 경」(A6:42)인데, 본경과 비슷한 내용을 담고 있다.

226) 잇차낭갈라(Icchānaṅgala)에 대해서는 본서 제3권 「나기따 경」(A5:30) §1의 주해를 참조할 것.

2. 잇차낭갈라의 바라문 장자들은 들었다. '존자들이여, 사꺄 가문으로부터 출가한, 사꺄의 후예인 사문 고따마가 잇차낭갈라에 도착하여 잇차낭갈라의 깊은 숲 속에 머물고 계십니다. 그분 고따마 존자께는 이러한 좋은 명성이 따릅니다. '이런 [이유로] 그분 세존 께서는 아라한[應供]이시며, 완전히 깨달은 분[正等覺]이시며, 영지와 실천을 구족한 분[明行足]이시며, 피안으로 잘 가신 분[善逝]이시며, 세 간을 잘 알고 계신 분[世間解]이시며, 가장 높은 분[無上士]이시며, 사 람을 잘 길들이는 분[調御丈夫]이시며, 하늘과 인간의 스승[天人師]이 시며, 깨달은 분[佛]이시며, 세존(世尊)이시다.'라고 그는 신을 포함하 고 마라를 포함하고 범천을 포함하고 사문·바라문을 포함하고 신과 인간을 포함한 이 세상을 스스로 최상의 지혜로 알고 실현하여 드러 냅니다. 그는 법을 설합니다. 그는 시작도 훌륭하고 중간도 훌륭하고 끝도 훌륭하며, 의미와 표현을 구족하여 법을 설하여 더할 나위 없이 완벽하고 지극히 청정한 범행을 드러냅니다. 참으로 그러한 아라한 을 뵙는 것은 축복입니다.'라고

그때 잇차낭갈라의 바라문 장자들은 그 밤이 지나자 맛있는 여러 음식을 준비하여 잇차낭갈라의 깊은 숲 속으로 다가갔다. 다가가서 는 문밖에 서서 시끄럽게 떠들고 있었다.

3. 그 무렵에 나기따 존자가 세존의 시자로 있었다. 그때 세존 께서는 나기따 존자를 불러서 말씀하셨다.

"나기따여, 그런데 이자들은 누구인데 이렇게 시끄럽게 큰 소리로 떠드는가? 꼭 어부가 물고기들을 끌어올리는 것 같구나."

"세존이시여, 이들은 잇차낭갈라의 바라문 장자들인데 세존과 비구 승가에 올릴 맛있는 여러 음식을 준비하여 지금 문밖에 서있습니다."

"나기따여, 나는 명성을 쫓지 않고, 명성도 나와는 아무 상관이 없다. 나기따여, 나는 출리의 즐거움과 떨쳐버림의 즐거움과 고요함의 즐거움과 깨달음의 즐거움을 뜻대로 얻을 수 있고 힘들이지 않고 얻을 수 있고 어려움 없이 얻을 수 있다. 나기따여, 이러한 출리의 즐거움과 떨쳐버림의 즐거움과 고요함의 즐거움과 깨달음의 즐거움을 뜻대로 얻을 수가 없고 힘들이지 않고는 얻을 수 없고 어려움 없이는 얻을 수 없는 사람은 저 똥의 즐거움과 잠의 즐거움과 이득과 존경과 명성의 즐거움을 즐기면 될 것이다."

"세존이시여, 이제 세존께서는 [저들의 공양을] 허락하소서. 선서께서는 허락하소서. 세존이시여, 지금이 세존께서 [저들의 공양을] 허락하실 시간입니다. 세존이시여, 이제 세존께서 어디를 가시든지 성읍과 지방의 바라문 장자들은 그곳으로 향할 것입니다.

세존이시여, 마치 굵은 빗방울의 비가 떨어질 때 물은 경사진 곳으로 흐르는 것과 같습니다. 그와 같이 이제 세존께서 어디를 가시든지 성읍과 지방의 바라문 장자들은 그곳으로 향할 것입니다. 그것은 무슨 이유 때문인가요? 세존이시여, 세존께서는 계와 통찰지를 가진 분이시기 때문입니다."

"나기따여, 나는 명성을 쫓지 않고, 명성도 나와는 아무 상관이 없다. 나기따여, 나는 출리의 즐거움과 떨쳐버림의 즐거움과 고요함의 즐거움과 깨달음의 즐거움을 뜻대로 얻을 수 있고 힘들이지 않고 얻을 수 있고 어려움 없이 얻을 수 있다. 나기따여, 이러한 출리의 즐거움과 떨쳐버림의 즐거움과 고요함의 즐거움과 깨달음의 즐거움을 뜻대로 얻을 수가 없고 힘들이지 않고는 얻을 수 없고 어려움 없이는 얻을 수 없는 사람은 저 똥의 즐거움과 잠의 즐거움과 이득과 존경과 명성의 즐거움을 즐기면 될 것이다.

나기따여, 어떤 신들조차도, 내가 뜻대로 얻을 수 있고 힘들이지 않고 얻을 수 있고 어려움 없이 얻을 수 있는 그 출리의 즐거움과 떨쳐버림의 즐거움과 고요함의 즐거움과 깨달음의 즐거움을, 뜻대로 얻을 수 없고 힘들이지 않고 얻을 수 없고 어려움 없이 얻을 수 없다.

나기따여, 나는 그대들이 함께 모여서 서로서로 무리를 이루어 지낼 때, 이런 생각이 든다. '틀림없이 이 존자들은, 내가 뜻대로 얻을 수 있고 힘들이지 않고 얻을 수 있고 어려움 없이 얻을 수 있는 그 출리의 즐거움과 떨쳐버림의 즐거움과 고요함의 즐거움과 깨달음의 즐거움을, 뜻대로 얻을 수 없고 힘들이지 않고 얻을 수 없고 어려움 없이 얻을 수 없다. 그래서 이 존자들이 함께 모여서 서로서로 무리를 이루어 지낸다.'라고"

4. "나기따여, 나는 여기 비구들이 그들의 손가락 끝으로 서로를 쿡쿡 찌르며 놀고 있는 것을 볼 때, 이런 생각이 든다. '틀림없이 이 존자들은, 내가 뜻대로 얻을 수 있고 힘들이지 않고 얻을 수 있고 어려움 없이 얻을 수 있는 그 출리의 즐거움과 떨쳐버림의 즐거움과 고요함의 즐거움과 깨달음의 즐거움을, 뜻대로 얻을 수 없고 힘들이지 않고 얻을 수 없고 어려움 없이 얻을 수 없다. 그래서 이 존자들이 그들의 손가락 끝으로 서로를 쿡쿡 찌르며 놀고 있다.'라고"

5. "나기따여, 나는 여기 비구들이 원하는 대로 배불리 먹고는 자는 즐거움, 기대는 즐거움, 꾸벅꾸벅 조는 즐거움에 빠져 머무는

것을 볼 때, 내게 이런 생각이 든다. '틀림없이 이 존자들은, 내가 뜻대로 얻을 수 있고 힘들이지 않고 얻을 수 있고 어려움 없이 얻을 수 있는 그 출리의 즐거움과 떨쳐버림의 즐거움과 고요함의 즐거움과 깨달음의 즐거움을, 뜻대로 얻을 수 없고 힘들이지 않고 얻을 수 없고 어려움 없이 얻을 수 없다. 그래서 이 존자들이 원하는 대로 배불리 먹고는 자는 즐거움, 기대는 즐거움, 꾸벅꾸벅 조는 즐거움에 빠져 머문다.'라고"

6. "나기따여, 나는 여기 마을 안에 살면서 앉아서 삼매에 들어 있는 비구를 볼 때, 이런 생각이 든다. '곧바로 종무원이나 사미들이 이 존자를 성가시게 하여 그의 삼매를 깨뜨려버릴 것이다.'라고. 나기따여, 그래서 나는 마을 안에 머무는 비구를 기뻐하지 않는다."

7. "나기따여, 나는 여기 숲 속에서 졸면서 앉아있는 숲에 머무는 비구를 볼 때, 이런 생각이 든다. '이제 이 존자는 수면과 피로를 제거하고 숲이라는 인식을 마음에 잡도리하여 전일(全一)하게 될 것이다.'라고. 나기따여, 그래서 나는 숲 속에 머무는 비구를 기뻐한다."

8. "나기따여, 나는 여기 숲에 머무는 비구가 숲 속에서 삼매에 들지 못하고 앉아있는 것을 볼 때, 이런 생각이 든다. '이제 이 존자는 삼매에 들지 못한 마음을 삼매에 들게 하거나 혹은 삼매에 든 마음을 보호할 것이다.'라고. 나기따여, 그래서 나는 숲 속에 머무는 비구를 기뻐한다."

9. "나기따여, 나는 여기서 숲 속에 머무는 비구가 숲 속에서

삼매에 들어 앉아있는 것을 볼 때, 이런 생각이 든다. '이제 이 존자는 해탈하지 못한 마음을 해탈하게 하거나 혹은 해탈한 마음을 보호할 것이다.'라고. 나기따여, 그래서 나는 숲 속에 머무는 비구를 기뻐한다.

나기따여, 나는 대로를 걷고 있을 때도 앞이나 뒤의 아무것도 보지 않는다. 나기따여, 그때에도 나는 편안하고 대소변을 볼 때도 그러하다."227)

발우 경(A8:87)228)
Patta-sutta

1. "비구들이여, 승가가 원하면, 여덟 가지 특징을 가진 재가신도의 [공양물이 담긴] 발우를 엎을 수 있다.229) 무엇이 여덟인가?"

2. "비구들로 하여금 [4종 필수품을] 얻지 못하도록 하기 위해 돌아다닌다. 비구들에게 피해를 끼치기 위해 돌아다닌다. 비구들로 하여금 거처에 머물지 못하도록 하기 위해 돌아다닌다. 비구들을 욕

---

227) 본경의 §3의 뒷부분과 §§4~5를 제외하면 본서 제4권 「나기따 경」
(A6:42)과 같은 내용이 된다.

228) 6차결집본의 경제목은 '발우를 엎음'(Pattanikujjana-sutta)이다.

229) "'엎을 수 있다(nikkujjeyya)'는 것은 재가 신도가 올린 공양물을 수용하지 않기 위해서 '발우를 엎는 갈마의결(patta-nikkujjana-kamma-vācā)'에 의해 엎어버릴 수 있다는 뜻이다. 실제로 [공양물을] 뒤집어엎는 것(adhomukha-ṭhapana)이 아니다."(AA.iv.159) 즉 대중의 결의에 의해 행실이 나쁜 재가 신도가 올린 공양을 거부함으로써 관계를 끊는다는 뜻이다.

하고 비난한다. 비구들 사이에 분열을 조장한다. 부처님을 비방한다. 법을 비방한다. 승가를 비방한다. 비구들이여, 승가가 원하면, 이런 여덟 가지 특징을 가진 재가 신도의 [공양물이 담긴] 발우를 엎을 수 있다."

3. "비구들이여, 승가가 원하면, 여덟 가지 특징을 가진 재가 신도의 [공양물이 담긴] 발우를 바로 할 수 있다.230) 무엇이 여덟인가?"

4. "비구들로 하여금 [4종 필수품을] 얻지 못하도록 하기 위해 돌아다니지 않는다. 비구들에게 피해를 끼치기 위해 돌아다니지 않는다. 비구들로 하여금 거처에 머물지 못하도록 하기 위해 돌아다니지 않는다. 비구들을 욕하고 비난하지 않는다. 비구들 사이에 분열을 조장하지 않는다. 부처님을 비방하지 않는다. 법을 비방하지 않는다. 승가를 비방하지 않는다. 비구들이여, 승가가 원하면, 이런 여덟 가지 특징을 가진 재가 신도의 [공양물이 담긴] 발우를 바로 할 수 있다."

청정한 믿음 경(A8:88)

Pasāda-sutta231)

---

230) "'바로 할 수 있다(ukkujjeyya)'는 것은 '바로 하는 갈마의결(ukkujjana
-kamma-vācā)'에 의해 바로 할 수 있다는 뜻이다."(AA.iv.160) 즉 재
가 신도가 올바르지 못한 행실로 '발우를 엎는 갈마의결'을 받았지만
나중에 뉘우치고 참회하면 그 갈마의결을 중지시키고 '바로 하는 갈마
의결'에 의해 그가 올린 공양을 다시 받을 수 있다는 뜻이다.

231) 6차결집본의 경제목은 '불신을 표시함'(Appasādapavedanīya-sutta)
이다.

1. "비구들이여, 재가 신도들이 원하면, 여덟 가지 특징을 가진 비구에게 불신(不信)을 표시할 수 있다.232) 무엇이 여덟인가?"

2. "재가자들로 하여금 [필수품을] 얻지 못하도록 하기 위해 돌아다닌다. 재가자들에게 손해를 끼치기 위해 돌아다닌다. 재가자들을 욕하고 비난한다. 재가자들 사이에 분열을 조장한다. 부처님을 비방한다. 법을 비방한다. 승가를 비방한다. 비구가 있어서는 안될 곳에서 재가자들이 비구가 있는 것을 본다. 비구들이여, 재가 신도들이 원하면, 이러한 여덟 가지 특징을 가진 비구에게 불신(不信)을 표시할 수 있다."

3. "비구들이여, 재가 신도들이 원하면, 여덟 가지 특징을 가진 비구에게 청정한 믿음을 표시할 수 있다. 무엇이 여덟인가?"

4. "재가자들로 하여금 [필수품을] 얻지 못하도록 하기 위해 돌아다니지 않는다. 재가자들에게 손해를 끼치기 위해 돌아다니지 않는다. 재가자들을 욕하고 비난하지 않는다. 재가자들 사이에 분열을 조장하지 않는다. 부처님을 비방하지 않는다. 법을 비방하지 않는다. 승가를 비방하지 않는다. 비구가 있어서는 안될 곳에서 재가자들이 비구가 있는 것을 보지 못한다. 비구들이여, 재가 신도들이 원하면, 이러한 여덟 가지 특징을 가진 비구에게 청정한 믿음을 표시할 수 있다."

---

232) "어떻게 '불신의 표시(appasādaṁ pavedenta)'를 하는가? 앉아있는 자리에서 일어나지 않아도 되고, 인사를 하지 않아도 되고, 마중 나가 환영하지 않아도 되고, 공양물을 보시하지 않아도 된다."(*Ibid*)

용서를 구해야 함 경(A8:89)

Paṭisāraṇīya-sutta

1. "비구들이여, 승가가 원하면, 여덟 가지 특징을 가진 비구를 위해 하의갈마(下意羯磨)를233) 행할 수 있다. 무엇이 여덟인가?"

2. "재가자들로 하여금 [필수품을] 얻지 못하도록 하기 위해 돌아다닌다. 재가자들에게 손해를 끼치기 위해 돌아다닌다. 재가자들을 욕하고 비난한다. 재가자들 사이에 분열을 조장한다. 부처님을 비방한다. 법을 비방한다. 승가를 비방한다. 재가자와의 법다운 약속을234) 지키지 않는다. 비구들이여, 승가가 원하면, 이러한 여덟 가지 특징을 가진 비구를 위해 하의갈마를 행할 수 있다."

3. "비구들이여, 승가가 원하면, 여덟 가지 특징을 가진 비구를 위한 하의갈마를 취소할 수 있다. 무엇이 여덟인가?"

4. "재가자들로 하여금 [필수품을] 얻지 못하도록 하기 위해 돌아다니지 않는다. 재가자들에게 손해를 끼치기 위해 돌아다니지 않는다. 재가자들을 욕하고 비난하지 않는다. 재가자들 사이에 분열을 조장하지 않는다. 부처님을 비방하지 않는다. 법을 비방하지 않는

---

233) '하의갈마(下意羯磨)'는 paṭisāraṇīya-kamma를 옮긴 것이다. 이것은 재가자에게 계를 범한 비구가 용서를 구하기 위해 행하는 갈마다. 본서 제 1권 「빠띠목카 경」(A2:17:2)을 참조할 것.

234) "'재가자와의 법다운 약속(dhammika gihi-paṭissava)'이란 [재가자가] '이번 석 달 동안은 오직 여기서 머무십시오.'라고 말했을 때 '그렇게 하겠습니다.'라는 식으로 한 약속(paṭissava)을 말한다."(AA.iv.160)

다. 승가를 비방하지 않는다. 재가자와의 법다운 약속을 지킨다. 비구들이여, 승가가 원하면, 이러한 여덟 가지 특징을 가진 비구를 위한 하의갈마를 취소할 수 있다."

실천 경(A8:90)[235]
Vattana-sutta

1. "비구들이여, 나쁜 죄를 범한 자에게 행하는 갈마를 이미 당한 비구는 여덟 가지 사항을 바르게 실천해야 한다."

2. "그는 구족계를 줄 수 없고, 후원자가 되어줄 수 없고, 사미를 거둘 수 없고, 비구니를 교계하는 임무를 맡을 수 없고, 만약 임무를 맡았다 하더라도 비구니들을 교계할 수 없고, 승가의 행사에 참여할 수 없고, 존경받는 어른의 자리에 앉을 수 없고, 어떤 이유로도 복권될 수 없다. 비구들이여, 나쁜 죄를 범한 자에게 행하는 갈마를 이미 당한 비구는 이러한 여덟 가지 사항을 바르게 실천해야 한다."

제9장 마음챙김 품이 끝났다.

아홉 번째 품에 포함된 경들의 목록은 다음과 같다.

① 마음챙김 ② 뿐니야 ③ 뿌리 ④ 도둑, 다섯 번째로 ⑤ 사문
⑥ 명성 ⑦ 발우 ⑧ 청정한 믿음 ⑨ 용서를 구해야함 ⑩ 실천이다.

---

235)   6차결집본의 경제목은 '바른 실천 경'(Sammāvattana-sutta)이다.

제10장 일반 품

Sāmañña-vagga[236)

청신녀 경(A8:91)[237)

Upāsikā-sutta

봇자, 시리마, 빠두마, 수다나, 마누자, 웃따라, 뭇따, 케마, 소마, 루

---

236) PTS본에는 품의 명칭도 나타나지 않고 본품에 포함된 경의 경제목도 나타나지 않는다. 역자는 6차결집본의 품의 명칭을 따랐다.

237) PTS본에는 경의 제목과 경의 번호 둘 다 나타나지 않고, 6차결집본에는 경제목이 나타나지 않는다. 그리고 6차결집본은 본경에 모두 26개의 경들이 포함되어 있는 것으로 경 번호를 매기고 있는데, 본경에 나타나는 각각의 청신녀의 이름을 하나의 경으로 본 것이다. 그리고 PTS본은 뭇따(Muttā)와 소마 사이에 케마(Khemā)가 포함되어 모두 27명의 청신녀 이름이 나타난다.

주석서에 의하면 본경은 이들 청신녀들 모두에 대해 여덟 가지 구성요소를 가진 포살[八關齋戒]의 일반적인 의무(aṭṭhaṅga-samannāgata uposatha-kamma)를 설한 것이라고 한다.(AA.iv.161) 즉 세존께서 본서 제5품 포살품의 「간략하게 경」(A8:41)부터 「봇자 경」(A8:45)에 걸쳐 설하신 팔관재계의 가르침을 이 청신녀들 각각에게 설하신 것을 모두 생략해버리고 본경에서는 청신녀들의 이름만을 나열한 것이라는 뜻이다.

이렇게 본다면 본경은 26개 혹은 27개의 경들로 구성되어 있다고 보는 것이 더 타당하다. 그러나 역자는 저본인 PTS본을 따라서 하나의 경으로 번역하였으며 제목은 역자가 임의로 붙인 것이다.

한편 여덟 가지 구성요소를 가진 포살[八關齋戒]은 본서의 제5장 포살 품(Uposatha-vagga)에 포함된 「간략하게 경」(A8:41) 등을 참조하면 되는데, 특히 「위사카 경」(A8:43)은 미가라마따(녹자모) 위사카에게 설하신 경이므로 본경과 일맥상통하는 경이다.

삐, 쭌디, 빔비, 수마나, 말리까, 띳사, 띳사의 어머니, 소나, 소나의 어머니, 까나, 까나의 어머니, 웃따라 난다마따, 미가라마따 위사카, 쿳줏따라,238) 사마와띠, 꼴리야의 딸 숩빠와사, 숩삐야, 장자의 아내 나꿀라마따이다.239)

제11장 탐욕의 반복 품

Rāga-peyyāla

바름 경(A8:92)240)

Sammā-sutta

1. "비구들이여, 탐욕을 최상의 지혜로 알기 위해서는 여덟 가지 법을 수행해야 한다. 무엇이 여덟인가?"

2. "바른 견해, 바른 사유, 바른 말, 바른 행위, 바른 생계, 바른 노력, 바른 마음챙김, 바른 삼매이다. 비구들이여, 탐욕을 최상의 지

---

238) 원문에는 쿳줏따라와 사마와띠와 숩삐야의 세 사람에게만 청신녀 (upāsikā)라는 단어가 함께 쓰이고 있다. 그러나 전체적인 통일을 위해 upāsikā는 청신녀로 옮기지 않고 생략했으며, 대신에 이 단어를 경의 제목으로 삼았다. 한편 주석서는 쭌디와 수마나는 공주고, 말리까는 왕비라고 설명하고 있다.(AA.iv.161)

239) 6차결집본은 여섯 번째 품부터 본품까지를 두 번째 50개 경들의 묶음으로 간주하고 있다.

240) PTS본과 6차결집본에는 본품에 포함된 경들의 경제목이 나타나지 않는다. 역자가 임의로 붙였다.

혜로 알기 위해서는 이러한 여덟 가지 법을 수행해야 한다."

지배 경(A8:93)
Abhibhu-sutta

1. "비구들이여, 탐욕을 최상의 지혜로 알기 위해서는 여덟 가지 법을 수행해야 한다. 무엇이 여덟인가?"241)

2. "어떤 자는 안으로 색깔[色]을 인식하면서, 밖으로 색깔들을 본다. 그 색깔들은 제한된 것이고 곱거나 혹은 흉한 것이다. 이것들을 지배하면서 '나는 알고 본다.'라고 이렇게 인식한다. 이것이 첫 번째 지배의 경지이다."

3. "어떤 자는 안으로 색깔을 인식하면서, 밖으로 색깔들을 본다. 그 색깔들은 무량한 것이고 곱거나 혹은 흉한 것이다. 이것들을 지배하면서 '나는 알고 본다.'라고 이렇게 인식한다. 이것이 두 번째 지배의 경지이다."

4. "어떤 자는 안으로 색깔을 인식하지 않으면서, 밖으로 색깔들을 본다. 그 색깔들은 제한된 것이고 곱거나 혹은 흉한 것이다. 이것들을 지배하면서 '나는 알고 본다.'라고 이렇게 인식한다. 이것이 세 번째 지배의 경지이다."

5. "어떤 자는 안으로 색깔을 인식하지 않으면서, 밖으로 색깔

---

241) 본경에 나타나는 여덟 가지 지배의 경지[八勝處]는 본서 「지배 경」
      (A8:65)과 같은 내용이다.

들을 본다. 그 색깔들은 무량한 것이고 곱거나 혹은 흉한 것이다. 이 것들을 지배하면서 '나는 알고 본다.'라고 이렇게 인식한다. 이것이 네 번째 지배의 경지이다."

6. "어떤 자는 안으로 색깔을 인식하지 않으면서, 밖으로 색깔들을 본다. 그것은 파랗고 파란색이며 파랗게 보이고, 파란빛을 발한다. 이것들을 지배하면서 '나는 알고 본다.'라고 이렇게 인식한다. 이것이 다섯 번째 지배의 경지이다."

7. "어떤 자는 안으로 색깔을 인식하지 않으면서, 밖으로 색깔들을 본다. 그것은 노랗고 노란색이며 노랗게 보이고, 노란빛을 발한다. 이것들을 지배하면서 '나는 알고 본다.'라고 이렇게 인식한다. 이것이 여섯 번째 지배의 경지이다."

8. "어떤 자는 안으로 색깔을 인식하지 않으면서, 밖으로 색깔들을 본다. 그것은 빨갛고 빨간색이며 빨갛게 보이고, 빨간빛을 발한다. 이것들을 지배하면서 '나는 알고 본다.'라고 이렇게 인식한다. 이것이 일곱 번째 지배의 경지이다."

9. "어떤 자는 안으로 색깔을 인식하지 않으면서, 밖으로 색깔들을 본다. 그것은 희고 흰색이며 희게 보이고, 흰빛을 발한다. 이것들을 지배하면서 '나는 알고 본다.'라고 이렇게 인식한다. 이것이 여덟 번째 지배의 경지이다.

비구들이여, 탐욕을 최상의 지혜로 알기 위해서는 이러한 여덟 가지 법을 수행해야 한다."

해탈 경(A8:94)

Vimokkha-sutta

1. "비구들이여, 탐욕을 최상의 지혜로 알기 위해서는 여덟 가지 법을 수행해야 한다. 무엇이 여덟인가?"[242]

2. "색계[禪]을 가진 자가 색깔들을 본다. 이것이 첫 번째 해탈이다."

3. "어떤 자는 안으로 색계[禪]에 대한 인식이 없이 밖으로 색깔들을 본다. 이것이 두 번째 해탈이다."

4. "청정하다고 확신한다. 이것이 세 번째 해탈이다."

5. "물질[色]에 대한 인식(산냐)을 완전히 초월하고 부딪힘의 인식을 소멸하고 갖가지 인식을 마음에 잡도리하지 않기 때문에 '무한한 허공'이라고 하면서 공무변처를 구족하여 머문다. 이것이 네 번째 해탈이다."

6. "공무변처를 완전히 초월하여 '무한한 알음알이[識]'라고 하면서 식무변처를 구족하여 머문다. 이것이 다섯 번째 해탈이다."

7. "식무변처를 완전히 초월하여 '아무것도 없다.'라고 하면서 무소유처를 구족하여 머문다. 이것이 여섯 번째 해탈이다."

---

242) 본경에 나타나는 여덟 가지 해탈[八解脫]은 본서 「해탈 경」(A8:66)과 같은 내용이다.

8. "무소유처를 완전히 초월하여 비상비비상처를 구족하여 머문다. 이것이 일곱 번째 해탈이다."

9. "비상비비상처를 완전히 초월하여 상수멸(想受滅, 인식과 느낌의 그침)을 구족하여 머문다. 이것이 여덟 번째 해탈이다.

비구들이여, 탐욕을 최상의 지혜로 알기 위해서는 이러한 여덟 가지 법을 수행해야 한다."

철저히 앎 등의 경(A8:95)

Pariññādi-sutta

1. "비구들이여, 탐욕을 철저히 알기 위해서는 … 완전히 없애기 위해서는 … 버리기 위해서는 … 부수기 위해서는 … 사그라지게 하기 위해서는 … 빛바래게 하기 위해서는 … 소멸하기 위해서는 … 포기하기 위해서는 … 놓아버리기 위해서는 여덟 가지 법을 수행해야 한다. …"

2. "비구들이여, 성냄을 … 어리석음을 … 분노를 … 원한을 … 위선을 … 앙심을 … 질투를 … 인색을 … 속임을 … 사기를 … 완고를 … 성마름을 … 자만을 … 거만을 … 교만을 … 방일을 최상의 지혜로 알기 위해서는 … 철저히 알기 위해서는 … 완전히 없애기 위해서는 … 버리기 위해서는 … 부수기 위해서는 … 사그라지게 하기 위해서는 … 빛바래게 하기 위해서는 … 소멸하기 위해서는 … 포기하기 위해서는 … 놓아버리기 위해서는 여덟 가지 법을 수행해야

한다. …

비구들이여, … 이러한 여덟 가지 법을 수행해야 한다."243)

여덟의 모음이 끝났다.

---

243) 6차결집본에 의하면 탐욕의 반복(Rāga-peyyāla)에는 3(바름+지배+해
     탈) × 17(탐, 진, 치, 분노 등) × 10(최상의 지혜로 앎, 철저히 앎 등) =
     510개의 경들이 포함되어 있는 것으로 편집되어 있다. 그러나 역자가 저
     본으로 한 PTS본에는 4개의 경으로 묶여있다.
     이렇게 하여 6차결집본에는 여덟의 모음의 경들에 대해서 모두 626개의
     경번호를 매겼고, Hare는 90 + 510 = 600개의 경번호를 매기고 있다. 역
     자는 PTS본의 편집을 따라서 모두 95개의 경번호를 매겼다.

앙굿따라 니까야

아홉의 모음

Navaka-nipāta

그분 부처님·아라한·정등각께 귀의합니다.

앙굿따라 니까야
아홉의 모음

Navaka-nipāta

I. 첫 번째 50개 경들의 묶음

Pathama-paṇṇāsaka

제1장 깨달음 품

Sambodhi-vagga

깨달음 경(A9:1)

Sambodhi-sutta

1. 이와 같이 나는 들었다. 한때 세존께서는 사왓티에서 제따 숲의 급고독원에서 머무셨다. 거기서 세존께서는 "비구들이여."라고 비구들을 부르셨다. "세존이시여."라고 비구들은 세존께 응답했다. 세존께서는 이렇게 말씀하셨다.

2. "비구들이여, 만일 외도 유행승들이 묻기를 '도반들이여, 바른 깨달음을 도와주는244) 법들을 닦기 위해서는 무엇이 그 조건입니

까?'라고 한다면, 그대들은 외도 유행승들에게 어떻게 설명을 하겠는가?"

"세존이시여, 저희들의 법은 세존을 근원으로 하며, 세존을 길잡이로 하며, 세존을 귀의처로 합니다. 세존이시여, 세존께서 방금 말씀하신 이 뜻을 [친히] 밝혀주신다면 참으로 감사하겠습니다. 세존으로부터 잘 듣고 비구들은 마음에 새겨 지닐 것입니다."

"비구들이여, 그렇다면 잘 듣고 마음에 잡도리하라. 나는 이제 설할 것이다."

"그러겠습니다, 세존이시여."라고 비구들은 세존께 응답했다.

세존께서는 이렇게 말씀하셨다.

3. "비구들이여, 만일 외도 유행승들이 묻기를 '도반들이여, 바른 깨달음을 도와주는 법들을 닦기 위해서는 무엇이 그 조건입니까?'라고 한다면, 그대들은 그 외도 유행승들에게 이렇게 설명해야 한다.

'도반들이여, 여기 비구는 좋은 친구, 좋은 동료, 좋은 벗을 가집니다. 도반들이여, 이것이 바른 깨달음을 도와주는 법들을 닦기 위한 첫 번째 조건입니다.'라고"

---

244) '바른 깨달음을 도와주는'은 sambodha-pakkhikā를 옮긴 것이다. 주석서는 "[예류도부터 아라한도까지의] 네 가지 도라 불리는 깨달음의 편(pakkha)에 있는 것이며, 도와준다(upakāraka)는 뜻이다."(AA.iv.162)라고 설명하고 있다.
물론 이것은 '깨달음의 편에 있는'으로 직역할 수 있다. 이렇게 옮기면 우리에게 37조도품으로 알려져 있는 '깨달음의 편에 있는 법들(菩提分法, bodhipakkhiyā dhammā)'과 혼돈하게 될 소지가 많아서 주석서를 참조해서 '바른 깨달음을 도와주는'으로 다르게 옮겼다.

4. "'도반들이여, 여기 비구는 계를 잘 지킵니다. 그는 계목의 단속으로 단속하면서 머뭅니다. 바른 행실과 행동의 영역을 갖추고, 작은 허물에 대해서도 두려움을 보며, 학습계목을 받아 지녀 공부짓습니다. 도반들이여, 이것이 바른 깨달음을 도와주는 법들을 닦기 위한 두 번째 조건입니다.'라고"

5. "'도반들이여, 여기 비구는 엄격하고 마음을 여는 데 도움이 되는 이야기, 즉 소욕(小慾)에 대한 이야기, 지족(知足)에 대한 이야기, 한거(閑居)에 대한 이야기, [재가자들과] 교제하지 않는 이야기, 열심히 정진함에 대한 이야기, 계에 대한 이야기, 삼매에 대한 이야기, 통찰지에 대한 이야기, 해탈에 대한 이야기, 해탈지견에 대한 이야기 등을, 원하기만 하면 얻을 수 있고, 힘들이지 않고 얻을 수 있고, 어려움 없이 얻을 수 있습니다. 도반들이여, 이것이 바른 깨달음을 도와주는 법들을 닦기 위한 세 번째 조건입니다.'라고"

6. "'도반들이여, 여기 비구는 해로운 법[不善法]들을 제거하고 유익한 법[善法]들을 두루 갖추기 위해 열심히 정진하며 머뭅니다. 그는 굳세고 분투하고 유익한 법들에 대한 임무를 내팽개치지 않습니다. 도반들이여, 이것이 바른 깨달음을 도와주는 법들을 닦기 위한 네 번째 조건입니다.'라고"

7. "'도반들이여, 여기 비구는 통찰지를 가졌습니다. 그는 일어나고 사라짐을 꿰뚫고, 성스럽고, 통찰력이 있고, 바르게 괴로움의 소멸로 인도하는 통찰지를 구족했습니다. 도반들이여, 이것이 바른

깨달음을 도와주는 법들을 닦기 위한 다섯 번째 조건입니다.'라고"

8. "비구들이여, 좋은 친구, 좋은 동료, 좋은 벗을 가진 비구에게는 '그는 계를 잘 지킨다. 계목의 단속으로 단속하면서 머물고, 바른 행실과 행동의 영역을 갖추고, 작은 허물에 대해서도 두려움을 보며, 학습계목을 받아 지녀 공부짓는다.'라는 것이 기대된다.

비구들이여, 좋은 친구, 좋은 동료, 좋은 벗을 가진 비구에게는 '그는 엄격하고 마음을 여는 데 도움이 되는 이야기, 즉 소욕에 대한 이야기, … 해탈지견에 대한 이야기 등을 원하기만 하면 얻을 수 있고, 힘들이지 않고 얻을 수 있고, 어려움 없이 얻을 수 있다.'라는 것이 기대된다.

좋은 친구, 좋은 동료, 좋은 벗을 가진 비구에게는 '그는 해로운 법들을 제거하고 유익한 법들을 두루 갖추기 위해 열심히 정진하며 머문다. 그는 굳세고 분투하고 유익한 법들에 대한 임무를 내팽개치지 않는다.'라는 것이 기대된다.

좋은 친구, 좋은 동료, 좋은 벗을 가진 비구에게는 '그는 통찰지를 가졌다. 그는 일어나고 사라짐을 꿰뚫고, 성스럽고, 통찰력이 있고, 바르게 괴로움의 소멸로 인도하는 통찰지를 구족했다.'라는 것이 기대된다.

비구들이여, 비구는 이러한 다섯 가지 법에 굳게 서서 다시 네 가지 법을 더 닦아야 한다. 탐욕을 제거하기 위해 부정(不淨)함을 닦아야 한다. 악의를 제거하기 위해 자애를 닦아야 한다. 일으킨 생각을 자르기 위해 들숨날숨에 대한 마음챙김을 닦아야 한다. 내가 있다는 자아의식을 뿌리 뽑기 위해 무상이라고 [관찰하는 지혜에서 생긴] 인식을 닦아야 한다.

비구들이여, 무상이라고 [관찰하는 지혜에서 생긴] 인식을 가진 비구는 무아라고 [관찰하는 지혜에서 생긴] 인식이 확립된다. 무아라고 [관찰하는 지혜에서 생긴] 인식을 가진 자는 내가 있다는 자아의식을 뿌리 뽑게 되고 지금여기에서 열반을 증득한다."

의지함 경(A9:2)
Nissaya-sutta

1. 그때 어떤 비구가 세존께 다가갔다. 가서는 세존께 절을 올리고 한 곁에 앉았다. 한 곁에 앉아서 비구는 세존께 이렇게 말씀드렸다.

"세존이시여, '의지한다, 의지한다.'고들 합니다. 세존이시여, 어떻게 비구가 의지합니까?"

2. "비구여, 만일 믿음을 의지하여 해로움을 제거하고 유익함을 닦는다면, 그에게서 해로움은 반드시 제거된다. 비구여, 만일 양심을 의지하여 … 수치심을 의지하여 … 정진을 의지하여 … 통찰지를 의지하여 해로움을 제거하고 유익함을 닦는다면, 그에게서 해로움은 반드시 제거된다. 성스러운 통찰지로 해로움을 본 뒤에 제거하면 비구의 해로움은 완전히 제거된다. 비구여, 비구는 이러한 다섯 가지 법에 굳게 서고, 다시 네 가지 법을 의지해야 한다. 무엇이 넷인가?"

3. "비구여, 여기 비구는 숙고한 뒤에245) [수용해야 할 것은]

―――――――――――――
245) '숙고한 뒤에'로 옮긴 원문은 saṁkhāya인데 주석서에서 '숙고하여 잘

수용한다. 숙고한 뒤에 [감내해야 할 것은] 감내한다. 숙고한 뒤에 [피해야 할 것은] 피한다. 숙고한 뒤에 [제거해야 할 것은] 제거한다.246) 비구여, 이와 같이 비구는 의지한다."

메기야 경(A9:3)247)
Meghiya-sutta

1. 한때 세존께서는 짤리까에서 짤리까 산에 머무셨다.248) 그 무렵에 메기야 존자249)가 세존의 시자로 있었다.250) 그때 메기야 존

안 뒤에(jānitvā) 수용하고 감내한다.'로 설명하고 있다.(AA.iv.164)

246) 이 네 가지는 『디가 니까야』 제3권 「합송경」(D33) §1.11 (8)에 네 가지 받침대(appasena)로 언급되고 있다.

247) 본경은 『우다나』(Udāna, 감흥어)의 「메기야 경」(Ud31)과 같은 내용을 담고 있다. 『우다나』의 「메기야 경」에는 부처님의 감흥어가 경의 맨 마지막에 나타나지만 본경에는 없는 것만이 다르다.

248) 짤리까(Cālikā)는 도시 이름이다. 이 도시의 문을 열면 출렁이는 소택지(cala-paṅka)로 둘러싸여 있어서 마치 도시 전체가 움직이는 것처럼 여겨져서 짤리까(Cālikā 혹은 Cāliya)라 불렸다고 한다.(UdA.217) 이곳에 있는 산이 짤리까 산(Cālikāpabbata)인데 세존께서는 성도 후 열세 번째, 열여덟 번째, 열아홉 번째 안거를 이곳에서 보내셨다고 한다.(AA.ii.124) 이곳에는 큰 승원(mahā-vihāra)이 있었으며 세존께서는 이곳에 머무셨다고 한다.(AA.iv.164)

249) 메기야 존자(āyasmā Meghiya)는 사꺄(Sākya, 석가족)의 까삘라왓투(Kapilavatthu) 출신이며 본경에서 보듯이 한때 세존의 시자 소임을 맡았다. 그는 본경의 가르침을 통해서 아라한이 되었다고 한다.(DPPN) 법구경 주석서는 예류과(sotāpatti-phala)를 얻었다고 적고 있다.(DhpA.i.289)

250) 세존의 시자 소임을 본 분은 모두 여덟 분인데, 그분들은 나가사말라(Nāgasamala), 나기따(Nāgita), 우빠와나(Upavāna), 수낙캇따(Suna-

자는 세존께 다가갔다. 가서는 세존께 절을 올리고 한 곁에 섰다. 한 곁에 서서 메기야 존자는 세존께 이렇게 말씀드렸다.

"세존이시여, 저는 잔뚜가마251)에 탁발을 가고자 합니다."

"메기야여, 지금이 적당한 시간이라면 그렇게 하라."

2. 그때 메기야 존자는 오전에 옷매무새를 가다듬고 발우와 가사를 수하고 탁발을 위해 잔뚜가마로 들어갔다. 잔뚜가마에서 탁발하여 공양을 마치고 탁발에서 돌아와 끼미깔라 강의 언덕으로 갔다. 메기야 존자는 끼미깔라 강의 언덕에서 이리저리 경행하다가 깨끗하고 아름다운 망고 숲을 보았다. 그것을 보자 '이 망고 숲은 참으로 깨끗하고 아름다워서 정진을 원하는 선남자가 정진하기에 좋은 곳이구나. 만일 세존께서 허락해주신다면 나는 이 망고 숲으로 정진하러 와야겠다.'라는 생각이 들었다.

3. 그러자 메기야 존자는 세존께 다가갔다. 가서는 세존께 절을 올리고 한 곁에 앉았다. 한 곁에 앉아서 메기야 존자는 세존께 이렇게 말씀드렸다.

"세존이시여, 여기 저는 오전에 옷매무새를 가다듬고 발우와 가사를 수하고 잔뚜가마로 탁발을 갔습니다. 잔뚜가마에서 탁발하여 공양을 마치고 탁발에서 돌아와 끼미깔라 강의 언덕으로 갔습니다. 저

kkhatta), 사미라 불린 쭌다(Cunda samaṇuddesa), 사가따(Sāgata), 메기야(Meghiya)이며(AAṬ.iii.247~248) 성도 후 21년째 되던 해부터 반열반하시기까지 대략 25년간은 아난다 존자가 시자 소임을 맡았다.

251) "잔뚜가마(Jantugāma)는 짤리까 산에 있는 승원 가까이에 있는 마을이름이다."(AA.iv.164)

는 끼미깔라 강의 언덕에서 이리저리 경행하다가 깨끗하고 아름다운 망고 숲을 보았습니다. 그것을 보자 '이 망고 숲은 참으로 깨끗하고 아름다워서 정진을 원하는 선남자가 정진하기에 좋은 곳이구나. 만일 세존께서 허락하신다면 나는 이 망고 숲으로 정진하러 와야겠다.'라는 생각이 들었습니다. 세존께서 만일 허락해주신다면 저는 그 망고 숲으로 정진하러 가겠습니다."

"메기야여, 어떤 다른 비구가 [나에게] 올 때까지 여기 있도록 하라."252)

4. 두 번째로 메기야 존자는 세존께 이렇게 말씀드렸다.

"세존이시여, 세존께서는 다시 더 해야 할 것이 없으시고253) 더 보태야 할 것도 없으십니다. 세존이시여, 그러나 저는 다시 더 해야 할 것도 있고 더 보태야 할 것도 있습니다. 세존께서 만일 허락해주신다면 저는 그 망고 숲으로 정진하러 가겠습니다."

"메기야여, 어떤 다른 비구가 [나에게] 올 때까지 여기 있도록 하라."

5. 세 번째로 메기야 존자는 세존께 이렇게 말씀드렸다.

"세존이시여, 세존께서는 다시 더 해야 할 것이 없으시고 더 보태야 할 것도 없으십니다. 세존이시여, 그러나 저는 다시 더 해야 할 것도 있고 더 보태야 할 것도 있습니다. 세존께서 만일 허락해주신다면

---

252) "세존께서 메기야의 지혜가 아직 성숙하지 않은 것을 아시고 허락하지 않으시는 말씀이다."(AA.iv.165)

253) "네 가지 도 각각에 대해서 네 가지 역할을 다 해 마쳤기 때문에 다시 더 해야 할 것이 없다는 뜻이다. 더 보태야 할 것이 없다는 것은 이미 닦은 도를 더 닦아야 할 필요가 없고, 이미 버린 오염원들을 다시 또 버릴 필요가 없다는 뜻이다."(*Ibid*)

저는 그 망고 숲으로 정진하러 가겠습니다."

"메기야여, 그대가 정진한다고 말하는데 내가 무슨 말을 하겠는
가? 메기야여, 지금이 적당한 시간이라면 그렇게 하라."

6. 그때 메기야 존자는 세존께 절을 올리고 오른쪽으로 [세 번]
돌아 [경의를 표한] 뒤에 망고 숲으로 갔다. 그는 망고 숲으로 들어가
서 낮 동안의 머묾을 위해 어떤 나무 아래 앉았다. 메기야 존자가 그
망고 숲에 머물 때 대체적으로 세 가지 나쁘고 해로운 생각이 일어났
는데 그것은 감각적 욕망에 대한 생각, 악의에 대한 생각, 해코지에
대한 생각이다.254)

그러자 메기야 존자에게 이런 생각이 들었다. '참으로 경이롭구나.
참으로 놀랍구나. 나는 믿음으로 집을 나와 출가했다. 그런데도 나는
감각적 욕망에 대한 생각과 악의에 대한 생각과 해코지에 대한 생각
의 세 가지 나쁘고 해로운 생각에 빠져있다니!'

7. 그러자 메기야 존자는 세존께 다가갔다. 가서는 세존께 절
을 올리고 한 곁에 앉았다. 한 곁에 앉아서 메기야 존자는 세존께 이
렇게 말씀드렸다.

"세존이시여, 제가 그 망고 숲에 머물 때 대체적으로 세 가지 나쁘
고 해로운 생각이 일어났는데 그것은 감각적 욕망에 대한 생각, 악의
에 대한 생각, 해코지에 대한 생각이었습니다. 그러자 제게 이런 생

---

254) 이 세 가지 생각은 팔정도의 정사유(sammā-saṅkappa)의 내용인 출리
에 대한 사유(nekkhamma-saṁkappa), 악의 없음에 대한 사유(avyā-
pāda-saṁkappa), 해코지 않음에 대한 사유(avihiṁsā-saṁkappa)와
반대되는 내용이다.

각이 들었습니다. '참으로 경이롭구나. 참으로 놀랍구나. 나는 믿음으로 집을 나와 출가했다. 그런데도 나는 감각적 욕망에 대한 생각과 악의에 대한 생각과 해코지에 대한 생각의 세 가지 나쁘고 해로운 생각에 빠져있다니!'라고"

"메기야여, 다섯 가지 법은 아직 성숙하지 않은 마음의 해탈을 성숙하게 한다. 무엇이 다섯인가?"[255]

8. "메기야여, 여기 비구는 좋은 친구, 좋은 동료, 좋은 벗을 가졌다. 메기야여, 이것이 아직 성숙하지 않은 마음의 해탈을 성숙하게 하는 첫 번째 조건이다."

9. "다시 메기야여, 여기 비구는 계를 잘 지킨다. 그는 계목의 단속으로 단속하면서 머문다. 바른 행실과 행동의 영역을 갖추고, 작은 허물에 대해서도 두려움을 보며, 학습계목을 받아 지녀 공부짓는다. 메기야여, 이것이 아직 성숙하지 않은 마음의 해탈을 성숙하게 하는 두 번째 조건이다."

10. "다시 메기야여, 여기 비구는 엄격하고 마음을 여는 데 도움이 되는 이야기, 즉 소욕에 대한 이야기, 지족에 대한 이야기, 한거(閑居)에 대한 이야기, [재가자들과] 교제하지 않는 이야기, 열심히 정진함에 대한 이야기, 계에 대한 이야기, 삼매에 대한 이야기, 통찰지에 대한 이야기, 해탈에 대한 이야기, 해탈지견에 대한 이야기 등을 원

---

255) 이하 본경에서 제시하는 '아직 성숙하지 않은 마음의 해탈(aparipakkā cetovimutti)을 성숙하게 하는 조건'은 본서 「깨달음 경」(A9:1) §3의 두 번째 문단부터 §8까지와 같은 내용이다.

하기만 하면 얻을 수 있고, 힘들이지 않고 얻을 수 있고, 어려움 없이 얻을 수 있다. 메기야여, 이것이 아직 성숙하지 않은 마음의 해탈을 성숙하게 하는 세 번째 조건이다."

11. "다시 메기야여, 여기 비구는 해로운 법들을 제거하고 유익한 법들을 두루 갖추기 위해 열심히 정진하며 머문다. 그는 굳세고 분투하고 유익한 법들에 대한 임무를 내팽개치지 않는다. 메기야여, 이것이 아직 성숙하지 않은 마음의 해탈을 성숙하게 하는 네 번째 조건이다."

12. "다시 메기야여, 여기 비구는 통찰지를 가졌다. 그는 일어나고 사라짐을 꿰뚫고, 성스럽고, 통찰력이 있고, 바르게 괴로움의 소멸로 인도하는 통찰지를 구족했다. 메기야여, 이것이 아직 성숙하지 않은 마음의 해탈을 성숙하게 하는 다섯 번째 조건이다."

13. "메기야여, 좋은 친구, 좋은 동료, 좋은 벗을 가진 비구에게는 '그는 계를 잘 지킨다. 계목의 단속으로 단속하면서 머물고, 바른 행실과 행동의 영역을 갖추고, 작은 허물에 대해서도 두려움을 보며, 학습계목을 받아 지녀 공부짓는다.'라는 것이 기대된다.

메기야여, 좋은 친구, 좋은 동료, 좋은 벗을 가진 비구에게는 '그는 엄격하고 마음을 여는 데 도움이 되는 이야기, 즉 소욕에 대한 이야기, … 해탈지견에 대한 이야기 등을 원하기만 하면 얻을 수 있고, 힘들이지 않고 얻을 수 있고, 어려움 없이 얻을 수 있다.'라는 것이 기대된다.

좋은 친구, 좋은 동료, 좋은 벗을 가진 비구에게는 '그는 해로운 법들을 제거하고 유익한 법들을 두루 갖추기 위해 열심히 정진하며 머문다. 그는 굳세고 분투하고 유익한 법들에 대한 임무를 내팽개치지 않는다.'라는 것이 기대된다.

좋은 친구, 좋은 동료, 좋은 벗을 가진 비구에게는 '그는 통찰지를 가졌다. 그는 일어나고 사라짐을 꿰뚫고, 성스럽고, 통찰력이 있고, 바르게 괴로움의 소멸로 인도하는 통찰지를 구족했다.'라는 것이 기대된다.

메기야여, 비구는 이러한 다섯 가지 법에 굳게 서서 다시 네 가지 법을 더 닦아야 한다. 탐욕을 제거하기 위해 부정함을 닦아야 한다. 악의를 제거하기 위해 자애를 닦아야 한다. 일으킨 생각을 자르기 위해 들숨날숨에 대한 마음챙김을 닦아야 한다. 내가 있다는 자아의식을 뿌리 뽑기 위해 무상이라고 [관찰하는 지혜에서 생긴] 인식을 닦아야 한다.

메기야여, 무상이라고 [관찰하는 지혜에서 생긴] 인식을 가진 비구는 무아라고 [관찰하는 지혜에서 생긴] 인식이 확립된다. 무아라고 [관찰하는 지혜에서 생긴] 인식을 가진 자는 내가 있다는 자아의식을 뿌리 뽑게 되고 지금여기에서 열반을 증득한다."

난다까 경(A9:4)

Nandaka-sutta

1. 한때 세존께서는 사왓티에서 제따 숲의 급고독원에 머무셨다. 그 무렵 난다까 존자[256]가 집회소에서 비구들에게 법을 설하고

---

256) 난다까 존자(āyasmā Nandaka)는 본서 「하나의 모음」(A1:14:4-11)
      에서 비구니들을 교계하는 자(bhikkhun-ovādaka)들 가운데서 으뜸이

그들을 격려하고 분발하게 하고 기쁘게 하고 있었다.

2. 그때 세존께서는 해거름에 홀로 앉음을 풀고 일어나셔서 집회소로 가셨다. 가셔서는 [난다까 존자의] 법문이 끝나기를 기다리면서 문밖에 서 계셨다. 세존께서는 이야기가 끝난 것을 아시고 '흠'하며 헛기침을 하시고는 문을 가볍게 두드리셨다. 비구들은 세존께 문을 열어드렸다. 그러자 세존께서는 집회소로 들어가서 마련된 자리에 앉으셨다. 자리에 앉으신 세존께서는 난다까 존자에게 이렇게 말씀드렸다.

"난다까여, 그대는 비구들에게 긴 법문을 했구나. 문밖에서 법문이 끝나기를 기다리면서 서 있었더니 등이 아프구나."

3. 이렇게 말씀하시자 난다까 존자는 부끄러워하면서 세존께 이렇게 말씀드렸다.

"세존이시여, 저는 세존께서 문밖에 서 계시는 줄을 몰랐습니다. 만일 제가 세존께서 문밖에 서계시는 줄 알았더라면 이렇게 [긴] 법문을 하지 않았을 것입니다."

그때 세존께서는 난다까 존자가 부끄러워하는 것을 아시고 난다까 존자에게 이렇게 말씀하셨다.

"장하고 장하구나, 난다까여. 그대들이 이렇게 법담을 위해 함께 모여 앉은 것은 믿음으로 집을 나와 출가한 그대들과 같은 선남자들에게 좋은 일이다. 난다까여, 그대들이 함께 모여 있을 땐 오직 두 가지 해야 할 것이 있나니, 법담을 나누거나 성스러운 침묵을 지키는

라고 거명된 분이다. 본서 제1권 「살하 경」(A3:66) §1의 주해를 참조할 것.

것이다.

난다까여, 비구가 믿음은 있지만 계를 지키지는 못했다. 이와 같이 그는 이 구성요소를 원만하게 갖추지 못했다. 그러므로 그는 '어떻게 하면 믿음도 있고 계도 지킬 수 있을까?'라고 생각하면서 이 구성요소를 원만하게 갖추어야 한다. 비구들이여, 비구가 믿음도 있고 계도 지킬 때 그는 이 구성요소를 원만하게 갖춘다.

난다까여, 비구가 믿음도 있고 계도 지키지만 안으로 마음의 사마타[止]를 얻지는 못했다. 이와 같이 그는 이 구성요소를 원만하게 갖추지 못했다. 그러므로 그는 '어떻게 하면 믿음도 있고 계도 지키고 안으로 마음의 사마타[止]도 얻을 수 있을까?'라고 생각하면서 이 구성요소를 원만하게 갖추어야 한다. 난다까여, 비구가 믿음도 있고 계도 지키고 안으로 마음의 사마타[止]도 얻을 때 그는 이 구성요소를 원만하게 갖춘다.

난다까여, 비구가 믿음도 있고 계도 지키고 안으로 마음의 사마타[止]도 얻었지만 위빳사나의 높은 통찰지[觀]257)를 얻지는 못했다. 이와 같이 그는 이 구성요소를 원만하게 갖추지 못했다. 예를 들면 네 발가진 짐승의 발 하나가 짧고 절뚝거리는 것과 같이 그는 이 구성요소를 원만하게 갖추지 못했다. 그와 마찬가지로 그는 믿음도 있고 계도 지키고 안으로 마음의 사마타[止]도 얻었지만 위빳사나의 높은 통찰지[觀]를 얻지는 못했다.

---

257) '위빳사나의 높은 통찰지[觀]'로 옮긴 원문은 adhipaññā-dhamma-vipassanā이다. 주석서는 "상카라들[行]을 파악하는 위빳사나의 지혜 (saṅkhāra-pariggaha-vipassanā-ñāṇa)"(AA.iv.167)라고 설명하고 있다.

그러므로 그는 '어떻게 하면 믿음도 있고 계도 지키고 안으로 마음의 사마타[止]도 얻고 위빳사나의 높은 통찰지[觀]도 얻을 수 있을까?'라고 생각하면서 이 구성요소를 원만하게 갖추어야 한다. 난다까여, 비구가 믿음도 있고 계도 지키고 안으로 마음의 사마타[止]도 얻고 위빳사나의 높은 통찰지[觀]도 얻을 때 그는 이 구성요소를 원만하게 갖춘다."

세존께서는 이렇게 말씀하셨다. 선서께서는 이렇게 말씀하신 뒤 자리에서 일어나 거처로 들어가셨다.

4. 그때 난다까 존자는 세존께서 가신 지 오래지 않아서 비구들을 불러서 말했다.

"도반들이여, 여기 세존께서는 더할 나위 없이 완벽하며 지극히 청정한 범행을 네 단계로써 확실하게 드러내신 뒤 자리에서 일어나 거처로 들어가셨습니다. '난다까여, 비구가 믿음은 있지만 계를 지키지는 못했다. … 난다까여, 비구가 믿음도 있고 계도 지키고 안으로 마음의 사마타[止]도 얻고 위빳사나의 높은 통찰지[觀]도 얻을 때 그는 이 구성요소를 원만하게 갖춘다.'라고. 도반들이여, 적절한 시기에 법을 듣고258) 적절한 시기에 법을 담론하면 다섯 가지 이익이 있습니다. 무엇이 다섯인가요?"

5. "도반들이여, 여기 비구는 비구들에게 법을 설합니다. 법들은 시작도 훌륭하고 중간도 훌륭하고 끝도 훌륭하나니, 이러한 법들은 의미와 표현을 구족하고 더할 나위 없이 완벽하며 지극히 청정한

---

258) "적절한 시기에 법을 듣는다는 것은 자주 자주 법을 듣는다는 뜻이다."(AA.iv.168)

범행을 확실하게 드러냅니다. 그가 비구들에게 법을 설하여 … 지극히 청정한 범행을 자주 자주 확실하게 드러낼수록, 그는 스승을 사랑하고 마음에 들어 하고 존중하고 닮고자 합니다. 도반들이여, 이것이 적절한 시기에 법을 듣고 적절한 시기에 법을 담론함으로써 얻는 첫 번째 이익입니다."

6.   "다시 도반들이여, 비구는 비구들에게 법을 설합니다. 법들은 시작도 훌륭하고 중간도 훌륭하고 끝도 훌륭하나니, 이러한 법들은 의미와 표현을 구족하고 더할 나위 없이 완벽하며 지극히 청정한 범행을 확실하게 드러냅니다. 그가 비구들에게 법을 설하여 … 지극히 청정한 범행을 자주 자주 확실하게 드러낼수록, 그는 그 법에 대해서 의미를 체득하고 법을 체득합니다.259) 도반들이여, 이것이 적절한 시기에 법을 듣고 적절한 시기에 법을 담론함으로써 얻는 두 번째 이익입니다."

7.   "다시 도반들이여, 비구는 비구들에게 법을 설합니다. 법들은 시작도 훌륭하고 중간도 훌륭하고 끝도 훌륭하나니, 이러한 법들은 의미와 표현을 구족하고 더할 나위 없이 완벽하며 지극히 청정한 범행을 확실하게 드러냅니다. 그가 비구들에게 법을 설하여 … 지극히 청정한 범행을 자주 자주 확실하게 드러낼수록, 그는 그 법에 대해서 심오한 뜻의 경지를 통찰지로 꿰뚫고 봅니다. 도반들이여, 이것이 적절한 시기에 법을 듣고 적절한 시기에 법을 담론함으로써 얻는 세 번째 이익입니다."

---

259) "의미를 체득한다는 것은 삼장의 주석서를 이해한다는 뜻이고, 법을 체득한다는 것은 삼장을 이해한다는 뜻이다."(AA.iii.230)

8. "다시 도반들이여, 비구는 비구들에게 법을 설합니다. 법들은 시작도 훌륭하고 중간도 훌륭하고 끝도 훌륭하나니, 이러한 법들은 의미와 표현을 구족하고 더할 나위 없이 완벽하며 지극히 청정한 범행을 확실하게 드러냅니다. 그가 비구들에게 법을 설하여 … 지극히 청정한 범행을 자주 자주 확실하게 드러낼수록, 동료 수행자들은 '이 존자는 [아라한과를] 얻었거나 얻게 될 것이다.'라고 하면서 그를 더 존경합니다. 도반들이여, 이것이 적절한 시기에 법을 듣고 적절한 시기에 법을 담론함으로써 얻는 네 번째 이익입니다."

9. "다시 도반들이여, 비구는 비구들에게 법을 설합니다. 법들은 시작도 훌륭하고 중간도 훌륭하고 끝도 훌륭하나니, 이러한 법들은 의미와 표현을 구족하고 더할 나위 없이 완벽하며 지극히 청정한 범행을 확실하게 드러냅니다. 그가 비구들에게 법을 설하여 … 지극히 청정한 범행을 자주 자주 확실하게 드러낼수록, 아직 [아라한과를] 얻지 못했고 위없는 유가안은을 원하며 머무는 유학인 비구들은, 그 법을 듣고는 얻지 못한 것을 얻고 증득하지 못한 것을 증득하고 실현하지 못한 것을 실현하기 위해 열심히 정진합니다. 그러나 번뇌를 다했고 삶을 완성했으며260) 할 바를 다했고 짐을 내려놓았으며 참된 이상을 실현했고 존재의 족쇄를 부수었으며 바른 구경의 지혜로 해탈한 아라한인 비구들은, 그 법을 듣고는 지금여기에서 행복하게 머무는 데 계합하여 머뭅니다. 도반들이여, 이것이 적절한 시기에

---

260) '삶을 완성했다.'라는 것은 vusitavanta를 옮긴 것이다. 복주서는 "도와 과를 성취한 사람을 이른다. 가장 좋은 말로 나타내기를 원하기 때문에 아라한을 이렇게 부른다."(MAṬ.i.95)라고 설명하고 있다.

법을 듣고 적절한 시기에 법을 담론함으로써 얻는 다섯 번째 이익입니다.

도반들이여, 적절한 시기에 법을 배우고 적절한 시기에 법을 담론하면 이러한 다섯 가지 이익이 있습니다."

힘 경(A9:5)
Bala-sutta

1. "비구들이여, 네 가지 힘이 있다. 무엇이 넷인가?"

2. "통찰지의 힘, 정진의 힘, 비난받을 일이 없음의 힘, 섭수의 힘261)이다."

3. "비구들이여, 그러면 어떤 것이 통찰지의 힘인가? 해로운 것과 해로운 것으로 판명된 것, 유익한 것과 유익한 것으로 판명된 것, 비난받아 마땅한 것과 비난받아 마땅한 것으로 판명된 것, 비난받을 일이 없고 비난받을 일이 없는 것으로 판명된 것, 검은 것과 검은 것으로 판명된 것, 흰 것과 흰 것으로 판명된 것, 받들어 행하지 말아야 하는 것과 받들어 행하지 말아야 하는 것으로 판명된 것, 받들어 행해야 하는 것과 받들어 행해야 하는 것으로 판명된 것, 성자들에게 적합하지 않은 것과 성자들에게 적합하지 않은 것으로 판명된 것, 성자들에게 적합한 것과 성자들에게 적합한 것으로 판명된 법

---

261) 본서 제2권 「통찰지의 힘 경」(A4:153)부터 세 경에서는 saṅgāhabala로 나타난다. 그래서 거기서는 '친절의 힘'이라 번역했다. 그러나 본경에서는 saṅgahabala로 나타나고 이것을 네 가지 섭수의 토대(saṅgaha-vatthu)로 설명하고 있어서 '섭수의 힘'이라 옮긴다.

들이 있나니, 이러한 법들을 통찰지로 면밀하게 보고 면밀하게 탐구한다. 비구들이여, 이를 일러 통찰지의 힘이라 한다."

4. "비구들이여, 그러면 어떤 것이 정진의 힘인가? 해로운 것과 해로운 것으로 판명된 것, 비난받아 마땅한 것과 비난받아 마땅한 것으로 판명된 것, 검은 것과 검은 것으로 판명된 것, 받들어 행하지 말아야 하는 것과 받들어 행하지 말아야 하는 것으로 판명된 것, 성자들에게 적합하지 않은 것과 성자들에게 적합하지 않은 것으로 판명된 법들이 있나니, 이러한 법들을 제거하기 위하여 열의를 일으키고 노력하고 열심히 정진하고 마음을 다잡고 애를 쓴다.

유익한 것과 유익한 것으로 판명된 것, 비난받을 일이 없는 것과 비난받을 일이 없는 것으로 판명된 것, 흰 것과 흰 것으로 판명된 것, 받들어 행해야 하는 것과 받들어 행해야 하는 것으로 판명된 것, 성자들에게 적합한 것과 성자들에게 적합한 것으로 판명된 법들이 있나니, 이러한 법들을 일어나도록 하기 위해 열의를 일으키고 노력하고 열심히 정진하고 마음을 다잡고 애를 쓴다. 비구들이여, 이를 일러 정진의 힘이라 한다."

5. "비구들이여, 그러면 어떤 것이 비난받을 일이 없음의 힘인가? 비구들이여, 여기 비구는 비난받을 일이 없는 몸의 업을 구족했고, 비난받을 일이 없는 말의 업을 구족했고, 비난받을 일이 없는 마음의 업을 구족했다. 비구들이여, 이를 일러 비난받을 일이 없음의 힘이라 한다."

6. "비구들이여, 그러면 어떤 것이 섭수의 힘인가? 비구들이여, 네 가지 섭수하는 행위[四攝事]가 있나니, 보시, 사랑스런 말[愛語], 이로운 행위[利行], 함께 함[同事]이다.

비구들이여, 보시 가운데 으뜸은 법보시이다. 사랑스런 말 가운데 으뜸은 듣고자 하고 귀를 기울이는 자에게 거듭거듭 법을 설하는 것이다. 이로운 행위 가운데 으뜸은 믿음이 없는 자에게 믿음을 가지도록 격려하고, 믿음에 머물게 하고, 확고하게 굳히도록 하며, 계행이 나쁜 자에게 계를 지키도록 격려하고, 계에 머물게 하고, 확고하게 굳히도록 하며, 인색한 자에게 베풂을 구족하도록 격려하고, 베풂에 머물게 하고, 확고하게 굳히도록 하며, 통찰지가 없는 자에게 통찰지를 구족하도록 격려하고, 통찰지에 머물게 하고, 확고하게 굳히도록 하는 것이다. 함께함 가운데 으뜸은 예류자는 예류자와 함께하고 일래자는 일래자와 함께하고 불환자는 불환자와 함께하고 아라한은 아라한과 함께함이다. 비구들이여, 이를 일러 섭수의 힘이라 한다."

7. "비구들이여, 이러한 네 가지 힘을 구족한 성스러운 제자는 다섯 가지 두려움을 건넌다. 무엇이 다섯인가?"

8. "생계에 대한 두려움, 오명에 대한 두려움, 회중에 대해서 의기소침하는 두려움, 죽음에 대한 두려움, 불행한 곳에 태어나는 두려움이다."

9. "비구들이여, 성스러운 제자는 이와 같이 숙고한다. '나는 생계에 대한 두려움 때문에 두려워하지 않는다. 무엇 때문에 내가 생

계에 대한 두려움 때문에 두려워한단 말인가? 내게는 통찰지의 힘, 정진의 힘, 비난받을 일이 없음의 힘, 섭수의 힘이라는 네 가지 힘이 있다. 통찰지가 없는 자는 생계에 대한 두려움 때문에 두려워할 것이고, 게으른 자도 생계에 대한 두려움 때문에 두려워할 것이고, 몸으로 비난받을 업을 짓고 말로 비난받을 업을 짓고 마음으로 비난받을 업을 짓는 자도 생계에 대한 두려움 때문에 두려워할 것이고, 섭수하지 못하는 자도 생계에 대한 두려움 때문에 두려워할 것이다.

나는 오명에 대한 두려움 때문에 두려워하지 않는다. … 나는 회중에 대해서 의기소침하는 두려움 때문에 두려워하지 않는다. … 나는 죽음에 대한 두려움 때문에 두려워하지 않는다. … 나는 불행한 곳에 태어나는 두려움 때문에 두려워하지 않는다. 무엇 때문에 내가 불행한 곳에 태어나는 두려움 때문에 두려워한단 말인가? 내게는 통찰지의 힘, 정진의 힘, 비난받을 일이 없음의 힘, 섭수의 힘이라는 네 가지 힘이 있다. 통찰지가 없는 자는 불행한 곳에 태어나는 두려움 때문에 두려워할 것이고, 게으른 자도 불행한 곳에 태어나는 두려움 때문에 두려워할 것이고, 몸으로 비난받을 업을 짓고 말로 비난받을 업을 짓고 마음으로 비난받을 업을 짓는 자도 불행한 곳에 태어나는 두려움 때문에 두려워할 것이고, 섭수하지 못하는 자도 불행한 곳에 태어나는 두려움 때문에 두려워할 것이다.'라고

비구들이여, 네 가지 힘을 구족한 성스러운 제자는 이러한 다섯 가지 두려움을 건넌다.”

가까이 함 경(A9:6)

Sevanā-sutta

1. 거기서 사리뿟따 존자는 "도반 비구들이여."라고 비구들을 불렀다. "도반이시여."라고 비구들은 사리뿟따 존자에게 응답했다. 사리뿟따 존자는 이렇게 말했다.

2. "도반들이여, 사람을 두 부류로 알아야 하나니 가까이해야 하는 자와 가까이하지 말아야 하는 자입니다. 의복도 두 가지로 알아야 하나니 가까이해야 하는 것과 가까이하지 말아야 하는 것입니다. 탁발음식도 두 가지로 알아야 하나니 가까이해야 하는 것과 가까이하지 말아야 하는 것입니다. 거처도 두 가지로 알아야 하나니 가까이해야 하는 것과 가까이하지 말아야 하는 것입니다. 마을과 성읍도 두 가지로 알아야 하나니 가까이해야 하는 것과 가까이하지 말아야 하는 것입니다. 지방과 지역도 두 가지로 알아야 하나니 가까이해야 하는 것과 가까이하지 말아야 하는 것입니다."

3. "도반들이여, '사람을 두 부류로 알아야 하나니 가까이해야 하는 자와 가까이하지 말아야 하는 자입니다.'라고 한 것은 무슨 이유로 그렇게 말했을까요?

그가 어떤 사람에 대해서 '내가 이 사람을 가까이하면 해로운 법들이 증장하고 유익한 법들은 사라지며, 또 출가자인 내가 구해야 하는 삶의 필수품인 의복, 음식, 거처, 병구완을 위한 약품이 어렵게 구해지며, 사문의 결실을 위해 집을 나와 출가했지만 바로 그 사문의 결실이 수행을 통해 완성에 이르지 않는다.'라고 알게 되면, 그는 그 날

밤이나 그 날 낮에 말없이 바로 그를 떠나야 하고 그를 따라서는 안됩니다.

그가 어떤 사람에 대해서 '내가 이 사람을 가까이하면 해로운 법들이 증장하고 유익한 법들이 사라진다. 그러나 출가자인 내가 구해야 하는 삶의 필수품인 의복, 음식, 거처, 병구완을 위한 약품은 어렵지 않게 구해진다. 그러나 사문의 결실을 위해 집을 나와 출가했지만 바로 그 사문의 결실이 수행을 통해 완성에 이르지 않는다.'라고 알게 되면 그는 깊이 숙고한 뒤에[262] 말없이[263] 그를 떠나야 하고 그를 따라서는 안됩니다.

그가 어떤 사람에 대해서 '내가 이 사람을 가까이하면 해로운 법들이 사라지고 유익한 법들이 증장하며, 또 출가자인 내가 구해야 하는 삶의 필수품인 의복, 음식, 거처, 병구완을 위한 약품도 어렵지 않게 구해진다. 그러나 사문의 결실을 위해 집을 나와 출가했지만 바로 그 사문의 결실이 수행을 통해 완성에 이르지 않는다.'라고 알게 되면, 그는 깊이 숙고하면서 그를 따라야 하고 떠나서는 안됩니다.

그가 어떤 사람에 대해서 '내가 이 사람을 가까이하면 해로운 법들이 사라지고 유익한 법들이 증장하며, 또 출가자인 내가 구해야 하는 삶의 필수품인 의복, 음식, 거처, 병구완을 위한 약품도 어렵지 않게 구해지고, 사문의 결실을 위해 집을 나와 출가한 바로 그 사문의 결

---

262) "'깊이 숙고한 뒤(saṅkhā)'란 것은 사문의 결실(sāmaññattha)이 수행을 통해 완성(bhāvanā-pāripūri)에 이르지 않음을 알고서라는 뜻이다."(AA.iv.169)

263) '말없이'로 옮긴 원문은 저본인 PTS본에는 āpucchā(물어본 뒤)로 나타나지만 문맥상 anāpucchā(물어보지 않고)가 더 어울리고, 6차결집본에도 anāpucchā로 나타나 있어 '말없이'로 옮겼다.

실이 수행을 통해 완성에 이른다.'라고 알게 되면, 그는 목숨이 있는 한 그를 따라야 하고 쫓아내더라도 그를 떠나서는 안됩니다.

도반들이여, '사람을 두 부류로 알아야 하나니 가까이해야 하는 자와 가까이하지 말아야 하는 자입니다.'라고 한 것은 이런 이유로 그렇게 말했습니다."

4. "도반들이여, '의복도 두 가지로 알아야 하나니 가까이해야 하는 것과 가까이하지 말아야 하는 것입니다.'라고 한 것은 무슨 이유로 그렇게 말했을까요?

그가 어떤 의복에 대해서 '내가 이 의복을 가까이하면 해로운 법들이 증장하고 유익한 법들이 사라진다.'라고 알게 되면, 그는 그러한 의복을 가까이해서는 안됩니다. 그러나 그가 어떤 의복에 대해서 '내가 이 의복을 가까이하면 해로운 법들이 사라지고 유익한 법들이 증장한다.'라고 알게 되면, 그는 그러한 의복을 가까이해야 합니다.

도반들이여, '의복도 두 가지로 알아야 하나니 가까이해야 하는 것과 가까이하지 말아야 하는 것입니다.'라고 한 것은 이런 이유로 그렇게 말했습니다."

5. "도반들이여, '탁발음식도 두 가지로 알아야 하나니 가까이해야 하는 것과 가까이하지 말아야 하는 것입니다.'라고 한 것은 무슨 이유로 그렇게 말했을까요?

그가 어떤 음식에 대해서 '내가 이 음식을 가까이하면 해로운 법들이 증장하고 유익한 법들이 사라진다.'라고 알게 되면, 그는 그러한 음식을 가까이해서는 안됩니다. 그러나 그가 어떤 음식에 대해서 '내가 이 음식을 가까이하면 해로운 법들이 사라지고 유익한 법들이 증장한다.'라고 알게 되면, 그는 그러한 음식을 가까이해야 합니다.

도반들이여, '탁발음식도 두 가지로 알아야 하나니 가까이해야 하는 것과 가까이하지 말아야 하는 것입니다.'라고 한 것은 이런 이유로 그렇게 말했습니다."

6. "도반들이여, '거처도 두 가지로 알아야 하나니 가까이해야 하는 것과 가까이하지 말아야 하는 것입니다.'라고 한 것은 무슨 이유로 그렇게 말했을까요?

그가 어떤 거처에 대해서 '내가 이 거처를 가까이하면 해로운 법들이 증장하고 유익한 법들이 사라진다.'라고 알게 되면, 그는 그러한 거처를 가까이해서는 안됩니다. 그러나 그가 어떤 거처에 대해서 '내가 이 거처를 가까이하면 해로운 법들이 사라지고 유익한 법들이 증장한다.'라고 알게 되면, 그는 그러한 거처를 가까이해야 합니다.

도반들이여, '거처도 두 가지로 알아야 하나니 가까이해야 하는 것과 가까이하지 말아야 하는 것입니다.'라고 한 것은 이런 이유로 그렇게 말했습니다."

7. "도반들이여, '마을과 성읍도 두 가지로 알아야 하나니 가까이해야 하는 것과 가까이하지 말아야 하는 것입니다.'라고 한 것은 무슨 이유로 그렇게 말했을까요?

그가 어떤 마을과 성읍에 대해서 '내가 이 마을과 성읍을 가까이하면 해로운 법들이 증장하고 유익한 법들이 사라진다.'라고 알게 되면, 그는 그러한 마을과 성읍을 가까이해서는 안됩니다. 그러나 그가 어떤 마을과 성읍에 대해서 '내가 이 마을과 성읍을 가까이하면 해로운 법들이 사라지고 유익한 법들이 증장한다.'라고 알게 되면, 그는 그러한 마을과 성읍을 가까이해야 합니다.

도반들이여, '마을과 성읍도 두 가지로 알아야 하나니 가까이해야 하는 것과 가까이하지 말아야 하는 것입니다.'라고 한 것은 이런 이유로 그렇게 말했습니다."

8. "도반들이여, '지방과 지역도 두 가지로 알아야 하나니 가까이해야 하는 것과 가까이하지 말아야 하는 것입니다.'라고 한 것은 무슨 이유로 그렇게 말했을까요?

그가 어떤 지방과 지역에 대해서 '내가 이 지방과 지역을 가까이하면 해로운 법들이 증장하고 유익한 법들이 사라진다.'라고 알게 되면, 그는 그러한 지방과 지역을 가까이해서는 안됩니다. 그러나 그가 어떤 지방과 지역에 대해서 '내가 이 지방과 지역을 가까이하면 해로운 법들이 사라지고 유익한 법들이 증장한다.'라고 알게 되면, 그는 그러한 지방과 지역을 가까이해야 합니다.

도반들이여, '지방과 지역도 두 가지로 알아야 하나니 가까이해야 하는 것과 가까이하지 말아야 하는 것입니다.'라고 한 것은 이런 이유로 그렇게 말했습니다."

수따와 경(A9:7)
Sutavā-sutta

1. 이와 같이 나는 들었다. 한때 세존께서는 라자가하에서 독

수리봉 산에 머무셨다. 그때 수따와 유행승264)이 세존께 다가갔다. 가서는 세존과 함께 환담을 나누었다. 유쾌하고 기억할 만한 이야기로 서로 담소를 하고서 한 곁에 앉았다. 한 곁에 앉은 수따와 유행승은 세존께 이렇게 말씀드렸다.

2. "세존이시여, 한때 세존께서는 라자가하에서 기립바자265)에 머무셨습니다. 거기서 저는 세존의 면전에서 직접 듣고 면전에서 직접 배웠습니다. '수따와여, 번뇌를 다했고 삶을 완성했으며 할 바를 다했고 짐을 내려놓았으며 참된 이상을 실현했고 존재의 족쇄를 부수었으며 바른 구경의 지혜로 해탈한 아라한인 비구는 다음의 다섯 가지 경우를 범할 수가 없다. 번뇌 다한 비구는 고의로 산 생명의 목숨을 빼앗을 수가 없다. 번뇌 다한 비구는 도둑질인 주지 않은 것을 가질 수가 없다. 번뇌 다한 비구는 성행위를 할 수가 없다. 번뇌 다한 비구는 고의로 거짓말을 할 수가 없다. 번뇌 다한 비구는 전에 재가자였을 때처럼 축적해 두고 감각적 욕망을 즐길 수가 없다.'라고266)

---

264) 수따와 유행승(Sutavā paribbājaka)은 본경에서만 등장하고 있는데 그가 누구인지 주석서와 복주서는 아무 설명을 하지 않고 있다.

265) 기립바자(Giribbaja)는 라자가하(Rājagāha, 왕사성)의 옛이름이다. 기립바자(문자적으로는 산의 요새)는 산에 있는 성으로 마하고윈다(Mahā-govinda)라는 유명한 건축가가 지었다고 하며, 라자가하는 산 아래에 빔비사라(Bimbisāra) 왕이 지었다고 한다.(VmA.82) 경에서 이 둘은 구분 없이 동의어로 사용되고 있다.
한편 『숫따니빠따 주석서』에 의하면 라자가하는 빤다와(Paṇḍava), 독수리봉(Gijjhakūṭa), 웨바라(Vebhāra), 이시길리(Isigili), 웨뿔라(Vepulla)라는 다섯 개의 산으로 둘러싸여 있기 때문에 기립바자라고 불렸다고 한다.(SnA.ii.382)

266) 『디가 니까야』 제3권 「합송경」 (D33) §2.1 ⑽에도 있다.

세존이시여, 이것은 제가 세존으로부터 잘 들었고 잘 배웠고 잘 마음에 잡도리했고 잘 호지한 것입니까?"

3. "수따와여, 그대는 참으로 잘 들었고 잘 배웠고 잘 마음에 잡도리했고 잘 호지했다. 수따와여, 나는 전에도 이렇게 말했고 지금도 이렇게 말한다.

'번뇌를 다했고 삶을 완성했으며 할 바를 다했고 짐을 내려놓았으며 참된 이상을 실현했고 존재의 족쇄를 부수었으며 바른 구경의 지혜로 해탈한 아라한인 비구는 다음의 아홉 가지 경우들을 범할 수가 없다.

① 번뇌 다한 비구는 고의로 산 생명의 목숨을 빼앗을 수가 없다. ② 번뇌 다한 비구는 도둑질인 주지 않은 것을 가질 수가 없다. ③ 번뇌 다한 비구는 성행위를 할 수가 없다. ④ 번뇌 다한 비구는 고의로 거짓말을 할 수가 없다. ⑤ 번뇌 다한 비구는 전에 재가자였을 때처럼 축적해 두고 감각적 욕망을 즐길 수가 없다. ⑥ 번뇌 다한 비구는 열의 때문에 잘못된 길을 갈 수가 없다. ⑦ 번뇌 다한 비구는 성냄 때문에 잘못된 길을 갈 수가 없다. ⑧ 번뇌 다한 비구는 어리석음 때문에 잘못된 길을 갈 수가 없다. ⑨ 번뇌 다한 비구는 두려움 때문에 잘못된 길을 갈 수가 없다.'라고.[267]

수따와여, 나는 전에도 이렇게 말했고 지금도 이렇게 말한다. '번뇌를 다했고 삶을 완성했으며 할 바를 다했고 짐을 내려놓았으며 참된 이상을 실현했고 존재의 족쇄를 부수었으며 바른 구경의 지혜로

---

267)   뒤의 네 가지는 본서 제2권 「잘못된 길 경」 1(A4:17) 이하의 네 경에도 나타나고 있다.

해탈한 아라한인 비구는 이런 아홉 가지 경우들을 범할 수가 없다.'
라고."268)

삿자 경(A9:8)269)
Sajjha-sutta

1. 이와 같이 나는 들었다. 한때 세존께서는 라자가하에서 독
수리봉 산에 머무셨다. 그때 삿자 유행승270)이 세존께 다가갔다. 가
서는 세존과 함께 환담을 나누었다. 유쾌하고 기억할 만한 이야기로
서로 담소를 하고서 한 곁에 앉았다. 한 곁에 앉은 삿자 유행승은 세
존께 이렇게 말씀드렸다.

2. "세존이시여, 한때 세존께서는 라자가하에서 기립바자에 머
무셨습니다. 거기서 저는 세존의 면전에서 직접 듣고 면전에서 직접
배웠습니다. '삿자여, 번뇌를 다했고 삶을 완성했으며 할 바를 다했고
짐을 내려놓았으며 참된 이상을 실현했고 존재의 족쇄를 부수었으며
바른 구경의 지혜로 해탈한 아라한인 비구는 다음의 다섯 가지 경우
를 범할 수가 없다. 번뇌 다한 비구는 고의로 산 생명의 목숨을 빼앗
을 수가 없다. 번뇌 다한 비구는 도둑질인 주지 않은 것을 가질 수가
없다. 번뇌 다한 비구는 성행위를 할 수가 없다. 번뇌 다한 비구는 고

---

268) 이 아홉 가지는 『디가 니까야』 제3권 「정신경」 (D29) §26에도 나타나
고 있다.

269) 본경은 바로 앞의 「수따와 경」 (A9:7)과 같은 내용이다.

270) 삿자 유행승(Sajjha paribbājaka)도 본경에서만 등장하고 있는데 그가
누구인지 주석서와 복주서는 아무 설명을 하지 않고 있다.

의로 거짓말을 할 수가 없다. 번뇌 다한 비구는 전에 재가자였을 때처럼 축적해 두고 감각적 욕망을 즐길 수가 없다.'라고.

세존이시여, 이것은 제가 세존으로부터 잘 들었고 잘 배웠고 잘 마음에 잡도리했고 잘 호지한 것입니까?"

3. "삿자여, 그대는 참으로 잘 들었고 잘 배웠고 잘 마음에 잡도리했고 잘 호지했다. 삿자여, 나는 전에도 이렇게 말했고 지금도 이렇게 말한다.

'번뇌를 다했고 삶을 완성했으며 할 바를 다했고 짐을 내려놓았으며 참된 이상을 실현했고 존재의 족쇄를 부수었으며 바른 구경의 지혜로 해탈한 아라한인 비구는 다음의 아홉 가지 경우를 범할 수가 없다. ① 번뇌 다한 비구는 고의로 산 생명의 목숨을 빼앗을 수가 없다. ② 번뇌 다한 비구는 도둑질인 주지 않은 것을 가질 수가 없다. ③ 번뇌 다한 비구는 성행위를 할 수가 없다. ④ 번뇌 다한 비구는 고의로 거짓말을 할 수가 없다. ⑤ 번뇌 다한 비구는 전에 재가자였을 때처럼 축적해 두고 감각적 욕망을 즐길 수가 없다. ⑥ 번뇌 다한 비구는 열의 때문에 잘못된 길을 갈 수가 없다. ⑦ 번뇌 다한 비구는 성냄 때문에 잘못된 길을 갈 수가 없다. ⑧ 번뇌 다한 비구는 어리석음 때문에 잘못된 길을 갈 수가 없다. ⑨ 번뇌 다한 비구는 두려움 때문에 잘못된 길을 갈 수가 없다.'라고.

삿자여, 나는 전에도 이렇게 말했고 지금도 이렇게 말한다. '번뇌를 다했고 삶을 완성했으며 할 바를 다했고 짐을 내려놓았으며 참된 이상을 실현했고 존재의 족쇄를 부수었으며 바른 구경의 지혜로 해탈한 아라한인 비구는 이런 아홉 가지 경우들을 범할 수가 없다.'라고."

사람 경(A9:9)

Puggala-sutta

1. "비구들이여, 세상에는 아홉 부류의 사람이 있다. 무엇이 아홉인가?"

2. "아라한, 아라한과를 실현하기 위해 도닦는 자, 불환자, 불환과를 실현하기 위해 도닦는 자, 일래자, 일래과를 실현하기 위해 도닦는 자, 예류자, 예류과를 실현하기 위해 도닦는 자, 범부다. 비구들이여, 세상에는 이러한 아홉 부류의 사람이 있다."

공양받아 마땅함 경(A9:10)

Āhuneyya-sutta

1. "비구들이여, 아홉 사람은 공양받아 마땅하고, 선사받아 마땅하고, 보시받아 마땅하고, 합장받아 마땅하며, 세상의 위없는 복밭 [福田]이다. 무엇이 아홉인가?"

2. "아라한, 아라한과를 실현하기 위해 도닦는 자, 불환자, 불환과를 실현하기 위해 도닦는 자, 일래자, 일래과를 실현하기 위해 도닦는 자, 예류자, 예류과를 실현하기 위해 도닦는 자, 종성(種姓)271)

---

271) "'종성(種姓, 고뜨라부, gotrabhū)'이란 공부지음을 성취하는(sikkhā-patta) 강한 위빳사나의 마음을 갖춘 자로 예류도를 성취하는 무간연(無間緣, anantara-paccaya)이 된다."(AA.iv.170)
아비담마에서 종성(種姓, gotrabhū)은 성인의 반열에 드는 순간의 마음인데, 첫 번째 성자의 경지인 예류도를 얻기 바로 전 찰나에 범부의 이름

이다. 비구들이여, 이러한 아홉 사람은 공양받아 마땅하고, 선사받아 마땅하고, 보시받아 마땅하고, 합장받아 마땅하며, 세상의 위없는 복밭[福田]이다."

제1장 깨달음 품이 끝났다.

첫 번째 품에 포함된 경들의 목록은 다음과 같다.

① 깨달음 ② 의지함 ③ 메기야
④ 난다까 ⑤ 힘 ⑥ 가까이 함 ⑦ 수따와
⑧ 삿자 ⑨ 사람 ⑩ 공양받아 마땅함이다.

을 버리고, 성자라는 이름을 얻게 되는 찰나를 종성이라 부른다. 자세한 것은 『아비담마 길라잡이』 9장 §34 해설과 『청정도론』 XXII.5 이하를 참조할 것.
여기서 보듯이 본경과 본서 제6권 「공양받아 마땅함 경」(A10:16)은 아비담마에서 설하는 종성(gotrabhū)에 대한 경전적인 근거가 되는 경이다.

제2장 사자후 품

Sīhanāda-vagga

안거를 마침 경(A9:11)[272]

Vuttha-sutta

1. 이와 같이 나는 들었다. 한때 세존께서는 사왓티에서 제따 숲의 급고독원에 머무셨다. 그때 사리뿟따 존자가 세존께 다가갔다. 가서는 세존께 절을 올리고 한 곁에 앉았다. 한 곁에 앉아서 사리뿟따 존자는 세존께 이렇게 말씀드렸다.

"세존이시여, 저는 사왓티에서 안거를 마쳤습니다. 세존이시여, 저는 지방으로 만행을 떠나고자 합니다."

"사리뿟따여, 지금이 적당한 시간이라면 그렇게 하라."

그때 사리뿟따 존자는 자리에서 일어나 세존께 절을 올리고 오른쪽으로 [세 번] 돌아 [경의를 표한] 뒤에 떠났다.

2. 사리뿟따 존자가 떠난 지 오래지 않아서 어떤 비구가 세존께 이렇게 말씀드렸다.

"세존이시여, 사리뿟따 존자는 저에게 모욕을 주고 용서를 구하지 않고 만행을 떠나려고 합니다."

그러자 세존께서는 어떤 다른 비구를 불러서 말씀하셨다.

"오라, 비구여. 그대는 내 이름으로 사리뿟따를 불러오라. '도반 사

---

272) 6차결집본의 경제목은 '사자후'(Sīhanāda-sutta)다.

리뿟따여, 스승께서 그대를 부르십니다.'라고"

"그렇게 하겠습니다, 세존이시여."라고 그 비구는 세존께 대답한 뒤 사리뿟따 존자에게 다가갔다. 가서는 사리뿟따 존자에게 이렇게 말했다.

"도반 사리뿟따여, 스승께서 그대를 부르십니다."

"알겠습니다, 도반이여."라고 사리뿟따 존자는 그 비구에게 대답했다.

그 무렵에 마하목갈라나 존자와 아난다 존자는 [승원의] 열쇠를 가지고 이 승원에서 저 승원으로 찾아다니면서 [말했다.]

"존자들은 나오십시오. 존자들은 나오십시오. 지금 사리뿟따 존자가 세존의 면전에서 사자후를 토할 것입니다."라고

3. 그때 사리뿟따 존자는 세존께 다가갔다. 가서는 세존께 절을 올리고 한 곁에 앉았다. 한 곁에 앉은 사리뿟따 존자에게 세존께서는 이렇게 말씀하셨다.

"사리뿟따여, 여기 어떤 동료 수행자가 그대에 대해서 '세존이시여, 사리뿟따 존자는 저에게 모욕을 주고 용서를 구하지 않고 만행을 떠나려고 합니다.'라고 불만을 가지고 있다."

4. "세존이시여, 참으로 몸에서 몸에 대한 마음챙김을 확립하지 못한 자는 다른 동료 수행자에게 모욕을 주고 용서를 구하지 않고 만행을 떠날 것입니다. [그러나 저는 그렇지 않습니다.]273)

---

273) [ ] 안은 주석서의 설명을 참조하여 넣은 것이다. 주석서는 사리뿟따 존자가 밝히는 이 아홉 가지 하나하나를 모두 사자후(sīha-nāda)라고 설명하고 있다.(AA.iv.172)

세존이시여, 예를 들면 그들이 땅에 깨끗한 것을 던지기도 하고 더러운 것을 던지기도 하고 똥을 누기도 하고 오줌을 누기도 하고 침을 뱉기도 하고 고름을 짜서 버리기도 하고 피를 흘리기도 하지만 땅은 그 때문에 놀라지도 않고 주눅 들지도 않고 넌더리치지도 않듯이, 세존이시여, 그와 마찬가지로 저는 땅과 같이 풍만하고 광대하고 무량하고 원한 없고 고통 없는 마음으로 머뭅니다. 세존이시여, 참으로 몸에서 몸에 대한 마음챙김을 확립하지 못한 자는 다른 동료 수행자에게 모욕을 주고 용서를 구하지 않고 만행을 떠날 것입니다. [그러나 저는 그렇지 않습니다.]

세존이시여, 예를 들면 그들이 물에 깨끗한 것을 씻기도 하고 더러운 것을 씻기도 하고 똥을 씻기도 하고 오줌을 씻기도 하고 침을 씻기도 하고 고름을 씻기도 하고 피를 씻기도 하지만 물은 그 때문에 놀라지도 않고 주눅 들지도 않고 넌더리치지도 않듯이, 세존이시여, 그와 마찬가지로 저는 물과 같이 풍만하고 광대하고 무량하고 원한 없고 고통 없는 마음으로 머뭅니다. 세존이시여, 참으로 몸에서 몸에 대한 마음챙김을 확립하지 못한 자는 다른 동료 수행자에게 모욕을 주고 용서를 구하지 않고 만행을 떠날 것입니다. [그러나 저는 그렇지 않습니다.]

세존이시여, 예를 들면 불이 깨끗한 것을 태우기도 하고 더러운 것을 태우기도 하고 똥을 태우기도 하고 오줌을 태우기도 하고 침을 태우기도 하고 고름을 태우기도 하고 피를 태우기도 하지만 불은 그 때문에 놀라지도 않고 주눅 들지도 않고 넌더리치지도 않듯이, 세존이시여, 그와 마찬가지로 저는 불과 같이 풍만하고, 광대하고, 무량하고, 원한 없고, 고통 없는 마음으로 머뭅니다. 세존이시여, 참으로 몸에서 몸에 대한 마음챙김을 확립하지 못한 자는 다른 동료 수행자에게 모욕을 주고 용서를 구하지 않고 만행을 떠날 것입니다. [그러나 저는 그렇지 않습니다.]

세존이시여, 예를 들면 바람이 깨끗한 것을 불어 날리기도 하고 더러운 것을 불어 날리기도 하고 똥을 불어 날리기도 하고 오줌을 불어 날리기도 하고 침을 불어 날리기도 하고 고름을 불어 날리기도 하고 피를 불어 날리기도 하지만 바람은 그 때문에 놀라지도 않고 주눅 들지도 않고 넌더리치지도 않듯이, 세존이시여, 그와 마찬가지로 저는 바람과 같이 풍만하고 광대하고 무량하고 원한 없고 고통 없는 마음으로 머뭅니다. 세존이시여, 참으로 몸에서 몸에 대한 마음챙김을 확립하지 못한 자는 다른 동료 수행자에게 모욕을 주고 용서를 구하지 않고 만행을 떠날 것입니다. [그러나 저는 그렇지 않습니다.]

세존이시여, 예를 들면 먼지 닦는 걸레가 깨끗한 것을 닦아내기도 하고 더러운 것을 닦아내기도 하고 똥을 닦아내기도 하고 오줌을 닦아내기도 하고 침을 닦아내기도 하고 고름을 닦아내기도 하고 피를 닦아내기도 하지만 먼지 닦는 걸레는 그 때문에 놀라지도 않고 주눅 들지도 않고 넌더리치지도 않듯이, 세존이시여, 그와 마찬가지로 저는 먼지 닦는 걸레와 같이 풍만하고 광대하고 무량하고 원한 없고 고통 없는 마음으로 머뭅니다. 세존이시여, 참으로 몸에서 몸에 대한 마음챙김을 확립하지 못한 자는 여기서 다른 동료 수행자에게 모욕을 주고 용서를 구하지 않고 만행을 떠날 것입니다. [그러나 저는 그렇지 않습니다.]

세존이시여, 예를 들면 천민의 사내아이나 천민의 딸아이가 동냥그릇을 들고 다 떨어진 옷을 입고274) 마을이나 성읍으로 들어가면서 하심하는 마음을 확립하여 들어가듯이, 세존이시여, 그와 마찬가지로 저는 천민의 사내아이와 같이 풍만하고 광대하고 무량하고 원한 없고 고통 없는 마음으로 머뭅니다. 세존이시여, 참으로 몸에서 몸에 대한 마음챙김을 확립하지 못한 자는 여기서 다른 동료 수행자에게 모욕을 주고 용서를 구하지 않고 만행을 떠날 것입니다. [그러나 저는 그렇지 않습니다.]

세존이시여, 예를 들면 뿔이 잘린 황소가 유순하고 잘 길들여지고 잘 제어되어 이 골목 저 골목, 이 거리 저 거리를 누비지만 발굽이나 뿔로 어느 누구도 해치지 않듯이, 세존이시여, 그와 마찬가지로 저는 뿔이 잘린 황소와 같이 풍만하고 광대하고 무량하고 원한 없고 고통 없는 마음으로 머뭅니다. 세존이시여, 참으로 몸에서 몸에 대한 마음챙김을 확립하지 못한 자는 여기서 다른 동료 수행자에게 모욕을 주고 용서를 구하지 않고 만행을 떠날 것입니다. [그러나 저는 그렇지 않습니다.]

세존이시여, 예를 들면 여자나 남자가 어리거나 젊거나 간에 장식을 좋아하여 머리를 감은 뒤 뱀의 사체나 개의 사체나 사람의 시체를 그의 목 주위에 감으면 그는 전율을 느끼고 혐오스러워 하고 넌더리를 내듯이, 세존이시여, 그와 마찬가지로 저는 썩어문드러질 이 몸에 대해서 전율을 느끼고 혐오스러워하고 넌더리를 냅니다. 세존이시여, 참으로 몸에서 몸에 대한 마음챙김을 확립하지 못한 자는 다

---

274) '동냥그릇을 들고'는 kaḷopihattho를 옮긴 것인데 주석서에서 pacchi-hattho ukkhali-hattho라고 설명하고 있으며, '다 떨어진 옷을 입고'는 nantakavāsī를 옮긴 것인데 antacchinna-pilotika-vasano라고 설명하고 있어서(Ibid) 이렇게 옮겼다.

른 동료 수행자에게 모욕을 주고 용서를 구하지 않고 만행을 떠날 것입니다. [그러나 저는 그렇지 않습니다.]

세존이시여, 예를 들면 사람이 터지고 금가고 [기름이] 스며나오고 뚝뚝 떨어지는 기름단지를 가지고 가듯이, 세존이시여, 그와 마찬가지로 저는 터지고 금가고 [오염원이] 스며나오고 뚝뚝 떨어지는 이 몸을 가지고 다닙니다. 세존이시여, 참으로 몸에서 몸에 대한 마음챙김을 확립하지 못한 자는 여기서 다른 동료 수행자에게 모욕을 주고 용서를 구하지 않고 만행을 떠날 것입니다. [그러나 저는 그렇지 않습니다.]"275)

5. 그때 그 비구는 자리에서 일어나 한쪽 어깨가 드러나게 윗옷을 입고 세존의 발에 머리를 엎드려서 세존께 이렇게 말씀드렸다.

"세존이시여, 저는 잘못을 범했습니다. 세존이시여, 제가 어리석고 미혹하고 나빠서 사실이 아니고 헛된 거짓말을 하여 사리뿟따 존자를 비방했습니다. 세존이시여, 세존께서는 제가 미래에 [다시 이와 같은 잘못을 범하지 않고] 제 자신을 단속할 수 있도록 제 잘못에 대한 참회를 섭수해 주소서."

"비구여, 참으로 그대는 잘못을 범했다. 그대는 어리석고 미혹하고 나빠서 사실이 아니고 헛되고 거짓말을 하여 사리뿟따 존자를 비방했다. 비구여, 그러나 그대는 잘못을 범한 것을 범했다고 인정하고 법답게 참회를 했다. 그러므로 우리는 그대를 받아들인다. 비구여, 잘못을 범한 것을 범했다고 인정한 다음 법답게 참회하고 미래에 [그러

---

275) 이상의 아홉 가지 비유 때문에 본경은 본서 「아홉의 모음」에 포함되어 있다.

한 잘못을] 단속하는 자는 성스러운 율에서 향상하기 때문이다.”

6.   그때 세존께서는 사리뿟따 존자를 불러서 이렇게 말씀하셨다.
“사리뿟따여, 이 쓸모없는 인간의 머리가 일곱 조각으로 깨어지기
전에 그를 용서하라.”

“세존이시여, 만일 저 존자가 제게 ‘저를 용서해 주십시오.’라고 말
하면 저는 저 존자를 용서합니다.”

취착이 남음[有餘] 경(A9:12)
Saupādisesa-sutta

1.   한때 세존께서는 사왓티에서 제따 숲의 급고독원에 머무셨
다. 그때 사리뿟따 존자는 오전에 옷매무새를 가다듬고 발우와 가사
를 수하고 사왓티로 탁발을 갔다. 그때 사리뿟따 존자에게 이런 생각
이 들었다. ‘지금 탁발하러 사왓티로 들어가는 것은 너무 이르다. 나
는 지금 외도 유행승들의 원림으로 가는 것이 좋겠다.’ 그러자 사리
뿟따 존자는 외도 유행승들의 원림으로 갔다. 가서는 외도 유행승들
과 함께 환담을 나누었다. 유쾌하고 기억할 만한 이야기로 서로 담소
를 하고서 한 곁에 앉았다.

2.   그때 외도 유행승들은 함께 모여 앉아 이런 이야기를 하고
있었다.
“도반들이여, 취착이 남은 채로 임종하는 모든 사람은 결코 지옥
에서 벗어나지 못하며, 축생의 모태에서 벗어나지 못하며, 아귀계에
서 벗어나지 못하며, 처참한 곳[苦界], 불행한 곳[惡處], 파멸처를 벗어

나지 못합니다.”

3. 그때 사리뿟따 존자는 외도 유행승들의 말을 인정하지도 못하고 공박하지도 못했다. 인정하지도 공박하지도 못한 채 '나는 세존의 곁에 가서 이 말의 뜻을 [여쭈어서] 정확하게 알아보리라.'라고 [생각하며] 자리에서 일어나서 나왔다.

그때 사리뿟따 존자는 사왓티에서 탁발하여 공양을 마치고 탁발에서 돌아와서 세존께 다가갔다. 가서는 세존께 절을 올리고 한 곁에 앉았다. 한 곁에 앉아서 사리뿟따 존자는 세존께 이렇게 말씀드렸다.

“세존이시여, 저는 오전에 옷매무새를 가다듬고 발우와 가사를 수하고 사왓티로 탁발을 갔습니다. … 그때 외도 유행승들은 함께 모여 앉아 이런 이야기를 하고 있었습니다. '도반들이여, 취착이 남은 채로 임종하는 모든 사람은 결코 지옥에서 벗어나지 못하며, 축생의 모태에서 벗어나지 못하며, 아귀계에서 벗어나지 못하며, 처참한 곳[苦界], 불행한 곳[惡處], 파멸처에서 벗어나지 못합니다.' 그때 저는 외도 유행승들의 말을 인정하지도 못하고 공박하지도 못했습니다. 인정하지도 공박하지도 못한 채 '나는 세존의 곁에 가서 이 말의 뜻을 [여쭈어서] 정확하게 알아보리라.'라고 [생각하며] 자리에서 일어나서 나왔습니다.”

4. “사리뿟따여, 어떤 외도 유행승들은 어리석고 영리하지 못하다. 그러나 어떤 자들은 취착이 남은 자를 취착이 남은 자라고 알게 될 것이고 취착이 없는 자를 취착이 없는 자라고 알게 될 것이다.

사리뿟따여, 아홉 부류의 사람이 있나니 그들은 취착이 남은 채로 임종하더라도 지옥에서 벗어나고, 축생의 모태에서 벗어나고, 아귀계에서 벗어나고, 처참한 곳[苦界], 불행한 곳[惡處], 파멸처에서 벗어난다. 무엇이 아홉인가?"

5. "사리뿟따여, 여기 어떤 사람은 계행을 원만하게 갖추고 삼매를 원만하게 갖추었지만 통찰지를 원만하게 갖추지는 못했다. 그는 다섯 가지 낮은 단계의 족쇄를 완전히 없애고 수명의 중반쯤에 이르러 완전한 열반에 드는 자가 된다. 사리뿟따여, 이 사람이 취착이 남은 채로 임종하더라도 지옥에서 벗어나고, 축생의 모태에서 벗어나고, 아귀계에서 벗어나고, 처참한 곳[苦界], 불행한 곳[惡處], 파멸처에서 벗어나는 첫 번째 사람이다."

6. "다시 사리뿟따여, 여기 어떤 사람은 계행을 원만하게 갖추고 삼매를 원만하게 갖추었지만 통찰지를 원만하게 갖추지는 못했다. 그는 다섯 가지 낮은 단계의 족쇄를 완전히 없애고 [수명의] 반이 지나서 완전한 열반에 드는 자가 된다. …

노력 없이 쉽게 완전한 열반에 드는 자가 된다. …

노력하여 어렵게 완전한 열반에 드는 자가 된다. …

더 높은 존재로 재생하여 색구경천에 이른다.276) 사리뿟따여, 이 사람이 취착이 남은 채로 임종하더라도 지옥에서 벗어나고, 축생의 모태에서 벗어나고, 아귀계에서 벗어나고, 처참한 곳[苦界], 불행한 곳

---

276) 이상은 다섯 가지 경지의 불환자에 대한 언급이다. 다섯 가지 경지의 불환자들과 족쇄(saṃyojana)들에 대한 설명은 본서 제1권 「외움 경」2 (A3:86) §3의 주해들과 본서 제2권 「족쇄 경」(A4:131) §§1~2의 주해들을 참조할 것.

[惡處], 파멸처에서 벗어나는 다섯 번째 사람이다."

7. "다시 사리뿟따여, 여기 어떤 사람은 계행을 원만하게 갖추었지만 삼매를 원만하게 갖추지는 못했고 통찰지도 원만하게 갖추지는 못했다. 그는 세 가지 족쇄를 완전히 없애고 탐욕과 성냄과 미혹이 엷어져서 한 번만 더 돌아올 자[一來者]가 되어, 한 번만 이 세상에 와서 괴로움을 끝낼 것이다. 사리뿟따여, 이 사람이 취착이 남은 채로 임종하더라도 지옥에서 벗어나고, 축생의 모태에서 벗어나고, 아귀계에서 벗어나고, 처참한 곳[苦界], 불행한 곳[惡處], 파멸처에서 벗어나는 여섯 번째 사람이다."

8. "다시 사리뿟따여, 여기 어떤 사람은 계행을 원만하게 갖추었지만 삼매를 원만하게 갖추지는 못했고 통찰지도 원만하게 갖추지는 못했다. 그는 세 가지 족쇄를 완전히 없애고 한 번만 싹 트는 자가 되어 한 번만 더 인간 세상에 존재를 받아 태어나서 괴로움을 끝낸다. 사리뿟따여, 이 사람이 취착이 남은 채로 임종하더라도 지옥에서 벗어나고, 축생의 모태에서 벗어나고, 아귀계에서 벗어나고, 처참한 곳[苦界], 불행한 곳[惡處], 파멸처에서 벗어나는 일곱 번째 사람이다."

9. "다시 사리뿟따여, 여기 어떤 사람은 계행을 원만하게 갖추었지만 삼매는 어느 정도만 짓고 통찰지도 어느 정도만 지었다. 그는 세 가지 족쇄를 완전히 없애고 성스러운 가문에서 성스러운 가문으로 가는 자가 되어 두 번 혹은 세 번 성스러운 가문에 태어나서 윤회한 뒤 괴로움을 끝낸다. 사리뿟따여, 이 사람이 취착이 남은 채로 임종하더라도 지옥에서 벗어나고, 축생의 모태에서 벗어나고, 아귀계

에서 벗어나고, 처참한 곳[苦界], 불행한 곳[惡處], 파멸처에서 벗어나는 여덟 번째 사람이다."

10. "다시 사리뿟따여, 여기 어떤 사람은 계행을 원만하게 갖추었지만 삼매는 어느 정도만 짓고 통찰지도 어느 정도만 지었다. 그는 세 가지 족쇄를 완전히 없애고 최대로 일곱 번만 다시 태어나는 자가 되어 신이나 인간 중에 일곱 번 태어나서 윤회한 뒤 괴로움을 끝낸다. 사리뿟따여, 이 사람이 취착이 남은 채로 임종하더라도 지옥에서 벗어나고, 축생의 모태에서 벗어나고, 아귀계에서 벗어나고, 처참한 곳[苦界], 불행한 곳[惡處], 파멸처에서 벗어나는 아홉 번째 사람이다.277)

사리뿟따여, 어떤 외도 유행승들은 어리석고 영리하지 못하다. 그러나 어떤 자들은 취착이 남은 자를 취착이 남은 자라고 알게 될 것이고 취착이 없는 자를 취착이 없는 자라고 알게 될 것이다.

사리뿟따여, 이러한 아홉 부류의 사람이 있나니 그들은 취착이 남은 채로 임종하더라도 지옥에서 벗어나고, 축생의 모태에서 벗어나고, 아귀계에서 벗어나고, 처참한 곳[苦界], 불행한 곳[惡處], 파멸처에서 벗어난다.

사리뿟따여, 그러나 그대는 이 법문을 비구들과 비구니들과 청신사들과 청신녀들에게 밝혀서는 안된다. 그것은 무슨 이유 때문인가? 이 법문을 듣고 방일하며 지내서는 안되기 때문이다. 사리뿟따여, 더

---

277) 이 아홉 부류의 사람 가운데서 첫 번째부터 다섯 번째 사람까지는 불환자를 지칭하는 것이고, 여섯 번째 사람은 일래자를, 일곱 번째부터 아홉 번째 사람까지는 예류자를 뜻한다. 불환자는 믿음, 정진 등의 기능들이 둔하고 예리한 차이에 따라 다섯으로 분류되고, 예류자는 셋으로 분류된다. 상세한 설명은 본서 제1권 외움 경2(A3:86) §3의 주해들과 『청정도론』 XXIII.55~57을 참조할 것.

군다나 이 법문은 내가 질문을 받았기 때문에 설했다."

꼿티따 경(A9:13)
Koṭṭhita-sutta

1. 그때 마하꼿티따 존자278)가 사리뿟따 존자에게 다가갔다. 가서는 사리뿟따 존자와 함께 환담을 나누었다. 유쾌하고 기억할 만한 이야기로 서로 담소를 하고서 한 곁에 앉았다. 한 곁에 앉은 마하꼿티따 존자는 사리뿟따 존자에게 이렇게 말했다.

"도반 사리뿟따여, '금생에 경험해야 할 업을 내가 내생에 경험하기를.'이라는 목적 때문에 세존 아래서 청정범행을 닦습니까?"

"그렇지 않습니다, 도반이여."

"도반 사리뿟따여, 그러면 '내생에 경험해야 할 업을 내가 금생에 경험하기를.'이라는 목적 때문에 세존 아래서 청정범행을 닦습니까?"

"그렇지 않습니다, 도반이여."

"도반 사리뿟따여, '즐거움을 일으킬 업이 내게는 괴로움을 일으킬 업이 되기를.'이라는 목적 때문에 세존 아래서 청정범행을 닦습니까?"

"그렇지 않습니다, 도반이여."

"도반 사리뿟따여, '괴로움을 일으킬 업이 내게는 즐거움을 일으킬 업이 되기를.'이라는 목적 때문에 세존 아래서 청정범행을 닦습니까?"

"그렇지 않습니다, 도반이여."

"도반 사리뿟따여, '과보를 받을 업279)이 내게는 받지 않을 업이

---

278) 마하꼿티따 존자(āyasmā Mahākoṭṭhita)에 대해서는 본서 제2권 「마하꼿티따 경」(A4:174)의 주해를 참조할 것.

279) "'과보를 받을 업(paripakkavedanīya kamma)'이란 이득이 있는 과보

되기를.'이라는 목적 때문에 세존 아래서 청정범행을 닦습니까?"

"그렇지 않습니다, 도반이여."

"도반 사리뿟따여, '과보를 받지 않을 업이 내게는 과보를 받을 업이 되기를.'이라는 목적 때문에 세존 아래서 청정범행을 닦습니까?"

"그렇지 않습니다, 도반이여."

"도반 사리뿟따여, '많은 [과보를] 낼 업이 내게는 적은 [과보를] 낼업이 되기를.'이라는 목적 때문에 세존 아래서 청정범행을 닦습니까?"

"그렇지 않습니다, 도반이여."

"도반 사리뿟따여, '적은 [과보를] 낼 업이 내게는 많은 [과보를] 낼업이 되기를.'이라는 목적 때문에 세존 아래서 청정범행을 닦습니까?"

"그렇지 않습니다, 도반이여."

"도반 사리뿟따여, '경험해야 할 업을 내가 경험하지 않기를.'이라는 목적 때문에 세존 아래서 청정범행을 닦습니까?"

"그렇지 않습니다, 도반이여."

"도반 사리뿟따여, '경험하지 않을 업을 내가 경험하기를.'이라는 목적 때문에 세존 아래서 청정범행을 닦습니까?"

"그렇지 않습니다, 도반이여."

2. "도반 사리뿟따여, '금생에 경험해야 할 업을 내가 내생에 경험하기를.'이라는 목적 때문에 세존 아래서 청정범행을 닦습니까?'라고 물으면, 그대는 '그렇지 않습니다, 도반이여.'라고 말합니다.

… …

를 받을(laddha-vipāka-vāra) 업이고, '과보를 받지 않을 업(apari-pakkavedanīya kamma)'은 이득이 없는 과보를 뜻한다."(AA.iv.175)

도반 사리뿟따여, '경험하지 않을 업을 내가 경험하기를.'이라는 목적 때문에 세존 아래서 청정범행을 닦습니까?'라고 물으면, 그대는 '그렇지 않습니다, 도반이여.'라고 말합니다.

도반이여, 그러면 도대체 어떤 목적 때문에 세존 아래서 청정범행을 닦습니까?"

3. "도반이여, 알지 못하고 보지 못하고 증득하지 못하고 실현하지 못하고 관통하지 못한 것을, 알고 보고 증득하고 실현하고 관통하기 위해서 세존 아래서 청정범행을 닦습니다."

"도반이여, 그러면 어떤 것을 알지 못하고 보지 못하고 증득하지 못하고 실현하지 못하고 관통하지 못했기에, 그것을 알고 보고 증득하고 실현하고 관통하기 위해서 세존 아래서 청정범행을 닦습니까?"

"도반이여, '이것은 괴로움이다.'라고 알지 못하고 보지 못하고 증득하지 못하고 실현하지 못하고 관통하지 못했습니다. 그것을 알고 보고 증득하고 실현하고 관통하기 위해서 세존 아래서 청정범행을 닦습니다.

도반이여, '이것은 괴로움의 일어남이다.'라고 … '이것은 괴로움의 소멸이다.'라고 … 이것은 괴로움의 소멸로 인도하는 도닦음이다.'라고 알지 못하고 보지 못하고 증득하지 못하고 실현하지 못하고 관통하지 못했습니다. 그것을 알고 보고 증득하고 실현하고 관통하기 위해서 세존 아래서 청정범행을 닦습니다.280)

도반이여, 알지 못하고 보지 못하고 증득하지 못하고 실현하지 못

---

280) 사성제를 알고, 보고, 증득하고, 실현하고, 관통하기 위해서 세존 아래서 청정범행을 닦는다는 사리뿟따 존자의 명쾌한 설명은 불교만대의 표준이며, 모든 시대의 출가자들이 가슴에 새겨야 할 말씀이다.

하고 관통하지 못한 이것을, 알고 보고 증득하고 실현하고 관통하기
위해서 세존 아래서 청정범행을 닦습니다."

사밋디 경(A9:14)
Samiddhi-sutta

1. 　그때 사밋디 존자[281]가 사리뿟따 존자에게 다가갔다. 가서
는 사리뿟따 존자와 함께 환담을 나누었다. 유쾌하고 기억할 만한 이
야기로 서로 담소를 하고서 한 곁에 앉았다. 한 곁에 앉은 사밋디 존
자에게 사리뿟따 존자는 이렇게 말했다.

"사밋디여, 무엇을 조건으로 사람에게 사유[282]가 일어나는가?"

"존자시여, 정신과 물질[名色]을 조건으로 일어납니다."[283]

"사밋디여, 그러면 그것은 어느 곳에서 다양하게 되는가?"

"존자시여, 요소[界]들에서[284] 다양하게 됩니다."

---

281) 사밋디 존자(āyasmā Samiddhi)는 라자가하의 장자의 집안에서 태어났
　　다. 그가 태어나면서 가문이 번창하게 되어서 사밋디(문자적으로 '번영'을
　　뜻함)라고 불리게 되었다고 한다. 본경의 주석서에 의하면 그는 사리뿟따
　　존자의 제자(saddhi-vihārika)였다고 한다.(AA.iv.175) 그래서 본경에
　　서 사밋디는 사리뿟따 존자를 bhante(스승을 칭할 때 쓰는 호칭)라고 칭
　　하고　있다. 『맛지마　니까야』(M133,　M136)와 『상윳따　니까야』
　　(S.iv.38f 등)에도 그와 관련된 경들이 나타나고 있다.

282) '사유'로 옮긴 원문은 saṅkappavitakkā인데 주석서는 '사유인 일으킨 생
　　각(saṅkappabhūtā vitakkā)'이라고 설명하고 있다.(AA.iv.175) 역자는
　　줄여서 사유라고 옮겼다.

283) "이것은 네 가지 정신의 무더기(arūpakkhandhā)와 근본물질과 파생된
　　물질(bhūtupādāya-rūpa)이 사유(vitakka)의 조건(paccaya)임을 보여
　　주신 것이다."(AA.iv.176)

"사밋디여, 그러면 그것은 무엇 때문에 일어나는가?"

"존자시여, 감각접촉 때문에 일어납니다."

"사밋디여, 그러면 그것은 어디로 모이는가?"

"존자시여, 느낌으로 모입니다."

"사밋디여, 그러면 그것은 무엇을 으뜸으로 하는가?"

"존자시여, 삼매를 으뜸으로 합니다."

"사밋디여, 그러면 그것은 무엇의 지배를 받는가?"

"존자시여, 마음챙김의 지배를 받습니다."

"사밋디여, 그러면 그것은 무엇을 최상으로 하는가?"

"존자시여, 통찰지를 최상으로 합니다."

"사밋디여, 그러면 그것은 무엇을 핵심으로 하는가?"

"존자시여, 해탈을 핵심으로 합니다."

"사밋디여, 그러면 그것은 무엇에 들어가는가?"

"존자시여, 불사(不死)에 들어갑니다."

2. "사밋디여, 내가 '사밋디여, 무엇을 조건으로 사람에게 사유가 일어나는가?'라고 묻자 그대는 '존자시여, 정신과 물질을 조건으로 일어납니다.'라고 말했다. … 사밋디여, 내가 '사밋디여, 그러면 그것은 무엇에 들어가는가?'라고 묻자 그대는 '존자시여, 불사(不死)에 들어갑니다.'라고 말했다.

장하고 장하구나, 사밋디여. 사밋디여, 그대는 내가 물은 질문을 잘 해결했다. 그러나 이것 때문에 자만해서는 안된다."285)

---

284) "형상의 요소 등에서 다양해진다. 요소는 형상, 소리, … 눈, 귀, … 눈의 알음알이 … 등의 18가지 요소(18界)를 말한다."(*Ibid*)

종기 경(A9:15)
Gaṇḍa-sutta

1. "비구들이여, 예를 들면 어떤 사람에게 수년 된 종기가 있는데 그것에 아홉 개의 자연적으로 생긴 구멍286)이 있다 하자. 그러면 그곳으로부터 흘러나오는 것은 무엇이든지 더러운 것이 흘러나올 것이고, 악취 나는 것이 흘러나올 것이고, 넌더리나는 것이 흘러나올 것이다. 그곳에서 새어나오는 것은 무엇이든지 더러운 것이 새어나올 것이고, 악취 나는 것이 새어나올 것이고, 넌더리나는 것이 새어나올 것이다."

2. "비구들이여, 여기서 종기라는 것은 이 몸을 두고 한 말이다. 그것은 네 가지 근본물질[四大]로 이루어진 것이며, 부모에게서 생겨났고, 밥과 죽으로 집적되었으며, 무상하고 파괴되고 분쇄되고 해체되고 분해되기 마련이다. 그것에 아홉 개의 자연적으로 생긴 구멍이 있다. 그곳으로부터 흘러나오는 것은 무엇이든지 더러운 것이 흘러나오고, 악취 나는 것이 흘러나오고, 넌더리나는 것이 흘러나온다. 그곳에서 새어나오는 것은 무엇이든지 더러운 것이 새어나오고, 악취 나는 것이 새어나오고, 넌더리나는 것이 새어나온다.

---

285) "이렇게 대답을 함으로써 '나는 상수제자(agga-sāvaka)가 물은 질문에 대답했다.'라고 생각하면서 자만심(māna)을 키우거나 거만(dappa)해져서는 안된다는 뜻이다."(AA.iv.176)

286) "'자연적으로 생긴 구멍(abhedana-mukhāni)'이란 다른 사람이 찢어서 만든 것이 아니라 업에서 생긴(kamma-samuṭṭhita) 상처의 구멍을 말한다."(AA.iv.177)

비구들이여, 그러므로 그대들은 이 몸에 대해서 염오해야 한다."

인식 경(A9:16)
Saññā-sutta

1. "비구들이여, 아홉 가지 인식을 닦고 많이 [공부]지으면 큰 결실과 큰 이익이 있고 불사(不死)에 들어가고 불사를 완성한다. 무엇이 아홉인가?"

2. "부정(不淨)을 [관찰하는 지혜에서 생긴] 인식, 죽음에 대한 인식, 음식에 혐오하는 인식, 온 세상에 대해 기쁨이 없다는 인식, [오온에 대해] 무상(無常)이라고 [관찰하는 지혜에서 생긴] 인식, 무상한 [오온에 대해] 괴로움이라고 [관찰하는 지혜에서 생긴] 인식, 괴로움인 [오온에 대해] 무아라고 [관찰하는 지혜에서 생긴] 인식287) 버림을 [관찰하는 지혜에서 생긴] 인식, 탐욕이 빛바램을 [관찰하는 지혜에서 생긴] 인식이다.288) 비구들이여, 이러한 아홉 가지 인식을 닦고 많이 [공부]지으면 큰 결실과 큰 이익이 있고 불사(不死)에 들어가고 불사를 완성한다."

---

287) 이상 일곱 가지 인식은 본서 제4권 「인식 경」 1(A7:45)과 같다.

288) 이상 아홉 가지 인식은 『디가 니까야』 제3권 「십상경」 (D34) 2.2 (8)에도 나타난다.

가문 경(A9:17)

Kula-sutta

1. "비구들이여, 아홉 가지 요소를 갖춘 가정을 아직 방문하지 않았으면 더 이상 방문할 필요가 없고, 방문했으면 더 이상 앉아있을 필요가 없다. 무엇이 아홉인가?"

2. "마음에 들도록 자리에서 일어나 맞이하지 않고, 마음에 들도록 공경을 하지 않고, 마음에 들도록 자리를 내놓지 않고, 있으면서도 감추고, 많이 있지만 적게 주고, 맛있는 것이 있지만 거친 것을 주고, 성의 없이 하고 정성을 다해서 하지 않고,289) 법을 듣기 위해 앉지 않고, 설한 것을 음미하지 않는다. 비구들이여, 이러한 아홉 가지 요소를 갖춘 가정을 아직 방문하지 않았으면 더 이상 방문할 필요가 없고, 방문했으면 더 이상 앉아있을 필요가 없다."

3. "비구들이여, 아홉 가지 요소를 갖춘 가정을 아직 방문하지 않았으면 방문하는 것이 좋고, 방문했으면 앉아있을 만하다. 무엇이 아홉인가?"

4. "마음에 들도록 자리에서 일어나 맞이하고, 마음에 들도록 공경을 하고, 마음에 들도록 자리를 내놓고, 있는 것을 감추지 않고, 많이 있으면 많이 주고, 맛있는 것이 있으면 맛있는 것을 주고, 성의를 가지고 정성을 다해서 하고, 법을 듣기 위해 앉고, 설한 것을 잘 음미한다. 비구들이여, 이러한 아홉 가지 요소를 갖춘 가정을 아직

---

289) 이상 일곱 가지는 본서 제4권 「가문 경」(A7:13)과 같다.

방문하지 않았으면 방문하는 것이 좋고, 방문했으면 앉아있을 만하다.”

자애 경(A9:18)[290]
Metta-sutta

1. “비구들이여, 아홉 가지 구성요소를 갖춘 포살을 준수하면 큰 결실이 있고, 큰 이익이 있고, 큰 빛이 있고, 크게 [과보가] 퍼진다. 비구들이여, 그러면 어떻게 아홉 가지 구성요소를 갖춘 포살을 준수하면 큰 결실이 있고, 큰 이익이 있고, 큰 빛이 있고, 크게 [과보가] 퍼지는가?”

2. “비구들이여, 여기 성스러운 제자는 이렇게 숙고한다. ‘아라한들은 일생 내내 생명을 죽이는 것을 버리고, 생명을 죽이는 것을 멀리 여의고, 몽둥이를 내려놓고, 칼을 내려놓는다. 그분들은 양심적이고, 동정심이 있으며, 모든 생명의 이익을 위하고, 연민하며 머문다. 나 역시 오늘 이 밤과 이 낮이 다가도록 생명을 죽이는 것을 버리고, 생명을 죽이는 것을 멀리 여의고, 몽둥이를 내려놓고, 칼을 내려놓으리라. 나도 양심적이고, 동정심이 있으며, 모든 생명의 이익을 위하고, 연민하며 머물리라. 이러한 공덕으로 나는 아라한을 본받으리라. 그러면 나의 포살은 바르게 준수될 것이다.’라고. 그는 이러한 첫 번째 구성요소를 구족한다.”

---

290) 6차결집본의 경제목은 ‘아홉 가지 구성요소를 가진 포살’(Navaṅga-upo-satha-sutta)이다.

3.   "'아라한들은 일생 내내 주지 않은 것을 가지는 것을 버리고, 주지 않은 것을 가지는 것을 멀리 여의었다. 그분들은 준 것만을 받고, 준 것만을 받으려고 하며, 스스로 훔치지 않아 자신을 깨끗하게 하여 머문다. 나 역시 오늘 이 밤과 이 낮이 다가도록 주지 않은 것을 가지는 것을 버리고, 주지 않은 것을 가지는 것을 멀리 여의리라. 나도 준 것만을 받고, 준 것만을 받으려고 하고, 스스로 훔치지 않아 자신을 깨끗하게 하여 머물리라. 이러한 공덕으로 나는 아라한을 본받으리라. 그러면 나의 포살은 바르게 준수될 것이다.'라고, 그는 이러한 두 번째 구성요소를 구족한다."

4.   "'아라한들은 일생 내내 금욕적이지 못한 삶을 버리고, 청정범행을 닦는다. 그분들은 도덕적이고 성행위의 저속함을 멀리 여의었다. 나 역시 오늘 이 밤과 이 낮이 다가도록 금욕적이지 못한 삶을 버리고, 청정범행을 닦으리라. 도덕적이고 성행위의 저속함을 멀리 여의리라. 이러한 공덕으로 나는 아라한을 본받으리라. 그러면 나의 포살은 바르게 준수될 것이다.'라고, 그는 이러한 세 번째 구성요소를 구족한다."

5.   "'아라한들은 일생 내내 거짓말을 버리고, 거짓말을 멀리 여의었다. 그분들은 진실을 말하며, 진실에 부합하고, 굳건하고, 믿음직하며, 세상을 속이지 않는다. 나 역시 오늘 이 밤과 이 낮이 다가도록 거짓말을 버리고 거짓말을 멀리 여의리라. 나도 진실을 말하며, 진실에 부합하고, 굳건하고, 믿음직하며, 세상을 속이지 않으리라. 이러한 공덕으로 나는 아라한을 본받으리라. 그러면 나의 포살은 바르게 준

수될 것이다.'라고. 그는 이러한 네 번째 구성요소를 구족한다."

6. "'아라한들은 일생 내내 방일하는 근본이 되는 술과 중독성 물질을 섭취하는 것을 버리고, 방일하는 근본이 되는 술과 중독성 물질을 멀리 여의었다. 나 역시 오늘 이 밤과 이 낮이 다가도록 방일하는 근본이 되는 술과 중독성 물질을 섭취하는 것을 버리고, 방일하는 근본이 되는 술과 중독성 물질을 멀리 여의리라. 이러한 공덕으로 나는 아라한을 본받으리라. 그러면 나의 포살은 바르게 준수될 것이다.'라고. 그는 이러한 다섯 번째 구성요소를 구족한다."

7. "'아라한들은 일생 내내 하루 한 끼만 먹는다. 그분들은 밤에 [먹는 것을] 여의고, 때 아닌 때에 먹는 것을 멀리 여의었다. 나 역시 오늘 이 밤과 이 낮이 다가도록 하루 한 끼만 먹으리라. 나도 밤에 [먹는 것을] 여의고, 때 아닌 때에 먹는 것을 멀리 여의리라. 이러한 공덕으로 나는 아라한을 본받으리라. 그러면 나의 포살은 바르게 준수될 것이다.'라고. 그는 이러한 여섯 번째 구성요소를 구족한다."

8. "'아라한들은 일생 내내 춤, 노래, 연주, 연극을 관람하는 것을 멀리 여의었다. 그분들은 화환과 향과 화장품으로 치장하는 것을 멀리 여의었다. 나 역시 오늘 이 밤과 이 낮이 다가도록 춤, 노래, 연주, 연극을 관람하는 것을 멀리 여의리라. 화환을 [목에] 거는 것을 멀리 여의리라. 이러한 공덕으로 나는 아라한을 본받으리라. 그러면 나의 포살은 바르게 준수될 것이다.'라고. 그는 이러한 일곱 번째 구성요소를 구족한다."

9. "'아라한들은 일생 내내 높고 큰 침상을 버리고, 높고 큰 침상을 멀리 여의었다. 그분들은 긴 의자나 골풀로 만든 돗자리의 낮은 침상에서 잠을 잔다. 나 역시 오늘 이 밤과 이 낮이 다가도록 높고 큰 침상을 버리고, 높고 큰 침상을 멀리 여의리라. 긴 의자나 골풀로 만든 돗자리의 낮은 침상에서 잠을 자리라. 이러한 공덕으로 나는 아라한을 본받으리라. 그러면 나의 포살은 바르게 준수될 것이다.'라고, 그는 이러한 여덟 번째 구성요소를 구족한다."

10. "비구들이여, 여기 비구는 자애[慈]가 함께한 마음으로 한 방향을 가득 채우면서 머문다. 그처럼 두 번째 방향을, 그처럼 세 번째 방향을, 그처럼 네 번째 방향을, 이와 같이 위로, 아래로, 주위로, 모든 곳에서 모두를 자신처럼 여기고, 모든 세상을 풍만하고, 광대하고, 무량하고, 원한 없고, 고통 없는, 자애가 함께한 마음으로 가득 채우고 머문다. 그는 이러한 아홉 번째 구성요소를 구족한다.

비구들이여, 이와 같이 아홉 가지 구성요소를 갖춘 포살을 준수하면 큰 결실이 있고, 큰 이익이 있고, 큰 빛이 있고, 크게 [과보가] 퍼진다."

천신 경(A9:19)
Devatā-sutta

1. "비구들이여, 간밤에 많은 천신들이 밤이 아주 깊었을 때 아주 멋진 모습을 하고 온 제따 숲을 환하게 밝히면서 내게 다가왔다. 다가와서는 내게 절을 올린 뒤 한 곁에 섰다. 한 곁에 서서 천신

들은 내게 이와 같이 말했다.

'세존이시여, 저희는 전에 인간이었을 때 출가자들이 저희 집에 다가왔을 때 자리에서 일어나서 맞이하기는 했지만, 절을 올리지는 않았습니다. 세존이시여, 그런 저희는 해야 할 일을 다 하지 못하여 낙담하고 후회하면서 저열한 몸을 받게 되었습니다.'라고"

2.   "비구들이여, 다른 많은 천신들이 내게 다가와서 이렇게 말했다.

'세존이시여, 저희는 전에 인간이었을 때 출가자들이 저희 집에 다가왔을 때 자리에서 일어나서 맞이하고 절을 올리기는 했지만, 자리를 내드리지는 않았습니다. 세존이시여, 그런 저희는 해야 할 일을 다 하지 못하여 낙담하고 후회하면서 저열한 몸을 받게 되었습니다.'라고"

3.   "비구들이여, 다른 많은 천신들이 내게 다가와서 이렇게 말했다.

'세존이시여, 저희는 전에 인간이었을 때 출가자들이 저희 집에 다가왔을 때 자리에서 일어나서 맞이하고 절을 올리고 자리를 내드리기는 했지만, 능력껏 힘껏 나누어 가지지는 않았습니다. … 능력껏 힘껏 나누어 가지기는 했지만, 법을 듣기 위해 앉지는 않았습니다. … 법을 듣기 위해 앉기는 했지만, 귀를 기울여 법을 듣지는 않았습니다. … 귀를 기울여 법을 듣기는 했지만, 들은 법을 호지하지는 않았습니다. … 들은 법을 호지하기는 했지만, 호지한 법의 뜻을 숙고하지는 않았습니다. … 호지한 법의 뜻을 숙고하기는 했지만, 주석서를 완전하게 알고 삼장을 완전하게 안 뒤에 [출세간]법에 이르게 하는 법을 닦지는 않았습니다. 세존이시여, 그런 저희는 해야 할 일을 다 하지 못하여 낙담하고 후회하면서 저열한 몸을 받게 되었습니다.' 라고."

4. "비구들이여, 다른 많은 천신들이 내게 다가와서 이렇게 말했다.

'세존이시여, 저희는 전에 인간이었을 때 출가자들이 저희 집에 다가왔을 때 자리에서 일어나서 맞이하고, 절을 올리고, 자리를 내드리고, 능력껏 힘껏 나누어 가지고, 법을 듣기 위해 앉고, 귀를 기울여 법을 듣고, 들은 법을 호지하고, 호지한 법의 뜻을 숙고하고, 주석서를 완전하게 알고 삼장을 완전하게 안 뒤에 [출세간]법에 이르게 하는 법을 닦았습니다. 세존이시여, 그런 저희는 해야 할 일을 다 하여 낙담하지 않고 후회하지 않게 되어 수승한 몸을 받게 되었습니다.' 라고.

비구들이여, 여기 나무 밑이 있다. 여기 빈집들이 있다. 참선을 하라. 비구들이여, 방일하지 마라. 나중에 후회하지 마라. 마치 처음 [여덟 무리의] 신들처럼."

웰라마 경(A9:20)
Velāma-sutta

1. 한때 세존께서는 사왓티에서 제따 숲의 급고독원에 머무셨다. 그때 급고독 장자291)가 세존께 다가갔다. 가서는 세존께 절을 올

리고 한 곁에 앉았다. 한 곁에 앉은 급고독 장자에게 세존께서는 이렇게 말씀하셨다.

"장자여, 그대의 가문에서는 보시를 하는가?"292)

"세존이시여, 저의 가문에서는 보시를 합니다. 그러나 그것은 거친 것이어서, 시큼한 죽과 함께 뉘가 섞인 싸라기 쌀로 만든 것입니다."

2. "장자여, 거친 것을 보시하든 뛰어난 것을 보시하든 존중함이 없이 보시하고, 존경함이 없이 보시하고, 자기 손으로 직접 보시하지 않고, 내버리듯이 보시하고, [보시의 과보가] 오지 않는다는 견해를 가지고 보시하면, 비록 어떤 곳에서 그에게 그런 보시의 과보가 생기더라도 그의 마음은 훌륭한 음식을 즐기는 것으로 기울지 못하고, 훌륭한 의복을 즐기는 것으로 기울지 못하고, 훌륭한 탈것을 즐기는 것으로 기울지 못하고, 다섯 가닥의 훌륭한 감각적 욕망을 즐기는 것으로 기울지 못한다. 그뿐만 아니라 그의 아들들이나 아내나 하인들이나 심부름꾼들이나 일꾼들도 그의 말을 들으려 하지 않고, 귀 기울이지 않고, [그가 한 말을] 잘 알아서 마음에 새기지 않는다. 그것은 무슨 이유 때문인가? 장자여, 이것은 존중함이 없이 한 업들의

---

291) 급고독 장자(Anāthapiṇḍika gahapati)에 대해서는 본서 제2권 「수닷따경」(A4:58) §1의 주해를 참조할 것.

292) "세존께서 이렇게 질문하신 것은 비구승가에 하는 보시를 두고 하신 것이 아니다. 장자의 집에서는 항상 비구승가에게 뛰어난 보시(paṇīta-dāna)를 하고 있기 때문이다. 스승께서 그것을 모르시지 않는다. 그러나 세속에 사는 대단한 사람(lokiya-mahājana)에게는 베풀어야 할 보시(diyya-māna-dāna)가 있게 마련이다. 그렇지만 그것은 거친 것(lūkha)이라서 장자의 마음을 기쁘게 하지 못한다. 세존께서는 그것에 대해서 질문하신 것이다."(AA.iv.178)

과보 때문이다."

3. "장자여, 거친 것을 보시하든 뛰어난 것을 보시하든 존중하면서 보시하고, 존경하면서 보시하고, 자기 손으로 직접 보시하고, 소중히 여기면서 보시하고, [보시의 과보가] 온다는 견해를 가지고 보시하면, 어떤 곳에서 그에게 그런 보시의 과보가 생길 때 그의 마음은 훌륭한 음식을 즐기는 것으로 기울고, 훌륭한 의복을 즐기는 것으로 기울고, 훌륭한 탈것을 즐기는 것으로 기울고, 다섯 가닥의 훌륭한 감각적 욕망을 즐기는 것으로 기운다. 그리고 그의 아들들이나 아내나 하인들이나 심부름꾼들이나 일꾼들은 그의 말을 들으려 하고, 귀 기울이고, [그가 한 말을] 잘 알아서 마음에 새긴다. 그것은 무슨 이유 때문인가? 장자여, 이것은 존중함이 없이 한 업들의 과보 때문이다."

4. "장자여, 옛날에 웰라마라는 바라문293)이 있었다. 그는 이러한 큰 보시를 했다. 그는 은으로 가득 채운 8만4천 개의 황금그릇을 보시했고, 금으로 가득 채운 8만4천 개의 은그릇을 보시했고, 칠보로 가득 채운294) 8만4천 개의 동 그릇을 보시했다. 8만4천의 코끼

---

293) 본경에 해당하는 주석서에 의하면 웰라마 바라문(Velāma brāhmaṇa)은 아주 옛날에 바라나시의 궁중제관(purohita)의 가문에 태어났다고 한다. 그는 황태자와 함께 딱까실라(Takkasilā)로 학문을 배우기 위해서 떠났으며, 거기서 학문에 대성하여 스승이 되어서 8만4천의 왕자를 제자로 두었다고 한다. 나중에 그는 바라나시로 돌아와서 궁중제관이 되었는데 8만4천의 왕자들이 매년 그에게 공물을 바쳤다고 한다.
그는 엄청나게 부유했으며 이러한 많은 재물로 보시하기를 즐겨했다. 그래서 그의 보시는 주석서들에서 웰라마의 큰 제사(Velāma-mahā-yañña)로 묘사되기도 한다.(AA.iv.100 등)

리를 보시했나니 황금으로 장식되고 황금의 깃발을 가지고 황금의 그물로 덮인 것들이었다. 8만4천 대의 마차를 보시했나니 사자 가죽으로 덮인 것, 호랑이 가죽으로 덮인 것, 표범 가죽으로 덮인 것, 황색 담요로 덮인 것, 황금으로 장식된 것, 황금의 깃발을 가진 것, 황금의 그물로 덮인 것들이었다. 8만4천의 암소들을 보시했나니 섬세한 황마(黃麻)로 엮은 밧줄을 가졌으며 은으로 된 우유통을 가진 것들이었다. 8만4천의 처녀들을 보시했나니 보석을 박은 귀걸이로 장식하고 있었다. 8만4천의 침상을 보시했나니 양털로 된 덮개가 있고, 흰색의 모직 이불이 깔려 있고, 영양 가죽 깔개가 펴져있고, 차양으로 가려졌고, 양쪽에 심홍색의 베개가 있었다. 8만4천 꼬띠295)의 옷을 보시했나니 섬세한 아마(亞麻)로 된 것, 섬세한 비단으로 된 것, 섬세한 모직으로 된 것, 섬세한 면으로 된 것이었다.

하물며 먹을 것과 마실 것, 즉 딱딱한 것, 부드러운 것, 액즙, 주스에 대해서는 더 말해서 무엇 하겠는가? 그것은 마치 강처럼 흘렀다.”

5. “장자여, 그대에게 이런 생각이 들지도 모른다. ‘참으로 그때에 큰 보시를 한 웰라마 바라문은 아마 어떤 다른 사람이었을 것이다.’라고. 장자여, 그러나 그렇게 여겨서는 안된다. 바로 내가 그때 웰라마 바라문이었으며 내가 그런 큰 보시를 했다. 장자여, 그러나 그

---

294) ‘칠보로 가득 채운’으로 옮긴 원어는 hirañña-pūrāni(황금으로 가득 채운)이다. 이렇게 되면 앞의 금으로 가득 채운 것과 같아져버린다. 그런데 주석서는 이것을 “칠보로 가득 채운(satta-vidha-ratana-pūrāni)”(AA.iv.184)으로 설명하고 있어서 이렇게 옮겼다.

295) “세간에서 통용되는 것으로는 스무 벌의 옷을 하나의 꼬띠(koṭi)라 한다. 그러나 여기서는 열 개의 겉옷(sāṭaka)을 말한다.”(*Ibid*)

러한 보시를 할 때 보시받아 마땅한 사람이 없었으며 아무도 그런 보시를 청정하게 하지 못했다.

장자여, 웰라마 바라문이 큰 보시를 했지만 견해를 구족한 한 사람에게 공양한다면, 이것은 그것보다 더 큰 결실이 있다.

장자여, 웰라마 바라문이 큰 보시를 했지만 견해를 구족한 백 명의 사람들에게 공양하는 것보다 한 사람의 일래자에게 공양한다면, 이것이 그것보다 더 큰 결실이 있다.

장자여, 웰라마 바라문이 큰 보시를 했지만 백 명의 일래자에게 공양하는 것보다 한 사람의 불환자에게 공양한다면 …

백 명의 불환자에게 공양하는 것보다 한 사람의 아라한에게 공양한다면 …

백 명의 아라한에게 공양하는 것보다 한 사람의 벽지불에게 공양한다면 …

백 명의 벽지불에게 공양하는 것보다 한 사람의 여래·아라한·정등각에게 공양한다면 …

부처님을 상수로 하는 비구승가에 공양한다면 …

사방 승가를 위하여 승원을 짓는다면 …

청정한 마음으로 부처님과 법과 승가에 귀의한다면 …

청정한 마음으로 학습계목을 받아 지녀서 생명을 죽이는 것을 멀리 여의고, 주지 않은 것을 가지는 것을 멀리 여의고, 삿된 음행을 멀리 여의고, 거짓말을 멀리 여의고, 방일하는 근본이 되는 술과 중독성 물질을 멀리 여읜다면 …

소젖을 한번 짜는 동안만큼이라도296) 자애의 마음을 닦는다면 …

손가락을 튀기는 순간만큼이라도 무상이라고 [관찰하는 지혜에서 생긴] 인식을 닦는다면, 이것이 그것보다 더 큰 결실이 있다.”

제2장 사자후 품이 끝났다.

두 번째 품에 포함된 경들의 목록은 다음과 같다.

① 안거를 마침 ② 취착이 남음[有餘]
③ 꼿티따 ④ 사밋디 ⑤ 종기
⑥ 인식 ⑦ 가문 ⑧ 자애
⑨ 천신 ⑩ 웰라마이다.

---

296) '소젖을 한번 짜는 동안만큼'은 gaddohana-mattaṁ인데 주석서에서
    gāviyā ekavāraṁ thanāñchanamattan(AA.iv.187)이라고 설명하고
    있어서 이렇게 옮겼다.

제3장 중생의 거처 품

Sattāvāsa-vagga

경우 경(A9:21)

Ṭhāna-sutta

1. "비구들이여, 세 가지 경우에 있어서 웃따라꾸루(北俱盧洲)[297] 인간들은 삼십삼천의 신들과 잠부디빠(南贍部洲) 인간들을 능가한다. 무엇이 셋인가?"

2. "'내 것'이라는 것이 없고, 거머쥠이 없고, 수명이 정해져 있는[298] 특별함이 있다. 비구들이여, 이러한 세 가지 경우에 있어서 웃

---

297) 불교 신화에 의하면 수미산(須彌山, Sumeru) 주위에는 네 대륙이 있다고 하는데 그것은 각각 잠부디빠(Jambudīpa)와 아빠라고야나(Apara-goyāna)와 웃따라꾸루(Uttarakuru)와 뿝바위데하(Pubbavideha)다. 이 가운데 잠부디빠는 남쪽에 있는 대륙이며 우리 같은 인간이 사는 곳이다. 아빠라고야나는 서쪽(apara)에, 웃따라꾸루는 북쪽(uttara)에, 뿝바위데하는 동쪽(pubba)에 있는 대륙이다. 그래서 중국에서는 이 넷을 각각 남섬부주(南贍部洲), 서우화주(西牛貨洲), 동승신주(東勝身洲), 북구로주(北俱盧洲)로 옮겼다.

298) "'내 것이라는 것이 없다는 것(amama)'은 갈애가 없는 것(nittaṇhā)을 말한다. 그러나 주석서(싱할라 고주석서)에서는 고통이 없는 것(niddukkha)이라고 말했다. '거머쥠이 없다는 것(apariggaha)'은 '이것은 내 것이다.'라고 거머쥠이 없음을 말한다. '수명이 정해져 있다는 것(niyatāyuka)'은 그들의 수명은 천 년으로 정해져 있기 때문이다. 다음 생에 갈 곳(gati)도 정해져 있다. 이곳에서 죽어 오직 천상(sagga)에 태어난다." (AA.iv.188)

따라꾸루 인간들은 삼십삼천의 신들과 잠부디빠 인간들을 능가한다."

3. "비구들이여, 세 가지 경우에 있어서 삼십삼천의 신들은 웃따라꾸루(北俱盧洲) 인간들과 잠부디빠(瞻部洲) 인간들을 능가한다. 무엇이 셋인가?"

4. "하늘의 수명과 하늘의 아름다움과 하늘의 행복이다. 비구들이여, 이러한 세 가지 경우에 있어서 삼십삼천의 신들은 웃따라꾸루 인간들과 잠부디빠 인간들을 능가한다."

5. "비구들이여, 세 가지 경우에 있어서 잠부디빠 인간들은 웃따라꾸루 인간들과 삼십삼천의 신들을 능가한다. 무엇이 셋인가?"

6. "용감함과 마음챙김299)과 여기서 청정범행을 닦음이다.300) 비구들이여, 이러한 세 가지 경우에 있어서 삼십삼천의 신들은 웃따라꾸루 인간들과 잠부디빠 인간들을 능가한다."

---

299) "신들은 몹시 행복하기 때문에 마음챙김이 굳건하지 못하고, 지옥 중생들은 몹시 고통스럽기 때문에 마음챙김이 굳건하지 못하다. 그러나 잠부디빠의 인간들은 행복과 고통이 섞여있기 때문에(vokiṇṇa-sukha-dukkha-ttā) 마음챙김이 굳건하다."(*Ibid*)

300) "잠부디빠에는 부처님과 벽지불들이 태어나기(uppajjana) 때문에 팔정도와 청정범행의 닦음(aṭṭhaṅgikamagga-brahmacariya-vāsa)도 오직 이곳에 있다."(*Ibid*)

망아지 경(A9:22)[301]

Khaḷuṅka-sutta

1. "비구들이여, 세 종류의 망아지와 세 부류의 젊은 사람과, 세 종류의 좋은 말과 세 부류의 좋은 사람과, 세 종류의 혈통 좋은 멋진 말과 세 부류의 가문 좋은 멋진 사람을 설하리라. 이제 그것을 들어라. 듣고 마음에 잘 새겨라. 나는 설할 것이다."

"그렇게 하겠습니다, 세존이시여."라고 비구들은 세존께 응답했다. 세존께서는 이렇게 말씀하셨다.

2. "비구들이여, 그러면 어떤 것이 세 종류의 망아지인가? 비구들이여, 여기 어떤 망아지는 속력을 구족했지만 용모와 균형 잡힌 몸매를 구족하지는 못했다. 비구들이여, 여기 어떤 망아지는 속력과 용모를 구족했지만 균형 잡힌 몸매를 구족하지는 못했다. 비구들이여, 여기 어떤 망아지는 속력과 용모와 균형 잡힌 몸매를 구족했다. 비구들이여, 이것이 세 종류의 망아지이다."

3. "비구들이여, 그러면 어떤 것이 세 부류의 젊은 사람인가? 비구들이여, 여기 어떤 젊은 사람은 속력을 구족했지만 용모와 균형 잡힌 몸매를 구족하지는 못했다. 비구들이여, 여기 어떤 젊은 사람은 속력과 용모를 구족했지만 균형 잡힌 몸매를 구족하지는 못했다. 비구들이여, 여기 어떤 젊은 사람은 속력과 용모와 균형 잡힌 몸매를 구족했다."

---

301)　6차결집본의 경제목은 '망아지'(Assakhaḷuṅka-sutta)다.

4. "비구들이여, 그러면 어떻게 어떤 젊은 사람은 속력을 구족했지만 용모와 균형 잡힌 몸매를 구족하지는 못했는가?

비구들이여, 여기 비구는 '이것이 괴로움이다.'라고 있는 그대로 꿰뚫어 안다. '이것이 괴로움의 일어남이다.'라고 있는 그대로 꿰뚫어 안다. '이것이 괴로움의 소멸이다.'라고 있는 그대로 꿰뚫어 안다. '이것이 괴로움의 소멸로 인도하는 도닦음이다.'라고 있는 그대로 꿰뚫어 안다. 이것이 그의 [지혜의] 속력이라고 나는 말한다.

그러나 그는 아비담마와 아비위나야302)에 대해서 질문을 받으면 피해갈 뿐 대답을 하지 않는다. 이것이 그의 용모를 구족하지 못함이라고 나는 말한다.

아울러 그는 [적당한] 의복과 음식과 거처와 병구완을 위한 약품을 얻지 못한다. 이것이 그의 균형 잡힌 몸매를 구족하지 못함이라고 나는 말한다.

비구들이여, 이와 같이 어떤 젊은 사람은 속력을 구족했지만 용모와 균형 잡힌 몸매를 구족하지는 못했다."

5. "비구들이여, 그러면 어떻게 어떤 젊은 사람은 속력과 용모를 구족했지만 균형 잡힌 몸매를 구족하지는 못했는가?

비구들이여, 여기 비구는 '이것이 괴로움이다.'라고 있는 그대로 꿰뚫어 안다. '이것이 괴로움의 일어남이다.'라고 있는 그대로 꿰뚫어 안다. '이것이 괴로움의 소멸이다.'라고 있는 그대로 꿰뚫어 안다. '이것이 괴로움의 소멸로 인도하는 도닦음이다.'라고 있는 그대로 꿰뚫

---

302) 아비담마(abhidhamma)와 아비위나야(abhivinaya)에 대해서는 본서 제1권 「망아지 경」(A3:137) §2의 주해를 참조할 것.

어 안다. 이것이 그의 [지혜의] 속력이라고 나는 말한다.

그는 아비담마와 아비위나야에 대해서 질문을 받으면 대답을 하고 피해가지 않는다. 이것이 그의 [덕의] 용모라고 나는 말한다.

그러나 그는 [적당한] 의복과 음식과 거처와 병구완을 위한 약품을 얻지 못한다. 이것이 그의 균형 잡힌 몸매를 구족하지 못함이라고 나는 말한다.

비구들이여, 이와 같이 어떤 젊은 사람은 [지혜의] 속력을 구족하고 [덕의] 용모를 구족했지만 균형 잡힌 몸매를 구족하지 못했다."

6. "비구들이여, 그러면 어떻게 어떤 젊은 사람은 속력과 용모와 균형 잡힌 몸매를 구족했는가?

비구들이여, 여기 비구는 '이것이 괴로움이다.'라고 있는 그대로 꿰뚫어 안다. '이것이 괴로움의 일어남이다.'라고 있는 그대로 꿰뚫어 안다. '이것이 괴로움의 소멸이다.'라고 있는 그대로 꿰뚫어 안다. '이것이 괴로움의 소멸로 인도하는 도닦음이다.'라고 있는 그대로 꿰뚫어 안다. 이것이 그의 속력이라고 나는 말한다.

그리고 그는 아비담마와 아비위나야에 대해서 질문을 받으면 대답을 하고 피해가지 않는다. 이것이 그의 용모라고 나는 말한다.

그는 [적당한] 의복과 음식과 거처와 병구완을 위한 약품을 얻는다. 이것이 그의 균형 잡힌 몸매라고 나는 말한다.

비구들이여, 이와 같이 어떤 젊은 사람은 속력과 용모와 균형 잡힌 몸매를 구족했다.

비구들이여, 이것이 세 부류의 젊은 사람이다."303)

---

303) 이상 §§2~6은 본서 제1권 「망아지 경」(A3:137)과 같은 내용이다.

7. "비구들이여, 그러면 어떤 것이 세 종류의 좋은 말인가? 비구들이여, 여기 어떤 좋은 말은 속력을 구족했지만 용모와 균형 잡힌 몸매를 구족하지는 못했다. 비구들이여, 여기 어떤 좋은 말은 속력과 용모를 구족했지만 균형 잡힌 몸매를 구족하지는 못했다. 비구들이여, 여기 어떤 좋은 말은 속력과 용모와 균형 잡힌 몸매를 구족했다.

비구들이여, 이것이 세 종류의 좋은 말이다."

8. "비구들이여, 그러면 어떤 것이 세 부류의 좋은 사람인가? 비구들이여, 여기 어떤 좋은 사람은 속력을 구족했지만 용모와 균형 잡힌 몸매를 구족하지는 못했다. 비구들이여, 여기 어떤 좋은 사람은 속력과 용모를 구족했지만 균형 잡힌 몸매를 구족하지는 못했다. 비구들이여, 여기 어떤 좋은 사람은 속력과 용모와 균형 잡힌 몸매를 구족했다."

9. "비구들이여, 그러면 어떻게 어떤 좋은 사람은 속력을 구족했지만 용모와 균형 잡힌 몸매를 구족하지는 못했는가?

… …

비구들이여, 그러면 어떻게 어떤 좋은 사람은 속력과 용모를 구족했지만 균형 잡힌 몸매를 구족하지는 못했는가?

… …

비구들이여, 그러면 어떻게 어떤 좋은 사람은 속력과 용모와 균형 잡힌 몸매를 구족했는가?

비구들이여, 여기 비구는 다섯 가지 낮은 단계의 족쇄를 완전히 없애고 [정거천에] 화생하여 그곳에서 완전히 열반에 들어 그 세계로부

터 다시 돌아오지 않는 법을 얻었다.[不還者] 이것이 그의 속력이라고
나는 말한다.

그리고 그는 아비담마와 아비위나야에 대해서 질문을 받으면 대답
을 하고 피해가지 않는다. 이것이 그의 용모라고 나는 말한다.

그는 [적당한] 의복과 음식과 거처와 병구완을 위한 약품을 얻는
다. 이것이 그의 균형 잡힌 몸매라고 나는 말한다.

비구들이여, 이와 같이 어떤 좋은 사람은 속력과 용모와 균형 잡힌
몸매를 구족했다.

비구들이여, 이것이 세 부류의 좋은 사람이다."304)

10. "비구들이여, 어떤 것이 세 종류의 혈통 좋은 멋진 말인가?
비구들이여, 여기 어떤 혈통 좋은 멋진 말은 속력을 구족했지만 용모
와 균형 잡힌 몸매를 구족하지는 못했다. 비구들이여, 여기 어떤 혈
통 좋은 멋진 말은 속력과 용모를 구족했지만 균형 잡힌 몸매를 구족
하지는 못했다. 비구들이여, 여기 어떤 혈통 좋은 멋진 말은 속력과
용모와 균형 잡힌 몸매를 구족했다. 비구들이여, 이것이 세 종류의
혈통 좋은 멋진 말이다."

11. "비구들이여, 그러면 어떤 것이 세 부류의 가문 좋은 멋진
사람인가? 비구들이여, 여기 어떤 가문 좋은 멋진 사람은 속력을 구
족했지만 용모와 균형 잡힌 몸매를 구족하지는 못했다. 비구들이여,
여기 어떤 혈통 좋은 멋진 사람은 속력과 용모를 구족했지만 균형 잡
힌 몸매를 구족하지는 못했다. 비구들이여, 여기 어떤 혈통 좋은 멋

---

304) 이상 §§7~9는 본서 제1권 「좋은 말(馬) 경」(A3:138)과 같은 내용이다.

진 사람은 속력과 용모와 균형 잡힌 몸매를 구족했다."

12. "비구들이여, 그러면 어떻게 어떤 가문 좋은 멋진 사람은 속력을 구족했지만 용모와 균형 잡힌 몸매를 구족하지는 못했는가?

…… ……

비구들이여, 그러면 어떻게 어떤 가문 좋은 멋진 사람은 속력과 용모를 구족했지만 균형 잡힌 몸매를 구족하지는 못했는가?

…… ……

비구들이여, 그러면 어떻게 어떤 가문 좋은 멋진 사람은 속력과 용모와 균형 잡힌 몸매를 구족했는가?

비구들이여, 여기 비구는 모든 번뇌가 다하여 아무 번뇌가 없는 마음의 해탈[心解脫]과 통찰지를 통한 해탈[慧解脫]을 바로 지금여기에서 스스로 최상의 지혜로 알고 실현하고 구족하여 머문다.(아라한) 이것이 그의 속력이라고 나는 말한다.

그리고 그는 아비담마와 아비위나야에 대해서 질문을 받으면 대답을 하고 피해가지 않는다. 이것이 그의 용모라고 나는 말한다.

그는 [적당한] 의복과 음식과 거처와 병구완을 위한 약품을 얻는다. 이것이 그의 균형 잡힌 몸매라고 나는 말한다.

비구들이여, 이와 같이 어떤 가문 좋은 멋진 사람은 속력과 용모와 균형 잡힌 몸매를 구족했다.

비구들이여, 이것이 세 부류의 가문 좋은 멋진 사람이다."305)

---

305) 이상 §§10~12는 본서 제1권 「혈통 좋은 말 경」(A3:139)과 같은 내용이다.

갈애 경(A9:23)306)

Taṇhā-sutta

1. "비구들이여, 갈애를 뿌리로 가진 아홉 가지 법을 설하리라. 이제 그것을 들어라. 듣고 마음에 잘 새겨라. 나는 설할 것이다."

"그렇게 하겠습니다, 세존이시여."라고 비구들은 세존께 응답했다. 세존께서는 이렇게 말씀하셨다.

"비구들이여, 그러면 어떤 것이 갈애를 뿌리로 가진 아홉 가지 법인가?"

2. "갈애를 조건으로 추구가,307) 추구를 조건으로 얻음이, 얻음을 조건으로 판별이, 판별을 조건으로 욕망이, 욕망을 조건으로 탐착이, 탐착을 조건으로 거머쥠이, 거머쥠을 조건으로 인색이, 인색을 조건으로 축적이, 축적을 원인으로 하여 몽둥이로 일격을 가하고, 상처를 입히고, 싸우고, 말다툼하고, 분쟁하고, 상호 비방하고, 중상 모략하고, 거짓말하는 수많은 나쁘고 해로운 법들이 생겨난다.308)

비구들이여, 이것이 갈애를 뿌리로 가진 아홉 가지 법이다."

---

306) 6차결집본의 경제목은 '갈애를 뿌리로 가짐'(Taṇhāmūlaka-sutta)이다.

307) "'추구(pariyesanā)'란 형상 등의 대상(rūpādi-ārammaṇa)을 추구하는 것이다. 이것은 구하는 갈애(esana-taṇhā)가 있을 때 존재한다."(AA.iv. 189)

308) 이 문장은 『디가 니까야』 제2권 「대인연경」(D15) §9와 제3권 「십상경」(D34) §2.2 ⑷와 같다.

중생 경(A9:24)[309]

Satta-sutta

1. "비구들이여, 아홉 가지 중생의 거처가 있다. 무엇이 아홉인가?"

2. "비구들이여, 각자 다른 몸을 가지고 각자 다른 인식을 가진 중생들이 있다. 예를 들면 인간들과 어떤 신들과 어떤 악처에 떨어진 자들이다. 이것이 첫 번째 중생의 거처이다."

3. "비구들이여, 각자 다른 몸을 가졌지만 모두 같은 인식을 가진 중생들이 있다. 예를 들면 [여기서] 초선[初禪]을 닦아서 태어난 범중천의 신들이다. 이것이 두 번째 중생의 거처이다."

4. "비구들이여, 모두 같은 몸을 가졌지만 각자 다른 인식을 가진 중생들이 있다. 예를 들면 광음천의 신들이다. 이것이 세 번째 중생의 거처이다."

5. "비구들이여, 모두 같은 몸을 가졌고 모두 같은 인식을 가진 중생들이 있다. 예를 들면 변정천의 신들이다. 이것이 네 번째 중생의 거처이다."

6. "비구들이여, 인식이 없고, 느낌이 없는 중생들이 있다. 예

---

309) 6차결집본의 경제목은 '중생의 거처'(Sattāvāsa-sutta)다. 그리고 본경은 『디가 니까야』 제3권 「합송경」 (D33) §3.2 (3)과 「십상경」 (D34) 2.2 (3)과 같은 내용을 담고 있다.

를 들면 무상유정천의 신들이다. 이것이 다섯 번째 중생의 거처이다."

7. "비구들이여, 물질[色]에 대한 인식(산냐)을 완전히 초월하고 부딪힘의 인식을 소멸하고 갖가지 인식을 마음에 잡도리하지 않기 때문에 '무한한 허공'이라고 하면서 공무변처에 도달한 중생들이 있다. 이것이 여섯 번째 중생의 거처이다."

8. "비구들이여, 공무변처를 완전히 초월하여 '무한한 알음알이[識]'라고 하면서 식무변처에 도달한 중생들이 있다. 이것이 일곱 번째 중생의 거처이다."

9. "비구들이여, 식무변처를 완전히 초월하여 '아무 것도 없다.'라고 하면서 무소유처에 도달한 중생들이 있다. 이것이 여덟 번째 중생의 거처이다."

10. "비구들이여, 무소유처를 완전히 초월하여 비상비비상처에 도달한 중생들이 있다. 이것이 아홉 번째 중생의 거처이다. 비구들이여, 이러한 아홉 가지 중생의 거처가 있다."

통찰지 경(A9:25)
Paññā-sutta

1. "비구들이여, 비구가 통찰지로 마음을 아주 굳건하게 할 때 그에게 이런 말은 적절하다. '태어남은 다했다. 청정범행은 성취되었다. 할 일을 다 해 마쳤다. 다시는 어떤 존재로도 돌아오지 않을 것이

라고 나는 꿰뚫어 안다.'라고. 비구들이여, 그러면 어떻게 비구가 통찰지로 마음을 아주 굳건하게 하는가?"

2. "'나의 마음은 탐욕을 여의었다.'라고 통찰지로 마음을 아주 굳건하게 한다. '나의 마음은 성냄을 여의었다.'라고 통찰지로 마음을 아주 굳건하게 한다. '나의 마음은 어리석음을 여의었다.'라고 통찰지로 마음을 아주 굳건하게 한다.

'나의 마음은 탐욕과 함께 하지 않는 법을 얻었다.'라고 통찰지로 마음을 아주 굳건하게 한다. '나의 마음은 성냄과 함께 하지 않는 법을 얻었다.'라고 통찰지로 마음을 아주 굳건하게 한다. '나의 마음은 어리석음과 함께 하지 않는 법을 얻었다.'라고 통찰지로 마음을 아주 굳건하게 한다.

'나의 마음은 욕계로부터 다시 돌아오지 않는 법을 얻었다.'라고 통찰지로 마음을 아주 굳건하게 한다. '나의 마음은 색계로부터 다시 돌아오지 않는 법을 얻었다.'라고 통찰지로 마음을 아주 굳건하게 한다. '나의 마음은 무색계로부터 다시 돌아오지 않는 법을 얻었다.'라고 통찰지로 마음을 아주 굳건하게 한다.

비구들이여, 비구가 통찰지로 마음을 아주 굳건하게 할 때 그에게 이런 말은 적절하다. '태어남은 다했다. 청정범행은 성취되었다. 할 일을 다 해 마쳤다. 다시는 어떤 존재로도 돌아오지 않을 것이라고 나는 꿰뚫어 안다.'라고"

돌기둥 경(A9:26)

Silāyūpa-sutta

1. 이와 같이 나는 들었다. 한때 사리뿟따 존자와 짠디까뿟따 존자310)가 라자가하에서 대나무 숲의 다람쥐 보호구역에 머물렀다. 거기서 짠디까뿟따 존자는 비구들을 불러서 말했다.

"도반들이여, 데와닷따는 비구들에게 이렇게 법을 설합니다.311) '도반들이여, 비구가 마음으로 마음을 굳건하게 할 때, 그를 이렇게 설명할 수 있습니다. '태어남은 다했다. 청정범행은 성취되었다. 할 일을 다 해 마쳤다. 다시는 어떤 존재로도 돌아오지 않을 것이라고 나는 꿰뚫어 안다.'라고"

2. 그러자 사리뿟따 존자가 짠디까뿟따 존자에게 이렇게 말했다.

"도반 짠디까뿟따여, 데와닷따는 비구들에게 그렇게 법을 설하지 않습니다. '도반들이여, 비구가 마음으로 마음을 굳건하게 할 때, 그를 이렇게 설명할 수 있습니다. '태어남은 다했다. 청정범행은 성취되었다. 할 일을 다 해 마쳤다. 다시는 어떤 존재로도 돌아오지 않을 것이라고 나는 꿰뚫어 안다.'라고.

도반 짠디까뿟따여, 데와닷따는 비구들에게 다음과 같이 법을 설합니다. '도반들이여, 비구가 마음으로 마음을 아주 굳건하게 할

---

310) 짠디까뿟따 존자(āyasmā Candikāputta)는 본경에만 등장하고 있다. 주석서는 그의 어머니 이름 짠디까(Candikā)를 빌어서 짠디까뿟따(문자적으로 짠디까의 아들)라 이름하였다고만 설명하고 있다.(AA.iv.191)

311) 주석서는 데와닷따가 어떤 상황에서, 어떤 목적으로(즉 좋은 의도 혹은 나쁜 의도로) 이런 말을 했는지에 대한 아무런 설명이 없다.

때,312) 그를 이렇게 설명할 수 있습니다. '태어남은 다했다. 청정범행은 성취되었다. 할 일을 다 해 마쳤다. 다시는 어떤 존재로도 돌아오지 않을 것이라고 나는 꿰뚫어 안다.'라고."

3. 두 번째로 … 세 번째로 짠디까빳따 존자는 비구들을 불러서 말했다.

"도반들이여, 데와닷따는 비구들에게 이렇게 법을 설합니다. '도반들이여, 비구가 마음으로 마음을 굳건하게 할 때, 그를 이렇게 설명할 수 있습니다. '태어남은 다했다. 청정범행은 성취되었다. 할 일을 다 해 마쳤다. 다시는 어떤 존재로도 돌아오지 않을 것이라고 나는 꿰뚫어 안다.'라고."

312) PTS본에 의하면 짠디까빳따 존자도 '비구가 마음으로 마음을 아주 굳건하게 할 때(bhikkhuno cetasā cittaṁ suparicitaṁ hoti)'로 말한 것으로 나타나고, 사리뿟따 존자도 '비구가 마음으로 마음을 아주 굳건하게 할 때(bhikkhuno cetasā cittaṁ suparicitaṁ hoti)'로 말한 것으로 나타나서, 이 두 존자의 말에 단 한자의 차이도 없다. 이렇게 되면 사리뿟따 존자가 짠디까빳따 존자의 말을 부정하는 아무 이유가 없게 된다.
그런데 6차결집본에 의하면 짠디까빳따 존자는 '비구가 마음으로 마음을 [굳건하게 할 때](bhikkhuno cetasā cittaṁ hoti)'로 말한 것으로 나타나고, 사리뿟따 존자는 '비구가 마음으로 마음을 아주 굳건하게 할 때(bhikkhuno cetasā cittaṁ suparicitaṁ hoti)'로 말한 것으로 나타난다. 역자는 6차결집본을 살려서 이 둘을 본문처럼 구분하여 옮겼다.
주석서는 전자에 대해서는 '마음 길로 마음 길을 굳건하게 하고 증장할 때(cittavāra-pariyāyena cittavāra-pariyāyo cito vaḍḍhito hoti)'로 설명하고 있고, 후자에 대해서는 '마음 길로 마음 길을 점점 더 아주 굳건하게 하고 아주 증장할 때(cittavāra-pariyāyena cittavāra-pariyāyo upar-ūpari sucito suvaḍḍhito hoti)'라고 설명하고 있다. (AA.iv. 191)
이 둘의 차이가 구체적으로 무엇인지 주석서는 자세한 언급을 하지 않고 있다.

그러자 세 번째로 사리뿟따 존자는 짠디까뿟따 존자에게 이렇게 말했다.

"도반 짠디까뿟따여, 데와닷따는 비구들에게 그렇게 법을 설하지 않습니다. '도반들이여, 비구가 마음으로 마음을 굳건하게 할 때, 그를 이렇게 설명할 수 있습니다. '태어남은 다했다. 청정범행은 성취되었다. 할 일을 다 해 마쳤다. 다시는 어떤 존재로도 돌아오지 않을 것이라고 나는 꿰뚫어 안다.'라고.

도반 짠디까뿟따여, 데와닷따는 비구들에게 다음과 같이 법을 설합니다. '도반들이여, 비구가 마음으로 마음을 아주 굳건하게 할 때, 그를 이렇게 설명할 수 있습니다. '태어남은 다했다. 청정범행은 성취되었다. 할 일을 다 해 마쳤다. 다시는 어떤 존재로도 돌아오지 않을 것이라고 나는 꿰뚫어 안다.'라고."

4 "도반들이여, 그러면 어떻게 비구가 마음으로 마음을 아주 굳건하게 합니까?

그는 '내 마음은 탐욕을 여의었다.'라고 마음으로 마음을 아주 굳건하게 합니다. '내 마음은 성냄을 여의었다.'라고 마음으로 마음을 아주 굳건하게 합니다. '내 마음은 어리석음을 여의었다.'라고 마음으로 마음을 아주 굳건하게 합니다.

'내 마음은 탐욕과 함께 하지 않는 법을 얻었다.'라고 마음으로 마음을 아주 굳건하게 합니다. '내 마음은 성냄과 함께 하지 않는 법을 얻었다.'라고 마음으로 마음을 아주 굳건하게 합니다. '내 마음은 어리석음과 함께 하지 않는 법을 얻었다.'라고 마음으로 마음을 아주 굳건하게 합니다.

'내 마음은 욕계로부터 다시 돌아오지 않는 법을 얻었다.'라고 마음으로 마음을 아주 굳건하게 합니다. '내 마음은 색계로부터 다시 돌아오지 않는 법을 얻었다.'라고 마음으로 마음을 아주 굳건하게 합니다. '내 마음은 무색계로부터 다시 돌아오지 않는 법을 얻었다.'라고 마음으로 마음을 아주 굳건하게 합니다."

5. "도반들이여, 이와 같이 마음이 바르게 해탈한 비구에게 만일 눈으로 인식할만한 형상들이 눈의 영역에 강하게 나타나더라도, 그것은 그의 마음을 유혹하지 못하고, 그의 마음과 섞이지 못합니다. 그의 마음은 안정되고 흔들림이 없는 상태에 도달하며, 다시 그는 사라짐을 관찰합니다.

만일 귀로 인식할만한 소리들이 … 코로 인식할만한 냄새들이 … 혀로 인식할만한 맛들이 … 몸으로 인식할만한 감촉들이 … 마노로 인식할만한 법들이 마노의 영역에 강하게 나타나더라도, 그것은 그의 마음을 유혹하지 못하고, 그의 마음과 섞이지 못합니다. 그의 마음은 안정되고 흔들림이 없는 상태에 도달하며, 다시 그는 사라짐을 관찰합니다.

도반들이여, 예를 들면 15꾹꾸까313) 길이가 되는 돌기둥이 있는데 8꾹꾸까는 [땅] 아래로 굳건하게 [묻혀있고] 8꾹꾸까는 위로 굳건하게 [올라와] 있다 합시다. 그때 만일 동쪽에서 비를 동반한 바람이 거세게 불어온다 하더라도 그 돌기둥을 흔들지 못하고 뒤흔들지 못하고 진동하게 하지 못합니다. 만일 서쪽에서 … 만일 북쪽에서 … 만

---

313) "'16꾹꾸까(soḷasa-kukkuka)'란 길이로는 16핫타(soḷasa-hattha)다." (AA.iv.192) 도량 단위로서의 핫타(hattha)는 영어의 큐빗(cubit, 약 46~56cm)에 해당하는 길이라고 한다.(PED)

일 남쪽에서 비를 동반한 바람이 거세게 불어온다 하더라도 그 돌기둥을 흔들지 못하고 뒤흔들지 못하고 진동하게 하지 못합니다.

도반들이여, 그와 같이 마음이 바르게 해탈한 비구에게 만일 눈으로 인식할만한 형상들이 눈의 영역에 강하게 나타나더라도, 그것은 그의 마음을 유혹하지 못하고, 그의 마음과 섞이지 못합니다. 그의 마음은 안정되고 흔들림이 없는 상태에 도달하며, 다시 그는 사라짐을 관찰합니다.

만일 귀로 인식할만한 소리들이 … 코로 인식할만한 냄새들이 … 혀로 인식할만한 맛들이 … 몸으로 인식할만한 감촉들이 … 마노로 인식할만한 법들이 마노의 영역에 강하게 나타나더라도, 그것은 그의 마음을 유혹하지 못하고, 그의 마음과 섞이지 못합니다. 그의 마음은 안정되고 흔들림이 없는 상태에 도달하며, 다시 그는 사라짐을 관찰합니다."

증오 경1(A9:27)
Vera-sutta

1. 그때 급고독 장자가 세존께 다가갔다. 가서는 세존께 절을 올리고 한 곁에 앉았다. 한 곁에 앉은 급고독 장자에게 세존께서는 이렇게 말씀하셨다.

2. "장자여, 성스러운 제자에게 다섯 가지 두려움과 증오가 가라앉고, 또 그가 예류도를 얻기 위한 네 가지 구성요소를 구족할 때, 그가 원하면 스스로가 스스로에 대해서 이렇게 설명할 수 있다. '나

는 지옥을 다했고, 축생의 모태를 다했고, 아귀계를 다했고, 처참한 곳·불행한 곳·파멸처를 다했다. 나는 흐름에 든 자[預流者]며 [악취에] 떨어지지 않고 [해탈이] 확실하며 정등각으로 나아가는 자다.' 라고."

3. "어떤 다섯 가지 두려움과 증오가 가라앉는가? 장자여, 생명을 죽이는 자는 생명을 죽이는 것을 조건으로 금생의 두려움과 증오를 일으키고, 내생의 두려움과 증오도 일으키며, 정신적인 괴로움과 슬픔을 경험한다. 생명을 죽이는 자가 생명을 죽이는 것을 멀리여의면, 금생의 두려움과 증오를 일으키지 않을 뿐 아니라 내생의 두려움과 증오도 일으키지 않으며, 정신적인 괴로움과 슬픔도 경험하지 않는다. 생명을 죽이는 것을 멀리 여읜 자에게 이와 같이 두려움과 증오가 가라앉는다.

장자여, 주지 않은 것을 가지는 자는 … 삿된 음행을 하는 자는 … 거짓말을 하는 자는 … 방일하는 근본이 되는 술과 중독성 물질을 섭취하는 자는 방일하는 근본이 되는 술과 중독성 물질을 섭취하는 것을 조건으로 금생의 두려움과 증오를 일으키고, 내생의 두려움과 증오도 일으키며, 정신적인 괴로움과 슬픔을 경험한다. 방일하는 근본이 되는 술과 중독성 물질을 섭취하는 것을 멀리 여의면, 금생의 두려움과 증오를 일으키지 않을 뿐 아니라 내생의 두려움과 증오도 일으키지 않으며, 정신적인 괴로움과 슬픔도 경험하지 않는다. 방일하는 근본이 되는 술과 중독성 물질을 섭취하는 것을 멀리 여읜 자에게 이와 같이 두려움과 증오가 가라앉는다.

그는 이러한 다섯 가지 두려움과 증오가 가라앉는다."

4. "예류도를 얻기 위한 어떤 네 가지 구성요소를 구족하는가?

장자여, 여기 성스러운 제자는 '이런 [이유로] 그분 세존께서는 아라한[應供]이시며, 완전히 깨달은 분[正等覺]이시며, 영지와 실천을 구족한 분[明行足]이시며, 피안으로 잘 가신 분[善逝]이시며, 세간을 잘 알고 계신 분[世間解]이시며, 가장 높은 분[無上士]이시며, 사람을 잘 길들이는 분[調御丈夫]이시며, 하늘과 인간의 스승[天人師]이시며, 깨달은 분[佛]이시며, 세존(世尊)이시다.'라고 부처님께 흔들림 없는 청정한 믿음을 지닌다.

그는 '법은 세존에 의해서 잘 설해졌고, 스스로 보아 알 수 있고, 시간이 걸리지 않고, 와서 보라는 것이고, 향상으로 인도하고, 지자들이 각자 알아야 하는 것이다.'라고 법에 흔들림 없는 청정한 믿음을 지닌다.

그는 '세존의 제자들의 승가는 잘 도를 닦고, 세존의 제자들의 승가는 바르게 도를 닦고, 세존의 제자들의 승가는 참되게 도를 닦고, 세존의 제자들의 승가는 합당하게 도를 닦으니, 곧 네 쌍의 인간들이요[四雙] 여덟 단계에 있는 사람들[八輩]이시다. 이러한 세존의 제자들의 승가는 공양받아 마땅하고, 선사받아 마땅하고, 보시받아 마땅하고, 합장받아 마땅하며, 세상의 위없는 복밭[福田]이시다.'라고 승가에 흔들림 없는 청정한 믿음을 지닌다.

그는 성자들이 좋아하며 훼손되지 않았고 뚫어지지 않았고 오점이 없고 얼룩이 없고 벗어나게 하고 지자들이 찬탄하고 [성취한 것에] 들러붙지 않고 삼매에 도움이 되는 계를 구족한다.

그는 예류도를 얻기 위한 이러한 네 가지 구성요소를 구족한다."

5. "장자여, 성스러운 제자에게 이러한 다섯 가지 두려움과 증오가 가라앉고, 또 그가 예류도를 얻기 위한 이러한 네 가지 구성요소를 구족할 때, 그가 원하면 스스로가 스스로에 대해서 이렇게 설명할 수 있다. '나는 지옥을 다했고 축생의 모태를 다했고 아귀계를 다했고 처참한 곳, 불행한 곳, 파멸처를 다했다. 나는 흐름에 든 자[預流者]며 [악취에] 떨어지지 않고 [해탈이] 확실하며 정등각으로 나아가는 자다.'라고"

증오 경2(A9:28)[314]

1. "비구들이여, 성스러운 제자에게 다섯 가지 두려움과 증오가 가라앉고, 또 그가 예류도를 얻기 위한 네 가지 구성요소를 구족할 때, 그가 원하면 스스로가 스스로에 대해서 이렇게 설명할 수 있다. '나는 지옥을 다했고 축생의 모태를 다했고 아귀계를 다했고 처참한 곳, 불행한 곳, 파멸처를 다했다. 나는 흐름에 든 자[預流者]며 [악취에] 떨어지지 않고 [해탈이] 확실하며 정등각으로 나아가는 자다.'라고"

2. "어떤 다섯 가지 두려움과 증오가 가라앉는가? …
이러한 다섯 가지 두려움과 증오가 가라앉는다."

3. "예류도를 얻기 위한 어떤 네 가지 구성요소를 구족하는가? …

---

314) 본경은 비구들에게 설한 것만 다르고 나머지는 모두 앞의 「증오 경」 1(A9:27)과 같은 내용이다.

예류도를 얻기 위한 이러한 네 가지 구성요소를 구족한다."

4. "비구들이여, 성스러운 제자에게 이러한 다섯 가지 두려움과 증오가 가라앉고, 또 그가 예류도를 얻기 위한 이러한 네 가지 구성요소를 구족할 때, 그가 원하면 스스로가 스스로에 대해서 이렇게 설명할 수 있다. '나는 지옥을 다했고, 축생의 모태를 다했고, 아귀계를 다했고, 처참한 곳·불행한 곳·파멸처를 다했다. 나는 흐름에 든 자[預流者]며 [악취에] 떨어지지 않고 [해탈이] 확실하며 정등각으로 나아가는 자다.'라고."

원한 경1(A9:29)315)
Āghāta-sutta

1. "비구들이여, 원한이 생기는 아홉 가지 원인이 있다. 무엇이 아홉인가?"

2. "'이 [사람이] 나에게 손해를 끼쳤다.'라는 생각에 원한이 생긴다.316) '이 [사람이] 나에게 손해를 끼친다.'라는 생각에 원한이 생긴다. '이 [사람이] 나에게 손해를 끼칠 것이다.'라는 생각에 원한이 생긴다. '이 [사람이] 내가 좋아하고 마음에 드는 사람에게 손해를 끼쳤다. … 손해를 끼친다. … 손해를 끼칠 것이다.'라는 생각에 원한이

---

315) 6차결집본의 경제목은 '원한의 원인'(Āghātavatthu-sutta)이다. 그리고 본경은 『디가 니까야』 제3권 「합송경」(D33) §3.2 (1)과 같은 내용이다.

316) "원한이 생긴다(aghātaṁ bandhati)는 것은 분노(kopa)가 생긴다, 만들어진다, 일어난다는 말이다."(DA.iii.1045)

생긴다. '이 [사람이] 내가 좋아하지 않고 마음에 들지 않는 사람에게
이익을 주었다. … 이익을 준다. … 이익을 줄 것이다.'라는 생각에 원
한이 생긴다. 비구들이여, 원한이 생기는 이러한 아홉 가지 원인이
있다.”

원한 경2(A9:30)³¹⁷⁾

1. “비구들이여, 아홉 가지 원한을 다스림이 있다. 무엇이 아홉
인가?”

2. “'이 [사람이] 나에게 손해를 끼쳤다. 그러나 그것이 어디에
존재한단 말인가?'라고 원한을 다스린다. '이 [사람이] 나에게 손해를
끼친다. 그러나 그것이 어디에 존재한단 말인가?'라고 원한을 다스린
다. '이 [사람이] 나에게 손해를 끼칠 것이다. 그러나 그것이 어디에
존재한단 말인가?'라고 원한을 다스린다. '이 [사람이] 내가 좋아하고
마음에 드는 사람에게 손해를 끼쳤다. … 손해를 끼친다. … 손해를
끼칠 것이다. 그러나 그것이 어디에 존재한단 말인가?'라고 원한을
다스린다. '이 [사람이] 내가 좋아하지 않고 마음에 들지 않는 사람에
게 이익을 주었다. … 이익을 준다. … 이익을 줄 것이다. 그러나 그
것이 어디에 존재한단 말인가?'라고 원한을 다스린다. 비구들이여,
이러한 아홉 가지 원한을 다스림이 있다.”

---

317) 6차결집본의 경제목은 '원한을 다스림'(Āghātapaṭivinaya-sutta)이다.
   그리고 본경은 『디가 니까야』 제3권 「합송경」 (D33) §3.2 (2)와 같은 내
   용이다.

차제멸(次第滅) 경(A9:31)[318]

Anupubbanirodha-sutta

1. "비구들이여, 아홉 가지 차례로 소멸함[九次第滅]이 있다. 무엇이 아홉인가?"

2. "초선을 증득한 자에게 감각적 욕망의 인식이 소멸한다. 제2선을 증득한 자에게 일으킨 생각과 지속적인 고찰이 소멸한다. 제3선을 증득한 자에게 희열이 소멸한다. 제4선을 증득한 자에게 들숨날숨이 소멸한다. 공무변처를 증득한 자에게 물질의 인식이 소멸한다. 식무변처를 증득한 자에게 공무변처의 인식이 소멸한다. 무소유처를 증득한 자에게 식무변처의 인식이 소멸한다. 비상비비상처를 증득한 자에게 무소유처의 인식이 소멸한다. 상수멸을 증득한 자에게 인식과 느낌이 소멸한다.

비구들이여, 이러한 아홉 가지 차례로 소멸함이 있다."

제3장 중생의 거처 품이 끝났다.

세 번째 품에 포함된 경들의 목록은 다음과 같다.

① 경우 ② 망아지 ③ 갈애
④ 중생 ⑤ 통찰지 ⑥ 돌기둥
두 가지 ⑦~⑧ 증오
두 가지 ⑨~⑩ 원한 ⑪ 차제멸이다.

---

318) 본경은 『디가 니까야』 제3권 「합송경」 (D33) §3.2 (6)과 같은 내용이다.

제4장 대 품

Mahā-vagga

머묾 경1 (A9:32)[319]
Vihāra-sutta

1. "비구들이여, 아홉 가지 차례로 머묾[九次第住]이 있다. 무엇이 아홉인가?"

2. "비구들이여, 여기 비구는 감각적 욕망들을 완전히 떨쳐버리고 해로운 법[不善法]들을 떨쳐버린 뒤, 일으킨 생각[尋]과 지속적인 고찰[伺]이 있고, 떨쳐버렸음에서 생긴 희열[喜]과 행복[樂]이 있는 초선(初禪)에 들어 머문다.

일으킨 생각과 지속적인 고찰을 가라앉혔기 때문에 [더 이상 존재하지 않으며], 자기 내면의 것이고, 확신이 있으며, 마음의 단일한 상태이고, 일으킨 생각과 지속적인 고찰은 없고, 삼매에서 생긴 희열과 행복이 있는 제2선(二禪)에 들어 머문다.

희열이 빛바랬기 때문에 평온하게 머물고, 마음챙기고 알아차리며 몸으로 행복을 경험한다. 이 [禪 때문에] '평온하고 마음챙기며 행복하게 머문다.'고 성자들이 묘사하는 제3선(三禪)에 들어 머문다.

행복도 버리고 괴로움도 버리고, 아울러 그 이전에 이미 기쁨과 슬

---

319) 6차결집본의 경제목은 '차례로 머묾'(Anupubbavihāra-sutta)이다. 그리고 본경은 「합송경」(D33) §3.2 (5)와 같은 내용이다.

품을 소멸했으므로 괴롭지도 즐겁지도 않으며, 평온으로 인해 마음 챙김이 청정한 제4선(四禪)에 들어 머문다.

물질[色]에 대한 인식(산냐)을 완전히 초월하고 부딪힘의 인식을 소멸하고 갖가지 인식을 마음에 잡도리하지 않기 때문에 '무한한 허공'이라고 하면서 공무변처에 들어 머문다.

공무변처를 완전히 초월하여 '무한한 알음알이[識]'라고 하면서 식무변처에 들어 머문다.

식무변처를 완전히 초월하여 '아무것도 없다.'라고 하면서 무소유처에 들어 머문다.

무소유처를 완전히 초월하여 비상비비상처에 들어 머문다.

일체 비상비비상처를 완전히 초월하여 상수멸(想受滅, 인식과 느낌의 그침)에 들어 머문다.

비구들이여, 이러한 아홉 가지 차례로 머묾이 있다."

머묾 경2(A9:33)[320]

1. "비구들이여, 아홉 가지 차례로 머묾의 증득[九次第住等至]을[321] 설하리라. 이제 그것을 들어라. 듣고 마음에 잘 새겨라. 나는

---

320) 6차결집본의 경제목은 '차례로 머묾의 증득'(Anupubbavihārasamāpatti -sutta)이다.

321) 4선-4처-상수멸의 9가지는 9차제멸(anupubba-nirodha, A9:31)이라고도 불리고, 9차제주(anupubba-vihāra, A9:32)라고도 불리우고, 여기서처럼 9차제주증득(anupubba-vihāra-samāpatti, 본경 및 A9:41)이라고도 불린다. 이 셋은 각각 무엇을 소멸하고, 어떤 경지에 머물고, 어떤 경지를 증득했는가에 초점을 맞춰서 붙인 이름이다.

설할 것이다."

"그렇게 하겠습니다, 세존이시여."라고 비구들은 세존께 응답했다. 세존께서는 이렇게 말씀하셨다.

"비구들이여, 어떤 것이 아홉 가지 차례로 머묾의 증득인가?"

2. "감각적 욕망들이 소멸한 그곳에서, 감각적 욕망들을 모두 소멸한 그들이 머문다. 참으로 그런 존자들은 갈애와 사견이 없고, [모든 오염원들이] 꺼지고, 그 [禪의] 구성요소로 [감각적 욕망을] 건너, 저 언덕에 도달했다고 나는 말한다. '그런데 감각적 욕망들은 어디에서 소멸하며, 누가 감각적 욕망들을 모두 소멸한 뒤 머무는지 나는 알지 못하고 나는 보지 못합니다.'라고 말하는 자에게는 이렇게 말해주어야 한다.

'도반들이여, 여기 비구는 감각적 욕망들을 완전히 떨쳐버리고 해로운 법[不善法]들을 떨쳐버린 뒤, 일으킨 생각[尋]과 지속적인 고찰 [伺]이 있고, 떨쳐버렸음에서 생긴 희열[喜]과 행복[樂]이 있는 초선(初禪)에 들어 머뭅니다. 여기서 감각적 욕망들이 소멸하고, 감각적 욕망들을 모두 소멸한 그들이 머뭅니다.'라고

비구들이여, 그러면 정직하고 성실한 사람은 '훌륭합니다.'라고 그의 말을 기뻐하고 반가워할 것이다. '훌륭합니다.'라고 그의 말을 기뻐하고 반가워한 뒤 절하고 합장하여 그를 예경할 것이다."

3. "일으킨 생각과 지속적 고찰이 소멸한 그곳에서, 일으킨 생각과 지속적 고찰을 모두 소멸한 그들이 머문다. 참으로 그런 존자들은 갈애와 사견이 없고, [모든 오염원들이] 꺼지고, 그 [禪의] 구성요

소로 [감각적 욕망을] 건너, 저 언덕에 도달했다고 나는 말한다. '그런데 일으킨 생각과 지속적 고찰은 어디에서 소멸하며, 누가 일으킨 생각과 지속적 고찰을 모두 소멸한 뒤 머무는지 나는 알지 못하고 나는 보지 못합니다.'라고 말하는 자에게는 이렇게 말해주어야 한다.

'도반들이여, 여기 비구는 일으킨 생각과 지속적인 고찰을 가라앉혔기 때문에 자기 내면의 것이고, 확신이 있으며, 마음의 단일한 상태이고, 일으킨 생각과 지속적인 고찰은 없고, 삼매에서 생긴 희열과 행복이 있는 제2선(二禪)에 들어 머뭅니다. 여기서 일으킨 생각과 지속적 고찰이 소멸하고, 일으킨 생각과 지속적인 고찰을 모두 소멸한 그들이 머뭅니다.'라고.

비구들이여, 그러면 정직하고 성실한 사람은 '훌륭합니다.'라고 그의 말을 기뻐하고 반가워할 것이다. '훌륭합니다.'라고 그의 말을 기뻐하고 반가워한 뒤 절하고 합장하여 그를 예경할 것이다."

4.   "희열이 소멸한 그곳에서, 희열을 모두 소멸한 그들이 머문다. 참으로 그런 존자들은 갈애와 사견이 없고, [모든 오염원들이] 꺼지고, 그 [禪의] 구성요소로 [감각적 욕망을] 건너, 저 언덕에 도달했다고 나는 말한다. '그런데 희열은 어디에서 소멸하며, 누가 희열을 모두 소멸한 뒤 머무는지 나는 알지 못하고 나는 보지 못합니다.'라고 말하는 자에게는 이렇게 말해주어야 한다.

'도반들이여, 여기 비구는 희열이 빛바랬기 때문에 평온하게 머문다. 마음챙기고 알아차리며 몸으로 행복을 경험한다. 이 [禪 때문에] '평온하고 마음챙기며 행복하게 머문다.'고 성자들이 묘사하는 제3선(三禪)에 들어 머뭅니다. 여기서 희열이 소멸하고, 희열을 모두 소멸한 그들이 머뭅니다.'라고.

비구들이여, 그러면 정직하고 성실한 사람은 '훌륭합니다.'라고 그의 말을 기뻐하고 반가워할 것이다. '훌륭합니다.'라고 그의 말을 기뻐하고 반가워한 뒤 절하고 합장하여 그를 예경할 것이다."

5. "평온과 행복이 소멸한 그곳에서, 평온과 행복을 모두 소멸한 그들이 머문다. 참으로 그런 존자들은 갈애와 사견이 없고, [모든 오염원들이] 꺼지고, 그 [禪의] 구성요소로 [감각적 욕망을] 건너, 저 언덕에 도달했다고 나는 말한다. '그런데 평온과 행복은 어디에서 소멸하며, 누가 평온과 행복을 모두 소멸한 뒤 머무는지 나는 알지 못하고 나는 보지 못합니다.'라고 말하는 자에게는 이렇게 말해주어야 한다.

'도반들이여, 여기 비구는 행복도 버리고 괴로움도 버리고, 아울러 그 이전에 이미 기쁨과 슬픔을 소멸했으므로 괴롭지도 즐겁지도 않으며, 평온으로 인해 마음챙김이 청정한 제4선(四禪)에 들어 머뭅니다. 여기서 평온과 행복이 소멸하고, 평온과 행복을 모두 소멸한 그들이 머뭅니다.'라고.

비구들이여, 그러면 정직하고 성실한 사람은 '훌륭합니다.'라고 그의 말을 기뻐하고 반가워할 것이다. '훌륭합니다.'라고 그의 말을 기뻐하고 반가워한 뒤 절하고 합장하여 그를 예경할 것이다."

6. "물질[色]에 대한 인식(산냐)이 소멸한 그곳에서, 물질에 대한 인식을 모두 소멸한 그들이 머문다. 참으로 그런 존자들은 갈애와 사견이 없고, [모든 오염원들이] 꺼지고, 그 [禪의] 구성요소로 [감각적

욕망을] 건너, 저 언덕에 도달했다고 나는 말한다. '그런데 물질에 대한 인식은 어디에서 소멸하며, 누가 물질에 대한 인식을 모두 소멸한 뒤 머무는지 나는 알지 못하고 나는 보지 못합니다.'라고 말하는 자에게는 이렇게 말해주어야 한다.

'비구들이여, 여기 비구는 물질에 대한 인식을 완전히 초월하고 부딪힘의 인식을 소멸하고 갖가지 인식을 마음에 잡도리하지 않기 때문에 '무한한 허공'이라고 하면서 공무변처에 들어 머뭅니다. 여기서 물질에 대한 인식이 소멸하고, 물질에 대한 인식을 모두 소멸한 그들이 머뭅니다.'라고.

비구들이여, 그러면 정직하고 성실한 사람은 '훌륭합니다.'라고 그의 말을 기뻐하고 반가워할 것이다. '훌륭합니다.'라고 그의 말을 기뻐하고 반가워한 뒤 절하고 합장하여 그를 예경할 것이다.″

7.   ″공무변처에 대한 인식이 소멸한 그곳에서, 공무변처에 대한 인식을 모두 소멸한 그들이 머문다. 참으로 그런 존자들은 갈애와 사견이 없고, [모든 오염원들이] 꺼지고, 그 [禪의] 구성요소로 [감각적 욕망을] 건너, 저 언덕에 도달했다고 나는 말한다. '그런데 공무변처에 대한 인식은 어디에서 소멸하며, 누가 공무변처에 대한 인식을 모두 소멸한 뒤 머무는지 나는 알지 못하고 나는 보지 못합니다.'라고 말하는 자에게는 이렇게 말해주어야 한다.

'비구들이여, 여기 비구는 공무변처를 완전히 초월하여 '무한한 알음알이[識]'라고 하면서 식무변처에 들어 머뭅니다. 여기서 공무변처에 대한 인식이 소멸하고, 공무변처에 대한 인식을 모두 소멸한 그들이 머뭅니다.'라고.

비구들이여, 그러면 정직하고 성실한 사람은 '훌륭합니다.'라고 그의 말을 기뻐하고 반가워할 것이다. '훌륭합니다.'라고 그의 말을 기뻐하고 반가워한 뒤 절하고 합장하여 그를 예경할 것이다."

8. "식무변처에 대한 인식이 소멸한 그곳에서, 식무변처에 대한 인식을 모두 소멸한 그들이 머문다. 참으로 그런 존자들은 갈애와 사견이 없고, [모든 오염원들이] 꺼지고, 그 [禪의] 구성요소로 [감각적 욕망을] 건너, 저 언덕에 도달했다고 나는 말한다. '그런데 식무변처에 대한 인식은 어디에서 소멸하며, 누가 식무변처에 대한 인식을 모두 소멸한 뒤 머무는지 나는 알지 못하고 나는 보지 못합니다.'라고 말하는 자에게는 이렇게 말해주어야 한다.

'비구들이여, 여기 비구는 식무변처를 완전히 초월하여 '아무것도 없다.'라고 하면서 무소유처에 들어 머뭅니다. 여기서 식무변처에 대한 인식이 소멸하고, 식무변처에 대한 인식을 모두 소멸한 그들이 머뭅니다.'라고

비구들이여, 그러면 정직하고 성실한 사람은 '훌륭합니다.'라고 그의 말을 기뻐하고 반가워할 것이다. '훌륭합니다.'라고 그의 말을 기뻐하고 반가워한 뒤 절하고 합장하여 그를 예경할 것이다."

9. "무소유처에 대한 인식이 소멸한 그곳에서, 무소유처에 대한 인식을 모두 소멸한 그들이 머문다. 참으로 그런 존자들은 갈애와 사견이 없고, [모든 오염원들이] 꺼지고, 그 [禪의] 구성요소로 [감각적 욕망을] 건너, 저 언덕에 도달했다고 나는 말한다. '그런데 무소유처에 대한 인식은 어디에서 소멸하며, 누가 무소유처에 대한 인식을

모두 소멸한 뒤 머무는지 나는 알지 못하고 나는 보지 못합니다.'라고 말하는 자에게는 이렇게 말해주어야 한다.

'비구들이여, 여기 비구는 무소유처를 완전히 초월하여 비상비비상처에 들어 머뭅니다. 여기서 무소유처에 대한 인식이 소멸하고, 무소유처에 대한 인식을 모두 소멸한 그들이 머뭅니다.'라고.

비구들이여, 그러면 정직하고 성실한 사람은 '훌륭합니다.'라고 그의 말을 기뻐하고 반가워할 것이다. '훌륭합니다.'라고 그의 말을 기뻐하고 반가워한 뒤 절하고 합장하여 그를 예경할 것이다."

10. "비상비비상처에 대한 인식이 소멸한 그곳에서, 비상비비상처에 대한 인식을 모두 소멸한 그들이 머문다. 참으로 그런 존자들은 갈애와 사견이 없고, [모든 오염원들이] 꺼지고, 그 [禪의] 구성요소로 [감각적 욕망을] 건너, 저 언덕에 도달했다고 나는 말한다. '그런데 비상비비상처에 대한 인식은 어디에서 소멸하며, 누가 비상비비상처에 대한 인식을 모두 소멸한 뒤 머무는지 나는 알지 못하고 나는 보지 못합니다.'라고 말하는 자에게는 이렇게 말해주어야 한다.

'비구들이여, 여기 비구는 일체 비상비비상처를 완전히 초월하여 상수멸(想受滅, 인식과 느낌의 그침)에 들어 머뭅니다. 여기서 비상비비상처에 대한 인식이 소멸하고, 비상비비상처에 대한 인식을 모두 소멸한 그들이 머뭅니다.'라고.

비구들이여, 그러면 정직하고 성실한 사람은 '훌륭합니다.'라고 그의 말을 기뻐하고 반가워할 것이다. '훌륭합니다.'라고 그의 말을 기뻐하고 반가워한 뒤 절하고 합장하여 그를 예경할 것이다.

비구들이여, 이것이 아홉 가지 차례로 머묾의 증득이다."

열반 경(A9:34)[322]

Nibbāna-sutta

1. 이와 같이 나는 들었다. 한때 사리뿟따 존자는 라자가하에서 대나무 숲의 다람쥐 보호구역에 머물렀다. 거기서 사리뿟따 존자는 비구들을 불러서 말했다.

"도반들이여, 열반은 행복입니다. 도반들이여, 열반은 행복입니다."

2. 이렇게 말하자 우다이 존자가 사리뿟따 존자에게 이렇게 말했다.

"도반 사리뿟따여, 여기서 느껴지는 것이 없는데 어떻게 행복이라 합니까?"

3. "도반이여, 여기서 느껴지는 것이 없는 그것이 바로 행복입니다.

도반이여, 다섯 가닥의 감각적 욕망이 있습니다. 무엇이 다섯입니까? 눈으로 인식되는 형상들이 있으니, 원하고, 좋아하고, 마음에 들고, 사랑스럽고, 달콤하고, 매혹적인 것들입니다. 귀로 인식되는 소리들이 있으니, … 코로 인식되는 냄새들이 있으니, … 혀로 인식되는 맛들이 있으니, … 몸으로 인식되는 감촉[觸]들이 있으니, 원하고, 좋아하고, 마음에 들고, 사랑스럽고, 달콤하고, 매혹적인 것들입니다. 도반이여, 이것이 다섯 가닥의 감각적 욕망입니다. 도반이여, 이러한 다섯 가닥의 감각적 욕망을 반연하여 일어난 행복과 기쁨을 감각적

---

322) 6차결집본의 경제목은 '열반의 행복'(Nibbānasukha-sutta)이다.

욕망의 행복이라 합니다."

4. "도반이여, 여기 비구는 감각적 욕망들을 완전히 떨쳐버리고 … 초선(初禪)에 들어 머뭅니다. 도반이여, 만일 그 비구가 이와 같이 머물 때 감각적 욕망이 함께한 인식과 마음에 잡도리함323)이 일어나면324) 이것은 그에게 병입니다.

도반이여, 예를 들면 행복한 자에게 병날 만큼의 괴로움이 일어날 수도 있듯이, 그에게 감각적 욕망이 함께한 인식과 마음에 잡도리함이 일어나면 이것은 그에게 병입니다. 도반이여, 세존께서는 병이 바로 괴로움이라고 말씀하셨습니다. 도반이여, 이러한 이유로 열반은 행복과 같다고 알아야 합니다."

5. "다시 도반이여, 비구는 일으킨 생각과 지속적인 고찰을 가라앉혔기 때문에 … 제2선(二禪)에 들어 머뭅니다. 도반이여, 만일 그 비구가 이와 같이 머물 때 일으킨 생각이 함께한 인식과 마음에 잡도리함이 일어나면 이것은 그에게 병입니다.

도반이여, 예를 들면 행복한 자에게 병날 만큼의 괴로움이 일어날 수도 있듯이, 그에게 일으킨 생각이 함께한 인식과 마음에 잡도리함이 일어나면 이것은 그에게 병입니다. 도반이여, 세존께서는 병이 바로 괴로움이라고 말씀하셨습니다. 도반이여, 이러한 이유로도 열반

---

323) '감각적 욕망이 함께한 인식과 마음에 잡도리함'은 kāmasahagatā saññāmanasikārā를 옮긴 것이다. 주석서는 이것을 "감각적 욕망을 의지한(nissita) 인식과 마음에 잡도리 함"(AA.iv.194)으로 설명하고 있다.

324) "'일어난다(samudācaranti)'는 것은 마음의 문(mano-dvāra)에 일어난다는 말이다."(Ibid)

은 행복과 같다고 알아야 합니다."

6. "다시 도반이여, 비구는 희열이 빛바랬기 때문에 … 제3선 (三禪)에 들어 머뭅니다. 도반이여, 만일 그 비구가 이와 같이 머물 때 희열이 함께한 인식과 마음에 잡도리함이 일어나면 이것은 그에게 병입니다.

도반이여, 예를 들면 행복한 자에게 병날 만큼의 괴로움이 일어날 수도 있듯이, 그에게 희열이 함께한 인식과 마음에 잡도리함이 일어나면 이것은 그에게 병입니다. 도반이여, 세존께서는 병이 바로 괴로움이라고 말씀하셨습니다. 도반이여, 이러한 이유로도 열반은 행복과 같다고 알아야 합니다."

7. "다시 도반이여, 비구는 행복도 버리고 … 제4선(四禪)에 들어 머뭅니다. 도반이여, 만일 그 비구가 이와 같이 머물 때 평온이 함께한 인식과 마음에 잡도리함이 일어나면 이것은 그에게 병입니다.

도반이여, 예를 들면 행복한 자에게 병날 만큼의 괴로움이 일어날 수도 있듯이, 그에게 평온이 함께한 인식과 마음에 잡도리함이 일어나면 이것은 그에게 병입니다. 도반이여, 세존께서는 병이 바로 괴로움이라고 말씀하셨습니다. 도반이여, 이러한 이유로도 열반은 행복과 같다고 알아야 합니다."

8. "다시 도반이여, 비구는 물질[色]에 대한 인식(산냐)을 완전히 초월하고 부딪힘의 인식을 소멸하고 갖가지 인식을 마음에 잡도리하지 않기 때문에 '무한한 허공'이라고 하면서 공무변처에 들어 머뭅니다. 도반이여, 만일 그 비구가 이와 같이 머물 때 물질이 함께한 인식

과 마음에 잡도리함이 일어나면 이것은 그에게 병입니다.

　도반이여, 예를 들면 행복한 자에게 병날 만큼의 괴로움이 일어날 수도 있듯이, 그에게 물질이 함께한 인식과 마음에 잡도리함이 일어나면 이것은 그에게 병입니다. 도반이여, 세존께서는 병이 바로 괴로움이라고 말씀하셨습니다. 도반이여, 이러한 이유로도 열반은 행복과 같다고 알아야 합니다.”

9.　“다시 도반이여, 비구는 공무변처를 완전히 초월하여 '무한한 알음알이[識]'라고 하면서 식무변처에 들어 머뭅니다. 도반이여, 만일 그 비구가 이와 같이 머물 때 공무변처와 함께한 인식과 마음에 잡도리함이 일어나면 이것은 그에게 병입니다.

　도반이여, 예를 들면 행복한 자에게 병날 만큼의 괴로움이 일어날 수도 있듯이, 그에게 공무변처와 함께한 인식과 마음에 잡도리함이 일어나면 이것은 그에게 병입니다. 도반이여, 세존께서는 병이 바로 괴로움이라고 말씀하셨습니다. 도반이여, 이러한 이유로도 열반은 행복과 같다고 알아야 합니다.”

10.　“다시 도반이여, 비구는 식무변처를 완전히 초월하여 '아무것도 없다.'라고 하면서 무소유처에 들어 머뭅니다. 도반이여, 만일 그 비구가 이와 같이 머물 때 식무변처와 함께한 인식과 마음에 잡도리함이 일어나면 이것은 그에게 병입니다.

　도반이여, 예를 들면 행복한 자에게 병날 만큼의 괴로움이 일어날 수도 있듯이, 그에게 식무변처와 함께한 인식과 마음에 잡도리함이 일어나면 이것은 그에게 병입니다. 도반이여, 세존께서는 병이 바로 괴로움이라고 말씀하셨습니다. 도반이여, 이러한 이유로도 열반은 행복과 같다고 알아야 합니다."

11. "다시 도반이여, 비구는 무소유처를 완전히 초월하여 비상비비상처에 들어 머뭅니다. 도반이여, 만일 그 비구가 이와 같이 머물 때 무소유처와 함께한 인식과 마음에 잡도리함이 일어나면 이것은 그에게 병입니다.

도반이여, 예를 들면 행복한 자에게 병날 만큼의 괴로움이 일어날 수도 있듯이, 그에게 무소유처와 함께한 인식과 마음에 잡도리함이 일어나면 이것은 그에게 병입니다. 도반이여, 세존께서는 병이 바로 괴로움이라고 말씀하셨습니다. 도반이여, 이러한 이유로도 열반은 행복과 같다고 알아야 합니다."

12. "다시 도반이여, 비구는 일체 비상비비상처를 완전히 초월하여 상수멸(想受滅, 인식과 느낌의 그침)에 들어 머뭅니다. 그리고 그는 통찰지로써 [사성제를] 본 뒤325) 번뇌를 남김없이 소멸합니다. 도반이여, 이러한 이유로도 열반은 행복과 같다고 알아야 합니다."

---

325) "'통찰지로써 본 뒤 번뇌들을 남김없이 소멸한다.(paññāya cassa disvā āsavā parikkhīṇā honti)'는 것은 도의 통찰지로써 사성제(cattāri ariyasaccāni)를 본 뒤 네 가지 번뇌들(āsavā)을 모두 소멸한다는 말이다.(MA.ii.163)
네 가지 번뇌란 사견의 번뇌, 감각적 욕망의 번뇌, 존재하고자 함의 번뇌, 무명의 번뇌이다. 이 중에서 사견의 번뇌는 예류도의 통찰지로써, 감각적 욕망의 번뇌는 불환도의 통찰지로써, 존재하고자 함의 번뇌와 무명의 번뇌는 아라한도의 통찰지로써 각각 소멸한다.

소[牛] 경(A9:35)[326]
Gāvī-sutta

1. "비구들이여, 예를 들면 어리석고, 우둔하고, 들판을 모르고, 바위가 울퉁불퉁 돌출한 산을 걷는 데 서투른 산악의 소가 있다 하자. 그 소에게 이런 생각이 든다. '나는 전에 가 본적이 없는 방향으로 가보리라. 전에 먹어보지 못한 풀을 뜯어먹으리라. 전에 마셔보지 못한 물을 마셔보리라.'라고. 그런데 그가 앞발을 확고하게 잘 내려놓지도 않은 채 뒷발을 들어 올린다 하자. 그러면 그는 전에 가 본적이 없는 방향으로 가지 못할 것이고, 전에 먹어보지 못한 풀을 뜯어먹지 못할 것이고, 전에 마셔보지 못한 물을 마셔보지 못할 것이다. 또 그 곳에 서서 '나는 전에 가 본적이 없는 방향으로 가 보리라. 전에 먹어보지 못한 풀을 뜯어먹으리라. 전에 마셔보지 못한 물을 마셔보리라.'라고 생각했던 그 장소로 안전하게 돌아오지도 못할 것이다.

그것은 무슨 이유 때문인가? 비구들이여, 그 산악의 소는 어리석고, 우둔하고, 들판을 모르고, 바위가 울퉁불퉁 돌출한 산을 걷는 데 서투르기 때문이다.

비구들이여, 그와 같이 여기 어떤 비구가 있어 어리석고, 우둔하고, 들판을 모르고, 감각적 욕망들을 완전히 떨쳐버리고 해로운 법[不善法]들을 떨쳐버린 뒤 … 초선에 들어 머무는 데 서투르다. 그는 그 표상을 반복하지 않고, 닦지 않고, 많이 [공부]짓지 않고, 바르게 확립하지 않는다. 그에게 이런 생각이 든다. '나는 일으킨 생각과 지속적

---

326) 6차결집본의 경제목은 '소 비유 경'(Gāvīupamā-sutta)이다.

인 고찰을 가라앉히고 … 제2선에 들어 머물리라'고. 그러나 그는 일으킨 생각과 지속적인 고찰을 가라앉히고 … 제2선에 들어 머물 수가 없다. 그러자 다시 그에게 이런 생각이 든다. '나는 감각적 욕망들을 완전히 떨쳐버리고 해로운 법들을 떨쳐버린 뒤 … 초선에 들어 머물리라.'라고. 그러나 그는 감각적 욕망들을 완전히 떨쳐버리고 해로운 법들을 떨쳐버린 뒤 … 초선에 들어 머물 수도 없다. 비구들이여, 이를 일러 비구는 두 가지 모두를 잃었고 두 가지 모두로부터 떨어졌다고 한다. 마치 어리석고, 우둔하고, 들판을 모르고, 바위가 울퉁불퉁 돌출한 산을 걷는 데 서투른 산악의 소처럼."327)

2. "비구들이여, 예를 들면 현명하고, 영민하고, 들판을 잘 알고, 바위가 울퉁불퉁 돌출한 산을 걷는 데 능숙한 산악의 소가 있다 하자. 그 소에게 이런 생각이 든다. '나는 전에 가 본적이 없는 방향으로 가보리라. 전에 먹어보지 못한 풀을 뜯어먹으리라. 전에 마셔보지 못한 물을 마셔보리라.'라고. 그가 앞발을 확고하게 잘 내려놓은 뒤 뒷발을 들어 올린다 하자. 그러면 그는 전에 가 본적이 없는 방향으로 갈 것이고, 전에 먹어보지 못한 풀을 뜯어먹을 것이고, 전에 마셔보지 못한 물을 마시게 될 것이다. 또 그곳에 서서 '나는 전에 가 본적이 없는 방향으로 가 보리라. 전에 먹어보지 못한 풀을 뜯어먹으리라. 전에 마셔보지 못한 물을 마셔보리라.'라고 생각했던 그 장소로 안전하게 돌아올 것이다.

그것은 무슨 이유 때문인가? 비구들이여, 그 산악의 소는 현명하고, 영민하고, 들판을 잘 알고, 바위가 울퉁불퉁 돌출한 산을 걷는 데

---

327) 본경의 본 문단은 전체가 『청정도론』 IV.130에 인용되어 있다.

능숙하기 때문이다.

비구들이여, 그와 같이 여기 어떤 비구가 있어 현명하고, 영민하고, 들판을 잘 알고, 감각적 욕망들을 완전히 떨쳐버리고 해로운 법[不善法]들을 떨쳐버린 뒤 … 초선에 들어 머무는 데 능숙하다. 그는 그 표상328)을 반복하고, 닦고, 많이 [공부]짓고, 바르게 확립한다. 그에게 이런 생각이 든다. '나는 일으킨 생각과 지속적인 고찰을 가라앉히고 … 제2선(二禪)에 들어 머물리라.'라고. 그러면 그는 아무 어려움 없이329) 일으킨 생각과 지속적인 고찰을 가라앉히고 … 제2선에 들어 머문다.

그는 그 표상을 반복하고, 닦고, 많이 [공부]짓고, 바르게 확립한다. 그에게 이런 생각이 든다. '나는 희열이 빛바랬기 때문에 … 제3선(三禪)에 들어 머물리라.'라고. 그러면 그는 아무 어려움 없이 희열이 빛바랬기 때문에 … 제3선(三禪)에 들어 머문다.

그는 그 표상을 반복하고, 닦고, 많이 [공부]짓고, 바르게 확립한다. 그에게 이런 생각이 든다. '나는 행복도 버리고 … 제4선(四禪)에 들어 머물리라.'라고. 그러면 그는 아무 어려움 없이 행복도 버리고 … 제4선(四禪)에 들어 머문다.

그는 그 표상을 반복하고, 닦고, 많이 [공부]짓고, 바르게 확립한다. 그에게 이런 생각이 든다. '나는 물질[色]에 대한 인식을 완전히 초월하고 부딪힘의 인식을 소멸하고 갖가지 인식을 마음에 잡도리하지

---

328) "'그 표상(taṁ nimittaṁ)'이란 초선이라 불리는(paṭhamajjhāna-saṅkhāta) 표상이다."(AA.iv.194)

329) '아무 어려움 없이'는 anabhihiṁsamāno를 옮긴 것인데 주석서에서 apothento aviheṭhento로 설명하고 있어서(*Ibid*) 이렇게 옮겼다.

않기 때문에 '무한한 허공'이라고 하면서 공무변처에 들어 머물리라.'
라고. 그러면 그는 아무 어려움 없이 물질[色]에 대한 인식을 완전히
초월하고 … 공무변처에 들어 머문다.

그는 그 표상을 반복하고, 닦고, 많이 [공부]짓고, 바르게 확립한다.
그에게 이런 생각이 든다. '나는 공무변처를 완전히 초월하여 '무한한
알음알이[識]'라고 하면서 식무변처에 들어 머물리라.'라고. 그러면 그
는 아무 어려움 없이 공무변처를 완전히 초월하여 '무한한 알음알이
[識]'라고 하면서 식무변처에 들어 머문다.

그는 그 표상을 반복하고, 닦고, 많이 [공부]짓고, 바르게 확립한다.
그에게 이런 생각이 든다. '나는 식무변처를 완전히 초월하여 '아무것
도 없다.'라고 하면서 무소유처에 들어 머물리라.'라고. 그러면 그는
아무 어려움 없이 식무변처를 완전히 초월하여 '아무것도 없다.'라고
하면서 무소유처에 들어 머문다.

그는 그 표상을 반복하고, 닦고, 많이 [공부]짓고, 바르게 확립한다.
그에게 이런 생각이 든다. '나는 무소유처를 완전히 초월하여 비상비
비상처에 들어 머물리라.'라고. 그러면 그는 아무 어려움 없이 무소유
처를 완전히 초월하여 비상비비상처에 들어 머문다.

그는 그 표상을 반복하고, 닦고, 많이 [공부]짓고, 바르게 확립한다.
그에게 이런 생각이 든다. '나는 일체 비상비비상처를 완전히 초월하
여 상수멸(想受滅, 인식과 느낌의 그침)에 들어 머물리라'고. 그러면 그는
아무 어려움 없이 일체 비상비비상처를 완전히 초월하여 상수멸에
들어 머문다."

3. "비구들이여, 비구가 이러한 증득에 입정하기도 하고 출정

하기도 할 때 그의 마음은 유연해지고 [수행에] 적합하게 된다.330)
마음이 유연하고 [수행에] 적합하게 되면 무량한 삼매를 잘 닦게 된
다.331) 그는 잘 닦은 무량한 삼매를 통해 최상의 지혜로 실현시킬 수
있는 법이라면 그것이 어떤 것이든지 간에, 최상의 지혜로 실현하기
위해 그의 마음을 기울인다. 그리고 그는 이런 원인이 있을 때는 언
제든지 이것을 실현하는 능력을 얻는다.

그는 만일 원하기만 하면 여러 가지 신통변화를 나툰다. 하나인 채
여럿이 되기도 하고 … 심지어는 저 멀리 범천의 세상에까지도 몸의
자유자재함을 발한다.[神足通] 그는 이런 원인이 있을 때는 언제든지
이것을 실현하는 능력을 얻는다.

그는 만일 원하기만 하면 인간의 능력을 넘어선 청정하고 신성한
귀의 요소로 천상이나 인간의 소리 둘 다를 멀든 가깝든 간에 다 듣
는다.[天耳通] 그는 이런 원인이 있을 때는 언제든지 이것을 실현하는
능력을 얻는다.

그는 만일 원하기만 하면 자기의 마음으로 다른 중생들과 다른 인
간들의 마음에 대하여 꿰뚫어 안다. 탐욕이 있는 마음은 탐욕이 있는

---

330) "'마음이 유연해지고 적합하게 된다.(mudu cittaṁ hoti kammaññaṁ)'
는 것은 마치 위빳사나의 마음이 출세간도가 일어나는 순간(lok-
uttara-magga-kkhaṇa)에 유연해지고 수행을 견디고 수행에 적합하게
되듯이, 신통지의 기초(abhiññā-pādaka)가 되는 그의 제4선의 마음도
유연해지고 수행에 적합하게 된다는 말이다."(AA.iv.194~195)

331) "'무량한 삼매(appamāṇa samādhi)'라는 것은 네 가지 거룩한 마음가짐
[四梵住]의 삼매(catu-brahmavihāra-samādhi)도 무량한 삼매라 하
고, 도와 과의 삼매(maggaphala-samādhi)도 무량한 삼매라 한다. 그러
나 여기서 무량하다는 것은 무량한 대상(appamāṇa-ārammaṇa)을 말한
다. 그러므로 이 방법에 따라 잘 익힌 삼매를 '무량한 삼매'라고 알아야 한
다."(AA.iv.195)

마음이라고 꿰뚫어 알고 … 해탈하지 못한 마음은 해탈하지 못한 마음이라고 꿰뚫어 안다.[他心通] 그는 이런 원인이 있을 때는 언제든지 이것을 실현하는 능력을 얻는다.

그는 만일 원하기만 하면 수많은 전생의 갖가지 삶들을 기억한다. 즉 한 생, 두 생, … 이처럼 한량없는 전생의 갖가지 모습들을 그 특색과 더불어 상세하게 기억해낸다.[宿命通] 그는 이런 원인이 있을 때는 언제든지 이것을 실현하는 능력을 얻는다.

그는 만일 원하기만 하면 청정하고 인간을 넘어선 신성한 눈으로 중생들이 죽고 태어나고, … 중생들이 지은 바 그 업에 따라서 가는 것을 꿰뚫어 안다.[天眼通] 그는 이런 원인이 있을 때는 언제든지 이것을 실현하는 능력을 얻는다.

그는 만일 원하기만 하면 모든 번뇌를 소멸하는 지혜로 마음을 향하게 하고 기울게 한다. 그는 '이것이 괴로움이다.'라고 있는 그대로 꿰뚫어 알고 … 다시는 어떤 존재로도 돌아오지 않을 것이라고 꿰뚫어 안다.[漏盡通] 그는 이런 원인이 있을 때는 언제든지 이것을 실현하는 능력을 얻는다."

선(禪) 경(A9:36)
Jhāna-sutta

1. "비구들이여, 초선(初禪)을 의지해서도 번뇌가 다한다332)고 나는 말한다. 비구들이여, 제2선을 의지해서도 번뇌가 다한다고 나는

---

332) "'번뇌가 다한다.(āsavānaṁ khayaṁ)'는 것은 아라한과(arahatta)를 말한다."(AA.ivi.195)

말한다. 비구들이여, 제3선을 의지해서도 번뇌가 다한다고 나는 말한다. 비구들이여, 제4선을 의지해서도 번뇌가 다한다고 나는 말한다. 비구들이여, 공무변처를 의지해서도 번뇌가 다한다고 나는 말한다. 비구들이여, 식무변처를 의지해서도 번뇌가 다한다고 나는 말한다. 비구들이여, 무소유처를 의지해서도 번뇌가 다한다고 나는 말한다. 비구들이여, 비상비비상처를 의지해서도 번뇌가 다한다고 나는 말한다."

2. "'비구들이여, 초선(初禪)을 의지해서도 번뇌가 다한다고 나는 말한다.'라고 한 것은 무슨 이유로 그렇게 말했는가? 비구들이여, 여기 비구는 감각적 욕망들을 완전히 떨쳐버리고 해로운 법[不善法]들을 떨쳐버린 뒤 … 초선에 들어 머문다. 그는 거기서 일어나는 물질이건333) 느낌이건 인식이건 심리현상들이건 알음알이건, 그 모든 법들334)을 무상하다고 괴로움이라고 병이라고 종기라고 화살이라고 재난이라고 질병이라고 남[他]이라고 부서지기 마련인 것이라고 공한 것이라고 무아라고 바르게 관찰한다.

그는 이런 법들로부터 마음을 돌려버린다. 그는 이런 법들로부터 마음을 돌린 뒤 불사(不死)의 경지로 마음을 향하게 한다. '이것은 고요하고 이것은 수승하다. 이것은 모든 형성된 것들[行]이 가라앉음

---

333) "'거기서 일어나는 물질(yadeva tattha hoti rūpagataṁ)'이란 그 초선의 순간에 토대(vatthu)로써 일어나거나, 혹은 마음에서 생긴 것(citta-samuṭṭhānika) 등으로써 물질이 일어나는 것을 말한다."(Ibid) 후자는 업에서 생긴 물질과 마음에서 생긴 물질을 뜻한다. 업에서 생긴 물질 등은 『아비담마 길라잡이』 6장 §§9~15를 참조할 것.

334) "'그 모든 법들(te dhammā)'이란 물질 등 오온의 법들(pañcakkhandha -dhamma)을 말한다."(AA.iv.195)

[止]이요, 모든 재생의 근거를 놓아버림[放棄]이요, 갈애의 소진이요, 탐욕의 빛바램[離慾]이요, 소멸[滅]이요, 열반이다.'라고 그는 여기에 확고하게 머물러 번뇌가 다함을 얻는다.[아라한] 만일 번뇌가 다함을 얻지 못하더라도 이러한 법을 좋아하고 이러한 법을 즐기기 때문에 그는 다섯 가지 낮은 단계의 족쇄를 완전히 없애고 [정거천에] 화생하여 그곳에서 완전히 열반에 들어 그 세계로부터 다시 돌아오지 않는 법을 얻는다.[不還者]

비구들이여, 예를 들면 궁수나 궁수의 도제가 짚으로 만든 허수아비나 진흙더미로 연습을 한 뒤에, 나중에는 멀리 쏘고 전광석화와 같이 꿰뚫고 큰 몸을 쳐부수는 것과 같다.

그와 같이 비구는 감각적 욕망들을 완전히 떨쳐버리고 해로운 법[不善法]들을 떨쳐버린 뒤 … 초선에 들어 머문다. 그는 거기서 일어나는 물질이건 느낌이건 인식이건 심리현상들이건 알음알이건, 그 모든 법들을 무상하다고 괴로움이라고 병이라고 종기라고 화살이라고 재난이라고 질병이라고 남[他]이라고 부서지기 마련인 것이라고 공한 것이라고 무아라고 바르게 관찰한다.

그는 이런 법들로부터 마음을 돌려버린다. 그는 이런 법들로부터 마음을 돌린 뒤 불사(不死)의 경지로 마음을 향하게 한다. '이것은 고요하고 이것은 수승하다. 이것은 모든 형성된 것들[行]이 가라앉음[止]이요, 모든 재생의 근거를 놓아버림[放棄]이요, 갈애의 소진이요, 탐욕의 빛바램[離慾]이요, 소멸[滅]이요, 열반이다.'라고 그는 여기에 확고하게 머물러 번뇌가 다함을 얻는다. 만일 번뇌가 다함을 얻지 못하더라도 이러한 법을 좋아하고 이러한 법을 즐기기 때문에 그는 다섯 가지 낮은 단계의 족쇄를 완전히 없애고 [정거천에] 화생하여 그곳에서 완전히 열반에 들어 그 세계로부터 다시 돌아오지 않는 법을 얻는다.

'비구들이여, 초선(初禪)을 의지해서도 번뇌가 다한다고 나는 말한다.'한 것은 이런 이유로 그렇게 말한 것이다."

3. "'비구들이여, 제2선을 의지해서도 … 제3선을 의지해서도 … 제4선을 의지해서도 번뇌가 다한다고 나는 말한다.'라고 한 것은 무슨 이유로 그렇게 말했는가? 비구들이여, 여기 비구는 일으킨 생각과 지속적인 고찰을 가라앉혔기 때문에 … 제2선(二禪)에 들어 머문다. … 제3선(三禪)에 들어 머문다. … 제4선(四禪)에 들어 머문다. 그는 거기서 일어나는 물질이건 느낌이건 인식이건 심리현상들이건 알음알이건, 그 모든 법들을 무상하다고 괴로움이라고 병이라고 종기라고 화살이라고 재난이라고 질병이라고 남[他]이라고 부서지기 마련인 것이라고 공한 것이라고 무아라고 바르게 관찰한다.

그는 이런 법들로부터 마음을 돌려버린다. 그는 이런 법들로부터 마음을 돌린 뒤 불사(不死)의 경지로 마음을 향하게 한다. '이것은 고요하고 이것은 수승하다. 이것은 모든 형성된 것들[行]이 가라앉음[止]이요, 모든 재생의 근거를 놓아버림[放棄]이요, 갈애의 소진이요, 탐욕의 빛바램[離慾]이요, 소멸[滅]이요, 열반이다.'라고. 그는 여기에 확고하게 머물러 번뇌가 다함을 얻는다. 만일 번뇌가 다함을 얻지 못하더라도 이러한 법을 좋아하고 이러한 법을 즐기기 때문에 그는 다섯 가지 낮은 단계의 족쇄를 완전히 없애고 [정거천에] 화생하여 그곳에서 완전히 열반에 들어 그 세계로부터 다시 돌아오지 않는 법을 얻는다.

비구들이여, 예를 들면 궁수나 궁수의 도제가 짚으로 만든 허수아비나 진흙더미로 연습을 한 뒤에, 나중에는 멀리 쏘고 전광석화와 같이 꿰뚫고 큰 몸을 쳐부수는 것과 같다.

그와 같이 비구는 일으킨 생각과 지속적인 고찰을 가라앉혔기 때문에 … 제2선(二禪)에 들어 머문다. … 제3선(三禪)에 들어 머문다. … 제4선(四禪)에 들어 머문다. …

그는 이런 법들로부터 마음을 돌려버린다. … 다시 돌아오지 않는 법을 얻는다.[不還者]

'비구들이여, 제2선을 의지해서도 … 제3선을 의지해서도 … 제4선을 의지해서도 번뇌가 다한다고 나는 말한다.'라고 한 것은 이런 이유로 그렇게 말했다."

4. "'비구들이여, 공무변처를 의지해서도 번뇌가 다한다고 나는 말한다.'라고 한 것은 무슨 이유로 그렇게 말했는가? 비구들이여, 여기 비구는 물질[色]에 대한 인식(산냐)을 완전히 초월하고 부딪힘의 인식을 소멸하고 갖가지 인식을 마음에 잡도리하지 않기 때문에 '무한한 허공'이라고 하면서 공무변처에 들어 머문다. 그는 거기서 일어나는 느낌이건 인식이건 심리현상들이건 알음알이건, 그 모든 법들을 무상하다고 괴로움이라고 병이라고 종기라고 화살이라고 재난이라고 질병이라고 남[他]이라고 부서지기 마련인 것이라고 공한 것이라고 무아라고 바르게 관찰한다.

그는 이런 법들로부터 마음을 돌려버린다. … 다시 돌아오지 않는 법을 얻는다.

비구들이여, 예를 들면 궁수나 궁수의 도제가 짚으로 만든 허수아비나 진흙더미로 연습을 한 뒤에 나중에는 멀리 쏘고, 전광석화와 같이 꿰뚫고, 큰 몸을 쳐부수는 것과 같다.

그와 같이 비구는 물질[色]에 대한 인식(산냐)을 완전히 초월하고 부 딪힘의 인식을 소멸하고 갖가지 인식을 마음에 잡도리하지 않기 때 문에 '무한한 허공'이라고 하면서 공무변처에 들어 머문다. …

그는 이런 법들로부터 마음을 돌려버린다. … 다시 돌아오지 않는 법을 얻는다.

'비구들이여, 공무변처를 의지해서도 번뇌가 다한다고 나는 말한 다.'라고 한 것은 이런 이유로 그렇게 말했다."

5. "'비구들이여, 식무변처를 의지해서도 … 무소유처를 의지 해서도 번뇌가 다한다고 나는 말한다.'라고 한 것은 무슨 이유로 그 렇게 말했는가? 비구들이여, 여기 비구는 식무변처를 완전히 초월하 여 '아무것도 없다.'라고 하면서 무소유처에 들어 머문다. 그는 거기 서 일어나는 느낌이건 인식이건 심리현상들이건 알음알이건, 그 모 든 법들을 무상하다고 괴로움이라고 병이라고 종기라고 화살이라고 재난이라고 질병이라고 남[他]이라고 부서지기 마련인 것이라고 공 한 것이라고 무아라고 바르게 관찰한다.

그는 이런 법들로부터 마음을 돌려버린다. … 다시 돌아오지 않는 법을 얻는다.

비구들이여, 예를 들면 궁수나 궁수의 도제가 짚으로 만든 허수아 비나 진흙더미로 연습을 한 뒤에 나중에는 멀리 쏘고, 전광석화와 같 이 꿰뚫고, 큰 몸을 쳐부수는 것과 같다.

그와 같이 비구는 식무변처를 완전히 초월하여 '아무것도 없다.'라 고 하면서 무소유처에 들어 머문다. …

그는 이런 법들로부터 마음을 돌려버린다. … 다시 돌아오지 않는 법을 얻는다.

'비구들이여, 무소유처를 의지해서도 번뇌가 다한다고 나는 말한다.'라고 한 것은 이런 이유로 그렇게 말했다.'335)

비구들이여, 이와 같이 인식이 함께한 [선정의] 증득[等至]이 있는 한 완전한 지혜로 꿰뚫음이 있다.336) 비구들이여, 그리고 비상비비상처의 증득과 상수멸의 이 두 경지는 증득에 능숙하고 증득에서 출정하는 것에 능숙한, 선[禪]을 닦는 비구들이 증득에 들었다가 출정한 뒤에 바르게 설명해야 하는 것337)이라고 나는 말한다.'

아난다 경(A9:37)
Ānanda-sutta

1. 이와 같이 나는 들었다. 한때 아난다 존자는 꼬삼비에서 고

---

335) "여기서는 왜 비상비비상처를 언급하지 않았는가? 미세하기 때문 (sukhumattā)이다. 그 경지에서는 네 가지 정신의 무더기들(arūpa-kkhandhā)도 미세하여 명상(sammasana)을 할 수 없기 때문이다." (AA.iv.197)

336) '인식이 함께한 [선정의] 증득[等至]이 있는 한 완전한 지혜로 꿰뚫음이 있다.(yāvatā saññāsamāpatti tāvatā aññāpaṭivedho)'는 것을 주석서 는 다음과 같이 설명한다.
  "마음이 함께한 증득(sacittaka-samāpatti)이 있는 한, 거친 법들을 명상하는 자에게 완전한 지혜로 꿰뚫음(aññā-paṭivedha)이 있고, 그는 아라한과를 얻는다. 그러나 비상비비상처는 미세하기 때문에 인식이 함께한 [삼매의] 증득(saññā-samāpatti)이라 말하지 않는다."(AA.iv.197~198)

337) "'바르게 설명해야 한다(samakkhātabba)'는 것은 '이것은 고요(santa) 하고 수승(paṇīta)하다.'라고 궁극적으로(kevalaṁ) 설명해야 하고 칭송하고 찬양해야 한다는 말이다."(AA.iv.198)

시따 원림에 머물렀다.338) 거기서 아난다 존자는 "도반 비구들이여."
라고 비구들을 불렀다. "도반이시여."라고 비구들은 아난다 존자에게
응답했다. 아난다 존자는 이렇게 말했다.

2. "참으로 경이롭습니다, 도반들이여. 참으로 놀랍습니다, 도
반들이여. 도반들이여, 아시는 분, 보시는 분, 그분 세존 아라한 정등
각께서는 재가에서도 기회를 터득할 수 있음을 깨달으셨습니다.339)
이는 중생들을 청정하게 하고, 근심과 탄식을 다 건너게 하며, 육체
적 고통과 정신적 고통을 사라지게 하고, 옳은 방법을 터득하게 하고,
열반을 실현하게 하기 위한 것입니다.

참으로 눈도 있을 것이고 형상들도 있지만 그 [형상들의] 영역340)
은 경험되지 않을 것입니다.341) 참으로 귀도 있을 것이고 소리들도

---

338) 꼬삼비(Kosambi)와 고시따 원림(Ghositārāma)에 대해서는 본서 제2권
「깜보자 경」(A4:80) §1의 주해를 참조할 것.

339) "'재가(sambādha)'란 다섯 가닥의 감각적 욕망이 함께한 군중(pañca-
kāmaguṇa-sambādha)을 말한다."(*Ibid*)
"[재가로 옮긴] sambādha는 군중이란 뜻으로 여기서는 갈애의 오염으로
인해 근심이 있는 재가의 삶을 뜻한다."(Pm.165)
"여기서 기회(okāsa)란 '출세간법을 증득할 수 있는 기회'이다."(*Ibid*)

340) 여기서 '영역'으로 옮긴 원어는 āyatana이다. āyatana가 눈·귀·코 …
형상·소리·냄새 … 등의 12처일 경우는 '감각장소'로 옮겼고, 4처(공무
변처부터 비상비비상처까지)의 증득일 경우에는 '처(處)'로 번역되었다.
그러나 여기서는 아라한과의 삼매를 증득하거나, 4처를 증득한 자가 눈도
있고 형상도 눈에 잘 들어오지만, 이미 물질의 인식을 다 초월했기 때문에
그 물질의 영역에 대해 더 이상 인식하지 않는다는 뜻으로 사용되었기 때
문에 '영역'으로 옮겼다.

341) "감성을 가진 눈(pasāda-cakkhu)이 시력을 잃지 않을 것이고 형상들도
눈의 영역(āpātha)에 들어올 것이지만 그 형상의 영역(rūpāyatana)은

있지만 그 영역은 경험되지 않을 것입니다. 참으로 코도 있을 것이고 냄새들도 있지만 그 영역은 경험되지 않을 것입니다. 참으로 혀도 있을 것이고 맛들도 있지만 그 영역은 경험되지 않을 것입니다. 참으로 몸도 있을 것이고 감촉들도 있지만 그 영역은 경험되지 않을 것입니다."

3. 이렇게 말하자 우다이 존자342)가 아난다 존자에게 이렇게 말했다.

"도반 아난다여, 그러면 인식을 가진 자가343) 그 영역을 경험하지 않습니까, 아니면 인식이 없는 자가 경험하지 않습니까?"

"도반이여, 인식이 있는 자가 그 영역을 경험하지 않습니다. 인식이 없는 자가 그러는 것이 아닙니다."

"도반이여, 그러면 어떤 인식을 가진 자가 그 영역을 경험하지 않습니까?"

4. "도반이여, 여기 비구는 물질[色]에 대한 인식을 완전히 초월하고344) 부딪힘의 인식을 소멸하고 갖가지 인식을 마음에 잡도리

경험되지 않을 것이라는 뜻이다."(AA.iv.198)

342) "여기서 우다이(Udāyi)는 깔루다이 장로(Kāḷudāyi-thera)이다."(AA.iv.199)
주석서에 의하면 "우다이(Udāyī)라 이름하는 세 분의 장로가 있는데 랄루다이(Lāḷudāyī), 깔루다이(Kāḷudāyī), 마하우다이(Mahāudāyī, 빤디따우다이)이다."(DA.iii.903) 깔루다이 존자에 대해서는 본서 제1권 「하나의 모음」(A1:14:4-7)의 주해를 참조할 것.

343) "'인식을 가진 자(saññī)'라는 것은 마음을 가진 자(sacittaka)라는 말이다."(AA.iv.199)

하지 않기 때문에 '무한한 허공'이라고 하면서 공무변처에 들어 머뭅니다. 도반이여, 이런 인식을 가진 자가 그 영역을 경험하지 않습니다."

5. "다시 도반이여, 비구는 공무변처를 완전히 초월하여 '무한한 알음알이[識]'라고 하면서 식무변처에 들어 머뭅니다. 도반이여, 이런 인식을 가진 자도 그 영역을 경험하지 않습니다."

6. "다시 도반이여, 비구는 식무변처를 완전히 초월하여 '아무 것도 없다.'라고 하면서 무소유처에 들어 머뭅니다. 도반이여, 이런 인식을 가진 자도 그 영역을 경험하지 않습니다."

7. "도반이여, 한때 나는 사께따345)에서 안자나 숲346)의 녹야 원에 머물렀습니다. 그때 자띨라가히야 비구니347)가 내게 다가왔습

---

344) "물질에 대한 인식을 완전히 초월하고 등에서 '물질에 대한 인식(rūpa-saññā)'은 여기서 왜 언급했나? 초선 등을 얻은 자에게 물질 등을 경험함(paṭisaṁvedanā)이 있는가? 그렇지 않다. 그러나 까시나의 물질(kasiṇa-rūpa)을 대상으로 삼는 한 물질을 완전히 초월했다(samatikkanta)고 말하지 않는다. 초월하지 않았기 때문에 조건(paccaya)이 될 수 있다. 그러나 완전히 초월하고 나면 그것이 없다고 말할 수 있다. 없기 때문에 조건이 될 수도 없다. 그러므로 이것을 보여주시기 위해 언급했다."(AA.iv.199)

345) 사께따는 꼬살라에 있는 도시였으며 당시 가장 번창했던 6대 도시(짬빠, 라자가하, 사왓티, 사께따, 꼬삼비, 와라나시) 가운데 하나였다고 한다. 『디가 니까야』 제2권 「대반열반경」(D16) §5.17을 참조할 것.

346) 사께따에 있는 안자나 숲(Añjanavana)은 세존께서 자주 머무셨던 곳이라 한다.(S.i.54 등) 이곳에는 안자나 넝쿨이 많이 서식하고 있었기 때문에 붙여진 이름이라고 한다.(DPPN)

347) 주석서에는 자띨라가히야 비구니(Jaṭilāgāhiyā bhikkhunī)는 자띨라가하(Jaṭilāgāha)라는 도시 출신이라서 붙여진 이름이라고만 할뿐 그녀에

니다. 와서는 내게 절을 올리고 한 곁에 섰습니다. 한 곁에 서서 자띨라가히야 비구니는 내게 이렇게 말했습니다.

'아난다 존자시여, 이 삼매는 [탐욕에] 이끌리지 않고, [성냄을] 밀쳐내지 않으며,348) 애써 노력하여 [오염원들을] 제지하고 방해한 상태가 아니고, 해탈했기 때문에 확고하며, 확고하기 때문에 지족하고, 지족하기 때문에 안달하지 않습니다. 아난다 존자시여, 이 삼매는 어떤 결실이 있다고 세존께서 말씀하셨습니까?'

도반이여, 이렇게 말하자 나는 자띨라가히야 비구니에게 이렇게 말했습니다.

'누이여, [탐욕에] 이끌리지 않고, [성냄을] 밀쳐내지 않으며, 애써 노력하여 [오염원들을] 제지하고 방해한 상태가 아니고, 해탈했기 때문에 확고하며, 확고하기 때문에 지족하고, 지족하기 때문에 안달하지 않는 이 삼매는 완전한 지혜349)를 결실로 가진다고 세존께서는 말씀하셨습니다.'

도반이여, 이런 인식을 가진 자도 그 영역을 경험하지 않습니다."350)

대한 별다른 설명이 없다.

348) "탐욕(rāga)에 의해서 이끌리지 않고(na abhinato) 성냄(dosa)을 밀쳐내지 않는다(na apanato)는 뜻이다."(*Ibid*)

349) "'완전한 지혜(aññā)'란 아라한과(arahatta)를 뜻한다. 세존께서는 이것을 아라한과의 삼매(arahattaphala-samādhi)라고 하셨다."(AA.iv.200) 즉 여기서 삼매는 아라한과의 삼매를 뜻한다는 말이다.

350) "'이런 인식을 가진 자(evaṁsaññī)'란 이 아라한과의 인식을 가진 자(arahattaphala-saññāya saññī)를 말하며 그도 그 영역을 경험하지 않는다. 그러므로 본경에서는 아라한과의 삼매(arahattaphala-samādhi)를 설하신 것이다."(*Ibid*)

바라문 경(A9:38)[351]

Brāhmaṇa-sutta

1. 그때 세상의 이치에 능통한 두 명의 바라문이 세존께 다가 갔다. 가서는 세존과 함께 환담을 나누었다. 유쾌하고 기억할 만한 이야기로 서로 담소를 하고서 한 곁에 앉았다. 한 곁에 앉은 바라문 들은 세존께 이렇게 말씀드렸다.

2. "고따마 존자시여, 일체를 아는 자[一切知者]요 일체를 보는 자[一切見者]인 뿌라나 깟사빠는 무제한적인 지와 견을 공언합니다. '내가 가거나 서있거나 자거나 깰 때에 언제나 지와 견이 확립되어 있다.'라고. 그는 이렇게 말합니다. '나는 끝이 없는 지혜로 끝이 있는 세상을 알고 보면서 머무른다.'라고.

고따마 존자시여, 일체를 아는 자[一切知者]요 일체를 보는 자[一切 見者]인 니간타 나따뿟따도 무제한적인 지와 견을 공언합니다. '내가 가거나 서있거나 자거나 깰 때에 언제나 지와 견이 확립되어 있다.' 라고. 그는 이렇게 말합니다. '나는 끝이 있는 지혜로 끝이 있는 세상 을 알고 보면서 머무른다.'라고.

고따마 존자시여, 이 두 사람은 지혜를 말하면서 서로서로 반대되 는 말을 하는데 누가 진실을 말하고 누가 거짓말을 합니까?"

3. "바라문들이여, 그만하라. '이 두 사람은 지혜를 말하면서 서로서로 반대되는 말을 하는데 누가 진실을 말하고 누가 거짓말을

---

351) 6차결집본의 경제목은 '세속의 이치에 능통함'(Lokāyatika-sutta)이다.

합니까?'라는 것은 그냥 내버려두어라. 나는 그대들에게 [사성제의] 법을 설하리라. 이제 그것을 들어라. 듣고 마음에 잘 새겨라. 나는 설할 것이다."

"그렇게 하겠습니다, 세존이시여."라고 바라문들은 세존께 응답했다. 세존께서는 이렇게 말씀하셨다.

4. "바라문들이여, 예를 들면 네 사람이 사거리에 서있는데 그들은 최고의 걸음걸이와 속력을 갖추었으며 최대의 보폭을 갖추었다 하자. 그들의 빠른 속력은 마치 능숙한 궁수가 훈련을 통해서 능숙하고 숙련되어 가벼운 화살로 힘들이지 않고 야자나무의 그늘을 가로질러 신속하게 쏘는 것과 같고, 큰 보폭은 마치 동쪽 바다에서 서쪽 바다를 한 걸음으로 걷는 것과 같았다 하자.

그때 동쪽 방향에 서있는 사람이 말하기를 '나는 걸어서 세상의 끝에 도달하리라.'고 한다 하자. 그는 백년의 수명을 가졌는데 먹고 마시고 씹고 맛보는 것을 제외하고 대소변보는 것을 제외하고 수면으로 피로를 푸는 것을 제외하고 백년을 살면서 [계속해서] 걷더라도 세상의 끝에는 이르지도 못하고 도중에 죽고 말 것이다.

그때 서쪽 방향에 서있는 ⋯ 북쪽 방향에 서있는 ⋯ 남쪽 방향에 서있는 사람이 말하기를 '나는 걸어서 세상의 끝에 도달하리라.'고 한다고 하자. 그는 백년의 수명을 가졌는데 먹고 마시고 씹고 맛보는 것을 제외하고 대소변보는 것을 제외하고 수면으로 피로를 푸는 것을 제외하고 백년을 살면서 [계속해서] 걷더라도 세상의 끝에는 이르지도 못하고 도중에 죽고 말 것이다.

그것은 무슨 이유인가? 바라문들이여, 나는 이렇게 달려가서 세상의 끝을 알고 보고 도달할 수 있다고 말하지 않는다. 바라문들이여, 그러나 나는 세상의 끝에 도달하지 않고서는 괴로움을 끝낸다고 말하지도 않는다."

5. "바라문들이여, 다섯 가닥의 감각적 욕망을 성자의 율에서는 세상이라고 말한다. 무엇이 다섯인가?"

6. "눈으로 인식되는 형상들이 있으니, 원하고, 좋아하고, 마음에 들고, 사랑스럽고, 달콤하고, 매혹적인 것들이다. 귀로 인식되는 소리들이 있으니, … 코로 인식되는 냄새들이 있으니, … 혀로 인식되는 맛들이 있으니, … 몸으로 인식되는 감촉[觸]들이 있으니, 원하고, 좋아하고, 마음에 들고, 사랑스럽고, 달콤하고, 매혹적인 것들이다. 바라문들이여, 이러한 다섯 가닥의 감각적 욕망을 성자의 율에서는 세상이라고 말한다."

7. "바라문들이여, 여기 비구는 감각적 욕망들을 완전히 떨쳐버리고 해로운 법[不善法]들을 떨쳐버린 뒤, 일으킨 생각[尋]과 지속적인 고찰[伺]이 있고, 떨쳐버렸음에서 생긴 희열[喜]과 행복[樂]이 있는 초선(初禪)에 들어 머문다. 바라문들이여, 이를 일러 '이 비구는 세상의 끝에 도달하여 세상의 끝에 머문다.'라고 한다. 이를 두고 다른 자들은 말하기를 '이 사람은 세상의 범위 내에 포함되어 있다. 이 사람은 세상을 벗어나지 않았다.'라고 한다. 바라문들이여, 나도 역시 '이 사람은 세상의 범위 내에 포함되어 있다. 이 사람은 세상을 벗어나지 않았다.'라고 말한다."

8. "다시 바라문들이여, 비구는 일으킨 생각과 지속적인 고찰을 가라앉혔기 때문에 … 제2선(二禪)에 들어 머문다. … 제3선(三禪)에 들어 머문다. … 제4선(四禪)에 들어 머문다. 바라문들이여, 이를 일러 '이 비구는 세상의 끝에 도달하여 세상의 끝에 머문다.'라고 한다. 이를 두고 다른 자들은 말하기를 '이 사람은 세상의 범위 내에 포함되어 있다. 이 사람은 세상을 벗어나지 않았다.'라고 한다. 바라문들이여, 나도 역시 '이 사람은 세상의 범위 내에 포함되어 있다. 이 사람은 세상을 벗어나지 않았다.'라고 말한다."

9. "다시 바라문들이여, 비구는 물질[色]에 대한 인식을 완전히 초월하고 부딪힘의 인식을 소멸하고 갖가지 인식을 마음에 잡도리하지 않기 때문에 '무한한 허공'이라고 하면서 공무변처에 들어 머문다. 바라문들이여, 이를 일러 '비구는 세상의 끝에 도달하여 세상의 끝에 머문다.'라고 한다. 이를 두고 다른 자들은 말하기를 '이 사람은 세상의 범위 내에 포함되어 있다. 이 사람은 세상을 벗어나지 않았다.'라고 한다. 바라문들이여, 나도 역시 '이 사람은 세상의 범위 내에 포함되어 있다. 이 사람은 세상을 벗어나지 않았다.'라고 말한다."

10. "다시 바라문들이여, 비구는 공무변처를 완전히 초월하여 '무한한 알음알이[識]'라고 하면서 식무변처에 들어 머문다. … 식무변처를 완전히 초월하여 '아무것도 없다.'라고 하면서 무소유처에 들어 머문다. … 무소유처를 완전히 초월하여 비상비비상처에 들어 머문다. 바라문들이여, 이를 일러 '이 비구는 세상의 끝에 도달하여 세상의 끝에 머문다.'라고 한다. 이를 두고 다른 자들은 말하기를 '이 사

람은 세상의 범위 내에 포함되어 있다. 이 사람은 세상을 벗어나지 않았다.'라고 한다. 바라문들이여, 나도 역시 '이 사람은 세상의 범위 내에 포함되어 있다. 이 사람은 세상을 벗어나지 않았다.'라고 말한다."

11. "다시 바라문들이여, 비구는 일체 비상비비상처를 완전히 초월하여 상수멸(想受滅, 인식과 느낌의 그침)에 들어 머문다. 그리고 그는 통찰지로써 [사성제를] 본 뒤 번뇌를 남김없이 소멸한다. 바라문들이여, 이를 일러 '이 비구는 세상의 끝에 도달하여 세상의 끝에 머물고 세상에 대한 애착을 건넜다.'라고 한다."

천신 경(A9:39)[352]

Deva-sutta

1. "비구들이여, 옛날에 신과 아수라들 간에 전쟁이 있었다.[353] 그 전쟁에서 아수라들이 이겼고 신들이 패배했다. 비구들이

---

352) 6차결집본의 경제목은 '신과 아수라의 전쟁'(Devāsurasaṅgāma-sutta)이다.

353) "무엇 때문에 그들은 전쟁을 했는가? 옛적에 아수라들은 삼십삼천에 머문 적이 있었다. 그들은 [아수라들의 영역에 있는] 찟따빠딸리 나무에 꽃이 필 때 삼십삼천에서 본 빠릿찻따까 꽃을 생각하곤 했다. 그러자 화가 나서 '신들을 잡아라.'라고 하면서 수미산으로 올라갔고, 신들도 밖으로 나왔다. 그들은 마치 어린 목동들이 막대기로 서로를 치는 것처럼 전쟁을 했다. 그때 신들의 왕인 삭까가 아래로 다섯 곳에 보호처를 만들어놓고, 위로 신의 도시를 감싼 뒤에 자신을 닮은 '손에 벼락을 쥔 자'의 조상(彫像)을 만들게 했다. 아수라들은 아래의 다섯 곳으로 가지 않고 위로 올라갔지만 인드라의 조상을 보자 돌아서 아수라의 도시로 돌아갔다."(AA.iv.202)

여, 패배한 신들은 퇴각했고 아수라들은 북쪽을 향해서 추격을 가했다. 그때 신들에게 이런 생각이 들었다. '아수라들이 추격하는구나. 우리는 아수라들과 두 번째 전쟁을 하리라.'라고"

2. "비구들이여, 두 번째로 신들은 아수라들과 전쟁을 했다. 두 번째도 아수라들이 이겼고 신들이 패배했다. 비구들이여, 패배한 신들은 퇴각했고 아수라들은 북쪽을 향해서 추격을 가했다. 그때 신들에게 이런 생각이 들었다. '아수라들이 추격하는구나. 우리는 아수라들과 세 번째 전쟁을 하리라.'라고"

3. "비구들이여, 세 번째로 신들은 아수라들과 전쟁을 했다. 세 번째도 아수라들이 이겼고 신들이 패배했다. 비구들이여, 패배한 신들은 두려워서 신의 요새354)로 들어갔다. 신의 요새로 들어간 신들에게 이런 생각이 들었다. '우리는 이제 공포를 주는 이들로부터 보호해줄 곳에 왔다.355) 이제 우리는 스스로 머물고 아수라들과 전쟁을 하지 않으리라.'라고. 아수라들에게도 이런 생각이 들었다. '신들은 이제 공포를 주는 이들로부터 보호해줄 곳으로 갔다. 이제 그들은 스스로 머물 것이고 우리와 전쟁을 하지 않을 것이다.'라고"

---

354) '요새'로 옮긴 원어는 pura이다. 일반적으로 도시로 옮기지만 원래 의미는 성곽으로 둘러싸인 도시나 요새 혹은 성채를 뜻한다. 여기서는 원래 의미를 뜻하므로 요새로 옮겼다.

355) '공포를 주는 이들로부터 보호해줄 곳에 왔다.'는 bhīruttāna-gatena를 주석서를 참조하여 풀어서 옮긴 것이다. 주석서는 "무시무시한 이들의 공포를 피할 수 있는 발판을 얻었다(bhīruttānaṁ bhayanivāraṇaṁ patiṭṭhānaṁ gatena)는 뜻이다."(AA.iv.202)라고 설명하고 있다.

4. "비구들이여, 옛날에 신과 아수라들 간에 전쟁이 있었다. 그 전쟁에서 신들이 이겼고 아수라들이 패배했다. 비구들이여, 패배한 아수라들은 퇴각했고 신들은 남쪽을 향해서 추격을 가했다. 그때 아수라들에게 이런 생각이 들었다. '신들이 추격하는구나. 우리는 신들과 두 번째 전쟁을 하리라.'라고"

5. "비구들이여, 두 번째로 아수라들은 신들과 전쟁을 했다. 두 번째도 신들이 이겼고 아수라들이 패배했다. 비구들이여, 패배한 아수라들은 퇴각했고 신들은 남쪽을 향해서 추격을 가했다. 그때 아수라들에게 이런 생각이 들었다. '신들이 추격하는구나. 우리는 신들과 세 번째 전쟁을 하리라.'라고"

6. "비구들이여, 세 번째로 아수라들은 신들과 전쟁을 했다. 세 번째도 신들이 이겼고 아수라들이 패배했다. 비구들이여, 패배한 아수라들은 두려워서 아수라의 요새로 들어갔다. 아수라의 요새로 들어간 아수라들에게 이런 생각이 들었다. '우리는 이제 공포를 주는 이들로부터 보호해줄 곳에 왔다. 이제 우리는 스스로 머물고 신들과 전쟁을 하지 않으리라.'라고. 신들에게도 이런 생각이 들었다. '아수라들은 이제 공포를 주는 이들로부터 보호해줄 곳으로 갔다. 이제 그들은 스스로 머물 것이고 우리와 전쟁을 하지 않을 것이다.'라고"

7. "비구들이여, 그와 같이 비구는 감각적 욕망들을 완전히 떨쳐버리고 해로운 법[不善法]들을 떨쳐버린 뒤 … 초선에 들어 머문다. 그때 비구에게 이런 생각이 든다. '이제 나는 공포를 주는 것들로부

터 보호해줄 곳에 왔다. 이제 나는 스스로 머물 것이고 마라와 전쟁을 하지 않을 것이다.'라고, 마라 빠삐만에게도 이런 생각이 든다. '이제 비구는 공포를 주는 것들로부터 보호해줄 곳으로 갔다. 이제 그는 스스로 머물 것이고 우리와 전쟁을 하지 않을 것이다.'라고"

8. "비구들이여, 비구는 일으킨 생각과 지속적인 고찰을 가라앉히고 … 제2선에 들어 머문다. … 제3선에 들어 머문다. … 제4선에 들어 머문다. 그때 비구에게 이런 생각이 든다. '이제 나는 공포를 주는 것들로부터 보호해줄 곳에 왔다. 이제 나는 스스로 머물 것이고 마라와 전쟁을 하지 않을 것이다.'라고, 마라 빠삐만에게도 이런 생각이 든다. '이제 비구는 공포를 주는 것들로부터 보호해줄 곳으로 갔다. 이제 그는 스스로 머물 것이고 우리와 전쟁을 하지 않을 것이다.'라고"

9. "비구들이여, 비구가 물질[色]에 대한 인식(산냐)을 완전히 초월하고 부딪힘의 인식을 소멸하고 갖가지 인식을 마음에 잡도리하지 않기 때문에 '무한한 허공'이라고 하면서 공무변처에 들어 머물 때, 이를 일러 '이 비구는 마라를 쳐부수었다.356) 마라의 눈을 완전히357) 빼버려 그 사악한 [마라]의 시야를 뛰어넘었다.358)'라고 한다."

---

356) 『맛지마 니까야』(M25/i.159; M26/i.174 등)에는 andham akāsi(눈멀게 했다.)로 나타난다. 그러나 본경에는 antam akāsi(끝장을 냈다.)로 나타나고 있어서 '마라를 쳐부수었다.'로 옮겼다.

357) '완전히'는 apadaṁ의 역어이다. 주석서는 apadaṁ을 흔적 없이(nip-padaṁ), 남김없이(niravasesaṁ)의 뜻이라고 설명하고 있다.(AA.iv. 202)

358) "'[마라의] 시야를 뛰어넘었다.(adassanaṁ gato)'는 [의미는 다음과 같

10. "비구들이여, 비구가 공무변처를 완전히 초월하여 '무한한 알음알이[識]'라고 하면서 식무변처에 들어 머물 때 … 식무변처를 완전히 초월하여 '아무것도 없다.'라고 하면서 무소유처에 들어 머물 때 … 무소유처를 완전히 초월하여 비상비비상처에 들어 머물 때 … 일체 비상비비상처를 완전히 초월하여 상수멸(想受滅, 인식과 느낌의 그침)에 들어 머물면서 통찰지로써 [사성제를] 본 뒤 번뇌를 남김없이 소멸할 때, 이를 일러 '이 비구는 마라를 쳐부수었다. 마라의 눈을 완전히 빼버려 그 사악한 [마라]의 시야를 뛰어넘었다.'라고 한다."

나가 경(A9:40)
Nāga-sutta

1. "비구들이여, 밀림에 사는 나가359)가 먹이를 찾아 나섰을 때 숫코끼리나 암코끼리나 어린 코끼리나 새끼 코끼리가 앞서 가면서 풀끝을 먼저 잘라 먹으면 밀림에 사는 나가는 싫어하고 부끄러워하고 혐오스러워 한다.

비구들이여, 밀림에 사는 나가가 먹이를 찾아 나섰을 때 숫코끼리

다.] 마라는 윤회의 발판(vaṭṭa-pādaka)이 되는 색계 제4선을 증득한 사람의 마음을 알뿐만 아니라, 위빳사나의 발판(vipassanā-pādaka)이 되는 색계 제4선을 증득한 사람의 마음도 안다. 그러나 무색계의 증득(arūpāvacara-samāpatti)은 그것이 윤회의 발판이건 위빳사나의 발판이건 간에, 그것을 증득한 사람의 마음을 마라는 알지 못한다. 그러므로 마라의 시야를 뛰어넘었다고 한 것이다."(AA.iv.202~203)

359) '나가(nāga)'는 힘센 코끼리나 용을 뜻한다. 여기서는 힘센 코끼리를 말한다. 옮기기에 적당한 용어를 찾지 못하여 그냥 나가로 음역하였다.

나 암코끼리나 어린 코끼리나 새끼 코끼리가 앞서 가면서 드리워져
있는 부러진 가지 잎들을 먼저 먹어버리면 밀림에 사는 나가는 싫어
하고 부끄러워하고 혐오스러워 한다.

비구들이여, 밀림에 사는 나가가 물이 있는 곳으로 갔을 때 숫코끼
리나 암코끼리나 어린 코끼리나 새끼 코끼리가 앞서 가면서 웅덩이
의 물을 혼탁하게 만들어버리면 밀림에 사는 나가는 싫어하고 부끄
러워하고 혐오스러워 한다.

비구들이여, 밀림에 사는 나가가 물이 있는 곳으로 갔을 때 암코끼
리들이 자기의 몸을 스치면서 지나가면 밀림에 사는 나가는 싫어하
고 부끄러워하고 혐오스러워 한다."

2. "비구들이여, 그때 밀림에 사는 나가에게 이런 생각이 든다.
'지금 나는 숫코끼리나 암코끼리나 어린 코끼리나 새끼 코끼리에 둘
러싸여 살고 있다. 나는 풀끝이 잘려나간 풀을 먹고, 드리워져있는
부러진 가지 잎들을 먹고, 혼탁해진 물을 마시고, 내가 물이 있는 곳
으로 갔을 때 암코끼리들이 내 몸을 스치면서 간다. 그러니 나는 무
리에서 빠져나와서 혼자 머물러야겠다.'라고. 그는 나중에 무리에서
빠져나와서 혼자 머물면서 풀끝이 잘려나가지 않은 풀을 먹고, 드리
워져있는 부러진 가지 잎들을 먹지 않고, 혼탁하지 않은 물을 마시고,
물이 있는 곳으로 갔을 때 암코끼리들이 그의 몸을 스치면서 지나가
지 않게 되었다.

비구들이여, 그때 밀림에 사는 나가에게 이런 생각이 든다. '전에
나는 숫코끼리나 암코끼리나 어린 코끼리나 새끼 코끼리에 둘러싸여
살았다. 나는 풀끝이 잘려나간 풀을 먹었고, 드리워져있는 부러진 가

지 잎들을 먹었고, 혼탁해진 물을 마셨고, 내가 물이 있는 곳으로 갔을 때 암코끼리들이 내 몸을 스치면서 갔다. 그러나 지금 나는 무리에서 빠져나와서 혼자 머물면서 풀끝이 잘려나가지 않은 풀을 먹고, 드리워져있는 부러진 가지 잎들을 먹지 않고, 혼탁하지 않은 물을 마시고, 물이 있는 곳으로 갔을 때 암코끼리들이 내 몸을 스치면서 지나가지 않게 되었다.'라고. 그는 코로 나뭇가지를 잘라서 그것으로 몸을 문지르고 기뻐하면서 가려운 곳을 없앤다."

3. "비구들이여, 그와 같이 비구가 비구들과 비구니들과 청신사들과 청신녀들과 왕들과 대신들과 외도들과 외도의 제자들에 둘러싸여서 머물 때 비구에게 이런 생각이 든다. '지금 나는 비구들과 비구니들과 청신사들과 청신녀들과 왕들과 대신들과 외도들과 외도의 제자들에 둘러싸여서 머문다. 그러니 나는 무리에서 빠져나와서 혼자 머물러야겠다.'라고.

그는 숲 속이나 나무 아래나 산이나 골짜기나 산속 동굴이나 묘지나 밀림이나 노지나 짚더미와 같은 외딴 처소를 의지한다. 그는 숲으로 가거나 나무 아래로 가거나 빈집으로 가서 가부좌를 틀고 상체를 곧추세우고 전면에 마음챙김을 확립하여 앉는다.

그는 세상에 대한 욕심을 제거하여 욕심을 버린 마음으로 머문다. 욕심으로부터 마음을 청정하게 한다. 악의와 성냄을 제거하여 악의가 없는 마음으로 머문다. 모든 생명의 이익을 위하여 연민의 정을 일으켜 악의와 성냄으로부터 마음을 청정하게 한다. 해태와 혼침을 제거하여 해태와 혼침 없이 머문다. 광명상(光明想)을 가져 마음챙기고 알아차리며 해태와 혼침으로부터 마음을 청정하게 한다. 들뜸과 후회를 제거하여 들뜨지 않고 머문다. 안으로 마음이 고요하여 들뜸과 후회로부터 마음을 청정하게 한다. 의심을 제거하여 의심을 건너서 머문다. 유익한 법들에 아무런 의심이 없어져서 의심으로부터 마음을 청정하게 한다.

그는 마음의 오염원이고, 통찰지를 무력하게 만드는 이들 다섯 가지 장애를 제거하여 감각적 욕망들을 완전히 떨쳐버리고 해로운 법[不善法]들을 떨쳐버린 뒤, 일으킨 생각[尋]과 지속적인 고찰[伺]이 있고, 떨쳐버렸음에서 생긴 희열[喜]과 행복[樂]이 있는 초선(初禪)을 구족하여 머문다. 그는 기뻐하면서 가려운 곳을 없앤다.

그는 일으킨 생각과 지속적인 고찰을 가라앉혔기 때문에 … 제2선(二禪)을 구족하여 머문다. … 제3선(三禪)을 구족하여 머문다. … 제4선(四禪)을 구족하여 머문다. 그는 기뻐하면서 가려운 곳을 없앤다.

그는 물질[色]에 대한 인식(산냐)을 완전히 초월하고 부딪힘의 인식을 소멸하고 갖가지 인식을 마음에 잡도리하지 않기 때문에 '무한한 허공'이라고 하면서 공무변처에 들어 머문다. 그는 기뻐하면서 가려운 곳을 없앤다.

그는 공무변처를 완전히 초월하여 '무한한 알음알이[識]'라고 하면서 식무변처에 들어 머문다. … 식무변처를 완전히 초월하여 '아무것도 없다.'라고 하면서 무소유처에 들어 머문다. … 무소유처를 완전히 초월하여 비상비비상처에 들어 머문다. 그는 기뻐하면서 가려운 곳을 없앤다.

그는 일체 비상비비상처를 완전히 초월하여 상수멸(想受滅, 인식과 느낌의 그침)에 들어 머문다. 그리고 그는 통찰지로써 [사성제를] 본 뒤 번뇌를 남김없이 소멸한다. 그는 기뻐하면서 가려운 곳을 없앤다."

따뿟사 경(A9:41)

Tapussa-sutta

1. 이와 같이 나는 들었다. 한때 세존께서는 말라에서 우루웰라깝빠라는 말라들의 성읍에 머무셨다.360) 그때 세존께서는 오전에 옷매무새를 가다듬고 발우와 가사를 수하고 우루웰라깝빠로 탁발을 가셨다. 우루웰라깝빠에서 탁발하여 공양을 마치고 탁발에서 돌아와 아난다 존자를 불러서 말씀하셨다.

"아난다여, 내가 낮 동안의 머묾을 위해 큰 숲으로 들어가 있는 동안 그대는 여기에 있어라."

"그렇게 하겠습니다, 세존이시여."라고 아난다 존자는 세존께 대답했다.

---

360) 말라(Malla)는 인도 중원의 16개 국 가운데 하나이다. 부처님 시대에는 빠와(Pāvā)와 꾸시나라(Kusinārā)의 두 부분으로 나누어져 있었는데 각각 빠와의 말라족은 빠웨이야까말라(Pāveyyaka-Malla)라 불리었고 꾸시나라의 말라들은 꼬시나라까(Kosināraka)라고 불리었다. 이미 「대반열반경」(D16)에서 빠와의 말라들이 꾸시나라로 전령을 보내어서 부처님의 사리를 나누어 줄 것을 청한 데서도 이 둘은 다른 나라였음을 알 수 있다. 부처님께서 쭌다의 마지막 공양을 드신 곳도 바로 이 빠와였다. 이 두 곳 외에도 초기경에서는 보가나가라(Bhoganagara)와 아누삐야(Anupiyā)와 본경에 나타나는 우루웰라깝빠(Uruvelakappa)가 언급되고 있다.

말라는 왓지족처럼 공화국 체제를 유지했으며, 말라의 수장들이 돌아가면서 정치를 했고, 그런 의무가 없을 때는 상업에 종사했다.(DA.ii. 569) 부처님께서는 말라의 꾸시나라에서 입멸하셨고, 니간타 나따뿟따는 빠와에서 입멸하였다. 적지 않은 말라족에 속하는 사람들이 경들에 언급되고 있다. 릿차위와 말라는 같이 와싯타(Vasiṭṭha) 족성을 가졌다. 그래서 그들은 같이 와셋타(Vāseṭṭha)라고 경에서 호칭된다.

그때 세존께서는 낮 동안을 머물기 위해 큰 숲으로 들어가서 어떤 나무 아래 앉으셨다.

2. 그때 따뿟사 장자361)가 아난다 존자에게 다가갔다. 가서는 아난다 존자에게 절을 올리고 한 곁에 앉았다. 한 곁에 앉아서 따뿟사 장자는 아난다 존자에게 이렇게 말했다.

"아난다 존자시여, 저희 재가자들은 감각적 욕망을 즐기고 감각적 욕망을 좋아하고 감각적 욕망에 물들어 있고 감각적 욕망을 탐합니다. 이처럼 감각적 욕망을 즐기고 감각적 욕망을 좋아하고 감각적 욕망에 물들어 있고 감각적 욕망을 탐하는 저희 재가자들에게 출리(出離)라는 것은 절벽에서 떨어지는 것과 같습니다. 존자시여, 저는 이 법과 율에서는 젊은 비구들의 마음은 '이 출리는 고요하다.'라고 보면서 모두 출리에 들어가고 청정한 믿음을 가지고 안정되고 해탈한다고 들었습니다. 존자시여, 이렇듯 이 법과 율의 비구들과 많은 사람들 간에 다른 점이 있으니, 그것은 바로 이 출리입니다."

"장자여, 이 논점은 세존을 뵙고 [해결해야 할] 것입니다. 장자여, 같이 세존을 뵈러갑시다. 뵙고서 이 문제를 세존께 말씀드립시다."

"그렇게 하겠습니다, 존자시여."라고 따뿟사 장자는 아난다 존자에게 대답했다.

---

361) 따뿟사(Tapussa) 혹은 따빳수(Tapassu, 본서 제1권 「하나의 모음」 (A1:14:6-1)에는 이렇게 나타남) 장자는 세존이 깨달음을 이루신 뒤에 최초의 재가 신도가 된 욱깔라(Ukkala) 지방의 따뿟사(따빳수)와 발리까(Bhallika) 상인 가운데 한 사람인 듯하다. 본경에 해당하는 주석서는 별다른 설명이 없는데 본서 제4권 「따뿟사 경」(A6:119)에서 언급이 되었기 때문일 것이다.

3. 그러자 아난다 존자는 따빳사 장자와 함께 세존께 다가갔다. 가서는 세존께 절을 올리고 한 곁에 앉았다. 한 곁에 앉은 아난다 존자는 세존께 이렇게 말씀드렸다.

"세존이시여, 따빳사 장자가 이렇게 말했습니다. '아난다 존자시여, 저희 재가자들은 감각적 욕망을 즐기고 감각적 욕망을 좋아하고 감각적 욕망에 물들어 있고 감각적 욕망을 탐합니다. 이처럼 감각적 욕망을 즐기고 감각적 욕망을 좋아하고 감각적 욕망에 물들어 있고 감각적 욕망을 탐하는 저희 재가자들에게 출리라는 것은 절벽에서 떨어지는 것과 같습니다. 존자시여, 저는 이 법과 율에서는 젊은 비구들의 마음은 '이 출리는 고요하다.'라고 보면서 모두 출리에 들어가고 청정한 믿음을 가지고 안정되고 해탈한다고 들었습니다. 존자시여, 이렇듯 이 법과 율의 비구들과 많은 사람들 간에 다른 점이 있으니, 그것은 바로 이 출리입니다.'라고"

4. "참으로 그러하다, 아난다여. 참으로 그러하다, 아난다여. 아난다여, 나도 깨닫기 전, 아직 바른 깨달음을 성취하지 못한 보살이었을 때 '출리는 좋은 것이다. 멀리 여읨362)은 좋은 것이다.'라고 생각했다. 그러나 내 마음은 '이것은 고요하다.'라고 보면서 출리에 들어가지 못하고 청정한 믿음을 가지지 못하고 안정되지 못하고 해탈하지 못했다.

아난다여, 그러자 내게 이런 생각이 들었다. '무슨 원인과 무슨 조건 때문에 내 마음은 '이것은 고요하다.'라고 보면서 출리에 들어가지

---

362) PTS본의 pavineka는 paviveka(멀리 여읨)의 오기(誤記)이다. 6차결집본에는 paviveka로 바르게 되어 있다.

못하고 청정한 믿음을 가지지 못하고 안정되지 못하고 해탈하지 못하는가?'라고. 그때 이런 생각이 들었다. '나는 감각적 욕망들에 대한 위험을 보지 못했고 그것을 많이 [공부]짓지 못했다. 출리에 대한 이익을 얻지 못했고 그것을 받들어 행하지 못했다. 그래서 내 마음은 '이것은 고요하다.'라고 보면서 출리에 들어가지 못하고 청정한 믿음을 가지지 못하고 안정되지 못하고 해탈하지 못한다.'라고.

나는 다시 생각했다. '그러나 만일 내가 감각적 욕망들에 대한 위험을 보고 그것을 많이 [공부]짓고, 출리에 대한 이익을 얻고 그것을 받들어 행하면 내 마음은 '이것은 고요하다.'라고 보면서 출리에 들어갈 것이고 청정한 믿음을 가질 것이고 안정될 것이고 해탈하게 될 것이다.'라고.

아난다여, 그런 나는 나중에 감각적 욕망들에 대한 위험을 보고 그것을 많이 [공부]지었다. 출리에 대한 이익을 얻고 그것을 받들어 행했다. 그래서 내 마음은 '이것은 고요하다.'라고 보면서 출리에 들어갔고 청정한 믿음을 가졌고 안정되었고 해탈하게 되었다.

아난다여, 그런 나는 나중에 감각적 욕망들을 완전히 떨쳐버리고 해로운 법[不善法]들을 떨쳐버린 뒤, 일으킨 생각[尋]과 지속적인 고찰[伺]이 있고, 떨쳐버렸음에서 생긴 희열[喜]과 행복[樂]이 있는 초선(初禪)에 들어 머물렀다. 아난다여, 내가 이와 같이 머물 때에 감각적 욕망이 함께한 인식과 마음에 잡도리함이 일어났으니 그것은 내게 병이었다.

아난다여, 예를 들면 행복한 자에게 병날 만큼의 괴로움이 일어날 수도 있듯이, 내게 감각적 욕망이 함께한 인식과 마음에 잡도리함이 일어났으니 그것은 내게 병이었다."

5. "아난다여, 그런 내게 이런 생각이 들었다. '참으로 나는 일으킨 생각과 지속적인 고찰을 가라앉혔기 때문에 자기 내면의 것이고, 확신이 있으며, 마음의 단일한 상태고, 일으킨 생각과 지속적인 고찰은 없고, 삼매에서 생긴 희열과 행복이 있는 제2선(二禪)에 들어 머무르리라.'라고. 그러나 내 마음은 '이것은 고요하다.'라고 보면서 일으킨 생각 없음에 들어가지 못하고 청정한 믿음을 가지지 못하고 안정되지 못하고 해탈하지 못했다.

아난다여, 그러자 내게 이런 생각이 들었다. '무슨 원인과 무슨 조건 때문에 내 마음은 '이것은 고요하다.'라고 보면서 일으킨 생각 없음에 들어가지 못하고 청정한 믿음을 가지지 못하고 안정되지 못하고 해탈하지 못하는가?'라고. 그때 이런 생각이 들었다. '나는 일으킨 생각들에 대한 위험을 보지 못했고 그것을 많이 [공부]짓지 못했다. 일으킨 생각 없음에 대한 이익을 얻지 못했고 그것을 받들어 행하지 못했다. 그래서 내 마음은 '이것은 고요하다.'라고 보면서 일으킨 생각 없음에 들어가지 못하고 청정한 믿음을 가지지 못하고 안정되지 못하고 해탈하지 못한다.'라고.

나는 다시 생각했다. '그러나 만일 내가 일으킨 생각들에 대한 위험을 보고 그것을 많이 [공부]짓고, 일으킨 생각 없음에 대한 이익을 얻고 그것을 받들어 행하면 내 마음은 '이것은 고요하다.'라고 보면서 일으킨 생각 없음에 들어갈 것이고 청정한 믿음을 가질 것이고 안정될 것이고 해탈하게 될 것이다.'라고.

아난다여, 그런 나는 나중에 일으킨 생각들에 대한 위험을 보고 그것을 많이 [공부]지었다. 일으킨 생각 없음에 대한 이익을 얻고 그것을 받들어 행했다. 그래서 내 마음은 '이것은 고요하다.'라고 보면서 일으킨 생각 없음에 들어갔고 청정한 믿음을 가졌고 안정되었고 해탈하게 되었다.

아난다여, 그런 나는 나중에 일으킨 생각과 지속적인 고찰을 가라앉혔기 때문에 자기 내면의 것이고, 확신이 있으며, 마음의 단일한 상태고, 일으킨 생각과 지속적인 고찰은 없고, 삼매에서 생긴 희열과 행복이 있는 제2선(二禪)에 들어 머물렀다. 아난다여, 내가 이와 같이 머물 때 일으킨 생각이 함께한 인식과 마음에 잡도리함이 일어났으니 그것은 내게 병이었다.

아난다여, 예를 들면 행복한 자에게 병날 만큼의 괴로움이 일어날 수도 있듯이, 내게 일으킨 생각이 함께한 인식과 마음에 잡도리함이 일어났으니 그것은 내게 병이었다."

6.　"아난다여, 그런 내게 '참으로 나는 희열이 빛바랬기 때문에 평온하게 머무르리라. 마음챙기고 알아차리며 몸으로 행복을 경험하고 또한 이 [禪 때문에] '평온하고 마음챙기며 행복하게 머문다.'고 성자들이 묘사하는 제3선(三禪)에 들어 머무르리라.'라는 생각이 들었다. 그러나 내 마음은 '이것은 고요하다.'라고 보면서 희열 없음에 들어가지 못하고 청정한 믿음을 가지지 못하고 안정되지 못하고 해탈하지 못했다.

아난다여, 그러자 내게 이런 생각이 들었다. '무슨 원인과 무슨 조건 때문에 내 마음은 '이것은 고요하다.'라고 보면서 희열 없음에 들어가지 못하고 청정한 믿음을 가지지 못하고 안정되지 못하고 해탈하지 못하는가?'라고. 그때 이런 생각이 들었다. '나는 희열에 대한 위험을 보지 못했고 그것을 많이 [공부]짓지 못했다. 희열 없음에 대한 이익을 얻지 못했고 그것을 받들어 행하지 못했다. 그래서 내 마음은 '이것은 고요하다.'라고 보면서 희열 없음에 들어가지 못하고 청정한 믿음을 가지지 못하고 안정되지 못하고 해탈하지 못한다.'라고,

나는 다시 생각했다. '그러나 만일 내가 희열에 대한 위험을 보고 그것을 많이 [공부]짓고, 희열 없음에 대한 이익을 얻고 그것을 받들어 행하면 내 마음은 '이것은 고요하다.'라고 보면서 희열 없음에 들어갈 것이고 청정한 믿음을 가질 것이고 안정될 것이고 해탈하게 될 것이다.'라고,

아난다여, 그런 나는 나중에 희열에 대한 위험을 보고 그것을 많이 [공부]지었다. 희열 없음에 대한 이익을 얻고 그것을 받들어 행했다. 그래서 내 마음은 '이것은 고요하다.'라고 보면서 희열 없음에 들어갔고 청정한 믿음을 가졌고 안정되었고 해탈하게 되었다.

아난다여, 그런 나는 나중에 희열이 빛바랬기 때문에 평온하게 머물렀다. 마음챙기고 알아차리며 몸으로 행복을 경험하고 또한 이 [禪 때문에] '평온하고 마음챙기며 행복하게 머문다.'고 성자들이 묘사하는 제3선(三禪)에 들어 머물렀다. 아난다여, 내가 이와 같이 머물 때 희열이 함께한 인식과 마음에 잡도리함이 일어났으니 그것은 내게 병이었다.

아난다여, 예를 들면 행복한 자에게 병날 만큼의 괴로움이 일어날 수도 있듯이, 내게 희열이 함께한 인식과 마음에 잡도리함이 일어났으니 그것은 내게 병이었다."

7. "아난다여, 그런 내게 '참으로 나는 행복도 버리고 괴로움

도 버리고 아울러 그 이전에 이미 기쁨과 슬픔을 소멸하였으므로 괴롭지도 즐겁지도 않으며, 평온으로 인해 마음챙김이 청정한 제4선(四禪)에 들어 머무르리라.'라는 생각이 들었다. 그러나 내 마음은 '이것은 고요하다.'라고 보면서 괴롭지도 즐겁지도 않음에 들어가지 못하고 청정한 믿음을 가지지 못하고 안정되지 못하고 해탈하지 못했다.

아난다여, 그러자 내게 이런 생각이 들었다. '무슨 원인과 무슨 조건 때문에 내 마음은 '이것은 고요하다.'라고 보면서 괴롭지도 즐겁지도 않음에 들어가지 못하고 청정한 믿음을 가지지 못하고 안정되지 못하고 해탈하지 못하는가?'라고. 그때 이런 생각이 들었다. '나는 평온과 행복에 대한 위험을 보지 못했고 그것을 많이 [공부]짓지 못했다. 괴롭지도 즐겁지도 않음에 대한 이익을 얻지 못했고 그것을 받들어 행하지 못했다. 그래서 내 마음은 '이것은 고요하다.'라고 보면서 괴롭지도 즐겁지도 않음에 들어가지 못하고 청정한 믿음을 가지지 못하고 안정되지 못하고 해탈하지 못한다.'라고.

나는 다시 생각했다. '그러나 만일 내가 평온과 행복에 대한 위험을 보고 그것을 많이 [공부]짓고, 괴롭지도 즐겁지도 않음에 대한 이익을 얻고 그것을 받들어 행하면 내 마음은 '이것은 고요하다.'라고 보면서 괴롭지도 즐겁지도 않음에 들어갈 것이고 청정한 믿음을 가질 것이고 안정될 것이고 해탈하게 될 것이다.'라고.

아난다여, 그런 나는 나중에 평온과 행복에 대한 위험을 보고 그것을 많이 [공부]지었다. 괴롭지도 즐겁지도 않음에 대한 이익을 얻고 그것을 받들어 행했다. 그래서 내 마음은 '이것은 고요하다.'라고 보면서 괴롭지도 즐겁지도 않음에 들어갔고 청정한 믿음을 가졌고 안정되었고 해탈하게 되었다.

아난다여, 그런 나는 나중에 행복도 버리고 괴로움도 버리고 아울러 그 이전에 이미 기쁨과 슬픔을 소멸하였으므로 괴롭지도 즐겁지도 않으며, 평온으로 인해 마음챙김이 청정한 제4선(四禪)에 들어 머물렀다. 아난다여, 내가 이와 같이 머물 때 평온이 함께한 인식과 마음에 잡도리함이 일어났으니 그것은 내게 병이었다.

아난다여, 예를 들면 행복한 자에게 병날 만큼의 괴로움이 일어날 수도 있듯이, 내게 평온이 함께한 인식과 마음에 잡도리함이 일어났으니 그것은 내게 병이었다."

8. "아난다여, 그런 내게 '참으로 나는 물질[色]에 대한 인식(산냐)을 완전히 초월하고 부딪힘의 인식을 소멸하고 갖가지 인식을 마음에 잡도리하지 않기 때문에 '무한한 허공'이라고 하면서 공무변처에 들어 머무르리라.'라는 생각이 들었다. 그러나 내 마음은 '이것은 고요하다.'라고 보면서 공무변처에 들어가지 못하고 청정한 믿음을 가지지 못하고 안정되지 못하고 해탈하지 못했다.

아난다여, 그러자 내게 이런 생각이 들었다. '무슨 원인과 무슨 조건 때문에 내 마음은 '이것은 고요하다.'고 보면서 공무변처에 들어가지 못하고 청정한 믿음을 가지지 못하고 안정되지 못하고 해탈하지 못하는가?'라고. 그때 이런 생각이 들었다. '나는 물질에 대한 위험을 보지 못했고 그것을 많이 [공부]짓지 못했다. 공무변처에 대한 이익을 얻지 못했고 그것을 받들어 행하지 못했다. 그래서 내 마음은 '이것은 고요하다.'라고 보면서 공무변처에 들어가지 못하고 청정한 믿음을 가지지 못하고 안정되지 못하고 해탈하지 못한다.'라고.

나는 다시 생각했다. '그러나 만일 내가 물질에 대한 위험을 보고 그것을 많이 [공부]짓고, 공무변처에 대한 이익을 얻고 그것을 받들어 행하면 내 마음은 '이것은 고요하다.'라고 보면서 공무변처에 들어갈 것이고 청정한 믿음을 가질 것이고 안정될 것이고 해탈하게 될 것이다.'라고

아난다여, 그런 나는 나중에 물질에 대한 위험을 보고 그것을 많이 [공부]지었다. 공무변처에 대한 이익을 얻고 그것을 받들어 행했다. 그래서 내 마음은 '이것은 고요하다.'라고 보면서 공무변처에 들어갔고 청정한 믿음을 가졌고 안정되었고 해탈하게 되었다.

아난다여, 그런 나는 나중에 물질[色]에 대한 인식(산냐)을 완전히 초월하고 부딪힘의 인식을 소멸하고 갖가지 인식을 마음에 잡도리하지 않기 때문에 '무한한 허공'이라고 하면서 공무변처에 들어 머물렀다. 아난다여, 내가 이와 같이 머물 때 물질이 함께한 인식과 마음에 잡도리함이 일어났으니 그것은 내게 병이었다.

아난다여, 예를 들면 행복한 자에게 병날 만큼의 괴로움이 일어날 수도 있듯이, 내게 물질이 함께한 인식과 마음에 잡도리함이 일어났으니 그것은 내게 병이었다."

9. "아난다여, 그런 내게 '참으로 나는 공무변처를 완전히 초월하여 '무한한 알음알이[識]'라고 하면서 식무변처에 들어 머무르리라.'라는 생각이 들었다. 그러나 내 마음은 '이것은 고요하다.'라고 보면서 식무변처에 들어가지 못하고 청정한 믿음을 가지지 못하고 안정되지 못하고 해탈하지 못했다.

아난다여, 그러자 내게 이런 생각이 들었다. '무슨 원인과 무슨 조건 때문에 내 마음은 '이것은 고요하다.'고 보면서 식무변처에 들어가

지 못하고 청정한 믿음을 가지지 못하고 안정되지 못하고 해탈하지 못하는가?'라고. 그때 이런 생각이 들었다. '나는 공무변처에 대한 위험을 보지 못했고 그것을 많이 [공부]짓지 못했다. 식무변처에 대한 이익을 얻지 못했고 그것을 받들어 행하지 못했다. 그래서 내 마음은 '이것은 고요하다.'라고 보면서 식무변처에 들어가지 못하고 청정한 믿음을 가지지 못하고 안정되지 못하고 해탈하지 못한다.'라고.

나는 다시 생각했다. '그러나 만일 내가 공무변처에 대한 위험을 보고 그것을 많이 [공부]짓고, 식무변처에 대한 이익을 얻고 그것을 받들어 행하면 내 마음은 '이것은 고요하다.'라고 보면서 식무변처에 들어갈 것이고 청정한 믿음을 가질 것이고 안정될 것이고 해탈하게 될 것이다.'라고.

아난다여, 그런 나는 나중에 공무변처에 대한 위험을 보고 그것을 많이 [공부]지었다. 식무변처에 대한 이익을 얻고 그것을 받들어 행했다. 그래서 내 마음은 '이것은 고요하다.'라고 보면서 식무변처에 들어갔고 청정한 믿음을 가졌고 안정되었고 해탈하게 되었다.

아난다여, 그런 나는 나중에 공무변처를 완전히 초월하여 '무한한 알음알이[識]'라고 하면서 식무변처에 들어 머물렀다. 아난다여, 내가 이와 같이 머물 때 공무변처가 함께한 인식과 마음에 잡도리함이 일어났으니 그것은 내게 병이었다.

아난다여, 예를 들면 행복한 자에게 병날 만큼의 괴로움이 일어날 수도 있듯이, 내게 공무변처가 함께한 인식과 마음에 잡도리함이 일어났으니 그것은 내게 병이었다."

10. "아난다여, 그런 내게 '참으로 나는 식무변처를 완전히 초

월하여 '아무것도 없다.'라고 하면서 무소유처에 들어 머무르리라.'라는 생각이 들었다. 그러나 내 마음은 '이것은 고요하다.'라고 보면서 무소유처에 들어가지 못하고 청정한 믿음을 가지지 못하고 안정되지 못하고 해탈하지 못했다.

아난다여, 그러자 내게 이런 생각이 들었다. '무슨 원인과 무슨 조건 때문에 내 마음은 '이것은 고요하다.'라고 보면서 무소유처에 들어가지 못하고 청정한 믿음을 가지지 못하고 안정되지 못하고 해탈하지 못하는가?'라고. 그때 이런 생각이 들었다. '나는 식무변처에 대한 위험을 보지 못했고 그것을 많이 [공부]짓지 못했다. 무소유처에 대한 이익을 얻지 못했고 그것을 받들어 행하지 못했다. 그래서 내 마음은 '이것은 고요하다.'라고 보면서 무소유처에 들어가지 못하고 청정한 믿음을 가지지 못하고 안정되지 못하고 해탈하지 못한다.'라고.

나는 다시 생각했다. '그러나 만일 내가 식무변처에 대한 위험을 보고 그것을 많이 [공부]짓고, 무소유처에 대한 이익을 얻고 그것을 받들어 행하면 내 마음은 '이것은 고요하다.'라고 보면서 무소유처에 들어갈 것이고 청정한 믿음을 가질 것이고 안정될 것이고 해탈하게 될 것이다.'라고.

아난다여, 그런 나는 나중에 식무변처에 대한 위험을 보고 그것을 많이 [공부]지었다. 무소유처에 대한 이익을 얻고 그것을 받들어 행했다. 그래서 내 마음은 '이것은 고요하다.'라고 보면서 무소유처에 들어갔고 청정한 믿음을 가졌고 안정되었고 해탈하게 되었다.

아난다여, 그런 나는 나중에 식무변처를 완전히 초월하여 '아무것도 없다.'라고 하면서 무소유처에 들어 머물렀다. 아난다여, 내가 이와 같이 머물 때 식무변처가 함께한 인식과 마음에 잡도리함이 일어났으니 그것은 내게 병이었다.

아난다여, 예를 들면 행복한 자에게 병날 만큼의 괴로움이 일어날 수도 있듯이, 내게 식무변처가 함께한 인식과 마음에 잡도리함이 일어났으니 그것은 내게 병이었다."

11. "아난다여, 그런 내게 '참으로 나는 무소유처를 완전히 초월하여 비상비비상처에 들어 머무르리라.'라는 생각이 들었다. 그러나 내 마음은 '이것은 고요하다.'라고 보면서 비상비비상처에 들어가지 못하고 청정한 믿음을 가지지 못하고 안정되지 못하고 해탈하지 못했다.

아난다여, 그러자 내게 이런 생각이 들었다. '무슨 원인과 무슨 조건 때문에 내 마음은 '이것은 고요하다.'라고 보면서 비상비비상처에 들어가지 못하고 청정한 믿음을 가지지 못하고 안정되지 못하고 해탈하지 못하는가?'라고. 그때 이런 생각이 들었다. '나는 무소유처에 대한 위험을 보지 못했고 그것을 많이 [공부]짓지 못했다. 비상비비상처에 대한 이익을 얻지 못했고 그것을 받들어 행하지 못했다. 그래서 내 마음은 '이것은 고요하다.'라고 보면서 비상비비상처에 들어가지 못하고 청정한 믿음을 가지지 못하고 안정되지 못하고 해탈하지 못한다.'라고.

나는 다시 생각했다. '그러나 만일 내가 무소유처에 대한 위험을 보고 그것을 많이 [공부]짓고, 비상비비상처에 대한 이익을 얻고 그것을 받들어 행하면 내 마음은 '이것은 고요하다.'라고 보면서 비상비비상처에 들어갈 것이고 청정한 믿음을 가질 것이고 안정될 것이고 해탈하게 될 것이다.'라고.

아난다여, 그런 나는 나중에 무소유처에 대한 위험을 보고 그것을 많이 [공부]지었다. 비상비비상처에 대한 이익을 얻고 그것을 받들어 행했다. 그래서 내 마음은 '이것은 고요하다.'라고 보면서 비상비비상처에 들어갔고 청정한 믿음을 가졌고 안정되었고 해탈하게 되었다.

아난다여, 그런 나는 나중에 무소유처를 완전히 초월하여 비상비비상처에 들어 머물렀다. 아난다여, 내가 이와 같이 머물 때 무소유처가 함께한 인식과 마음에 잡도리함이 일어났으니 그것은 내게 병이었다.

아난다여, 예를 들면 행복한 자에게 병날 만큼의 괴로움이 일어날 수도 있듯이, 내게 무소유처가 함께한 인식과 마음에 잡도리함이 일어났으니 그것은 내게 병이었다."

12. "아난다여, 그런 내게 '참으로 나는 일체 비상비비상처를 완전히 초월하여 상수멸(想受滅, 인식과 느낌의 그침)에 들어 머무르리라.'라는 생각이 들었다. 그러나 내 마음은 '이것은 고요하다.'라고 보면서 상수멸에 들어가지 못하고 청정한 믿음을 가지지 못하고 안정되지 못하고 해탈하지 못했다.

아난다여, 그러자 내게 이런 생각이 들었다. '무슨 원인과 무슨 조건 때문에 내 마음은 '이것은 고요하다.'라고 보면서 상수멸에 들어가지 못하고 청정한 믿음을 가지지 못하고 안정되지 못하고 해탈하지 못하는가?'라고. 그때 이런 생각이 들었다. '나는 비상비비상처에 대한 위험을 보지 못했고 그것을 많이 [공부]짓지 못했다. 상수멸에 대한 이익을 얻지 못했고 그것을 받들어 행하지 못했다. 그래서 내 마음은 '이것은 고요하다.'라고 보면서 상수멸에 들어가지 못하고 청정한 믿음을 가지지 못하고 안정되지 못하고 해탈하지 못한다.'라고.

나는 다시 생각했다. '그러나 만일 내가 비상비비상처에 대한 위험을 보고 그것을 많이 [공부]짓고, 상수멸에 대한 이익을 얻고 그것을 받들어 행하면 내 마음은 '이것은 고요하다.'라고 보면서 상수멸에 들어갈 것이고 청정한 믿음을 가질 것이고 안정될 것이고 해탈하게 될 것이다.'라고.

아난다여, 그런 나는 나중에 비상비비상처에 대한 위험을 보고 그것을 많이 [공부]지었다. 상수멸에 대한 이익을 얻고 그것을 받들어 행했다. 그래서 내 마음은 '이것은 고요하다.'라고 보면서 상수멸에 들어갔고 청정한 믿음을 가졌고 안정되었고 해탈하게 되었다.

아난다여, 그런 나는 나중에 일체 비상비비상처를 완전히 초월하여 상수멸에 들어 머물렀다. 그리고 나는 통찰지로써 [사성제를] 본 뒤 번뇌를 남김없이 소멸했다.”

13. “아난다여, 나는 이러한 아홉 가지 차례로 머묾의 증득[九次第住等至]을 순서대로나 역순으로 자유롭게 증득하고 출정하지 못했더라면 나는 신을 포함하고 마라를 포함하고 범천을 포함하고 사문·바라문을 포함하고 신과 인간을 포함한 이 세상에서 내 스스로 위없는 바른 깨달음을 실현했다고 천명하지 못했을 것이다. 비구들이여, 그러나 나는 아홉 가지 차례로 머묾의 증득을 순서대로나 역순으로 자유롭게 증득하고 출정했기 때문에 나는 신을 포함하고 마라를 포함하고 범천을 포함하고 사문·바라문을 포함하고 신과 인간을 포함한 이 세상에서 내 스스로 위없는 바른 깨달음을 실현했다고 천명했다. 그리고 내게는 '내 해탈은 확고부동하다. 이것이 내 마지막

태어남이며, 이제 더 이상의 다시 태어남[再生]은 없다.'라는 지와 견
이 일어났다."

제4장 대 품이 끝났다.

네 번째 품에 포함된 경들의 목록은 다음과 같다.

두 가지 ①~② 머묾 ③ 열반 ④ 쇠[牛]
⑤ 선(禪) ⑥ 아난다 ⑦ 바라문
⑧ 천신 ⑨ 나가 ⑩ 따뜻사이다.

제5장 빤짤라 품

Pañcāla-vagga[363]

빤짤라 경(A9:42)[364]

Pañcāla-sutta

1. 이와 같이 나는 들었다. 한때 아난다 존자는 꼬삼비에서 고시따 원림에 머물렀다. 그때 우다이 존자[365]가 아난다 존자에게 다가갔다. 가서는 아난다 존자와 함께 환담을 나누었다. 유쾌하고 기억할 만한 이야기로 서로 담소를 하고서 한 곁에 앉았다. 한 곁에 앉은 우다이 존자는 아난다 존자에게 이렇게 말했다.

"도반이여, 신의 아들 빤짤라짠다가 이렇게 말했습니다.

'구속 가운데서도 기회 얻음을 깨달으셨으니
대 지혜자요, 초연한 영웅이요,
성자요, 선(禪)을 깨달으신 부처님이시라.'[366]

---

363) 6차결집본의 품의 명칭은 '일반 품'(Sāmañña-vagga)인데 본품에 포함된 열 개의 경들이 모두 4선(四禪)-4처(四處)-상수멸의 9차제멸을 공통적으로 포함하고 있기 때문이다.

364) 6차결집본의 경제목은 '구속'(Sambādha-sutta)이다.

365) "여기서 우다이(Udāyi)는 깔루다이(Kāḷudāyi) 장로이다."(AA.iv.205) 깔루다이 존자에 대해서는 본서 「아난다 경」(A9:37) §3의 주해를 참조할 것.

366) 『상윳따 니까야』「빤짤라짠다 경」(Pañcālacaṇḍa-sutta, S2:7/.i.38)에서 빤짤라짠다가 부처님께 읊은 게송이다.

도반이여, 그런데 어떤 것이 구속이며, 어떤 것이 구속 가운데서도 기회를 얻는 것이라고 세존께서는 말씀하셨습니까?"

2. "도반이여, 다섯 가닥의 감각적 욕망이 구속이라고 세존께 서는 말씀하셨습니다. 그러면 어떤 것이 다섯 가닥의 감각적 욕망인 가요? 눈으로 인식되는 형상들이 있으니, 원하고, 좋아하고, 마음에 들고, 사랑스럽고, 달콤하고, 매혹적인 것들입니다. 귀로 인식되는 소리들이 있으니, … 코로 인식되는 냄새들이 있으니, … 혀로 인식되는 맛들이 있으니, … 몸으로 인식되는 감촉[觸]들이 있으니, 원하고, 좋아하고, 마음에 들고, 사랑스럽고, 달콤하고, 매혹적인 것들입니다. 도반이여, 이러한 다섯 가닥의 감각적 욕망이 구속이라고 세존께서는 말씀하셨습니다."

3. "도반이여, 여기 비구는 감각적 욕망들을 완전히 떨쳐버리고 해로운 법[不善法]들을 떨쳐버린 뒤, 일으킨 생각[尋]과 지속적인 고찰[伺]이 있고, 떨쳐버렸음에서 생긴 희열[喜]과 행복[樂]이 있는 초선(初禪)에 들어 머뭅니다. 도반이여, 이것이 구속 가운데서도 기회를 얻는 것이라고 세존께서는 방편으로367) 말씀하셨습니다. 그런데 여

---

367) "'방편으로(pariyāyena)'라는 것은 한 가지 이유(kāraṇa)에 의해서라는 뜻이다. 왜냐하면 단지 감각적 욕망의 구속(kāma-sambādha)이 없다는 [한 가지] 이유로 초선을 기회 얻음(okāsa-adhigama)이라고 말하는 것일 뿐, 전적으로 그렇다는 것은 아니기 때문이다."(AA.iv.205)
같은 방법으로 제2선부터 비상비비상처까지는 방편으로 말씀하신 것이라고 본경은 밝히고 있으며, 마지막으로 §11의 상수멸이야말로 방편 없이 말씀하신 것이라고 밝히고 있다. 이와 같은 방법으로 아난다 존자는 아래 「몸으로 체험한 자 경」(A9:43)부터 「차례로 소멸함 경」(A9:61)까지

기도 구속이 있습니다. 그러면 여기서는 무엇이 구속입니까? 여기서는 일으킨 생각과 지속적인 고찰이 소멸되지 않으면 그것은 구속입니다."

4. "다시 도반이여, 비구는 일으킨 생각과 지속적인 고찰을 가라앉혔기 때문에 자기 내면의 것이고, 확신이 있으며, 마음의 단일한 상태이고, 일으킨 생각과 지속적인 고찰은 없고, 삼매에서 생긴 희열과 행복이 있는 제2선(二禪)에 들어 머뭅니다. 도반이여, 이것이 구속 가운데서도 기회를 얻는 것이라고 세존께서는 방편으로 말씀하셨습니다. 그런데 여기도 구속이 있습니다. 그러면 여기서는 무엇이 구속입니까? 여기서는 희열이 소멸되지 않으면 그것은 구속입니다."

5. "다시 도반이여, 비구는 희열이 빛바랬기 때문에 평온하게 머문다. 마음챙기고 알아차리며 몸으로 행복을 경험한다. 이 [禪 때문에] '평온하고 마음챙기며 행복하게 머문다.'고 성자들이 묘사하는 제3선(三禪)에 들어 머뭅니다. 도반이여, 이것이 구속 가운데서도 기회를 얻는 것이라고 세존께서는 방편으로 말씀하셨습니다. 그런데 여기도 구속이 있습니다. 그러면 여기서는 무엇이 구속입니까? 여기서는 평온과 행복이 소멸되지 않으면 그것은 구속입니다."

6. "다시 도반이여, 비구는 행복도 버리고 괴로움도 버리고, 아울러 그 이전에 이미 기쁨과 슬픔을 소멸했으므로 괴롭지도 즐겁지도 않으며, 평온으로 인해 마음챙김이 청정한 제4선(四禪)에 들어 머뭅니다. 도반이여, 이것이 구속 가운데서도 기회를 얻는 것이라고 세

를 계속해서 설하고 있다.

존께서는 방편으로 말씀하셨습니다. 그런데 여기도 구속이 있습니다. 그러면 여기서는 무엇이 구속입니까? 여기서는 물질에 대한 인식이 소멸되지 않으면 그것은 구속입니다."

7. "다시 도반이여, 비구는 물질[色]에 대한 인식을 완전히 초월하고 부딪힘의 인식을 소멸하고 갖가지 인식을 마음에 잡도리하지 않기 때문에 '무한한 허공'이라고 하면서 공무변처에 들어 머뭅니다. 도반이여, 이것이 구속 가운데서도 기회를 얻는 것이라고 세존께서는 방편으로 말씀하셨습니다. 그런데 여기도 구속이 있습니다. 그러면 여기서는 무엇이 구속입니까? 여기서는 공무변처의 인식이 소멸되지 않으면 그것은 구속입니다."

8. "다시 도반이여, 비구는 공무변처를 완전히 초월하여 '무한한 알음알이[識]'라고 하면서 식무변처에 들어 머뭅니다. 도반이여, 이것이 구속 가운데서도 기회를 얻는 것이라고 세존께서는 방편으로 말씀하셨습니다. 그런데 여기도 구속이 있습니다. 그러면 여기서는 무엇이 구속입니까? 여기서는 식무변처의 인식이 소멸되지 않으면 그것은 구속입니다."

9. "다시 도반이여, 비구는 식무변처를 완전히 초월하여 '아무 것도 없다.'라고 하면서 무소유처에 들어 머뭅니다. 도반이여, 이것이 구속 가운데서도 기회를 얻는 것이라고 세존께서는 방편으로 말씀하셨습니다. 그런데 여기도 구속이 있습니다. 그러면 여기서는 무엇이 구속입니까? 여기서는 무소유처의 인식이 소멸되지 않으면 그것은 구속입니다."

10. "다시 도반이여, 비구는 무소유처를 완전히 초월하여 비상비비상처에 들어 머뭅니다. 도반이여, 이것이 구속 가운데서도 기회를 얻는 것이라고 세존께서는 방편으로 말씀하셨습니다. 그런데 여기도 구속이 있습니다. 그러면 여기서는 무엇이 구속입니까? 여기서는 비상비비상처의 인식이 소멸되지 않으면 그것은 구속입니다."

11. "다시 도반이여, 비구는 일체 비상비비상처를 완전히 초월하여 상수멸(想受滅, 인식과 느낌의 그침)에 들어 머뭅니다. 그리고 그는 통찰지로써 [사성제를] 본 뒤 번뇌를 남김없이 소멸합니다. 도반이여, 이것이 구속 가운데서도 기회를 얻는 것이라고 세존께서는 방편 없이[368] 말씀하셨습니다."

몸으로 체험한 자 경(A9:43)

Kāyasakkhī-sutta

1. "도반이여, '몸으로 체험한 자, 몸으로 체험한 자'라고 합니다. 도반이여, 그러면 어떤 것이 몸으로 체험한 자라고 세존께서는 말씀하셨습니까?"

2. "도반이여, 여기 비구는 감각적 욕망들을 완전히 떨쳐버리고 … 초선(初禪)에 들어 머뭅니다. 그리고 어떤 방법으로 그 경지가 있든지 간에, 그 방법대로 그 경지를 [정신의] 몸으로 체험하여 머뭅

---

368) "'번뇌를 남김없이 소멸한다.'라는 것은 모든 구속을 다 버렸다는 뜻이기 때문에 모든 곳에서 전적으로 기회를 얻는 것이다. 그래서 '방편 없이(nip- pariyāyena)'라고 하였다."(AA.iv.206)

니다.369) 도반이여, 이것이 몸으로 체험한 자라고 세존께서는 방편으로 말씀하셨습니다."

3. "다시 도반이여, 비구는 일으킨 생각과 지속적인 고찰을 가라앉혔기 때문에 … 제2선에 들어 머뭅니다. … 제3선에 들어 머뭅니다. … 제4선에 들어 머뭅니다. 그리고 어떤 방법으로 그 경지가 있든지 간에, 그 방법대로 그 경지를 [정신의] 몸으로 체험하여 머뭅니다. 도반이여, 이것이 몸으로 체험한 자라고 세존께서는 방편으로 말씀하셨습니다."

4. "다시 도반이여, 비구는 물질에 대한 인식을 완전히 초월하고 … 공무변처에 들어 머뭅니다. … 식무변처에 들어 머뭅니다. … 무소유처에 들어 머뭅니다. … 비상비비상처에 들어 머뭅니다. 그리고 어떤 방법으로 그 경지가 있든지 간에, 그 방법대로 그 경지를 [정신의] 몸으로 체험하여 머뭅니다. 도반이여, 이것이 몸으로 체험한 자라고 세존께서는 방편으로 말씀하셨습니다."

5. "다시 도반이여, 비구는 일체 비상비비상처를 완전히 초월하여 상수멸에 들어 머뭅니다. 그리고 그는 통찰지로써 [사성제를] 본 뒤 번뇌를 남김없이 소멸합니다. 그리고 어떤 방법으로 그 경지가 있든지 간에, 그 방법대로 그 경지를 [정신의] 몸으로 체험하여 머뭅니다. 도반이여, 이것이 몸으로 체험한 자라고 세존께서는 방편 없이

---

369) "어떤 이유(kāraṇa)로 어떤 방법(ākāra)으로 초선이라 불리는 그 경지(āyatana)가 있든지 간에, 그 이유대로 그 방법대로 그 증득(samāpatti)을, 함께 생긴 정신의 몸(sahajāta-nāma-kāya)으로 체험하면서(phusi-tvā) 머문다, 그 경지에 든다(samāpajjati)는 뜻이다."(*Ibid*)

말씀하셨습니다."

혜해탈 경(A9:44)370)
Paññāvimutta-sutta

1. "도반이여, '통찰지를 통하여 해탈한 자[慧解脫],371) 통찰지를 통하여 해탈한자'라고 합니다. 도반이여, 그러면 어떤 것이 통찰지를 통하여 해탈한 자라고 세존께서는 말씀하셨습니까?"

2. "도반이여, 여기 비구는 감각적 욕망들을 완전히 떨쳐버리고 … 초선(初禪)에 들어 머뭅니다. … 제2선에 들어 머뭅니다. … 제3선에 들어 머뭅니다. … 제4선에 들어 머뭅니다. 그리고 그는 통찰지로 그것을 꿰뚫어 압니다.372) 도반이여, 이것이 통찰지를 통하여 해탈한 자라고 세존께서는 방편으로 말씀하셨습니다."

3. "다시 도반이여, 비구는 물질에 대한 인식을 완전히 초월하고 … 공무변처에 들어 머뭅니다. … 식무변처에 들어 머뭅니다. … 무소유처에 들어 머뭅니다. … 비상비비상처에 들어 머뭅니다. 그리고 그는 통찰지로 그것을 꿰뚫어 압니다. 도반이여, 이것이 통찰지를

---

370) PTS본의 경의 목록에는 본경에 해당하는 경제목이 빠져있다. 역자는 6차 결집본을 따랐다.

371) 통찰지를 통한 해탈[慧解脫, paññā-vimutta]에 대해서는 본서 제2권 「흐름을 따름 경」(A4:5) §1의 주해와 『디가 니까야』 제2권 「대인연 경」(D15) §36의 주해를 참조할 것.

372) "그는 그 초선 [등]을 위빳사나의 통찰지(vipassanā-paññā)로 안다는 뜻이다."(*Ibid*)

통하여 해탈한 자라고 세존께서는 방편으로 말씀하셨습니다.

다시 도반이여, 비구는 일체 비상비비상처를 완전히 초월하여 상
수멸에 들어 머뭅니다. 그리고 그는 통찰지로써 [사성제를] 본 뒤 번
뇌를 남김없이 소멸합니다. 그리고 그는 통찰지로 그것을 꿰뚫어 압
니다. 도반이여, 이것이 통찰지를 통하여 해탈한 자라고 세존께서는
방편 없이 말씀하셨습니다."

양면해탈 경(A9:45)373)

Ubhatobhāgavimutta-sutta

1. "도반이여, '양면으로 해탈한 자(兩面解脫),374) 양면으로 해

---

373) PTS본의 경의 목록에는 ubho라고만 나타난다. 뜻을 분명히 하기 위해 6
차결집본을 따랐다.

374) "'양면해탈(兩面解脫, ubhatobhāga-vimutti)'이라는 것은 양면으로 사
마타와 위빳사나의 반대가 되는 오염원(paccanīka-kilesa)들로부터 해
탈한 것이다. 최종적으로(pariyosāna) 증득(samāpatti)을 통해 물질적
인 몸(rūpa-kāya)으로부터 해탈하고, 성스러운 도(ariya-magga)를 통
해 정신적인 몸(nāma-kāya)으로부터 해탈하는 것을 양면해탈이라고 알
아야 한다."(AA.iv.207)
『인시설론 주석서』(PugA. 194~195)에 의하면 본경과 앞의 「몸으로
체험한 자 경」(A9:43)과 「혜해탈 경」(A9:44)의 차이점은 다음과 같
다. 우선 '양면으로 해탈한 자'와 '몸으로 체험한 자'의 경우, 여덟 종류의
증득[等至, 초선부터 비상비비상처까지의 8가지 본삼매를 말함]을 얻은
비구가 통찰지를 중히 여기고 사마타로 명상하면서 어떤 특정한 무색계의
증득을 토대로 하여 위빳사나를 확립한 뒤 도와 과를 얻는 경우가 있는데,
그 중에서 예류과에서부터 아라한도까지 여섯 단계에 머물 때에는 그를
'몸으로 체험한 자'라 하고, 마지막 아라한과에 이를 때에는 '양면으로 해
탈한 자'라고 한다. 그러므로 본경과 앞의 「몸으로 체험한 자 경」
(A9:43)의 본문에 '어떤 방법으로 그 경지가 있든지 간에, 그 방법대로 그
경지를 [정신의] 몸으로 체험하여 머문다.'라는 문구가 들어있다.

탈한 자'이라고 합니다. 도반이여, 그러면 어떤 것이 양면으로 해탈한 자라고 세존께서는 말씀하셨습니까?"

2. "도반이여, 여기 비구는 감각적 욕망들을 완전히 떨쳐버리고 … 초선(初禪)에 들어 머뭅니다. … 제2선에 들어 머뭅니다. … 제3선에 들어 머뭅니다. … 제4선에 들어 머뭅니다. 그리고 어떤 방법으로 그 경지가 있든지 간에, 그 방법대로 그 경지를 [정신의] 몸으로 체험하여 머물고, 그리고 그는 통찰지로 그것을 꿰뚫어 압니다. 도반이여, 이것이 양면으로 해탈한 자라고 세존께서는 방편으로 말씀하셨습니다."

3. "다시 도반이여, 비구는 물질에 대한 인식을 완전히 초월하고 … 공무변처에 들어 머뭅니다. … 식무변처에 들어 머뭅니다. … 무소유처에 들어 머뭅니다. … 비상비비상처에 들어 머뭅니다. 그리고 어떤 방법으로 그 경지가 있든지 간에, 그 방법대로 그 경지를 [정신의] 몸으로 체험하여 머물고, 그리고 그는 통찰지로 그것을 꿰뚫어 압니다. 도반이여, 이것이 양면으로 해탈한 자라고 세존께서는 방편

그러나 「몸으로 체험한 자 경」에는 '그가 통찰지로 그것을 꿰뚫어 안다.'라는 문구가 나타나지 않는다. 반면에 '통찰지로 해탈한 자'에는 상카라들만을 명상하거나 혹은 네 가지 색계 禪 가운데 어떤 하나를 대상으로 하여 명상하여 도와 과를 얻는 경우가 있는데, 그가 마지막 아라한과에 이를 때 '통찰지로 해탈한 자'라 부른다. 그러므로 본경의 본문에 '어떤 방법으로 그 경지가 있든지 간에, 그 방법대로 그 경지를 [정신의] 몸으로 체험하여 머문다.'라는 문구가 없다. 대신에 '그가 통찰지로 그것을 꿰뚫어 안다.'라는 문구는 나타나고 있다.
양면해탈과 통찰지를 통한 해탈[慧解脫] 등에 대해서는 본서 제1권 「세속적인 것을 중시함 경」(A2:5:7)의 주해에서 『인시설론 주석서』를 인용하여 상세하게 설명하고 있으니 참조할 것.

으로 말씀하셨습니다.

다시 도반이여, 비구는 일체 비상비비상처를 완전히 초월하여 상수멸에 들어 머뭅니다. 그리고 그는 통찰지로써 [사성제를] 본 뒤 번뇌를 남김없이 소멸합니다. 그리고 어떤 방법으로 그 경지가 있든지 간에, 그 방법대로 그 경지를 [정신의] 몸으로 체험하여 머물고, 그리고 그는 통찰지로 그것을 꿰뚫어 압니다. 도반이여, 이것이 양면으로 해탈한 자라고 세존께서는 방편 없이 말씀하셨습니다."

스스로 보아 알 수 있음 경1(A9:46)
Sandiṭṭhika-sutta

"도반이여, '지금여기서 스스로 보아 알 수 있는 법, 지금 여기서 스스로 보아 알 수 있는 법'이라고 합니다. …"

스스로 보아 알 수 있음 경2(A9:47)

"도반이여, '지금여기서 스스로 보아 알 수 있는 열반, 지금 여기서 스스로 보아 알 수 있는 열반'이라고 합니다. …"

열반 경(A9:48)
Nibbāna-sutta

"도반이여, '열반, 열반'이라고 합니다. …"

반열반 경(A9:49)
Parinibbāna-sutta

"도반이여, '반열반, 반열반'이라고 합니다. …"

구성요소 경(A9:50)
Tadaṅga-sutta

"도반이여, '구성요소를 통한 열반, 구성요소를 통한 열반'이라고 합니다. …"

지금여기 경(A9:51)
Diṭṭhadhammika-sutta

1.　"도반이여, '지금여기에서의 열반,375) 지금여기에서의 열반'이라고 합니다. 도반이여, 그러면 어떤 것이 지금여기에서의 열반이라고 세존께서는 말씀하셨습니까?"

2.　"도반이여, 여기 비구는 감각적 욕망들을 완전히 떨쳐버리고 … 초선(初禪)에 들어 머뭅니다. … 제2선에 들어 머뭅니다. … 제3선에 들어 머뭅니다. … 제4선에 들어 머뭅니다. 도반이여, 이것이 지금여기에서의 열반이라고 세존께서는 방편으로 말씀하셨습니다."

---

375)　"'지금여기에서의 열반(diṭṭhadhamma-nibbāna)'이란 바로 지금 자기 자신(attabhāva)에서 [실현하는] 열반이다."(*Ibid*)

3. "다시 도반이여, 비구는 물질에 대한 인식을 완전히 초월하고 … 공무변처에 들어 머뭅니다. … 식무변처에 들어 머뭅니다. … 무소유처에 들어 머뭅니다. … 비상비비상처에 들어 머뭅니다. 도반이여, 이것이 지금여기에서의 열반이라고 세존께서는 방편으로 말씀하셨습니다.

다시 도반이여, 비구는 일체 비상비비상처를 완전히 초월하여 상수멸에 들어 머뭅니다. 그리고 그는 통찰지로써 [사성제를] 본 뒤 번뇌를 남김없이 소멸합니다. 도반이여, 이것이 지금여기에서의 열반이라고 세존께서는 방편 없이 말씀하셨습니다."

제5장 빤짤라 품이 끝났다.

다섯 번째 품에 포함된 경들의 목록은 다음과 같다.

① 빤짤라 ② 몸으로 체험한 자 ③ 혜해탈
④ 양면해탈, 두 가지 ⑤~⑥ 스스로 보아 알 수 있음
⑦ 열반 ⑧ 반열반 ⑨ 구성요소 ⑩ 지금여기이다.

첫 번째 50개 경들의 묶음이 끝났다.

두 번째 50개 경들의 묶음

Dutiya-paṇṇāsaka

제6장 안은 품

Khema-vagga

안은 경1(A9:52)

Khema-sutta

1. "도반이여, '안은, 안은'이라고 합니다. 도반이여, 그러면 어떤 것이 안은이라고 세존께서는 말씀하셨습니까?"

2. "도반이여, 여기 비구는 감각적 욕망들을 완전히 떨쳐버리고 … 초선(初禪)에 들어 머뭅니다. … 제2선에 들어 머뭅니다. … 제3선에 들어 머뭅니다. … 제4선에 들어 머뭅니다. 도반이여, 이것이 안은이라고 세존께서는 방편으로 말씀하셨습니다."

3. "다시 도반이여, 비구는 물질에 대한 인식을 완전히 초월하고 … 공무변처에 들어 머뭅니다. … 식무변처에 들어 머뭅니다. … 무소유처에 들어 머뭅니다. … 비상비비상처에 들어 머뭅니다. 도반이여, 이것이 안은이라고 세존께서는 방편으로 말씀하셨습니다.

다시 도반이여, 비구는 일체 비상비비상처를 완전히 초월하여 상수멸에 들어 머뭅니다. 그리고 그는 통찰지로써 [사성제를] 본 뒤 번뇌를 남김없이 소멸합니다. 도반이여, 이것이 안은이라고 세존께서 는 방편 없이 말씀하셨습니다."

안은 경2(A9:53)

"도반이여, '안은을 얻음, 안은을 얻음'이라고 합니다. …"

불사(不死) 경1(A9:54)

Amata-sutta

"도반이여, '불사, 불사'라고 합니다. …"

불사(不死) 경2(A9:55)

"도반이여, '불사를 얻음, 불사를 얻음'이라고 합니다. …"

두려움 없음 경1(A9:56)

Abhaya-sutta

"도반이여, '두려움 없음, 두려움 없음'이라고 합니다. …"

두려움 없음 경2(A9:57)

"도반이여, '두려움 없음을 얻음, 두려움 없음을 얻음'이라고 합니 다. …"

편안함 경1(A9:58)
Passaddhi-sutta

"도반이여, '편안함, 편안함'이라고 합니다. …"

편안함 경2(A9:59)

"도반이여, '차례로 편안함, 차례로 편안함'이라고 합니다. …"

소멸 경(A9:60)
Nirodha-sutta

"도반이여, '소멸, 소멸'이라고 합니다. …"

차례로 소멸함 경(A9:61)
Anupubbanirodha-sutta

1. "도반이여, '차례로 소멸함[次第滅], 차례로 소멸함'이라고 합니다. 도반이여, 그러면 어떤 것이 차례로 소멸함이라고 세존께서는 말씀하셨습니까?"

2. "도반이여, 여기 비구는 감각적 욕망들을 완전히 떨쳐버리고 … 초선(初禪)에 들어 머뭅니다. … 제2선에 들어 머뭅니다. … 제3선에 들어 머뭅니다. … 제4선에 들어 머뭅니다. 도반이여, 이것이 차례로 소멸함이라고 세존께서는 방편으로 말씀하셨습니다."

3. "다시 도반이여, 비구는 물질에 대한 인식을 완전히 초월하고 … 공무변처에 들어 머뭅니다. … 식무변처에 들어 머뭅니다. … 무소유처에 들어 머뭅니다. … 비상비비상처에 들어 머뭅니다. 도반이여, 이것이 차례로 소멸함이라고 세존께서는 방편으로 말씀하셨습니다.

다시 도반이여, 비구는 일체 비상비비상처를 완전히 초월하여 상수멸에 들어 머뭅니다. 그리고 그는 통찰지로써 [사성제를] 본 뒤 번뇌를 남김없이 소멸합니다. 도반이여, 이것이 차례로 소멸함이라고 세존께서는 방편 없이 말씀하셨습니다."

제거하여 실현할 수 있음 경(A9:62)
Pahāyabhabba-sutta

1. "비구들이여, 아홉 가지 법을 제거하지 못하면 아라한과를 실현할 수 없다. 무엇이 아홉인가?"

2. "탐욕, 성냄, 어리석음, 분노, 원한, 위선, 앙심, 질투, 인색이다. 비구들이여, 이러한 아홉 가지 법을 제거하지 못하면 아라한과를 실현할 수 없다."

3. "비구들이여, 아홉 가지 법을 제거하면 아라한과를 실현할 수 있다. 무엇이 아홉인가?"

4. "탐욕, 성냄, 어리석음, 분노, 원한, 위선, 앙심, 질투, 인색이

다. 비구들이여, 이러한 아홉 가지 법을 제거하면 아라한과를 실현할 수 있다."

제6장 안은 품이 끝났다.

여섯 번째 품에 포함된 경들의 목록은 다음과 같다.

두 가지 ①~② 안은, 두 가지 ③~④ 불사(不死)
두 가지 ⑤~⑥ 두려움 없음
두 가지 ⑦~⑧ 편안함 ⑨ 소멸
⑩ 차례로 소멸함 ⑪제거하여 실현할 수 있음이다.

제7장 마음챙김의 확립 품

Satipaṭṭhāna-vagga[376)]

공부지음 경(A9:63)[377)]
Sikkhā-sutta

1. "비구들이여, 다섯 가지 공부지음을 나약하게 만드는 것이 있다. 무엇이 다섯인가?"

2. "생명을 죽임, 주지 않은 것을 가짐, 삿된 음행, 거짓말, 방일하는 근본이 되는 술과 중독성 물질이다. 비구들이여, 이러한 다섯 가지 공부지음을 나약하게 만드는 것이 있다."

3. "비구들이여, 이러한 다섯 가지 공부지음을 나약하게 만드는 것을 버리기 위해서는 네 가지 마음챙김의 확립[四念處]을 닦아야 한다. 무엇이 넷인가?"

4. "비구들이여, 여기 비구는 몸에서 몸을 관찰하며[身隨觀] 머문다. 세상에 대한 욕심과 싫어하는 마음을 버리고 근면하게, 분명히

---

376) 본품에 포함된 10개의 경들은 먼저 다섯 가지로 구성된 해로운 법들을 드러내고, 이러한 것들을 버리기 위해서 네 가지 마음챙김의 확립[四念處]을 닦아야 한다는 구성으로 전개되고 있다. 이렇게 하여 각각의 경들은 모두 9개의 법들로 이루어져서 아홉의 모음에 포함되었다.

377) 6차결집본의 경제목은 '공부지음을 나약하게 만듦'(Sikkhādubbalya-sutta)이다.

알아차리고 마음챙기면서 머문다. 느낌에서 느낌을 관찰하며[受隨觀] 머문다. … 마음에서 마음을 관찰하며[心隨觀] 머문다. … 법에서 법을 관찰하며[法隨觀] 머문다. 세상에 대한 욕심과 싫어하는 마음을 버리고 근면하게, 분명히 알아차리고 마음챙기면서 머문다. 비구들이여, 다섯 가지 공부지음을 나약하게 만드는 것을 버리기 위해서는 이러한 네 가지 마음챙김의 확립을 닦아야 한다."

장애 경(A9:64)
Nivaraṇa-sutta

1. "비구들이여, 다섯 가지 장애가 있다. 무엇이 다섯인가?"

2. "감각적 욕망의 장애, 악의의 장애, 해태·혼침의 장애, 들뜸·후회의 장애, 의심의 장애이다. 비구들이여, 이러한 다섯 가지 장애가 있다."

3. "비구들이여, 이러한 다섯 가지 장애를 버리기 위해서는 네 가지 마음챙김의 확립을 닦아야 한다. 무엇이 넷인가?"

4. "비구들이여, 여기 비구는 몸에서 몸을 관찰하며[身隨觀] 머문다. 세상에 대한 욕심과 싫어하는 마음을 버리고 근면하게, 분명히 알아차리고 마음챙기면서 머문다. 느낌에서 느낌을 관찰하며[受隨觀] 머문다. … 마음에서 마음을 관찰하며[心隨觀] 머문다. … 법에서 법을 관찰하며[法隨觀] 머문다. 세상에 대한 욕심과 싫어하는 마음을 버리고 근면하게, 분명히 알아차리고 마음챙기면서 머문다. 비구들이

여, 다섯 가지 장애를 버리기 위해서는 이러한 네 가지 마음챙김의 확립을 닦아야 한다."

감각적 욕망 경(A9:65)
Kāma-sutta

1. "비구들이여, 다섯 가닥의 감각적 욕망이 있다. 무엇이 다섯인가?"

2. "비구들이여, 눈으로 인식되는 형상들이 있으니, 원하고, 좋아하고, 마음에 들고, 사랑스럽고, 달콤하고, 매혹적인 것들이다. 귀로 인식되는 소리들이 있으니, … 코로 인식되는 냄새들이 있으니, … 혀로 인식되는 맛들이 있으니, … 몸으로 인식되는 감촉[觸]들이 있으니, 원하고, 좋아하고, 마음에 들고, 사랑스럽고, 달콤하고, 매혹적인 것들이다. 비구들이여, 이러한 다섯 가닥의 감각적 욕망이 있다."

3. "비구들이여, 이러한 다섯 가닥의 감각적 욕망을 버리기 위해서는 네 가지 마음챙김의 확립을 닦아야 한다. 무엇이 넷인가?
비구들이여, 여기 비구는 몸에서 몸을 관찰하며[身隨觀] 머문다. …
비구들이여, 다섯 가닥의 감각적 욕망을 버리기 위해서는 이러한 네 가지 마음챙김의 확립을 닦아야 한다."

무더기[蘊] 경(A9:66)[378]

Khandha-sutta

1. "비구들이여, [나 등으로] 취착하는 다섯 가지 무더기[五取蘊]가 있다. 무엇이 다섯인가?"

2. "[나 등으로] 취착하는 물질의 무더기[色取蘊], [나 등으로] 취착하는 느낌의 무더기[受取蘊], [나 등으로] 취착하는 인식의 무더기[想取蘊], [나 등으로] 취착하는 심리현상들의 무더기[行取蘊], [나 등으로] 취착하는 알음알이의 무더기[識取蘊]이다. 비구들이여, [나 등으로] 취착하는 이러한 다섯 가지 무더기가 있다."

3. "비구들이여, [나 등으로] 취착하는 이러한 다섯 가지 무더기를 버리기 위해서는 네 가지 마음챙김의 확립을 닦아야 한다. 무엇이 넷인가?
비구들이여, 여기 비구는 몸에서 몸을 관찰하며[身隨觀] 머문다. …
비구들이여, [나 등으로] 취착하는 다섯 가지 무더기를 버리기 위해서는 이러한 네 가지 마음챙김의 확립을 닦아야 한다."

낮은 단계 경(A9:67)

Orambhāgiya-sutta

1. "비구들이여, 다섯 가지 낮은 단계의 족쇄[下分結]가 있다.

---

378) 6차결집본의 경제목은 '취착하는 무더기[取蘊]'(Upādānakkhandha-sutta)이다.

무엇이 다섯인가?"

2. "유신견(有身見), 의심, 계율과 의례의식에 대한 집착, 감각적 욕망, 악의이다. 비구들이여, 이러한 다섯 가지 낮은 단계의 족쇄가 있다."379)

3. "비구들이여, 이러한 다섯 가지 낮은 단계의 족쇄를 버리기 위해서는 네 가지 마음챙김의 확립을 닦아야 한다. 무엇이 넷인가?
비구들이여, 여기 비구는 몸에서 몸을 관찰하며[身隨觀] 머문다. …
비구들이여, 다섯 가지 낮은 단계의 족쇄를 버리기 위해서는 이러한 네 가지 마음챙김의 확립을 닦아야 한다."

태어날 곳 경(A9:68)
Gati-sutta

1. "비구들이여, 다섯 가지 태어날 곳이 있다. 무엇이 다섯인가?"

2. "지옥, 축생의 모태, 아귀계, 인간, 신이다. 비구들이여, 이러한 다섯 가지 태어날 곳이 있다."

3. "비구들이여, 이러한 다섯 가지 태어날 곳을 버리기 위해서는 네 가지 마음챙김의 확립을 닦아야 한다. 무엇이 넷인가?
비구들이여, 여기 비구는 몸에서 몸을 관찰하며[身隨觀] 머문다. …

---

379) 열 가지 족쇄(saṁyojana)에 포함되는 이 다섯 가지 낮은 단계의 족쇄와 다섯 가지 높은 단계의 족쇄에 대한 설명은 본서 제2권 「족쇄 경」 (A4:131) §1의 주해를 참조할 것.

비구들이여, 다섯 가지 태어날 곳을 버리기 위해서는 이러한 네 가지 마음챙김의 확립을 닦아야 한다."

인색 경(A9:69)
Macchariya-sutta

1. "비구들이여, 다섯 가지 인색함이 있다. 무엇이 다섯인가?"

2. "거처를 [공유함에] 대해 인색함, 신도에 인색함, 얻은 것에 인색함, 칭송에 인색함, 법에 인색함이다. 비구들이여, 이러한 다섯 가지 인색함이 있다."

3. "비구들이여, 이러한 다섯 가지 인색함을 버리기 위해서는 네 가지 마음챙김의 확립을 닦아야 한다. 무엇이 넷인가?
비구들이여, 여기 비구는 몸에서 몸을 관찰하며[身隨觀] 머문다. …
비구들이여, 다섯 가지 인색함을 버리기 위해서는 이러한 네 가지 마음챙김의 확립을 닦아야 한다."

높은 단계 경(A9:70)
Uddhambhāgiya-sutta

1. "비구들이여, 다섯 가지 높은 단계의 족쇄[上分結]가 있다. 무엇이 다섯인가?"

2. "색계에 대한 탐욕, 무색계에 대한 탐욕, 자만, 들뜸, 무명이

다. 비구들이여, 이러한 다섯 가지 높은 단계의 족쇄가 있다."

3. "비구들이여, 이러한 다섯 가지 높은 단계의 족쇄를 버리기 위해서는 네 가지 마음챙김의 확립을 닦아야 한다. 무엇이 넷인가?

비구들이여, 여기 비구는 몸에서 몸을 관찰하며[身隨觀] 머문다. … 비구들이여, 다섯 가지 높은 단계의 족쇄를 버리기 위해서는 이러한 네 가지 마음챙김의 확립을 닦아야 한다."

마음의 삭막함 경(A9:71)
Cetokhila-sutta

1. "비구들이여, 다섯 가지 마음의 삭막함이 있다. 무엇이 다섯 인가?"

2. "비구들이여, 여기 비구는 스승에 대해 회의하고 의심하고 확신을 가지지 못하고 청정한 믿음을 가지지 못한다. 비구들이여, 스승에 대해 회의하고 의심하고 확신을 가지지 못하고 청정한 믿음을 가지지 못하는 그 비구의 마음은 근면함으로 기울지 못하고 전념과 인욕과 노력으로 기울지 못한다. 그의 마음이 근면함으로 기울지 못하고 전념과 인욕과 노력으로 기울지 못하는 이것이 첫 번째 마음의 삭막함이다."

3. "다시 비구들이여, 비구는 법에 대해 회의하고 의심하고 … 이것이 두 번째 마음의 삭막함이다.

다시 비구들이여, 비구는 승가에 대해 회의하고 의심하고 … 이것이 세 번째 마음의 삭막함이다.

다시 비구들이여, 비구는 학습[계율]에 대해 회의하고 의심하고 …
이것이 네 번째 마음의 삭막함이다.

다시 비구들이여, 비구는 동료 수행자들에게 화내고 기뻐하지 않
고 불쾌하고 삭막해진다. 비구들이여, 동료 수행자들에게 화내고 기
뻐하지 않고 불쾌하고 삭막해진 그 비구의 마음은 근면함으로 기울
지 못하고 전념과 인욕과 노력으로 기울지 못한다. 그의 마음이 근면
함으로 기울지 못하고 전념과 인욕과 노력으로 기울지 못하는 이것
이 다섯 번째 마음의 삭막함이다.

비구들이여, 이러한 다섯 가지 마음의 삭막함이 있다."380)

4. "비구들이여, 이러한 다섯 가지 마음의 삭막함을 버리기 위
해서는 네 가지 마음챙김의 확립을 닦아야 한다. 무엇이 넷인가?

비구들이여, 여기 비구는 몸에서 몸을 관찰하며[身隨觀] 머문다. …
비구들이여, 다섯 가지 마음의 삭막함을 버리기 위해서는 이러한 네
가지 마음챙김의 확립을 닦아야 한다."

속박 경(A9:72)
Vinibandha-sutta

1. "비구들이여, 다섯 가지 마음의 속박이 있다. 무엇이 다섯
인가?"

---

380) 이상은 본서 제3권 「삭막함 경」(A5:205)과 같은 내용이다.

2. "비구들이여, 여기 비구가 감각적 욕망에 대해 탐욕을 여의지 못하고 열의를 여의지 못하고 애정을 여의지 못하고 갈증을 여의지 못하고 열병을 여의지 못하고 갈애를 여의지 못한다. 비구들이여, 감각적 욕망에 대해 탐욕을 여의지 못하고 열의를 여의지 못하고 애정을 여의지 못하고 갈증을 여의지 못하고 열병을 여의지 못하고 갈애를 여의지 못한 그 비구의 마음은 근면함으로 기울지 못하고 전념과 인욕과 노력으로 기울지 못한다. 그의 마음이 근면함으로 기울지 못하고 전념과 인욕과 노력으로 기울지 못하는 이것이 첫 번째 마음의 속박이다."

3. "다시 비구들이여, 여기 비구가 몸에 대해 탐욕을 여의지 못하고 … 이것이 두 번째 마음의 속박이다.

다시 비구들이여, 여기 비구가 형상[色]에 대해 탐욕을 여의지 못하고 … 이것이 세 번째 마음의 속박이다.

다시 비구들이여, 여기 비구가 원하는 대로 배불리 먹고서는 자는 즐거움, 기대는 즐거움, 꾸벅꾸벅 조는 즐거움에 빠져 머문다. 비구들이여, 원하는 대로 배불리 먹고서는 자는 즐거움, 기대는 즐거움, 꾸벅꾸벅 조는 즐거움에 빠져 머무는 그 비구의 마음은 근면함으로 기울지 못하고 전념과 인욕과 노력으로 기울지 못한다. … 이것이 네 번째 마음의 속박이다.

다시 비구들이여, 비구가 다른 천신의 무리를 갈구하여 범행(梵行)을 닦는다. '이러한 계나 서원이나 고행이나 청정범행으로 나는 [높은] 천신이나 [낮은] 천신이 되리라.'라고. 비구들이여, 다른 천신의 무리를 갈구하여 … '천신이 되리라.'라고 하는 그 비구의 마음은, 근면함으로 기울지 못하고 전념과 인욕과 노력으로 기울지 못한다. 그의 마음이 근면함으로 기울지 못하고 전념과 인욕과 노력으로 기울지 못하는 이것이 다섯 번째 마음의 속박이다.

비구들이여, 이러한 다섯 가지 마음의 속박이 있다."381)

4. "비구들이여, 이러한 다섯 가지 마음의 속박을 버리기 위해서는 네 가지 마음챙김의 확립을 닦아야 한다. 무엇이 넷인가?

비구들이여, 여기 비구는 몸에서 몸을 관찰하며[身隨觀] 머문다. … 비구들이여, 다섯 가지 마음의 속박을 버리기 위해서는 이러한 네 가지 마음챙김의 확립을 닦아야 한다."

제7장 마음챙김의 확립 품이 끝났다.

일곱 번째 품에 포함된 경들의 목록은 다음과 같다.

① 공부지음 ② 장애 ③ 감각적 욕망
④ 무더기 ⑤ 낮은 단계 ⑥ 태어날 곳
⑦ 인색 ⑧ 높은 단계 ⑨ 마음의 삭막함 ⑩ 속박이다.

---

381) 이상은 본서 제3권 「속박 경」(A5:206)과 같은 내용이다.

제8장 바른 노력 품

Sammappadhāna-vagga[382)

공부지음 경(A9:73)

Sikkhā-sutta

1. "비구들이여, 다섯 가지 공부지음을 나약하게 만드는 것이 있다. 무엇이 다섯인가?"

2. "생명을 죽임, 주지 않은 것을 가짐, 삿된 음행, 거짓말, 방일하는 근본이 되는 술과 중독성 물질이다. 비구들이여, 이러한 다섯 가지 공부지음을 나약하게 만드는 것이 있다."

3. "비구들이여, 이러한 다섯 가지 공부지음을 나약하게 만드는 것을 버리기 위해서는 네 가지 바른 노력[四精勤]을 닦아야 한다. 무엇이 넷인가?"

4. "비구들이여, 여기 비구는 아직 일어나지 않은 나쁘고 해로운 법들은 일어나지 못하도록 하기 위해 열의를 일으키고 정진하고 힘을 내고 마음을 다잡고 애를 쓴다. 이미 일어난 나쁘고 해로운 법들은 제거하기 위하여 열의를 일으키고 정진하고 힘을 내고 마음을

---

382) 본품에 포함된 10개의 경들은 앞의 제7품에 포함된 경들과 같다. 제7품의 '무엇무엇을 버리기 위해서는 네 가지 마음챙김의 확립을 닦아야 한다.' 대신에 본품에서는 '무엇무엇을 버리기 위해서는 네 가지 바른 노력[四精勤]을 닦아야 한다.'로 정형화된 것만 다르다.

다잡고 애를 쓴다. 아직 일어나지 않은 유익한 법들은 일어나도록 하기 위해 열의를 일으키고 정진하고 힘을 내고 마음을 다잡고 애를 쓴다. 이미 일어난 유익한 법들은 지속하게 하고 사라지지 않게 하고 증장하게 하고 충만하게 하고 닦기 위해 열의를 일으키고 정진하고 힘을 내고 마음을 다잡고 애를 쓴다. 비구들이여, 다섯 가지 공부지음을 나약하게 만드는 것을 버리기 위해서는 이러한 네 가지 바른 노력을 닦아야 한다."

장애 경(A9:74)
Nīvaraṇa-sutta

"비구들이여, 다섯 가지 장애가 있다. …"
"비구들이여, 이러한 다섯 가지 장애를 버리기 위해서는 네 가지 바른 노력을 닦아야 한다. …"

감각적 욕망 경(A9:75)
Kāma-sutta

"비구들이여, 다섯 가닥의 감각적 욕망이 있다. …"
"비구들이여, 이러한 다섯 가닥의 감각적 욕망을 버리기 위해서는 네 가지 바른 노력을 닦아야 한다. …"

무더기[蘊] 경(A9:76)
Khandha-sutta

"비구들이여, [나 등으로] 취착하는 다섯 가지 무더기[五取蘊]가 있다. …”

“비구들이여, [나 등으로] 취착하는 이러한 다섯 가지 무더기를 버리기 위해서는 네 가지 바른 노력을 닦아야 한다. …”

낮은 단계 경(A9:77)
Orambhāgiya-sutta

“비구들이여, 다섯 가지 낮은 단계의 족쇄[下分結]가 있다. …”
“비구들이여, 이러한 다섯 가지 낮은 단계의 족쇄를 버리기 위해서는 네 가지 바른 노력을 닦아야 한다. …”

태어날 곳 경(A9:78)
Gati-sutta

“비구들이여, 다섯 가지 태어날 곳이 있다. …”
“비구들이여, 이러한 다섯 가지 태어날 곳을 버리기 위해서는 네 가지 바른 노력을 닦아야 한다. …”

인색 경(A9:79)
Macchariya-sutta

“비구들이여, 다섯 가지 인색함이 있다. …”
“비구들이여, 이러한 다섯 가지 인색함을 버리기 위해서는 네 가지 바른 노력을 닦아야 한다. …”

높은 단계 경(A9:80)
Uddhambhāgiya-sutta

"비구들이여, 다섯 가지 높은 단계의 족쇄[上分結]가 있다. …"

"비구들이여, 이러한 다섯 가지 높은 단계의 족쇄를 버리기 위해서는 네 가지 바른 노력을 닦아야 한다. …"

마음의 삭막함 경(A9:81)
Cetokhila-sutta

"비구들이여, 다섯 가지 마음의 삭막함이 있다. …"

"비구들이여, 이러한 다섯 가지 마음의 삭막함을 버리기 위해서는 네 가지 바른 노력을 닦아야 한다. …"

속박 경(A9:82)
Vinibandha-sutta

1. "비구들이여, 다섯 가지 마음의 속박이 있다. 무엇이 다섯 인가?"

2. "비구들이여, 여기 비구가 감각적 욕망에 대해 탐욕을 여의 지 못하고 … 비구들이여, 이러한 다섯 가지 마음의 속박이 있다."

3. "비구들이여, 이러한 다섯 가지 마음의 속박을 버리기 위해 서는 네 가지 바른 노력을 닦아야 한다. 무엇이 넷인가?"

4. "비구들이여, 여기 비구는 아직 일어나지 않은 나쁘고 해로운 법들은 일어나지 못하도록 하기 위해 열의를 일으키고 정진하고 힘을 내고 마음을 다잡고 애를 쓴다. 이미 일어난 나쁘고 해로운 법들은 제거하기 위하여 열의를 일으키고 정진하고 힘을 내고 마음을 다잡고 애를 쓴다. 아직 일어나지 않은 유익한 법들은 일어나도록 하기 위해 열의를 일으키고 정진하고 힘을 내고 마음을 다잡고 애를 쓴다. 이미 일어난 유익한 법들은 지속하게 하고 사라지지 않게 하고 증장하게 하고 충만하게 하고 닦기 위해 열의를 일으키고 정진하고 힘을 내고 마음을 다잡고 애를 쓴다. 비구들이여, 다섯 가지 마음의 속박을 버리기 위해서는 이러한 네 가지 바른 노력을 닦아야 한다."

제8장 바른 노력 품이 끝났다.

여덟 번째 품에 포함된 경들의 목록은 다음과 같다.

① 공부지음 ② 장애 ③ 감각적 욕망
④ 무더기 ⑤ 낮은 단계 ⑥ 태어날 곳
⑦ 인색 ⑧ 높은 단계 ⑨ 마음의 삭막함 ⑩ 속박이다.

제9장 성취수단 품

Iddhipāda-vagga[383]

공부지음 경(A9:83)

1. "비구들이여, 다섯 가지 공부지음을 나약하게 만드는 것이 있다. 무엇이 다섯인가?"

2. "생명을 죽임, 주지 않은 것을 가짐, 삿된 음행, 거짓말, 방일하는 근본이 되는 술과 중독성 물질이다. 비구들이여, 이러한 다섯 가지 공부지음을 나약하게 만드는 것이 있다."

3. "비구들이여, 이러한 다섯 가지 공부지음을 나약하게 만드는 것을 버리기 위해서는 네 가지 성취수단[四如意足]을 닦아야 한다. 무엇이 넷인가?"

4. "비구들이여, 여기 비구는 열의를 [주로 한] 삼매와 정근의 의도적 행위[行]를 갖춘 성취수단을 닦는다. 정진을 [주로 한] 삼매와 정근의 의도적 행위를 갖춘 성취수단을 닦는다. 마음을 [주로 한] 삼매와 정근의 의도적 행위를 갖춘 성취수단을 닦는다. 검증을 [주로

---

383) 본품에 포함된 10개의 경들은 앞의 제7품과 제8품에 포함된 경들과 같다. 제7품의 '무엇무엇을 버리기 위해서는 네 가지 마음챙김의 확립을 닦아야 한다.' 대신에 본품에서는 '무엇무엇을 버리기 위해서는 네 가지 성취수단 [四如意足]을 닦아야 한다.'로 정형화된 것만 다르다.

한] 삼매와 정근의 의도적 행위를 갖춘 성취수단을 닦는다. 비구들이
여, 다섯 가지 공부지음을 나약하게 만드는 것을 버리기 위해서는 이
러한 네 가지 성취수단을 닦아야 한다.”

장애 경(A9:84)

“비구들이여, 다섯 가지 장애가 있다. …”
“비구들이여, 이러한 다섯 가지 장애를 버리기 위해서는 네 가지
성취수단을 닦아야 한다. …”

감각적 욕망 경(A9:85)

“비구들이여, 다섯 가닥의 감각적 욕망이 있다. …”
“비구들이여, 이러한 다섯 가닥의 감각적 욕망을 버리기 위해서는
네 가지 성취수단을 닦아야 한다. …”

무더기[蘊] 경(A9:86)

“비구들이여, [나 등으로] 취착하는 다섯 가지 무더기[五取蘊]가 있
다. …”
“비구들이여, [나 등으로] 취착하는 이러한 다섯 가지 무더기를 버
리기 위해서는 네 가지 성취수단을 닦아야 한다. …”

낮은 단계 경(A9:87)

"비구들이여, 다섯 가지 낮은 단계의 족쇄[下分結]가 있다. …"
"비구들이여, 이러한 다섯 가지 낮은 단계의 족쇄를 버리기 위해서는 네 가지 성취수단을 닦아야 한다. …"

태어날 곳 경(A9:88)

"비구들이여, 다섯 가지 태어날 곳이 있다. …"
"비구들이여, 이러한 다섯 가지 태어날 곳을 버리기 위해서는 네 가지 성취수단을 닦아야 한다. …"

인색 경(A9:89)

"비구들이여, 다섯 가지 인색함이 있다. …"
"비구들이여, 이러한 다섯 가지 인색함을 버리기 위해서는 네 가지 성취수단을 닦아야 한다. …"

높은 단계 경(A9:90)

"비구들이여, 다섯 가지 높은 단계의 족쇄[上分結]가 있다. …"
"비구들이여, 이러한 다섯 가지 높은 단계의 족쇄를 버리기 위해서는 네 가지 성취수단을 닦아야 한다. …"

마음의 삭막함 경(A9:91)

"비구들이여, 다섯 가지 마음의 삭막함이 있다. …"
"비구들이여, 이러한 다섯 가지 마음의 삭막함을 버리기 위해서는 네 가지 성취수단을 닦아야 한다. …"

속박 경(A9:92)

1. "비구들이여, 다섯 가지 마음의 속박이 있다. 무엇이 다섯 인가?"

2. "비구들이여, 여기 비구가 감각적 욕망에 대해 탐욕을 여의 지 못하고 … 비구들이여, 이러한 다섯 가지 마음의 속박이 있다."

3. "비구들이여, 이러한 다섯 가지 마음의 속박을 버리기 위해 서는 네 가지 성취수단을 닦아야 한다. 무엇이 넷인가?"

4. "비구들이여, 여기 비구는 열의를 [주로 한] 삼매와 정근의 의도적 행위[行]를 갖춘 성취수단을 닦는다. 정진을 [주로 한] 삼매 와 정근의 의도적 행위를 갖춘 성취수단을 닦는다. 마음을 [주로 한] 삼매와 정근의 의도적 행위를 갖춘 성취수단을 닦는다. 검증을 [주로 한] 삼매와 정근의 의도적 행위를 갖춘 성취수단을 닦는다. 비구들이 여, 다섯 가지 마음의 속박을 버리기 위해서는 이러한 네 가지 성취 수단을 닦아야 한다."

제9장 성취수단 품이 끝났다.

아홉 번째 품에 포함된 경들의 목록은 다음과 같다.

① 공부지음 ② 장애 ③ 감각적 욕망
④ 무더기 ⑤ 낮은 단계 ⑥ 태어날 곳
⑦ 인색 ⑧ 높은 단계 ⑨ 마음의 삭막함 ⑩ 속박이다.

제10장 탐욕의 반복 품

Rāgapeyyāla[384]

인식 경(A9:93)

Saññā-sutta

1. "비구들이여, 탐욕을 최상의 지혜로 알기 위해서는 아홉 가지 법을 수행해야 한다. 무엇이 아홉인가?"

2. "부정(不淨)이라고 [관찰하는 지혜에서 생긴] 인식, 죽음에 대한 인식, 음식에 혐오하는 인식, 온 세상에 대해 기쁨이 없다는 인식, [오온에 대해서] 무상(無常)이라고 [관찰하는 지혜에서 생긴] 인식, 무상한 [오온에 대해서] 괴로움이라고 [관찰하는 지혜에서 생긴] 인식, 괴로움인 [오온에 대해서] 무아라고 [관찰하는 지혜에서 생긴] 인식, 버림의 인식, 탐욕이 빛바램의 인식이다. 비구들이여, 탐욕을 최상의 지혜로 알기 위해서는 이러한 아홉 가지 법을 수행해야 한다."

증득 경(A9:94)

Samāpatti-sutta

1. "비구들이여, 탐욕을 최상의 지혜로 알기 위해서는 아홉 가지 법을 수행해야 한다. 무엇이 아홉인가?"

---

384) PTS본과 6차결집본에는 본품에 속하는 경들의 제목이 나타나지 않는다. 역자가 내용을 참조하여 임의로 붙였다.

2. "초선, 제2선, 제3선, 제4선, 공무변처, 식무변처, 무소유처, 비상비비상처, 상수멸이다. 비구들이여, 탐욕을 최상의 지혜로 알기 위해서는 아홉 가지 법을 수행해야 한다."

철저히 앎 등의 경(A9:95)385)
Pariññādi-sutta

1. "비구들이여, 탐욕을 철저히 알기 위해서는 … 완전히 없애기 위해서는 … 버리기 위해서는 … 부수기 위해서는 … 사그라지게 하기 위해서는 … 빛바래게 하기 위해서는 … 소멸하기 위해서는 … 포기하기 위해서는 … 놓아버리기 위해서는 아홉 가지 법을 수행해야 한다. …

2. "비구들이여, 성냄을 … 어리석음을 … 분노를 … 원한을 … 위선을 … 앙심을 … 질투를 … 인색을 … 속임을 … 사기를 … 완고를 … 성마름을 … 자만을 … 거만을 … 교만을 … 방일을 최상의 지혜로 알기 위해서는 … 철저히 알기 위해서는 … 완전히 없애기 위해서는 … 버리기 위해서는 … 부수기 위해서는 … 사그라지게 하기 위해서는 … 빛바래게 하기 위해서는 … 소멸하기 위해서는 … 포기하기 위해서는 … 놓아버리기 위해서는 아홉 가지 법을 수행해야 한다. …

---

385) PTS본은 다른 모음들과는 달리 본경에 95~100의 여섯 개의 경 번호를 매기고 있다. 의미가 없는 번호 매김이라서 역자는 A9:95로 단 하나의 경 번호를 붙였다.

비구들이여, … 이러한 아홉 가지 법을 수행해야 한다."386)

아홉의 모음이 끝났다.

---

386) 6차결집본에는 2(인식+증득) × 17(탐, 진, 치, 분노 등) × 10(최상의 지혜
로 앎, 철저히 앎 등) = 340개의 경들이 탐욕의 반복(Rāga-peyyāla) 품
에 포함되어 있는 것으로 편집되어 있다. 그러나 역자가 저본으로 한 PTS
본에는 8개의 경으로 묶여있다. 역자는 이 가운데 뒤의 여섯 개의 경들을
「철저히 앎 등의 경」(A9:95)으로 한 개의 경으로 편집하였다. 다른 모
음의 편집방법과 일치시키기 위해서이다.
이렇게 하여 6차결집본에는 아홉의 모음의 경들에 대해서 모두 432개의
경 번호를 매겼고 Hare도 92 + 340 = 432개의 경 번호를 매기고 있다.
역자는 PTS본의 편집을 존중하여 모두 95개의 경 번호를 매겼다.

앙굿따라 니까야

찾아보기

찾아보기

【가】

A8:70 §4.

고따미 (Gotamī) ☞ 마하빠자빠띠 고
따미

고뜨라부 ☞ 종성(種姓, gotrabhū)
A9:10 §2 [주해].

고시따 원림 (Ghositārāma) A8:46
§1; A9:37 §1.

고행자 (tapassi) A8:11 §8 [주해].

공개적으로[無遮] 지내는 제사
(niraggaḷa) A8:1 §4 [주해].

공경 (sakkāra) A8:7 §3 [주해].

공덕행의 토대 (puññakiriya-vatthu)
A8:36 §2 [주해].

공부지음 (sikkhā) A9:63; A9:73;
A9:83.

공부지음을 나약하게 만듦 (sikkhā-
dubbalya) A9:63 [주해].

공양받아 마땅함 (āhuneyya) A8:57;
A9:10.

공포를 주는 이들로부터 보호해줄 곳에
왔다 (bhīruttāna-gatena) A9:39
§3 [주해].

과보를 받을 업 (paripakkavedanīya
kamma) A9:13 §1 [주해].

광음천 (Ābhassarā) A9:24 §4.

교계 (ovāda) A8:52.

구속 (bandhati) A8:17.

구속 (sambādha) A9:42 [주해].

구족=성취 (sampadā) A8:34 §7 [주
해]; A8:75.

급고독 장자 (Anāthapiṇḍika gaha-
pati) A9:20 §1.

급고독원 (Anāthapiṇḍika ārāma)
A8:1 §1; A8:41 §1; A8:45 §1;
A9:1 §1; A9:4 §1; A9:11 §1;
A9:12 §1; A9:20 §1.

기립바자 (Giribbaja) A9:7 §2 [주해];
A9:8 §2.

깊이 숙고한 뒤 (saṅkhā) A9:6 §3 [주
해].

까나 (Kāṇā) 청신녀 A8:91.

까삘라왓투 (Kapilavatthu) A8:25 §1;
A8:51 §1; A9:3 §1 [주해].

까시 (Kāsi) A8:42 §4; A8:43 §4;
A8:45 §4; A8:54 §1.

깍까라빳따 (Kakkarapatta) A8:54 §1.

깜보자 (Kamboja) A8:42 §4; A8:43
§4; A8:45 §4.

깨달음 (sambodhi) A9:1.

꼬띠 (koṭi) A9:20 §4 [주해].

꼬마라밧짜 (Komārabhacca) ☞ 지와
까 꼬마라밧짜

꼬살라 (Kosala) A8:42 §4; A8:43 §4;
A8:45 §4; A8:86 §1; A9:37 §7 [주
해].

꼬삼비 (Kosambī) A8:46 §1; A9:37
§1; A9:42 §1.

꼴리야 (Koḷiya/Koliya) A8:54 §1
[주해].

꾸루 (Kurū) A8:42 §4; A8:43 §4;
A8:45 §4.

꾸웨라 (Kuvera) A8:8 §3 [주해].

꾹꾹까 (kukkuka) A9:26 §5; §5 [주
해].

끝장을 냈다 (antam akāsi) A9:39 §9
[주해].

끼미깔라 (Kimikāḷā) A9:3 §2; §3.

【나】

나가 숲 (Nāgavana) A8:22 §5.

나가 (nāga) A9:40 §1 [주해].

나기따 (Nāgita) A8:86 §3 이하; A9:3 §1 [주해].

나꿀라마따 (Nakulamātā, 나꿀라의 어머니) A8:48 §1 이하; A8:91.

나디까 (Nādika/Nātika/Ñātika) A8: 73 §1; A8:74 §1.

나따뿟따 (Nāṭaputta) ☞니간타 나따 뿟따

나쁜 친구를 사귐 (pāpamittatā) A8: 7 §3 [주해].

난다 존자 (āyasmā Nanda) A8:9 §1; §1 [주해].

난다까 존자 (āyasmā Nandaka) A9:4 §1 이하.

난다마따 (Nandamātā, 난다의 어머 니) A8:91.

날레루의 님바 나무 (Naḷeru-puciman -da) A8:11 §1; §1 [주해].

낮은 단계의 족쇄[五下分結] (oram- bhāgiya saṃyojana) A8:21 §12 [주해]; A9:67.

내 것이라는 것이 없다는 것 (amama) A9:21 §2 [주해].

넘쳐흐름 (abhisanda) A8:39.

녹야원 (Migadāya) A8:30 §1; A8:48 §1; A9:37 §7.

녹자모 ☞미가라마따 (Migāramātā).

높은 단계 (uddhambhāgiya) A9:70.

니간타 나따뿟따 (Niganṭha Nāṭa- putta) A8:12 §3; §3 [주해]; A9: 38 §2.

니그로다 원림 (Nigrodhārāma) A8: 25 §1; A8:51 §1.

니띠까 (Nāṭika) A8:73 §1 [주해].

【다】

다람쥐 보호 구역 (Kalandakanivāpa) A9:26 §1; A9:34 §1.

다와잘리까 (Dhavajālikā) A8:8 §1 이하.

단멸을 말하는 자 (단멸론자, uccheda -vāda) A8:11 §5 [주해].

대나무 숲 (Veḷuvana) A8:30 §1; §13; §32; A9:26 §1; A9:34 §1.

대인의 일곱 가지 사유 (mahāpurisa- vitakka) A8:30 §1 [주해].

대지의 진동 (bhūmicāla) A8:70.

더러움 (mala) A8:15.

데와닷따 (Devadatta) A8:7 §1 이하; A8:64 §1 이하; A9:26 §1 이하; §1 [주해].

도둑 (cora) A8:84.

도솔천(兜率天, Tusitā) A8:35 §4; A8:36 §8; A8:42 §8; A8:43 §7; A8:45 §6; A8:70 §14.

독수리봉 (Gijjhakūṭa) 산 A8:7 §1; A8:8 §7; A9:7 §1; A9:8 §1.

돌기둥 (silāyūpa) A9:26.

동냥그릇을 들고 (kaḷopihattho) A9: 11 §4 [주해].

동사同事☞함께 함 (samānattata)

두려움 (bhaya) A8:56.

들판 (khetta) A8:34.

디가자누 (Dīghajānu) A8:54 §1; §1 [주해].

따뿟사 장자 (Tapussa/Tapassu) A
9:41 §2 이하; §2 [주해].
떳사 청신녀 (Tissā) A8:91.

【라】

라자가하 (Rājagaha) A8:26 §1; A9:7
§1; A9:7 §2; A9:8 §1; A9:26 §1;
A9:34 §1.
루삐 청신녀 (Rūpī) A8:91.
릿차위 (Licchavi) A8:12 §1 이하.

【마】

마가다 (Magadha) A8:42 §4; A8:43
§4; A8:45 §4.
마누자 청신녀 (Manujā) A8:91.
마라 (Māra) A8:11 §1; A8:36 §10
[주해]; A8:44 §3; A8:64 §6; A8:69
§2; A8:70 §4; §8; §8 [주해]; A8:86
§2; A9:39 §7 이하; A9:41 §13.
마라의 시야를 뛰어넘었다 (adassa-
naṁ gato) A9:39 §9 [주해].
마음의 삭막함 (cetokhila) A9:71.
마음이 유연해지고 적합하게 된다
(mudu cittaṁ hoti kammaññaṁ)
A9:35 §3 [주해].
마음챙김 (sati) A8:81.
마음챙김과 알아차림 (satisampajañ-
ña) A8:81 [주해].
마하꼿티따   존자   (āyasmā
Mahākoṭṭhita) A9:13 §1.
마하나마 (Mahānāma) A8:25 §1; §1
[주해].

마하목갈라나 존자 (āyasmā Mahā-
moggallāna) A8:20 §3 이하; A9:
11 §2.
마하빠자빠띠 고따미 (Mahāpajāpati
Gotami) A8:51 §1 이하; §1 [주해];
A8:53 §1 이하.
마히 강 (Mahī) A8:19 §5.
마히사왓투 (Mahisavatthu) A8:8 §1
이하.
만뜨라 (manta, Sk. mantra) A8:15
§2 [주해].
말뚝을 던지는 제사 (sammāpāsa)
A8:1 §4 [주해].
말라 (Malla) A8:42 §4; A8:43 §4;
A8:45 §4; A9:41 §1; §1 [주해].
말리까 왕비 (Mallikā) A8:91.
말없이 (anāpucchā) A9:6 §3 [주해].
맛차 (Maccha) A8:42 §4; A8:43 §4;
A8:45 §4.
망가짐 (parihāna) A8:79.
망아지 (assakhaḷuṅka) A9:22 §1 [주
해].
망아지 (khaḷuṅka) A9:22.
머묾 (vihāra) A9:32.
멀리 여읨 (paviveka) A9:41 §4 [주
해].
멀리 여읨에 머무는 (vivekaṭṭha) A8:
28 §5 [주해].
멀리 여읨으로 향하는 (viveka-ninna)
A8:28 §5 [주해].
메기야 존자 (āyasmā Meghiya) A9:
3 §1 이하; §1 [주해].
명성 (yasa) A8:7 §3 [주해]; A8:86.
목갈라나 ☞ 마하목갈라나 존자.
몸으로 체험한 자 (kāyasakkhī) A9:
43.

무더기[蘊] (khandha) A9:66.
무량한 삼매 (appamāṇa samādhi) A9:35 §3 [주해].
무상유정천 (Asaññasattā) A9:24 §6.
무화과를 먹듯이 재물을 낭비하는 (ajaddhumārikaṁ) A8:54 §7 [주해]; A8:76 §6.
물질, 거기서 일어나는 (yadeva tattha hoti rūpagataṁ) A9:36 §2 [주해].
물질에 대한 인식 (rūpa-saññā) A9:37 §4 [주해].
뭇따 (Muttā) A8:91.
미가라마따(녹자모, Migāramātā) A8:43 §1; A8:47 §1; A8:49 §1; A8:91.
믿음 (saddhā) A8:71.

【바】

바라문 (brāhmaṇa) A9:38.
바람[願] (icchā) A8:61; A8:77.
바로 할 수 있다 (ukkujjeyya) A8:87 §3 [주해].
바르게 설명해야 한다 (samakkhāta-bba) A9:36 §5 [주해].
바른 깨달음을 도와주는 (sambodha-pakkhikā) A9:1 §2 [주해].
바른 실천 경(sammāvattana) A8:90 [주해].
바후뿟따 탑묘[多子塔] (Bahuputtaka -cetiya) A8:70 §4.
박가 (Bhagga) A8:30 §1; A8:48 §1.
반열반(般涅槃, parinibbāna) A8:70 §8 [주해].
발우 (patta) A8:87.

발우를 엎음 (patta-nikujjana) A8:87 [주해].
방편으로 (pariyāyena) A9:42 §3 [주해].
백년(겁, 劫, kappa) A8:70 §4 [주해].
번뇌가 다한다 (āsavānaṁ khayaṁ) A9:36 §1 [주해].
번영의 통로 (āya-mukha) A8:54 §8 [주해].
범계(犯戒, āpatti) A8:10 §1 [주해].
범천 (Brahmā) A8:11 §1; A8:44 §3; A8:64 §6; A8:69 §2; A8:86 §2; A9:41 §13.
범천의 세상 (brahma-loka) A8:1 §3; §3 [주해]; A9:35 §3.
법, 모든 (sabbe dhammā) A8:83 §1 [주해].
법, 무거운 (garu-dhamma) A8:51 §7 [주해].
법, 여섯 가지 (cha dhammā) A8:51 §7 [주해].
법들 (te dhammā) A9:36 §2 [주해].
법으로 (sahadhammena) A8:70 §8 [주해].
법을 따라 행하는 자들 (anudhamma-cārino) A8:70 §8 [주해].
법의 눈 (dhamma-cakkhu) A8:12 §9 [주해].
베사깔라 숲 (Bhesakaḷāvana) A8:30 §1; A8:48 §1.
벽돌집 (Giñjakāvasatha) A8:73 §1; A8:74 §1.
보리분법 (bodhipakkhiya-dhamma) A8:19 §17 [주해].
보시 (dāna) A8:31.
보시로 인한 태어남 (dānūpapatti) A

8:35.

봇자 청신녀 (Bojjhā upāsikā) A8:45
§1 이하; §1 [주해]; A8:91.

분소의(糞掃衣, paṁsukūla) A8:30
§8 [주해].

불신을 표시하는 (appasādaṁ
pavedenta) A8:88 §1 [주해].

불운한 인간 (manussa-dobhagya)
A8:36 §3 [주해].

비구가 없는 거주처 (abhikkhuka
āvāsa) A8:51 §7 [주해].

비상비비상처 A9:36 §5 [주해].

빔비 청신녀 (Bimbī) A8:91.

빠띠목카 암송 (pātimokkha-uddesā)
A8:20 §1 [주해].

빠하라다 아수라 왕 (Pahārāda Asur-
inda) A8:19 §1; §1 [주해]; §10 이
하.

빤짤라 (Pañcāla) A8:42 §4; A8:43
§4; A8:45 §4.

빤짤라짠다, 신의 아들 (Pañcāla-
caṇḍa) A9:42 §1.

뿌리 (mūla) A8:83.

뿐니야 존자 (āyasmā Puṇṇiya) A8:
82 §1; §1 [주해].

뿝바위데하 (Pubbavideha) A9:21 §1
[주해].

【사】

사께따 (Sāketa) A9:37 §7; §7 [주해].

사대왕천 (Cātu-mahārājikā) A8:35
§3; A8:42 §5; A8:43 §5.

사대천왕 (Catu-mahārāja) A8:36
§5; §5 [주해].

사라부 (Sarabhū) A8:19 §5; §14.

사란다다 탑묘 (Sārandadacetiya) A
8:70 §4.

사람 (puggala) A9:9.

사람, 여덟 (aṭṭhapuggala) A8:59.

사랑함 (piya) A8:3.

사량분별 없음을 좋아하는 자 (nip-
papañcārāma) A8:30 §3 [주해].

사량분별의 소멸 (papañca-nirodha)
A8:30 §31 [주해].

사리뿟따 존자 (āyasmā Sāriputta)
A8:16 §3; A8:28 §1; A8:77 §1;
A8:78 §1; A9:6 §1; A9:11 §1 이하;
A9:12 §1 이하; A9:13 §1 이하;
A9:14 §1; A9:26 §1 이하; A9:34
§1.

사마와띠 청신녀 (Sāmavatti) A8:91.

사문 (samaṇa) A8:85.

사밋디 존자 (āyasmā Samiddhi)
A9:14 §1; §1 [주해].

사성제四聖諦 (ariya-sacca) A9:13
§3 [주해].

사실대로 (yathā kathaṁ) A8:10 §6
[주해].

사왓티 (Sāvatthi) A8:1 §1; A8:20
§1; A8:41 §1; A8:43 §1; A8:45 §1;
A8:47 §1; A8:49 §1; A9:1 §1;
A9:4 §1; A9:11 §1; A9:12 §1;
A9:20 §1.

사유 (saṅkappavitakkā) A9:14 §1
[주해].

사자 使者 (dūteyya) A8:16.

사자후 (sihanāda) A9:11 [주해].

삭까 사람 =석가족, 삭까 지방 (Sakka)
A8:25 §1; A8:51 §1.

삭까, 신들의 왕 (Sakka, Indra) A8:8

§4; A8:36 §6; §6 [주해].

산뚜시따, 신의 아들 (Santusita) A8: 36 §8; §8 [주해].

살찐 짐승 (thūla pasu) A8:12 §11 [주해].

삶을 완성했다 (vusitavanta) A9:4 §9 [주해].

삼십삼천 (Tāvatiṁsā devā) A8:8 §4; §4 [주해]; A8:35 §4; A8:36 §6; A8:69 §2; A9:21 §3 이하.

삿된 원 (pāpicchatā) A8:7 §3 [주해].

삿땀바 탑묘 (Sattambacetiya) A8: 70 §4.

삿자 유행승 (Sajjha paribbājaka) A9:8 §1.

상세하게 (vitthata) A8:42.

상케야까 산(Saṁkheyyaka pabbata) A8:8 §1 이하.

색계[禪]을 가진 자가 색깔들을 본다 (rūpī rūpāni passati) A8:66 §2 [주해].

선(禪, jhāna) A9:36.

성마름 (khaḷuṅka) A8:14.

성스럽지 못한 언어표현 (anariya-vohāra) A8:67 §1 [주해].

성취 (sampadā) A8:34 §7 [주해].

성취수단, 네 가지 [四如意足, iddhi-pāda] A8:70 §4 [주해].

세상의 법 (lokadhamma) A8:5.

세속의 이치에 능통함 (lokāyatika) A9:38 [주해].

쇠[牛] (gāvī) A9:35.

소나 청신녀 (Soṇā) A8:91.

소나의 어머니 (Soṇāya mātā) A8:91.

소마 즙을 바치는 제사 (vājapeyya) A8:1 §4 [주해].

소마 청신녀 (Somā) A8:91.

소의 비유 (gāvīupamā) A9:35 [주해].

소젖을 한번 짜는 동안만큼 (gad-dohana-mattaṁ) A9:20 §5 [주해].

속박 (vinibandha) A9:72.

손실 (alābha) A8:7 §3 [주해].

수님미따, 신의 아들 (Sunimmita) A8:36 §9; §9 [주해].

수다나 청신녀 (Sudhanā) A8:91.

수따와 유행승 (Sutavā paribbājaka) A9:7 §1; §1 [주해].

수라세나 (Sūrasena) A8:42 §4; A8: 43 §4; A8:45 §4.

수마나 청신녀 (Sumanā) A8:91.

수미산須彌山 (Sineru, Sk. Sumeru) A9:21 §1 [주해].

수야마 ,신의 아들 (Suyāma) A8:36 §7; §7 [주해].

수치심 (ottappa) A8:2 §2 [주해].

순차적인 공부지음 (anupubbasikkhā) A8:19 §11 [주해].

숩빠와사 청신녀 (Suppavāsā) A8:91

숩삐야 청신녀 (Suppiyā) A8:91.

스스로 보아 알 수 있음 (sandiṭṭhika) A9:46.

승처(勝處) ☞지배의 경지 (aṭṭha abhi-bhāyatanāni) A8:65 §1 [주해].

시리마 청신녀 (Sirimā) A8:91.

시하 대장군 (Sīha senāpati) A8:12 §2 이하; §2 [주해].

식차마나(式叉摩那, 식카마나, sikkha-mānā) A8:51 §7 [주해].

신과 아수라의 전쟁 (devāsura-saṅgāma) A9:39 [주해].

신들의 왕 삭까 (Sakko devānam

A9:20 §4 [주해]; §5.

웻사와나 (Vessavaṇa) A8:8 §3; §3 [주해]; §4.

위빳사나의 높은 통찰지[觀] (adhi-paññā-dhamma-vipassanā) A9:4 §3 [주해].

위빳사나의 통찰지 (vipassanā-paññā) A9:44 §2 [주해].

위사카 (Visākhā) ☞ 미가라마따.

의미를 체득한다, 법을 체득한다 A9:4 §6 [주해].

의심쩍은 것 (parisaṅkā) A8:51 §7 [주해].

의지함 (nissaya) A9:2.

이득 (lābha) A8:7 §3 [주해].

인드라 ☞ 삭까 (Sakka) A8:36 §6 [주해].

인색 (macchariya) A9:69.

인식 (saññā) A9:16; A9:93.

인식, 9가지 (saññā) A9:16 §2 [주해].

인식을 가진 자 (saññī) A9:37 §3 [주해].

일어난다 (samudācaranti) A9:34 §4 [주해].

일을 해야 한다 (kammaṁ kattabbaṁ hoti) A8:80 §2 [주해].

잃어버린다 (virādheti) A8:29 §7 [주해].

잇차낭갈라 (Icchānaṅgala) A8:86 §1 이하.

【자】

자띨라가히야 비구니 (Jaṭilāgāhiyā bhikkhunī) A9:37 §7; §7 [주해].

자신 때문에 준비한 (paṭiccakamma) A8:12 §11 [주해].

자신을 위하여 만들어진 것 (uddissa-katam) A8:12 §11 [주해].

자신의 안에서 생긴 것 (atta-sambhava) A8:70 §9 [주해].

자애 (mettā) A8:1; A9:18.

자애를 통한 마음의 해탈[慈心解脫] (mettā ceto-vimutti) A8:1 §2; §2 [주해]; A8:63 §4; §4 [주해].

자애의 마음을 가진 자 (mettaṁsa) A8:1 §4 [주해].

자연적으로 생긴 구멍 (abhedana-mukhāni) A9:15 §1 [주해].

자자(自恣, pavāraṇā) A8:51 §7 [주해].

잔뚜가마 (Jantugāma) A9:3 §1 이하; §1 [주해].

잠부디빠[贍部洲, Jambudīpa] A9:21 §1 이하; §6 [주해].

장애 (nīvaraṇa) A9:64; A9:74; A9:84.

재가 (sambādha) A9:37 §2 [주해].

재가자와의 법다운 약속 (dhammika gihi-paṭissava) A8:89 §4 [주해].

재생을 가져오는 (opadhika) A8:59 §3 [주해].

적당하지 않은 순간 (akkhaṇa) A8:29.

적절한 시기에 법을 듣는다 A9:4 §4 [주해].

정사유 (sammā-saṅkappa) A9:3 §6 [주해].

정신의 무더기 (arūpakkhandhā) A 9:14 §1 [주해].

제따 숲 (Jetavana) A8:1 §1; A8: 41 §1; A8:45 §1; A9:1 §1; A9:4 §1; A9:11 §1; A9:12 §1; A9:19 §1; A9:20 §1.

족쇄 (saṁyojana) A9:67 §2 [주해].

존경심 (gārava) A8:2 §2 [주해].

종기 (gaṇḍa) A9:15.

종성(種姓, 고뜨라부, gotrabhū) A9: 10 §2 [주해].

좋은 혈통 (ājānīya) A8:13.

죽음에 대한 마음챙김 (maraṇassati) A8:73.

준비된 우물물(opāna-bhūta) A8:12 §8 [주해].

중각강당 (Kūṭāgārasālā) A8:21 §1; A8:44 §1; A8:51 §4; A8:52 §1; A8:52 §1; A8:70 §1.

중생 (satta) A9:24.

중생의 거처 (sattāvāsa) A9:24 [주해].

증득 (samāpatti) A9:94.

증오 (vera) A9:27.

증장시킨다 (ācaya) A8:53 §2 [주해].

지금여기에서의 열반 (diṭṭhadhamma-nibbāna) A9:51 §1 [주해].

지배의 경지[八勝處,] (aṭṭha abhi-bhāyatanāni) A8:65 §1; §1 [주해]; A8:93.

지역의 중심 (majjhima janapada) A8:29 §3 [주해].

지와까 꼬마라밧짜 (Jīvaka Komāra

-bhacca) A8:26 §1; §1 [주해].

지와까의 망고 숲 (Jīvakambavana) A8:26 §1 이하.

짜빨라 탑묘 (Cāpālacetiya) A8:70 §2 이하.

짠디까뿟따 존자 (āyasmā Candikā-putta) A9:26 §1 이하; §1 [주해].

짤리까 (Cālikā/Cāliyā) A9:3 §1; §1 [주해].

짬빠 (Campa) A8:10 §1.

쩨띠 (Ceti) A8:30 §1; §1 [주해]; §13; §32; A8:42 §4; A8:43 §4; A8:45 §4.

쭌디 (Cundī) A8:91.

【차】

차례로 머묾 次第住 (anupubba-vihāra) A9:32 [주해].

차례로 머묾의 증득 (anupubba-vihārasamāpatti) A9:33 [주해].

차제멸 次第滅 (anupubbanirodha) A9:31; A9:33 §1 [주해].

참된 사람 (sappurisa) A8:37.

천대 (asakkāra) A8:7 §3 [주해].

천신 (deva/devatā) A9:19; A9:39.

철저히 앎 (pariññā) A8:95; A9:95.

청신녀 (upāsikā) A8:91.

청정범행을 다섯 번째로 하는 (brahmacariya-pañcama) A8:21 §6 [주해].

청정범행의 시작인 통찰지 (ādi-brahmacariyikā paññā) A8:2 §1 [주해].

청정하다고 확신한다 (subhanteva

adhimutto hoti) A8:66 §4 [주해].

청정한 믿음 (pasāda) A8:88.

최고로 잘 제어된 (parama-danta) A8:85 §2 [주해].

추구 (pariyesanā) A9:23 §2 [주해]

충분함 (alaṁ) A8:62; A8:78.

취착이 남음[有餘] (saupādisesa) A9:12.

취착하는 무더기[取蘊] (upādāna-kkhandha) A9:66 [주해].

칠보로 가득 채운 (hirañña-pūrāni, 황금으로 가득한) A9:20 §4 [주해].

【카】

케마 청신녀 (Khemā) A8:91.

콩 자루 (māsācita) A8:80 §7 [주해].

쿳줏따라 청신녀 (Khujjuttarā) A8:91.

큰 숲 (Mahāvana) A8:12 §1; A8:44 §1; A8:51 §4; A8:52 §1; A8:53 §1; A8:70 §1; A9:41 §1.

【타】

타화자재천 (Paranimmitavasavatti) A8:35 §4; A8:36 §10; A8:42 §10; §10 [주해]; A8:43 §7; A8:45 §6.

태어날 곳 (gati) A9:68.

통찰지 (paññā) A8:2; A9:25.

통찰지로써 본 뒤 (paññāya cassa disvā A9:34 §12 [주해].

통찰지를 통한 해탈[慧解脫 (paññā-vimutta) A9:44 §1 [주해].

【파】

파멸의 통로 (apāya-mukha) A8:54 §8 [주해].

팔경법 (aṭṭha garu-dhamma) A8:51 §7 [주해].

팔관재계[八關齋戒] (aṭṭhaṅga-samannāgata uposatha) A8:41 §10 [주해].

평화로운 (santa) A8:72 §2 [주해].

폐지론자 (venayika) A8:11 §7 [주해].

포살 (uposatha) A8:20.

표상 (nimitta) A9:35 §2 [주해].

표상은 밖에서 일어난다 (nimitta) A8:65 §2 [주해].

【하】

하분결下分結 =>낮은 단계의 족쇄 (orambhāgiya saṁyojana) A8:21 §12 [주해].

하의갈마下意 磨 (paṭisāraṇīya-kamma) A8:89 §1 [주해].

한낮에 (divādivassa) A8:12 §5 [주해].

함께 함[同事] (samānattata) A8:24 §2 [주해].

핫타까, 알라위에 사는 (Hatthaka

역자 · 대림스님

1962년 경남 함안 생. 1983년 세등선원 수인(修印) 스님을 은사로 출가하여 사미니계 수지.
1988년 자운 스님을 계사로 비구니계 수지. 봉녕사 승가대학 졸. 인도 뿌나 대학교(Pune
University) 산스끄리뜨어과에서 석사 학위 취득. 2001년 『빠라맛타만주사의 혜품 연구』(A
Study in Paramatthamanjusa)로 철학박사 학위 취득. 3년간 미얀마에서 아비담마 수학. 현재
초기불전연구원 원장 소임을 맡아 삼장 번역불사에 몰두하고 있음. 『청정도론』을 번역한
공으로 2004년 제13회 행원문화상 역경상을 수상함.

역서로 『염수경(상응부 느낌상응)』(1996), 『아비담마 길라잡이』(전2권 각묵스님과 공역,
2002, 전정판 3쇄 2020), 『들숨날숨에 마음챙기는 공부』(2003, 개정판 5쇄 2019), 『청정도론』
(전3권, 2004, 7쇄 2022), 『맛지마니까야』(전4권, 2012, 초판5쇄 2021)이 있음.

앙굿따라 니까야 제5권

2007년 11월 5일 초판 1쇄 인쇄
2022년 6월 13일 초판 5쇄 발행

옮긴이 | 대림스님
펴낸이 | 대림스님
펴낸 곳 | **초기불전연구원**
           경남 김해시 관동로 27번길 5-79
           전화 (055)321-8579
홈페이지 | http://cafe.daum.net/chobul
이메일 | kevala@daum.net
등록번호 | 제13-790호(2002.10.9)
계좌번호 | 국민은행 604801-04-141966 차명희
           하나은행 205-890015-90404 (구.외환 147-22-00676-4) 차명희
           농협 053-12-113756 차명희
           우체국 010579-02-062911 차명희

ISBN 978-89-91743-11-3 04220
ISBN 89-91743-05-6(전6권)

값 | 30,000원